Global Cross-Cultural Management

글로벌 비교경영학

글로벌경영 · 다문화관리

Global Cross-Cultural Management

박영배

도서출판 청람

마 · 음 · 나 · 누 · 기

皓雪

(朴 英 培)

저 純白,

온 색깔 품어 안고나.

큰 어둠 덮고 환하게 펴고나.

그 품속,

한 시름 스며 녹고나.

머 리 말

세계가 좁아졌다. 21세기를 맞이하면서 세계는 그동안 경험하지 못한 빠르고 다양한 변화에 직면하고 있다. 여러 분야의 과학기술이 급속히 발전하면서 어제까지 새로웠던 기술이 오늘은 벌써 진부하게 느껴진다. 정보통신의 발달로 지식과 자본의 이동 및 인적 교류에 대한 국가와 지역의 경계는 작은 흔적만 남게 되었다. 세계는 이제 하나의 통합체를 향한 큰 변화를 시작했다.

이러한 시대적 조류는 기업들에게 '글로벌화(globalization)'라는 새로운 활동양식을 통해 국가와 지역을 초월하여 범세계적으로 거침없이 행동할 것을 요구한다. 글로벌화는 기업이 위치하고 있는 곳이 어느 나라, 어느 지역의 한 작은 도시일지라도 소통하고 교류하는 범위는 전 세계가 되어야 한다는 것을 의미한다. 따라서 현대의 기업들은 "생각은 세계적으로, 행동은 지역특성에 맞게(Thinking Globally, Acting Locally)"라는 시대적 필연성을 실천하지 못하면 곧바로 존재의미를 상실하게 된다.

한편, 글로벌화는 지금까지 국가별 · 지역별 전통 내지 사회적 특성으로만 생각해오던 한 개념을 중요한 세계의 공통 화두로 삼게 되었는데, 그것이 곧 '문화(culture)'이다. 문화는 이제 우리만의 또는 그들만의 특성으로써 우리와 그들의 차이를 보여주는 기준이 된다는 생각을 뛰어넘어 우리의 그리고 그들의 가장 경쟁력 있는 상품으로 서로 소유하고 싶어 할 뿐만 아니라, 소통과 교류를 통해 서로 이해하고 적응하면서 시너지를 창출함으로써 함께 성장하고 발전하는 데 있어 매우 중요한 개념으로 인식되기에 이르렀다. 특히 기술과 자본 그리고 인적자원의 이동이 전 세계적으로 가장 활발히 이루어지고 있는 기업조직들에게 문화는 기업의 성패를 결정짓는 중요한 전략적 개념으로 자리 잡기 시작했다.

이 책은 이러한 시대적 요구에 따라 기업의 글로벌화와 함께 경영방식과 경영자의 글로벌화를 성공적으로 실현하기 위한 방안을 '문화'란 개념으로 풀어보려는 의도에서 시작되었다.

전통적으로 이 같은 목적을 학문적으로 연구 · 발전시켜 온 분야가 바로 '비교경영학'이다. 그러나 비교경영학은 그간 기업조직의 국제화(internationalization) 문제에 치중함으로써 비교 범위가 협소하고 비교 대상을 특정 문화에 한정하는 경향이 있었다. 이 책에서는 관심의 초점을 기업조직의 글로벌화에 두고 문화의 단순 비교보다는 여러 문화를 동시에 전략적으로 비교 · 관리함으로써 글로벌기업의 경영활동이 '문화적 시너지'를 그 성과로 창출하는 데 중점을 두었다. 즉, '문화차이관리(managing cultural differences)'에 의한 글로벌기업의 성장과 경쟁력 강화를 모색함으로써 이 분야의 연구영역을 더욱 넓혀보려고 노력하였다.

이 책은 4개의 부, 모두 13개의 장으로 구성되었다. 제1부에서는 문화와 인간행동 그리고 문화와 글로벌기업의 관계를 통해 '문화－행동－글로벌경영'의 상호작용을 포괄적으로 이해하는 한편, 기업조직의 행동적 측면을 문화비교적으로 연구하는 데 도움이 되는 몇 가지 중요한 이론들을 소개하였다. 제2부에서는 조직의 문화구속적인 행동을 글로벌기업에 적용하기에 앞서서, 조직행동의 주체가 되는 개인 · 집단 · 조직체의 행동특성을 문화비교적 관점에서 고찰함으로써 글로벌기업과 경영자가 다문화관리를 통해 문화적 시너지를 이끌어내는 데 필요한 이론적 기반을 구축하였다. 제3부에서는 제1부와 제2부의 지식과 경험을 토대로 글로벌기업이 실제 문화적 시너지를 창출하는 과정에서 요구되는 핵심 이슈들을 중점적으로 다루었다. 여기에서는 다문화집단관리, 문화커뮤니케이션관리, 문화다양성관리 등에 대해 체계적으로 살펴봄으로써 글로벌기업의 경영자가 실천해야 할 과제를 제시하였다. 제4부에서는 글로벌기업의 해외파견자관리, 협상전략, 윤리경영전략 등 글로벌기업이 다문화환경과 더불어 현대사회에서 극복하고 실현해야 하는 경영 문제를 전략적 차원에서 논의하였다.

이 책은 『글로벌비교경영학』을 위한 노력의 작은 시작에 불과하다. 앞으로 더욱 깊은 사고와 다양한 경험 자료를 통해 결정적 지식들을 보다 체계적으로 분석하고 정리하여 미력하나마 이 학문 분야에 자그마한 등불이 되었으면 하는 바람이다. 이 책을 집필하는데 국내외의 여러 학술 논문과 문헌들이 큰 도움이 되었다. 1990년에 발간된 졸저 『비교경영론 : 조직행위와 문화』는 이 책, '글로벌비교경영학'의 모체라고 할 수 있으며, 2008년에 집필한 『글로벌경영 다문화관리』는 이론적 밑거름이 되었다.

저자는 나름 많은 시간과 노력을 기울여 원고와 힘든 씨름을 하였으나 여전히 부족한 점이 많을 것이다. 특히 국내의 다양한 연구자료를 심도 있게 검토하지 못한 점이

못내 아쉽다. 이 책에서 다루어야 할 내용이 빠졌거나 다루고 있더라도 미흡한 부분에 대해서는 독자들의 질책과 조언을 겸허히 받아들여 앞으로 계속 보완해 나갈 것을 약속한다.

책의 내용 중 '볼거리 읽을거리', '글로벌 문화탐방' 코너에서 참고한 글들은 저자의 집필방향과 편집방식에 적합하도록 일부 용어와 문장을 수정하였거나 전체 내용을 요약하였음을 밝혀둔다. 책의 중간중간에 올려놓은 졸시(拙詩) 몇 편은 독자들과 정서적 교감을 바라는 저자의 소박한 마음을 표현한 것으로 이해하면 고맙겠다.

이 책을 집필하고 출판하기까지 도움을 주신 여러분께 깊이 감사드린다. 특히 이 책의 출판을 흔쾌히 허락해 주신 도서출판 청람의 이수영 사장님께 감사드린다. 그리고 편집과 교정 등 출판의 전 과정에서 세심한 노력을 기울여주신 임직원 여러분께 고마운 마음을 전한다.

2015년 2월

저 자

차 례

제3부 글로벌경영과 다문화관리

Part 01

Global Cross-Cultural Management

글로벌경영과 다문화환경

글로벌 비교경영학

제1부 글로벌경영과 다문화환경

- 제 1 장 글로벌기업과 문화환경
- 제 2 장 글로벌경영과 문화비교연구

제2부 조직행동의 문화비교적 이해

- 제 3 장 개인특성과 문화차이
- 제 4 장 개인행동과 문화차이
- 제 5 장 집단행동과 문화차이
- 제 6 장 리더십과 문화차이
- 제 7 장 조직특성과 문화차이

제3부 글로벌경영과 다문화관리

- 제 8 장 글로벌경영과 다문화집단
- 제 9 장 글로벌경영과 문화커뮤니케이션
- 제10장 글로벌경영과 문화다양성관리

제4부 글로벌기업의 다문화전략

- 제11장 글로벌기업의 해외파견자관리
- 제12장 글로벌기업의 협상전략
- 제13장 글로벌기업의 윤리경영전략

봄날 아침 부스러지는 햇살

(朴 英 培)

여린 햇살들
연둣빛 봄 길 달려와
감긴 눈 속 어둠 밀치며
환하게 부스러지는
이른 아침

저만치
산모퉁이 굽은 오름길
작은 손끝에 매달려 뒤따르는
눈 먼 아비

이 찬란한 아침
내 어찌 봄 길 되어
흩어진 햇살 한 줌 모아
어린 딸 손아귀에
꼬옥 쥐어줄까

Chapter 1 글로벌기업과 문화환경

- 볼거리 읽을거리 : 여성의 미덕
- 1. 문화와 인간행동
  2. 글로벌기업의 진화와 문화환경
  3. 글로벌경영과 문화차이의 이해
  4. 이 책의 구성 및 연구과제
- 글로벌 문화탐방 ① : 무채색 자동차의 서울
- 생각해 봅시다

볼거리 읽을거리

여성의 미덕*

미국

남성과 여성을 막론하고 공공장소에서조차 입을 크게 벌리고 큰소리로 웃을 것이다.

한국

여성들은 입을 가리고 상대방의 시선을 피하여 머리를 숙이거나 옆으로 돌리고 작은 소리로 웃을 것이다.

서양과 동양의 전통과 관습은 많은 차이를 나타낸다. 이러한 문화차이는 또한 사람들의 행동상의 차이로 나타난다. 위 그림은 한국인 남성과 미국인 여성, 그리고 미국인 남성과 한국인 여성이 마주 앉아 대화를 나누는 장면이다. 이 그림을 통하여 당신은 동일한 대화에 대한 행동반응이 문화에 따라 서로 다르게 나타남을 이해할 수 있다. 만일 당신이 외국인과 대화 도중 상대방이 당신의 경험이나 관념으로는 예상하지 못한 행동반응을 나타냈다면 당신은 어떠한 반응으로 그러한 상황에 대처하겠는가?

* 자료 : E. Current Marion and Dong-Ho Choi(1986), *Looking at Each Other*, Seoul International Publishing House, pp.86~87.

01 Chapter 글로벌기업과 문화환경

1 문화의 인간행동

1) 문화의 개념

인류학과 사회학에서 중점적으로 연구되는 문화(culture)의 개념에 대하여 학자들은 나름의 관점에 따라 서로 다른 정의를 내린다. 따라서 "문화란 무엇인가"에 대하여 현재까지 학자들 사이에 일치하는 견해를 찾아보기가 어렵다(이승영 · 박영배, 1990).

'문화'라는 개념은 인류학의 선구자인 영국의 에드워드 타일러(Edward B. Tylor)에 의해서 인류학에 처음으로 소개되었고, 그 후 하나의 전문용어가 되었다. 그는 자기의 저서인 『원시문화』(Primitive Culture, 1981)에서 문화를 "지식, 신앙, 예술, 법률, 도덕, 관습 등을 포함하는 복합적 총체"로 기술하고 있다(White, 1973; 이문웅, 1986). 그 후 많은 학자들은 문화의 개념에 대하여 좀 더 분명하게 정의하려는 노력을 기울여 왔다.

그러나 학자들은 그들의 연구주제와 관점에 따라 문화를 기술하고 있어서 아직까지 정확한 정의를 내리는 데에 의견의 일치를 보지 못하고 있다. 예를 들면, 학자에 따라서는 문화를 "사회를 하나로 결합시키는 공동철학, 의식형태, 가치, 신념, 기대 그리고 규범"으로 정의하며(Kilmann 등, 1985), 페티그류(A. M. Pettigrew)는 문화를 "어느 기간 어느 집단 내에서 운용되고 공개되며 대부분의 구성원들에 의해 받아들여지는 의식체계"라고 정의한다(Pettigrew, 1983). 또 루이스(M. R. Louis)는 『American

Heritage Dictionary』의 정의를 인용하여 문화를 "하나의 사회 또는 집단의 구성원들이 모두 공유하고 있는 행동형태, 예술, 신념, 제도 등과 같은 사회적·예술적 표현방식"이라고 정의하며, 또 어느 학자는 "문화란 사회를 결합시키는 공동가치와 행동"이라고 정의하고 있다(Kilmann 등, 1985).

새트히(V. Sathe)는 인류학자들이 지금까지 그들의 연구목적에 따라 서술한 164개의 문화에 대한 개념을 검토한 후에 문화는 기본적으로 다음과 같은 두 가지의 관점에서 정의되고 있음을 발견하였다. 첫째는 관념학파(ideational school)의 관점인데, 이들은 문화를 "사회구성원들이 마음속에 공유하고 있는 것은 무엇인가"라는 관점에서 정의를 내린다. 둘째는 문화적응자학파(cultural adaptationist school)의 관점으로서, 이들은 문화를 사회구성원으로부터 직접 관찰할 수 있는 행동과 언어, 그리고 사용하는 물체 등에 초점을 두고 정의를 내린다. 새트히는 사람들이 문화를 말할 때 어떤 사실에 대하여 각기 다른 면이나 관점만을 주로 중시하고 강조했기 때문에 그 정의에 혼란이 왔다고 말한다(Sathe, 1983).

이상에서 우리는 문화의 개념이 학자들의 관점과 견해에 따라 크게 두 가지의 입장으로 정의되고 있음을 알 수 있다. 그러나 이와 같은 문화의 정의에 대하여 어느 것이 옳고, 어느 것이 그르다는 주장은 있을 수 없다. 학자들은 각자 설명하려고 하는 대상에 따라서 정의를 달리하고 있을 뿐이다. 따라서 여기에서는 이들 두 가지의 입장을 종합하여 "문화는 사회나 집단을 구성하고 있는 모든 사람들이 공유하고 있는 가치관, 신념, 이념 그리고 관습, 지식, 언어, 신앙, 기술 등을 포함하는 거시적이고 종합적인 개념으로서 사회나 집단구성원의 행동에 영향을 미치는 중요한 요소"로 이해하기로 한다(Light, Jr. and Keller, 1975). 이와 같은 정의에 따르면 문화는 사회나 집단구성원의 행동과 사회체계를 형성하고 이들을 연결·조정·통합하는 중요한 요소라고 할 수 있다(박영배, 2008).

2) 문화와 인간행동의 형성

위에서 살펴본 문화의 개념을 통해 우리는 문화가 인간의 행동과 밀접한 관계가 있음을 이해하였다. 다시 말하면 한 사회의 문화지향성(cultural orientation)은 그 사회의 개인이나 집단들에 의해 표현되는 가치관(values)과 태도(attitudes), 그리고 행동

(behaviors) 사이에 복합적으로 이루어지는 상호작용의 결과로 나타나며, 이렇게 형성된 문화는 다시 그 사회구성원들의 행동이 형성되는 데 영향을 미친다는 것이다.

[그림 1-1]은 사회구성원들의 가치관·태도·행동과 문화 사이에 이루어지는 이와 같은 상호작용의 관계를 보여준다. 여기서 사회구성원으로서의 개인이나 집단은 그들이 속해 있는 사회와 삶에 대해 견지하고 있는 가치관을 통하여 문화와 그것의 규범적인 속성(normative qualities)을 표현한다. 그리고 가치관은 또 구성원의 태도에 영향을 미치게 되며, 태도는 결국 그들이 어떠한 상황에 처하든 간에 가장 합당하고 효과적인 것이라고 생각하는 행동으로 나타나게 된다. 이러한 개인이나 집단행동의 형성과정은 다시 그들이 속해 있는 사회문화에 영향을 미치게 되며, 이와 같은 순환과정은 되풀이된다(Adler, 1986).

따라서 이러한 과정을 거쳐 형성된 하나의 문화는 다른 사회나 집단의 문화와 구별되는 독특한 특성을 지니게 되는데, 이와 같은 사회문화적 특수성(cultural diversity)은 문화비교적인 관점에서 인간의 행동을 비교·분석하는 데 매우 중요한 근거를 제공한다(박영배, 2008).

그림 1-1 | 문화와 행동의 관계

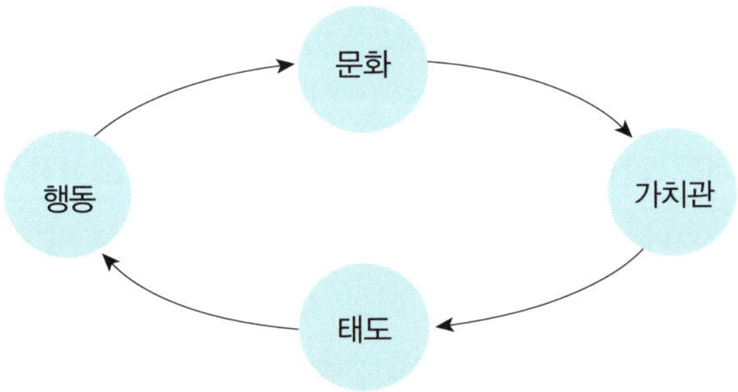

3) 관리행동과 문화의 영향

지금까지 학자들은 많은 연구를 통하여 인간의 가치관, 태도 그리고 행동이 문화에 따라 다르게 나타남을 발견하였다. 이들의 연구결과는 특히 우리가 가지고 있는 일련의 태도와 신념들이 우리가 경험하는 경영환경 내에서 어떻게 작용하는지를 잘 설명해 준다(박영배, 1995).

[그림 1-2]는 경영자의 문화적으로 형성된 신념과 태도 그리고 가치관이 그들의 행동에 어떻게 작용하는지를 보여준다. 즉 경영자의 신념, 태도, 가치관은 '부정적 순환'과 '긍정적 순환'이라는 두 가지의 행동패턴으로 나타난다고 할 수 있는데, 경영학의 발전초기에 크게 기여한 미국의 경영이론가인 맥그리거(D. McGregor)는 그의 X이론과 Y이론에서 이러한 순환적 행동패턴을 잘 설명해 주고 있다.

맥그리거의 'X이론'에 따르면, 경영자는 종업원들이 기본적으로 게으르고 책임을 질 의사나 능력이 없다고 생각한다. 따라서 이런 생각을 지닌 경영자의 관리방식은 자연히 종업원들을 감시 · 감독하고 강제로 목표를 향하여 끌고 가는 양상을 보인다. 그리고 경영자의 강압적인 관리방식을 경험하는 종업원들은 자기의 직무에 대해 책임을 지지 않으려는 행동을 보이게 되며, 이런 종업원들의 행동을 관찰하는 경영자는 종업원들을 더욱 불신하게 됨에 따라 전보다 더 엄격한 통제시스템을 개발하게 된다. 즉 맥그리거에 의하면, 경영자가 종업원을 불신하는 부정적 신념은 종업원의 무책임한 행동을 유발하고, 종업원의 무책임한 행동은 경영자의 종업원에 대한 불신을 강화시킨다는 것이다. [그림 1-2](b)는 이와 같은 부정적인 행동패턴을 보여준다.

또한 맥그리거의 'Y이론'에 따르면, 경영자는 종업원들을 절대 신임하며 그들을 엄격히 감독 · 통제하는 대신 잠재적 능력을 충분히 발휘할 수 있도록 여건을 마련해 준다. 그리고 종업원들은 경영자가 자기들을 신임하고 있다는 것을 믿음에 따라 경영자의 감독 여부에 관계없이 맡은 직무에 대해 최선의 노력을 기울이게 되는데, 경영자는 종업원들의 이러한 행동을 직접 관찰하면서 종업원에 대한 자기 자신의 긍정적인 신념 · 태도 · 가치관을 더욱 강화시킨다.

이와 같이 문화적으로 형성된 경영자의 가치관, 신념 및 태도 등은 그 자신의 행동에 영향을 미치고, 경영자의 이런 행동은 종업원의 태도와 행동에 영향을 미친다. 그리고 이들 종업원의 태도와 행동은 또한 경영자가 지니고 있는 본래의 가치관, 신념 및 행동을 강화시킨다.

그림 1-2 | 경영자와 종업원의 행동패턴

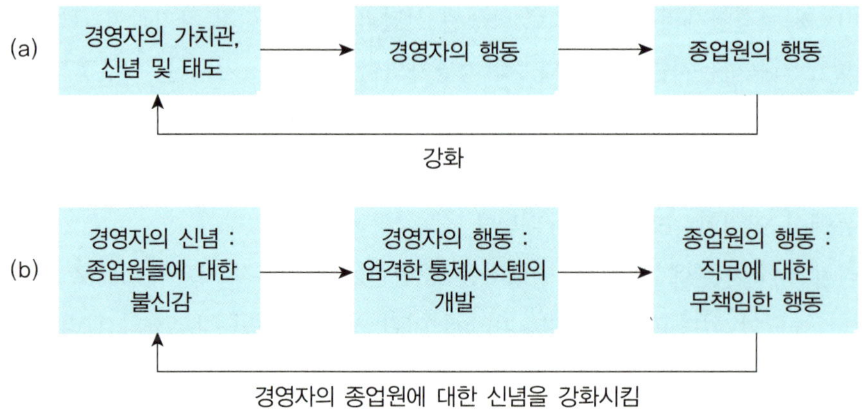

2 글로벌기업의 진화와 문화환경

1) 글로벌기업조직의 진화

글로벌기업의 조직문화(기업문화)는 기업이 기술과 경제 그리고 사람들로 형성되는 경영환경에서의 경쟁과 그 환경변화에 대처하는 방식에 영향을 미친다.

글로벌한 경영환경에서 사람들은 '자신의 문화'와 '사업영역의 문화' 그리고 '기업문화' 등 3중 문화에 동시에 노출되고 적응하게 되는데, 우리가 글로벌시장에서 활동하기 위해서는 고객 · 경쟁자 · 벤처파트너 · 공급자 · 정부관료 등으로 대표되는 이 세 문화를 피할 수 없게 된다(Terpstra and David, 1985).

그러나 모든 기업들이 처음부터 이와 같은 글로벌한 경영환경을 경험하는 것은 아니다. 기업은 그 경영영역을 점차 확대하면서 한층 넓고 복잡한 경영환경을 만나게 되며, 그와 함께 기업조직도 그에 적응하여 진화해 나가게 된다. 기업이 글로벌기업조직으로 진화 · 발전해 나가는 데에는 일반적으로 다음과 같은 네 단계를 거치게 된다(Moran 등, 2007). 이것을 글로벌기업조직의 'EPRG모델'이라고 부르기도 한다.

(1) 본국중심기업

본국중심기업(Ethnocentric corporations)은 본국지향적인 기업을 일컫는다. 이러한 기업은 생산활동이 본국을 중심으로 이루어진다. 연구개발과 제품생산이 대부분 본국에서 이루어지며, 외국에는 생산제품의 일부를 수출하는 형태를 취하는 것이 보통이다. 이와 같은 본국중심기업의 경영자들은 일반적으로 본국이 외국에 비해 더욱 지적이고 신뢰할 수 있으며 모든 면에서 앞선다고 생각한다.

본국중심기업은 국제업무를 담당하는 종업원들을 모두 본국에서 모집하고 양성한다. 그리고 CEO들은 기업주와 주주들의 생각에 예속되기 쉬우며, 노동조합은 국내고용환경의 강한 압력으로부터 자유롭지 못하게 된다. 본국정부의 정책 또한 국내시장만을 중시한다.

본국중심의 철학은 많은 국제기업들에서 찾아볼 수 있는데, 그와 같은 기업들은 서로 다른 언어로 소통하고 문화차이를 받아들이는 면에서 큰 어려움을 겪을 수밖에 없다. 특히 국내에서 만들어 해외로 가지고 나가야 하기 때문에 경영전략은 수출, 라이선싱(licensing), 턴키방식(turnkey operation) 등에 한정된다.

(2) 현지중심기업

현지중심기업(Polycentric corporation)은 현지국(host-country)지향적인 기업을 말한다. 이와 같은 기업의 생산활동은 여러 국가에서 각각 독립적으로 이루어진다. 따라서 현지국 시장에서 판매할 제품의 전부 혹은 일부를 현지에서 생산하게 된다. 그러나 중요한 기술혁신은 일반적으로 본국의 본사에서 이루어지며, 해외의 자회사에서는 본사로부터 기술지원을 받아 어느 정도의 개량을 통해 현지국 시장에 적합한 제품을 생산한다.

현지중심기업의 수익은 해외에서 창출되지만 복잡하고 다양한 해외시장을 이해하는 것이 쉽지 않다. 따라서 현지국 출신의 경영자들을 고용하여 현지 상황에 따라 활동하도록 하는 방식으로 다국적경영을 시작한다. 현지중심기업의 기본전략은 "현지국 시장은 현지인들이 가장 잘 알고 있기 때문에 그들에게 모든 책임을 맡기고 그들이 이익을 창출하는 동안은 간섭하지 않는다"는 것이다.

현지중심기업은 이익중심점(profit center)으로 준독립적인 위치에 있게 되는 여러 해외지사들로 느슨하게 연결된 집단이라고 할 수 있다. 본사의 최고경영진은 본국에서 충원하지만 현지국 자회사의 주요 직위는 현지인들이 담당하게 된다. 현지국은 자회사 운영에 대해 절대적인 통제권을 가지며, 본사의 최고경영진은 재무적인 통제 외에는 직접적으로 관여하지 않게 된다.

현지중심기업은 종종 외적인 압력에 직면하기도 한다. 예컨대, 어느 국가의 법률은 현지국이 현지 자회사의 경영에 참여하도록 되어 있는가 하면, 공업표준을 현지국 표준에 맞추도록 강요하기도 한다. 또한 현지국 정부가 주요 고객인 경우에는 기업활동에 직·간접적으로 영향력을 행사하기도 한다. 간혹 다국적기업(MNCs)으로 표현되기도 하는 현지중심기업은 항상 다양한 시장과 고객들로 형성된 이질적인 환경에 직면하게 된다. 따라서 이들 기업은 "현지국 시장은 현지인이 가장 잘 안다"는 믿음을 가지고 해외시장을 현지국별로 공략하는 전략을 구사한다.

(3) 지역중심기업

현지중심기업은 어느 정도의 시간이 지나면 글로벌한 조정과 통제의 필요성에 따라 지역중심기업(Regiocentric corporation)으로 발전해 나가게 된다. 지역중심기업은 해외활동의 범위를 지역별로 나누고, 한 지역에 다수의 국가를 포함시켜 연구개발·생산·판매가 어느 정도 독립성을 가지고 이루어지도록 하는 기업조직 형태이다. 예컨대, 해외의 경영활동 범위를 북미, 중남미, 중동, 서유럽, 동유럽, 동남아, 아프리카 지역 등으로 구분하여 각 지역별로 본국의 본사와 유사한 기능을 지니는 지역본사를 설립하고, 각 지역 내에서 독자적인 운영을 가능케 하는 경우이다. 따라서 이와 같은 기업은 몇 개 국가들의 블록을 하나의 목표시장으로 삼고 지역시장의 욕구를 충족시킬 수 있는 제품을 개발하여 그 지역 내에서 생산·판매하고 이익을 지역 내에 재분배하는 경영방식을 취하게 된다.

지역중심기업은 "지역 내의 사람들은 주변 국가들이 무엇을 원하는지 잘 알고 있다"는 믿음을 가지고 있으며 특정 지역에 대해 매우 의존적이 되기 때문에 지역본사의 경영진은 지역자회사들의 협조적인 사람들로 구성된다. 지역본사의 최고경영진은 지역계획, 현지연구개발, 생산혁신, 현금관리, 현지경영자 선발과 훈련, 자본지출계획, 브랜드 정책, 공공관계 등의 활동에 책임을 지게 된다. 그리고 본국 본사의 최고경영진은 세계경영전략, 국가별 분석, 기초연구개발, 외환문제, 해외이전비용, 회사 간 융자, 장기적 재무관리, 최고경영자의 선발, 기술이전, 기업문화의 개발 등과 같은 문제에 관심을 기울인다.

(4) 세계중심기업

세계중심기업(Geocentric corporations)은 세계지향적인 존재로서 전 세계적인 접근을 통해 통합적으로 경영시스템을 창출하는 데 궁극적인 목적이 있다. 이와 같은 세계중심기업은 세계를 하나의 단일시장으로 보고 연구개발·생산·판매 등 활동을 수행하기 때문에 소재지와 관계없이 연구개발은 기술수준이 가장 높은 지역에 위치한 연구소에서, 생산은 생산비용이 가장 싼 곳에서, 판매는 세계시장을 대상으로 물류비용이 가장 적게 드는 방법으로 기업을 운용한다. 다시 말하면, 전 세계적으로 표준화된 제품을 가장 적은 비용으로 생산할 수 있는 지역을 찾아 생산·판매하는 기업조직으로서 기업활동의 글로벌 배치와 조정이 매우 활발하게 이루어지는 형태라고 할 수 있다.

세계중심기업은 "모든 것은 하나를 위해, 하나는 전체를 위해"라는 사고와 "우리는 전 세계의 어디에서라도 문제를 해결하기 위해 다 같이 노력한다"는 믿음을 가지고 경영활동을 수행한다.

세계중심주의는 항상 최고경영진과 자회사들이 지역적 다양성에 보편적으로 적용할 수 있는 세계표준을 창출해 낼 것을 요구한다. 다양한 지역들은 글로벌 의사결정 시스템에 의해 하나로 통합되며, 훌륭한 아이디어는 지역이나 국가의 구별 없이 상호 교환된다. 또한 자원분배는 세계에 기반하여 이루어지며, 지리적 경계는 무시되고 기능적 경계와 생산라인은 세계화된다.

세계중심기업에서는 항상 최고의 인재들이 현지국의 법률과 정책의 테두리 안에서 문제를 해결하기 위해 심혈을 기울이며, 보상시스템을 통해 특정 국가에 대한 편견을 버리고 전 세계에 초점을 두고 설정된 목표를 달성하는 데 최선을 다할 수 있게 동기부여된다. 세계중심기업은 또한 현지 자회사들이 현지국의 훌륭한 시민으로 인정받도록 함으로써 현지국의 정책적 장벽을 극복하며, 현지국에 신기술과 선진기술에 대한 지식 등을 제공함으로써 우호관계를 유지해 나가기도 한다.

2) 글로벌기업의 문화환경

기업이 전 세계를 대상으로 경영활동을 수행하는 데에는 많은 어려움과 위험이 따른다. 특히 문화차이에 기인하는 각종 장벽들은 기업의 모든 활동과 기능에 지대한 영향을 미치게 된다. 따라서 글로벌경영자가 문화차이를 극복하고 경영활동을 보다 효과적으로 수행하기 위해서는 먼저 외국의 문화환경에 대하여 이해하고 적응하려는 노력이 선행되어야 한다.

한 사회의 문화는 그것을 구성하는 많은 요소들이 무작위로 또는 각기 독립적으로 존재하는 것이 아니라, 상호 긴밀한 관계를 유지하면서 하나의 전체(whole) 또는 체계(system)를 이루고 있다(한상복, 1982). 그러나 이러한 체계를 구성하고 있는 문화요소들은 너무나 다양하기 때문에 모든 요소들을 다 밝혀낸다는 것은 사실상 불가능하다. 다시 말하면, 그 전체로 기술될 만큼 단순한 문화란 존재하지 않는다. 따라서 인류학자들은 문화의 성격과 내용을 대표할 만한 몇 가지 요소 또는 특질들에 관심을 두고 접근한다. 다음의 문화요소들은 문화체계를 이해하고 파악하는 데 도움이 된다(이광규, 1971).

① **언어** : 말, 문자
② **물질** : 식습관, 주거, 의복, 기구, 무기, 직업
③ **예술** : 조각, 회화, 음악
④ **신화와 과학적 지식**
⑤ **종교행사** : 의례, 환자처리
⑥ **가족과 사회조직** : 혼인형식, 친족범위, 상속, 사회통제
⑦ **재산** : 부동산, 개인재산, 통상
⑧ **정치** : 정치형태, 사법과 입법의 절차

이와 같이 문화체계를 구성하고 있는 복잡하고 다양한 문화요소들은 또한 전체적인 문화환경으로 기업의 활동에 직접적인 영향을 미치게 된다. 따라서 글로벌기업의 경영자는 외국의 이러한 문화환경의 특성을 파악하여 그에 적합한 조직행동, 전략, 조직구조, 그리고 기술 등을 개발해야 할 필요가 있다. 글로벌기업의 문화환경에 중요하게 관련되는 요소들은 [그림 1-3]에서 보는 바와 같이 언어, 종교, 가치 및 태도,

교육, 사회조직, 기술, 정치, 법률 등을 들 수 있다. 그러나 이러한 요소들은 각기 독립적으로 존재하는 것이 아니고 상호 연결되어 하나의 전체적인 문화환경을 형성한다(이승영 · 박영배, 1990).

그림 1-3 | 글로벌기업의 문화환경

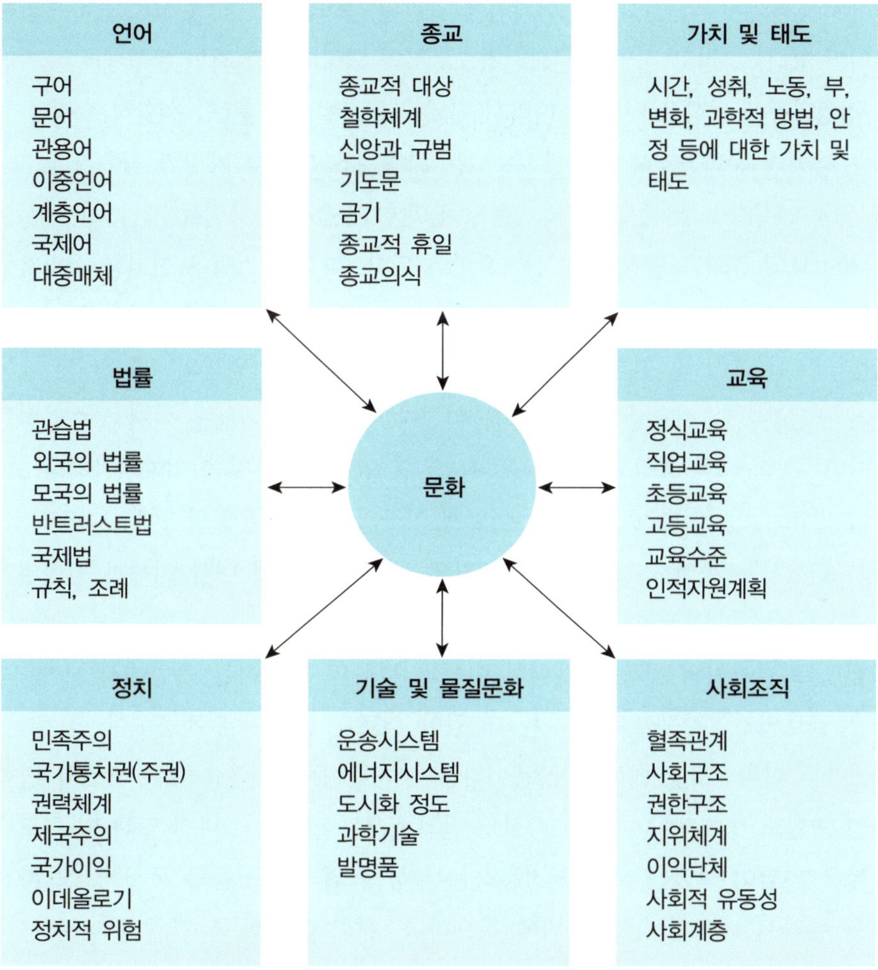

3 글로벌경영과 문화차이의 이해

1) 글로벌기업의 역할

앞에서 살펴본 바와 같이 글로벌기업에 관련된 문화환경은 각종 요소들로 복잡하게 구성되어 있다. 그리고 이러한 문화환경으로서의 외국의 이질적인 문화체계는 기업의 제반 경영활동에 영향을 미친다. 따라서 기업이 글로벌경영활동을 원활히 수행하기 위해서는 각국의 문화환경에 적응할 수 있는 각종 관리기능을 개발할 필요가 있다.

각국 문화환경의 차이는 의 · 식 · 주 등에 관한 관습상의 차이를 가져오고, 이는 다시 상품수요의 유형과 양을 결정짓는 요인이 된다. 따라서 기업은 현지국 소비자들의 이러한 문화적 소비패턴에 능동적으로 대비해 나갈 수 있는 '관리시스템'을 개발하여야 한다. 또한 조직 및 인적자원관리에 있어서 현지국 종업원들의 가치관 및 행동의 차이가 생산분야의 효율성에 큰 영향을 미친다. 그러므로 기업은 현지국 종업원들의 직무만족, 조직몰입, 그리고 생산성을 높일 수 있는 조직 및 인적자원관리시스템을 개발할 필요가 있다. 그러나 기업이 이렇게 외국의 이질적 문화환경에 효과적으로 대처하기 위해서는 무엇보다도 먼저 경영자의 문화적 차이에 대한 이해가 선행되어야 한다.

또한 글로벌기업의 활동을 자원의 이동과 결합의 과정이란 측면에서 보게 되면, 기업은 글로벌경영활동을 수행하는 데 있어 새로운 문화권에 적응해야 할 뿐만 아니라, 다른 한편으로는 새로운 상품이나 경영기법 등을 이전시키는 사회적 변화의 중개인 역할도 병행해야 한다는 사실도 간과해서는 안 된다. 다시 말하면, 글로벌경영활동은 기업이 외국의 문화에 적응하는 수동적 위치에 있음과 동시에, 그 자신의 활동을 통하여 외국의 문화권 내에 적으나마 '문화적 변화'를 만들어 내는 능동적 위치의 이중적 역할을 하는 셈이다(정구현, 1988).

문화적 변화의 중개인(change agent)으로서의 기업의 글로벌경영활동은 긍정적인 면과 부정적인 면을 동시에 갖고 있다. 기업이 글로벌한 사업활동을 통해 이전하는 신상품, 새로운 인적자원관리제도, 마케팅기법, 종업원의 훈련과 기타의 현대적인 지식은 투자기업이나 현지국의 정부가 대개는 바람직한 것으로 평가한다. 그러나 경우에 따라서는 똑같은 자원에 대해서 불필요한 소비를 조장한다든가 또는 전통적인 가치관을 파괴한다든가 하는 비난이 퍼부어지는 사태도 초래할 수 있다. 따라서 글로벌 경영자는 현지국의 투자기업과 정부, 사회단체 등 현지사회를 주도하고 있는 엘리트들의 문화적 가치체계를 이해하고 파악할 수 있어야 한다. 기업의 글로벌경영활동이 긍정적으로 평가받느냐 아니냐 하는 문제는 현지국 엘리트들의 정치이념과 가치관으로부터 많은 영향을 받을 수 있기 때문이다.

2) 글로벌경영자와 문화차이의 이해

글로벌기업의 경영자들이 스스로 문화에 대한 학습을 촉진하고 인적자원개발전략을 수립할 때 문화요소를 고려하는 것은 매우 중요하다. 경영자들이 문화차이를 관리하는 방법을 익히는 것은 그들의 시야와 행동을 더욱 글로벌하게 해줄 뿐만 아니라 개인적으로나 직업적으로도 바람직한 결과를 가져다준다. 글로벌기업과 글로벌경영자에 있어서 문화차이를 이해하고 학습하는 것이 중요한 이유를 좀 더 상세히 살펴보면 다음과 같다(Moran 등, 2007).

첫째, 문화는 그것이 국가문화이든지 기업문화이든지를 불문하고 모두 경영자들에게 정체성에 대한 감각을 심어준다. 특히 문화는 장려해야 할 가치나 인간행동을 이해하고 판단하는 데 중요한 역할을 하며, 조직에 대한 충성심과 조직의 성과를 개선할 수 있게 해준다.

둘째, 문화적 지식은 사람들에게 어떤 통찰력을 심어준다. 예컨대, 기업 간 업무규약(business protocol)은 특정 국가의 독특한 특성이나 코드(codes) 그리고 의식형태나 표준 등과 어우러져 만들어지기도 한다.

셋째, 문화적 깨달음이나 문화적으로 학습된 노련함은 조직문화를 이끄는 데도 큰 도움이 될 수 있다. 그리고 자회사, 특정 부서 또는 정부단위에 형성되어 있는 하위문화(subculture)는 전체조직의 목표달성이나 조직 내 의사소통을 촉진하기도 하고 방해하기도 한다.

넷째, 문화의 개념과 특성은 이미 소멸된 산업이나 미래 산업의 근로환경 내 근로문화를 분석하는 데 도움이 된다. 또한 문화적 통찰력과 문화적 해결방식은 우리가 리더십과 경영실무에 대해 문화적 영향을 최소화할 수 있는 비교경영기법을 연구하는 데 큰 힘이 된다.

다섯째, 다양한 문화적응능력은 기업의 세계적 경영과 교역활동에 있어서 필수불가결한 것이라고 할 수 있다. 문화적 민감성(culture astuteness)은 기업이 다양한 시장수요를 쉽게 파악할 수 있게 만들며, 자국 내 또는 해외시장에 존재하는 특정 소비계층이나 소수민족에 대한 전략을 개선하는 데 많은 도움이 된다.

여섯째, 문화적 분별력(cultural understanding)은 국내 또는 해외에서 얻은 경험을 다른 문화에 이전할 수 있게 도와준다. 이는 특히 경영자 개인뿐만 아니라 그들의 가족이나 부하들이 지역적 이동으로 말미암아 겪게 되는 문화변화와 그에 따른 문화충격의 문제를 해결하는 데에도 큰 효과가 있다.

일곱째, 문화적 분별력과 문제해결방식은 모든 해외진출시스템에 적용되어야 한다. 이문화에 대한 효과적인 적응은 해외에서의 경험과 생산성을 개선시킬 뿐만 아니라 해외에서 다시 자국과 모기업의 문화 안으로 재진입하는 데에도 도움이 된다.

여덟째, 문화적 역량(cultural capability)은 경영자가 국제적 조직에 관여하거나 국제적인 모임에 참여하는 데 큰 힘이 되며, 문화적 능숙함은 개인의 경험을 타 문화에 적합하게 바꾸어 적용해야 하는 문제에 효과적으로 대처할 수 있게 한다.

3) 글로벌화시대의 문화적응사례

(1) 경영자의 문화적응

문화적 이질성에서 비롯된 갈등과 가치관의 차이는 때때로 기업이 세계무대에서 성공하는 데 심각한 장애요소와 장벽이 되고 있다. 한국에서 사업을 하는 외국기업들의 경우 기업가치와 기업목표상의 차이뿐 아니라 기본적인 사회적 가치와 관습의 차이는 한국기업과 외국 합작상대기업 사이에서나 외국인 경영자와 한국경영진 및 생산직 근로자들 사이에서 종종 마찰을 일으켜 왔다(한국경제신문, 1986년 2월 4일자).

합작상대기업들 간에 견해가 전적으로 일치되어 있고 합작상대기업들이 공동의 목표를 이루기 위해 완전히 협력하는 경우라 할지라도 문화차이 때문에 많은 문제들이 발생하고 있다. 한국기업들도 외국에 진출하거나 외국, 특히 서방국가들에 지사를 설치할 경우 이와 유사한 문제들에 직면하고 있다.

짧은 기간 동안 한국을 방문하는 외국기업인들과 경영자들은 이 같은 문제들이 어떤 이유 때문에 야기되는지를 쉽게 파악하지 못한다. 실제로 외국기업인들은 한국말을 할 줄 모르기 때문에 당연히 의사소통이 이루어지지 않는다는 문제가 발생한다. 더욱 바람직스럽지 못한 것은 한국을 방문하는 외국기업인들, 특히 미국기업인들은 한국인들의 사회적 행동습관에 비추어 보면 낯설고 점잖지 못한 자신들의 고유한 문화적 양식과 관습들을 기업관계에 적용하려 하고 있다. 더구나 이들 한국방문 기업인들은 한국의 조직체나 의사결정과정들의 독특한 면을 거의 이해하지 못하고 있으며 한국에서 중요시되는 복잡한 사회적·인간적 관계들을 파악치 못하고 있다. 심지어 한국말과 한국의 사회적 예의를 배우려고 진지하게 노력하고 있는 극소수의 외국기업인들조차도 한국기업인들 사이에 존재하는 미묘한 인간적인 관계를 파악하는 방법에 관해 여전히 깨닫지 못하는 사례가 자주 눈에 띈다.

그러나 대부분의 한국기업인들은 한국에 있는 외국인들의 이 같은 미숙한 점을 이해하는 데 숙달되어 있다. 외국인투자기업의 경영자들과 한국의 생산직 근로자들 간에는 간접적인 관계를 맺게 되는 경향이 짙다. 이는 외국인기업들이 통상적으로 노사관계를 한국의 합작상대기업들로 하여금 한국의 독특한 방식대로 처리하도록 일임하고 있기 때문이다. 때때로 일부 외국인기업들이 사업상의 이유로 한국에서 생산활동을 중단할 때 노동분쟁이 일어났으나, 이러한 노동불만은 한국의 고유한 노동불만표시 형태로 발전하기 일쑤였으며 이는 한국기업들이 겪어온 유사한 노동분쟁과 근본적으로는 큰 차이가 없는 것이다. 외국인 소유의 생산공장에서 발생했던 특수한 노동분쟁은 일반적으로 외국기업인들의 입장에서 문화적 이질성을 무시했기 때문에 야기되었던 것이다. 한 가지 사건의 경우를 보면 전자부품공장의 외국인 경영자가 한국인 노동자들에게 김치를 먹지 말도록 지시한 사례가 있었다. 그러나 이와 같은 분별없는 지시는 항상 재빨리 취소됐다.

(2) 의사소통의 장벽

한편, 의사소통에 있어서 특히 많은 문제들이 발생한다. 이는 단순한 외국어의 오역에서뿐만 아니라 근본적으로 서로 다른 문화적 사고방식의 차이에서 나타나는 것이다. 어휘와 문장들은 자체로서는 올바로 번역되고 이해될 수 있으나 상황에 따라 실제로 의미하는 바를 이해할 수 없는 경우가 있다. 한국에 있는 외국기업들이 직면하는 가장 어려운 장애 중의 하나가 바로 의사소통과 문화적 사고방식에 차이에서 생기는 문제이다. 이와 같이 외국에 진출한 한국기업들도 의사전달이라든가 관리문제에 있어서 상당히 어려운 문화적 장벽에 직면하고 있다.

외국인 공장관리자들에게는 현지 근로자들을 잘 관리하여 노동분규를 일으키지 않도록 함으로써 생산성을 향상시키는 것이 우선적인 목표가 된다. 또한 외국인 사무관리자들의 목표는 사무직 스태프들이 높은 생산성을 달성할 수 있도록 이들에게 성취동기를 고취시켜 주는 것이다. 이 같은 목표를 효과적으로 수행하기 위해 외국경영자들은 현지의 관행에 따라 근로자들의 요구에 부응할 수 있도록 이들에 대한 이해력을 갖추어야만 한다. 만일 외국경영자들이 이에 실패한다면 사업을 파경에까지 몰고 갈지도 모를 심각한 문제가 발생할 수도 있다. 다만 생산직 근로자들이 있는 공장의 경우에는 성패 여부가 쉽게 나타나지만, 사무직 근로자들이 관계되는 전문직종에 있어서는 성패 여부를 측정하기가 매우 곤란하다.

얼마 전까지만 해도 이 같은 문제는 일방통행적인 경우가 많았다. 즉, 한국과 다른 나라들 사이에 존재하는 문화차이 때문에 생기는 업무 및 관리상의 제 문제는 오로지 한국에 진출해 있는 외국기업들에만 영향을 주었을 뿐이다. 그러나 현재는 한국도 해외에 공장을 건설하거나 투자활동을 할 때 동일한 문제에 봉착하게 된다. 그렇다면 한국기업들은 어떠한 방법으로 현지 근로자들과 전문직에 있는 스태프들을 관리하여 당초의 목표를 달성할 수 있겠는가?

한국기업들의 해외투자활동이 점차 확대됨에 따라 이전에 한국에 진출한 외국기업들이 겪었던 것과 유사한 도전을 이제는 한국기업들도 받게 되었다. 이러한 문제들은 한국경영자들이 실제로 인식하고 있는 것보다 훨씬 복잡하고 해결하기 어려운 것이다. 이것은 새로운 도전이며 현재까지도 그 결과는 성패가 엇갈리고 있다. 한국기업들 중 일부는 성공했으나 또 다른 일부는 실패를 겪고 있다. 한국기업들의 해외진출 사례가 늘어남에 따라 이러한 도전은 한층 격화될 것으로 예상된다.

따라서 이 같은 도전을 잘 이해할 수 있도록 한국기업들의 관리기술을 향상시키는 동시에 도전에 성공적으로 대응할 수 있는 방안을 강구하지 않는 한 많은 기업들이 실패를 겪게 될 것이다.

(3) 한국기업의 가치기준

한국이 대규모 생산직과 사무직 근로자들을 통합하고 생산의욕을 고취시키며 관리하는 경험을 쌓은 것은 매우 최근의 일이다. 이른바 '한국식 경영방식'이 등장했지만 이 같은 경영방식은 깊이 있고 성숙된 수준에 이르기까지 앞으로도 지속적으로 발전을 거듭할 것이다.

이 같은 현재의 상황을 요약한다면 한국의 대기업들은 '가족주의적 가치관'을 지향하는 경향이 있다. 온정주의적 태도는 널리 퍼져 있으며 조화 및 순종적 충성, 그리고 행동은 명확한 장점으로 간주되고 있다. L가족, H가족, S가족 등은 잘 알려진 예이다. 한국근로자들의 소문난 근면성은 교육에 의해 이루어지고 발전된 것이다. 회사에 대한 종업원의 의무는 총체적인 것이지 계약상의 일이 아니다. 종업원들은 계약상 정해진 주당 노동시간보다 더 많은 시간을 회사에 봉사하고 있다.

관념적으로 볼 때 종업원들에 대한 고용주들의 책임도 계약에 명시된 내용 이상의 것이다. 고용주들은 종업원들에게 기숙사·오락시설·교육기회 등을 제공하려고 노력하고 있다. 온정주의적 태도와 행동은 경영에서도 적용된다. 이 같은 경영시스템이 비록 대규모기업들의 종업원들에게만 적용될지라도 이는 중소기업들에는 동경의 대상이 되는 노사관계 형태이며 또한 정부가 지지하고 있는 노사관계 형태이기도 하다. 사실 최근 수년간 한국의 산업적 성취가 전 세계에 깊은 인상을 심어준 이래 많은 한국인들은 이 같은 경영방식을 한국의 성공에 열쇠가 되는 경영 및 노사관계에 대한 독특한 '한국적' 접근방법으로 평가해 왔다.

그러나 한국의 국내기업들이 사용하고 있는 이 같은 접근방법이 해외에 진출한 한국기업들에게서도 똑같은 성공을 기대하기는 어렵다. '가족적 분위기'라는 관념 그 자체가 문제들을 야기할 수 있다. 이러한 분위기는 조화 대신 '가족 내의 불화'를 불러올 수도 있는 것이다.

과거 수년 동안 우리는 '한국적 경영시스템'의 우수성에서 비롯된 잘 알려진 성공사례들을 보아 왔으며, 한편으로는 '게으른' 외국근로자들로 인한 엄청난 실패사례도 목격했다.

'성공'의 사례로는 미국의 앨라배마주에 위치한 LG공장 등이 있다. 앨라배마공장의 한국인 경영자들은 비록 실행방법에서는 다를지 모르지만 한국에서와 비슷한 가족주의적 온정주의정책을 채택하고 있다. 보다 중요한 것은 한국인 경영자들이 앨라배마 공장 생산직 종업원들과의 개별적인 접촉에서 자신들의 온정주의적이고 가족주의적인 태도를 유지하고 있다는 점이다.

이 때문에 LG공장의 성공담은 뉴욕타임즈 경제면과 다른 많은 신문・잡지 등을 통해 보도되기도 했다. 그러나 LG는 온정주의적인 생활양식에 익숙한 남부지역에서 노조에 가입하지 않은 저임금의 미숙련 또는 반숙련 근로자들을 고용하고 있다는 사실을 유념해야 할 필요가 있다.

결론적으로 LG의 사례에서 얻을 수 있는 의미와 교훈을 일반화하기에는 제한점이 많다. 마찬가지로 뉴저지주에서 생산활동을 하고 있는 삼성의 새로운 공장도 종업원들과의 관계에서 성공을 거두고 있다. 그러나 역시 이곳에서의 경험에서 얻어낼 수 있는 의미와 결론은 무척 제한적이다.

대조적인 사례로는 현대가 캘리포니아에서 첨단기술 개발 및 첨단기술제품 생산을 위해 세웠던 기업을 들 수 있다. 현대는 약 5천만 달러의 손실을 기록한 채 이 회사를 철수시킨 것으로 몇몇 소식통은 전하고 있다. LG가 앨라배마공장 현지고용원들의 생산성에 만족하고 있을 때 현대는 현지기업에서 발생한 문제점들과 실패가 '게으른' 영국근로자들 때문이라고 비난하고 있었다.

LG의 성공과 현대의 실패는 어떻게 생겨난 것일까? 앨라배마 LG공장의 종업원들이 낮은 임금과 낮은 교육수준에도 불구하고 생산적이었던 반면, 캘리포니아 현대공장의 종업원들은 높은 임금과 높은 교육수준에도 불구하고 '게을렀던 것'은 무엇 때문일까? 이에 대한 해답은 현대의 현지회사가 기술개발 및 상품화 단계에 있었다는 점에서 매우 중요하다.

LG와 삼성이 조립공장을 성공적으로 운영할 수 있었던 것은 남부지역 등 노조가 없는 지역에서 생산직 근로자들에 대한 온정주의적 정책이 먹혀들었기 때문이다. 그러나 한국에 있어서 장기적 성공에 보다 중요한 것은 아마도 현대와 같은 기술개발투자일 것이다.

(4) 갈등을 빚는 원인

갈등의 근원은 무엇인가? 갈등은 근로자들이 회사에 대해 기대했던 것이 충족되지 못했을 때 일어난다.

일반적으로 생산직 근로자들은 제한된 욕구를 갖고 있다. 그들은 더 높은 임금과 복지를 원하며 또한 기술훈련을 받고 승진하기를 원하기도 한다. 그러나 앨라배마나 뉴저지 공장의 상황에서 그들은 공장에서의 작업조건을 인정하고 회사의 온정주의를 받아들이고 그 속에서 번영을 누리고 있다. 그들은 미국인기업에서 받을 수 있는 임금을 그대로 받고 있으며 게다가 회사로부터 약간의 온정주의적 관심과 복지도 얻고 있는 것이다.

이와 비교해 볼 때 관리직이나 기술직에 관계없이 전문직 근로자들은 보다 큰 욕구를 갖고 있다. 그들은 자신의 개별적 작업성과가 고용주들에게 인정되고 그 성과에 근거하여 자신이 기업 내부에서 승진할 것으로 기대한다.

결국 그들은 장기적으로 자신의 경력이 어떤 특정 기업과 무관한 것으로 간주한다. 특히 첨단기술산업의 경우에는 항상 많은 기업들이 부침을 거듭한다. 따라서 이들 전문직 근로자는 자신의 위치가 영구불변하고 안정될 것으로 전혀 기대하지 않는다. 전문직 근로자들에게 있어 자신들을 경영문제로부터 도외시해 놓고 지시만 내리는 권위주의적 경영체계는 모욕적이고 좌절감을 안겨주는 것이다.

그들은 위에서부터 아래로 서열적 지휘체계가 확립된 한국의 경영스타일과 다른 방식으로, 그리고 한국의 기술 및 관리전문직 근로자들이 지니고 있는 관습 및 기대수준과 다르게 창의적 작업에 참여하고 의사결정과정에 관계하길 원한다. 그들은 고용되었다는 사실 이상의 것을 바라며 기업과 함께 성공하길 원하다.

한국적 관점에서 볼 때 현대의 첨단전자산업 미국현지법인에 고용된 전문직 근로자들은 상당 수준의 임금을 지급받았으면서도 왜 회사에 불만을 가졌는가 하는 의문이 제기된다. 그러나 미국의 전문직 근로자들의 입장에서 보면 한국경영진들은 기술적 문제에 대한 이해 없이 독단적으로 지시를 내렸으며 그들의 지시는 때때로 작업의 진척을 가로막곤 하였다. 또 한국경영진들은 현대가 설정한 목표에 따라 미국의 전문직 근로자들이 작업을 수행해 나가는 능력에 영향을 미치는 경영방침결정과정에서 그들을 배제했으며, 기업 내 정보의 흐름으로부터도 그들을 소외시켰다. 그 결과 미국근로자들은 현대 내에서 자신들이 승진하고 성공할 가능성이 전혀 없음을 재빨리 깨닫게 되었던 것이다.

4 이 책의 구성 및 연구과제

이 책은 기업의 경영활동이 글로벌화되어 가는 21세기를 맞이하여 전 세계를 하나의 시장으로 인식해야 하는 필연성과 다문화관리의 중요성을 강조하고, 다양한 자료의 분석을 통해 그에 대한 현실적 실천방안을 제시하였다.

글로벌경영의 성공과 실패는 기업이 이질적인 문화들을 어떻게 효과적으로 관리하는가에 달려 있다. 따라서 글로벌기업의 경영자는 먼저 자문화를 확실히 이해한 다음에 기업이 노출되어 있는 다양한 이문화들을 효과적으로 관리함으로써 다문화 사이에서의 시너지효과를 이끌어 내어야 한다.

글로벌기업의 경영자는 무엇보다도 문화의 개념과 그 중요성을 명확히 파악하고 사람들의 다양한 행동양식 또한 문화에 의해 영향을 받고 형성・진화해 나간다는 사실을 이해할 수 있어야 한다. 그리고 문화에 의한 행동양식은 기업의 경영방식에 영향을 미치며, 이는 결국 글로벌기업의 성장과 발전에 결정적으로 작용하게 된다는 사실을 깨달아야 한다.

이 책은 이 같은 시대적 필요성과 연구배경에 따라 글로벌기업이 극복하고 관리해야 할 문화와 관련된 과제들을 [그림 1-4]와 같이 4개 부문, 모두 13개의 장으로 구성하여 그에 대한 중요성과 실천방안을 논의하였다. 각 장의 첫머리에는 해당 과제에 대해 독자들이 쉽게 이해하고 그 내용에 흥미를 가지고 접근할 수 있도록 '볼거리 읽을거리'를 제공하였다. 말미에는 '글로벌 문화탐방' 코너를 두어 우리나라 및 세계 주요국의 문화적 특성에 대한 다양한 이슈 내지 문제점을 폭넓게 이해하는 데 도움이 되도록 하였으며, '생각해 봅시다'를 통해 학습의 중점을 다시 한 번 명확히 하면서 보다 심층적인 논의가 이루어질 수 있게 하였다.

그림 1-4 | 이 책의 구성 및 연구과제

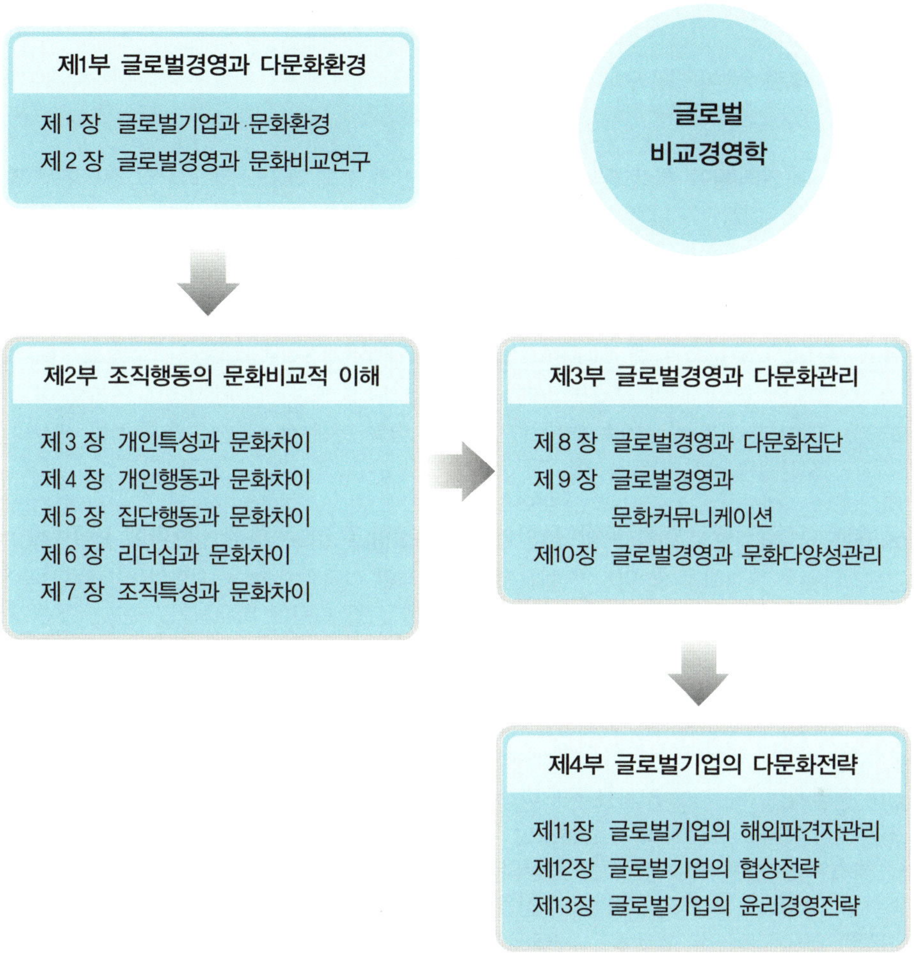

글로벌 문화탐방 1

무채색 자동차의 서울

서울이 세계 도시들을 제치고 '2010년 세계 디자인 수도'와 '유네스코 디자인 창의도시'에 잇달아 선정됐다. '디자인 서울'의 전성기다. 경복궁·비원 같은 고궁에서 현대적 디자인의 높은 빌딩숲까지 다양한 모습을 보여주는 서울의 매력이 공감을 얻은 것이다. 이런 서울의 색깔로는 서울의 다양한 매력과는 달리 단조로운 무채색이 먼저 떠오른다. 처음엔 아파트와 고층 빌딩의 색상 때문이라고 느꼈지만 오히려 도로 위를 달리고 있는 자동차 색상 탓 아닐까 싶다.

차량 색상은 도시의 인상을 결정하는 데 중요한 요소다. 그런데 서울시에 등록된 차량 300만 대 중 87%인 261만 대가 무채색이라고 생각해보자. 무채색 차량이 서울의 거리를 가득 메우고 있는 것이다. 자동차는 계속 이동하기 때문에 더욱 눈에 잘 띈다. 그래서 차량 색상과 도시 디자인의 상관관계는 더욱 높다.

해외에서는 색상이 디자인의 주요 영역이다. '컬러 디자이너'가 별도로 있다. 닛산의 컬러 디자이너들은 신차 개발을 위한 컨셉 회의 때부터 참여한다. 이후 소비자의 나이, 성별, 취미 등 라이프스타일을 분석해 차량 디자이너와 함께 총체적인 디자인 컨셉을 정한다. 마케팅전략에도 컬러 디자이너가 참여한다. 이들은 컬러마케팅전략을 종종 축구에 비유하기도 한다. 우선 새로운 차량에 11가지 색상을 적용한다고 가정한다. 가장 선호하는 색상을 '수비수'로, 실험적이고 독창적인 컬러를 '공격수'로 선정한다. 이들을 균형 있게 배치해 차별화한 색상을 원하는 소비층까지 만족할 수 있도록 컬러마케팅을 펼친다. 차량을 수출할 때도 색상을 고려한다. 계절은 물론 지형 특색에 따라 자연광의 조도가 다르다. 그래서 색상 샘플을 수출 대상국에 보내 실제 색상이 어떻게 보이는지를 조사할 정도다. 색상에 대한 문화적 차이점도 중요한 고려 대상이다.

최근 한국에서도 예전에 보기 힘들었던 톡톡 튀는 색상의 차량을 종종 찾아볼 수 있다. 소형차와 박스카 등 유채색이 어울리는 차량의 판매가 증가하고 있기 때문이다. 또 친환경 차량의 대중화로 녹색과 하늘색처럼 자연의 색상을 주력 색상으로 내세우는 차량도 등장하고 있다.

이성이 아닌 감성으로 소비하는 시대에서 색상은 중요한 요소다. 참신한 디자인이 꿈틀대는 서울에서 자동차만이 개성 없는 무채색의 거리를 만드는 것은 어울리지 않는다. 서울 거리를 주행하는 차량의 색깔이 조금만 더 다양해진다면 도시의 이미지는 역동적인 사람들과 수려한 자연경관과 조화를 이룰 것이다.

자료 : 중앙경제, '경제 view&', 2011년 5월 16일자.

생각해 봅시다

1. 문화는 어떻게 정의되며, 인간의 행동과 더불어 어떠한 중요성을 갖는가?

2. 글로벌기업조직은 어떻게 진화해 가며, 각 진화단계에서 이루어지는 경영활동의 범위와 초점은 무엇인가?

3. 기업의 글로벌경영에 관련되는 문화요소는 어떠한 것들이 중요하며, 그들 문화요소는 각기 글로벌경영의 어떤 측면에 어떻게 영향을 미치는가?

4. 기업은 글로벌경영을 통해 어떠한 역할을 수행하게 되며, 글로벌경영자가 다양한 문화의 차이를 이해하고 학습하는 것이 왜 중요한가?

Global Cross-Cultural Management

Chapter 2 글로벌경영과 문화비교연구

- 볼거리 읽을거리 : 골프와 고스톱
- 1. 글로벌경영과 문화비교적 접근
  2. 클러크혼의 문화비교모형
  3. 호프스테드의 문화비교모형
  4. 홀의 문화비교모형
  5. 본드의 유교문화패턴
- 글로벌 문화탐방 ② : 위대한 예술가는 훔친다
- 생각해 봅시다

볼거리 읽을거리

골프와 고스톱*

왜 한국 사람은 골프에 미칠까? 세계 어디에서든 비바람이 불고 눈이 오는 날 골프장에서 누군가를 만났다면 한국 사람일 가능성이 크다. 미국뿐 아니라 아시아, 유럽에 정착한 한국인 모두 골프를 매우 좋아한다.

신기한 현상이다. 한국에서 살다간 사람들은 그렇다 쳐도 한국의 골프문화를 전혀 모르는 해외 거주 한국계 사람도 골프에 정신을 빼앗긴다. 정말 한국인에겐 '골프 유전자'라도 있는 걸까? 박세리의 영향이라는 말이 있다. 그러나 박세리가 여자 US오픈에서 우승하기 전에도 전 세계 골프장엔 한국인 천지였다.

'골프가 고스톱을 닮아서'라는 그럴듯한 해석이 있다. 고스톱은 한국 사람에게 맞는 두 가지 흥행코드를 갖고 있다. '내기'와 '삼삼오오' 문화다. 한국인이 내기를 좋아하는 것은 잘 알려진 사실이다. 또 한국 사람은 3~5명으로 이루어진 소그룹을 좋아한다. 두 명이 있으면 좀 어색하고 다섯 명이 넘으면 너무 번잡스럽다고 느낀 적이 있을 것이다. 술집에 가보면 알 수 있다. 연인이 아닌 그룹은 대부분 3~5명이다. 광장과 파티문화를 가진 서양과 달리 한국에선 이런 '끼리끼리 문화'가 발달했다.

3명이 치고 한두 명이 광을 파는 도박인 고스톱이 한국에서 인기가 높을 수밖에 없고 골프도 그렇다. "골프에서 내기 안 하는 사람이 가장 독한 사람"이라는 말이 있을 정도로 내기는 보편화됐다. 마음 맞는 서너 명이 모여 내기를 한다.

고스톱처럼 내기 골프도 이런저런 반전의 장치를 만들었다. 실력도 중요하지만 그날 컨디션이나 운에 따라 승부가 갈린다. 처음 해보는 사람이 고수를 꺾을 수도 있는 것이 고스톱의 묘미다. 골프도 60대가 근력이 5배쯤 센 20대 청년을 충분히 이길 수 있는 스포츠다. 한국인에게 골프의 유전자가 있는 것이 아니라 골프에 고스톱의 유전자가 있는 셈인가?

* 자료 : 중앙 SUNDAY, 2008년 3월 2일자; 서울경제 골프매거진, 2005년 5월호, p.101.

Part 1 글로벌경영과 다문화환경

02 Chapter 글로벌경영과 문화비교연구

1 글로벌경영과 문화비교적 접근

1) 문화비교연구에 대한 두 가지 견해

기업경영에 문화가 영향을 끼친다는 관점에 대하여 1950년대 말 이래 많은 학자들이 관심을 가지고 논의해 왔다. 이러한 기업경영에 있어서 문화의 중요성에 대한 인식은 미국을 중심으로 한 선진공업국의 관리실천기능이 이들 국가와 상이한 환경 또는 풍토에도 효과적으로 이전될 수 있으며, 또 여하히 이전될 수 있느냐 하는 문제로부터 시작되었다고 할 수 있다.

사실상 경제발전의 속도는 경영의 발전에 거의 비례하는 것으로 나타나고 있으며, 선진국의 입장에서 본다면 후진국 또는 개발도상국의 관리실천은 후진적이고 비효율적인 것으로 여겨질 것이다. 이것이 사실이라면, 선진국들이 그들의 발전된 관리실천방법을 후진국과 개발도상국에 이전하려는 노력에도 불구하고 왜 여전히 격차가 생기는 것인가? 이것은 주로 '발전된' 국가로부터 '덜 발전된' 국가로의 현대관리이념에 대한 커뮤니케이션의 부족에 기인하는 문제이기 때문에 정보의 교환을 더 필요로 한다는 것인가? 혹은 서구적 관리실천이 서로 다른 환경적 배경에서 효율적으로 기능화하는 데 완전한 포용성이 없다는 보다 더 본질적인 문제인가? 후자의 경우라면 관리기능의 어느 요소들이 이전될 수 있으며 어떠한 환경적 조건이 그 이외의 관리요소의 이전을 배제하는가?

실제로 이러한 문제들에 대한 해답을 체계적으로 제시하는 실증적 연구는 많지 않다. 비교적 최근에 이르러 어느 정도의 연구가 선진관리기능을 개발도상국에 도입하고 적용하는 문제에 초점을 두어 왔으나 뚜렷한 결론이 나타나지 않고 있으며, 사실상 일치하지 않는 결과를 보여주고 있다. 서구의 관리실천기능이 상이한 환경에 성공적으로 이전될 수 있는가 하는 문제는 연구자들에 의하여 두 가지의 다른 견해로 나타나고 있다(신유근, 1973).

적극론자 또는 보편타당성을 주장하는 연구자들(universalists)은 미국의 대기업에서 발전된 기본적인 경영철학 또는 관리실천방법은 그것이 어느 환경에 적용된다 할지라도 최대의 효율성을 나타낼 것이라고 결론을 내린다. 이러한 견해는 일반경영이론의 관리과정학파(management process school)의 주장과 일치하는 것으로서, 비교경영학 분야에 있어서는 하비손(F. Harbison)과 마이어스(C. A. Myers)가 일찍이 12개 국가에 대한 관리실천을 분석한 후에 "현대세계에 있어서는 선진국과 개발도상국의 양쪽에 다 같이 적용할 수 있는 경영발전에 관한 일반적인 논리가 존재한다"고 한 주장에 의해 힘을 얻게 되었다(Harbison and Myers, 1959).

반면에 환경론자들(environmentalists)은 교육적, 사회·문화적, 정치·법률적, 경제적 조건과 같은 환경적 제약요인이 경영철학 또는 관리실천의 효율성을 결정하는 일차적인 요인이 된다고 주장한다. 곤잘레스(R. T. Gonzalez)와 맥밀란(C. McMillan Jr.)이 공동으로 브라질에서도 미국의 경영철학이 적용될 수 있는지를 연구한 후에 "경영은 풍토의 지배를 받는 보다 문화구속적(culture bound)인 것이므로 미국의 경영철학은 결코 보편타당하게 적용되는 것이 아니다"라는 결론을 내린 이후(Gonzalez and McMillan, Jr., 1961), 많은 후속 연구들이 이 견해를 뒷받침하고 있다(박영배, 2008).

2) 기업경영의 문화비교적 접근

경영학에서 문화와 관련되는 제반 문제를 다루는 분야를 '비교경영학(comparative management)' 또는 '문화비교경영학(cross-cultural management)'이라고 한다. 그러나 위에서 살펴본 바와 같이 이러한 문화비교적 접근방법에 의한 연구결과들은 불행히도 경영현상의 여러 분야에서 문화의 영향을 일관성 있게 밝혀주지 못하고 있다.

웨버(R. A. Webber)는 이 문제에 대해 보다 논리적으로 분명하게 설명하고 있다

(Webber, 1969). 그에 의하면 상이한 문화에서의 경영현상은 시간이 지남에 따라 서로 비슷한 방향으로 수렴(convergence)되는 분야가 있고, 반면에 시간이 지남에도 불구하고 상위(divergence)한 상태로 머무르는 분야가 있다는 것이다. 여기서 경영현상을 수렴시키는 힘의 변수로서 기술, 교육, 실용주의 철학을, 그리고 경영현상을 상위하게 하는 힘의 변수로서 문화의 고착성(culture inertia), 자원, 인구현황을 들고 있다. 이와 관련하여 그는 경영현상을 '인간-작업' 관계, '인간-인간' 관계, '기업-환경' 관계로 분류하였는데, 여기서 '인간-인간' 관계에 상위변수, 특히 문화가 강하게 영향을 끼친다는 것이다(박경규, 1984).

미국의 경영학자 차일드(J. D. Child) 역시 웨버의 주장을 뒷받침해 주고 있다. 그는 캐나다와 독일의 기업조직을 대상으로 한 문화비교연구에서 이들 나라의 조직들이 사용하고 있는 조직구조와 기술은 모두 유사한 특성을 나타내고 있는 데 반하여, 두 나라의 조직에 근무하고 있는 종업원들의 행동특성은 서로 다르게 지속되고 있음을 발견하였다(Child, 1981).

또한 애들러(N. J. Adler)는 "경영에 있어서의 문화비교적 접근방법의 연구초점은 조직에서 상이한 문화배경을 가지는 사람들의 행동을 연구하는 데 있다"고 하면서, 따라서 문화비교경영은 조직 그 자체와 같은 거시적 수준(macro level)의 연구보다는 주로 동기부여, 리더십, 의사결정 그리고 집단역학(group dynamics) 등 조직에서의 인간행동을 연구하는 전통적인 조직행동론, 즉 미시적 수준(micro level)의 연구와 더욱 관계가 있다고 강조한다(Adler, 1983). 여기서 그는 이러한 조직의 미시적 수준, 즉 '조직 내의 인간행동'을 주요 연구영역으로 하고 있는 문화비교경영연구는 행동 차원을 첨가시킴으로써 조직의 거시적 수준, 즉 '다국적기업의 구조적 측면'을 연구영역으로 하는 국제경영연구(international business studies)의 부족한 면을 보완해 준다고 말한다.

이들 학자의 견해를 종합해 보면, 문화적 차이는 종업원의 직업, 조직계층, 특정 직무 또는 연령이나 성별 등의 변수에서보다는 종업원의 태도와 행동과 같은 변수에서 강하게 나타남을 알 수 있다. 따라서 조직구성원의 태도와 행동은 그들의 문화적 배경에 따라 상당한 차이를 나타내며, 이 같은 차이는 조직유효성에 영향을 미치는 중요한 변수로 생각할 수 있다. 이러한 관점에서 볼 때, 문화적 차원에서 경영의 미시적 수준, 즉 조직에서의 인간행동을 중점적으로 연구하는 문화비교경영은 국내기업의 자문화환경에 적합한 경영방식을 개발·발전시키는 데 도움이 될 뿐만 아니라, 나아가 기업의 활동이 여러 국가나 전 세계에 걸쳐 행해지고 있는 글로벌기업이 상이한 문화환경에 효과적으로 적응하며 조직의 유효성을 높일 수 있는 경영방식을 발전시키는 데 있어서도 그 중요성이 매우 크다고 할 수 있다.

아래에서는 이상에서 살펴본 문화비교접근방법에 따라 국가 간의 문화차이를 비교·분석하는 데 효과적으로 이용되고 있는 몇 가지 대표적인 '문화비교연구모형'에 대해 살펴보기로 한다.

2 클러크혼의 문화비교모형

1) 문화지향성의 기본요소

문화인류학자인 클러크혼(Florence Kluckhohn) 부부는 서로 다른 사회의 문화지향성(cultural orientations)을 비교하기 위해 인간의 여섯 가지 기본문제에 대한 질문을 제시하였는데, 이는 특정 문화권 사람들의 공통적인 가치체계를 이해하는 데 큰 도움을 준다. 글로벌경영자들은 이 모형을 통해 자국과 현지국의 경영자 또는 종업원의 가치관과 행동이 문화적으로 어떠한 차이가 나타나는가를 비교할 수 있다. [표 2-1]은 클러크혼모형의 여섯 가지 질문과 각 질문항목에 대한 답변의 범위를 나타낸다. 이들 여섯 가지 질문은 다음과 같다(Kluckhohn and Strodtbeck, 1971).

① **인간의 본성** : 인간의 본성은 기본적으로 선한 것인가, 악한 것인가? 또 인간의 본성은 변할 수 있는 것인가, 절대 불변하는 것인가?
② **인간과 자연의 관계** : 인간과 자연의 관계를 어떻게 인식하는가?
③ **인간관계** : 인간관계는 개인주의적인가, 집단주의적인가, 또는 권위주의적인가?
④ **활동양식** : 활동양식은 정적인가, 동적인가?
⑤ **시간지향성** : 시간지향성은 과거인가, 현재인가, 미래인가?
⑥ **공간지향성** : 물리적 공간을 사적으로 이용하는가, 공적으로 이용하는가?

표 2-1 가치지향 차원

문화요소	행동 및 사고 차원		
인간의 본성	기본적으로 선	선과 악의 혼합	기본적으로 악
인간과 자연의 관계	자연을 지배	자연과의 조화	자연에 복종
인간관계	개인주의적	집단주의적 (구성원 간의 수평적 관계를 중시)	집단주의적 (구성원 간의 수직적 권위를 중시)
활동양식	동적	통제적	정적
시간지향성	미래지향적	현재지향적	과거지향적
공간지향성	사적	공·사 혼합	공적

2) 문화지향성과 관리행동

애들러(N. J. Adler)는 클러크혼의 여섯 가지 문화지향성 요소들은 태도와 행동의 형성과 밀접한 관계가 있는 인간의 가치를 반영한다고 강조한다. 그리고 그는 뒤의 [표 2-2]에 요약한 바와 같이 이들 문화적 특성에 대한 여섯 가지의 요소들을 관리행동의 문화비교적 관점에서 다음과 같이 설명한다(Adler, 1983).

(1) 인간의 본성

인간의 본성은 어떠한 것인가에 대하여 미국인들은 전통적으로 '사람은 다른 것에 우선하여 하나를 선택할 수 있는 선과 악의 복합체'로 생각한다. 그리고 미국 이외의 다른 문화들은 사람을 청교도정신에 반영되어 있는 것처럼 근본적으로 악하다고 보거나, 또는 여러 세기를 통하여 유토피아적 사회에 반영된 것처럼 근본적으로 선하다고 생각한다. 사람을 선하다고 보는 사회에서는 사람을 대단히 신뢰하는 경향이 있고, 반면에 사람을 악하다고 보는 사회에서는 사람을 불신하는 경향이 있다.

인간의 본성을 선과 악의 복합체로 생각하는 미국인들은 인간의 본성이 변할 수 있는 것으로 믿는다. 그러나 인간의 본성이 선이나 악의 어느 한 극단에 속한다고 믿는 사회의 사람들은 인간의 본성은 절대 변할 수 없는 것이라고 확신한다.

인간의 본성을 변할 수 있는 것으로 믿는 미국사회의 기업경영자들은 '종업원들은 개인의 의지에 따라 자신을 변화·향상시킬 수 있는 존재'라고 생각한다. 따라서 경영자들은 종업원들이 맡은 바 직무를 원활히 수행할 수 있는 능력을 배양할 수 있도록 학습기회를 제공하고 그들에 대한 훈련을 강조한다. 반면에 인간의 본성을 변할 수 없는 것으로 믿는 사회의 기업경영자들은 '종업원들은 자신을 변화시킬 수 없는 존재'라고 생각한다. 따라서 이들은 종업원들에게 학습기회를 제공한다든지 교육훈련을 강조하기보다는 종업원의 선발을 매우 중시한다. 즉 경영자들은 당초 종업원을 채용하는 과정에서 이들이 기업의 직무를 수행할 수 있는 사람인지의 여부를 결정하며, 입사 후 그들의 변화가능성에 대하여는 기대하지 않는다.

(2) 인간과 자연의 관계

인간과 자연과의 관계에 있어서 북미인들은 자기들을 '자연을 지배할 수 있는 존재'로 믿는다. 그러나 중국인과 북아메리카 남서부에 사는 원주민의 한 종족인 나바호(Navaho)족과 같은 다른 사회의 사람들은 '인간과 자연은 하나'로 생각한다. 즉, 자연환경과 인간 사이에는 아무런 구별이 없다고 본다. 그들은 자연과 인간은 서로 대립적인 관계가 아니며, 자연은 인간과 더불어 또 인간은 자연과 더불어 존재하는 것으로 생각한다. 또한 이 두 가지의 성향과는 대조적으로 다른 사회의 사람들은 '인간은 자연에 복종적인 존재'라고 믿는다. 이러한 문화에서 사람들은 자연의 피할 수 없는 힘을 숙명적으로 받아들인다.

예를 들면, 북미인의 자연에 대한 지배적 성향은 그들의 농업에 대한 접근방법에서 잘 나타난다. 그들은 자신들의 복지를 향상시키기 위해서는 자연을 변화시켜야 한다는 신념을 가진다. 따라서 농업종사자들은 농작물의 생산을 높이기 위하여 비료와 살충제의 사용을 강조한다. 대조적으로 자연과의 조화를 믿는 사회의 농부들은 농사환경의 좋은 상태를 계속적으로 유지하기 위하여 단지 적기적소에 적합한 작물만을 재배하려고 노력한다. 또한 자연에 복종적인 사회의 농부들은 비가 충분하게 오기만을 바라며 자연의 힘을 자기들에게 유리하도록 변화시키기를 꺼린다. 따라서 그들은 관개용수시설을 만들 생각을 하지 않고, 병충해가 없기만을 기대하며 살충제를 사용할 생각을 하지 않는다.

이러한 인간의 자연에 대한 신념과 태도는 기업경영자의 기업환경에 대한 생각과 태도에 반영된다. 즉 경영자가 기업의 경제적, 사회적, 문화적, 정치적 그리고 법적인 제반 외부환경에 대해 가지는 생각과 태도는 사회·문화적 특성을 반영한다. 따라서 경영자가 기업의 외부환경에 대하여 공격적이고 통제할 수 있다고 믿는가, 외부환경과 안정적이고 지속적으로 조화를 이루어야 한다고 믿는가, 아니면 기업은 외부환경에 의하여 필연적으로 지배받아야 하는 것으로 믿는가 하는 것은 그들이 속해 있는 사회·문화적 특성에 따라 다르게 나타날 수 있다.

(3) 인간관계

인간관계에 있어서 북미인들은 개인주의적이라고 할 수 있다. 그들은 그들 자신을 정의하는 데 있어서 개인적 특성과 능력을 사용한다. 그리고 집단의 복지보다는 개인의 복지에 더 큰 가치를 부여한다. 이와는 대조적으로 집단주의적 사회에서의 사람들은 그들 자신을 씨족과 공동체의 일원으로 정의하며, 집단의 복지를 가장 중요하게 생각한다.

철저한 개인주의적 성향을 보이는 미국인들은 집단과 공동체에 대해서는 약한 면을 가지고 있다. 집단주의적인 사회와 비교해 볼 때 미국인들은 더욱 큰 지리적 유동성을 지니며, 특히 조직에서 동료들과의 관계는 영구적이지 못하다. 또한 미국은 그들의 개인주의적 성향으로 인하여 일시적이고 불연속적인 그리고 유동적 사회로 묘사되기도 한다.

일본과 중국 그리고 이스라엘의 키부츠(Kibbutz)와 같은 보다 집단주의적 사회에서는 집단의 융화와 단결 그리고 충성심을 강조한다. 이들 사회에서는 집단규범에 위배되는 개인의 행동은 허락되지 않으며, 만일 개인이 집단규범에 위배되는 행동을 하였을 때에는 집단으로부터 배척당하는 위험을 감수해야 한다.

이러한 인간관계의 문화적 특성은, 특히 기업의 인사정책에 뚜렷이 반영되고 있음을 알 수 있다. 개인주의적 성향을 가지는 기업의 인사담당자는 종업원을 고용하는 데 있어서 개인의 능력과 전문성에 기초하여 직무에 대한 최적임자를 선발한다. 따라서 지원자는 신상, 학력 및 전문기술능력 또는 경력을 열거한 서류를 제출해야 한다. 이에 대하여 집단주의적 성향의 인사담당자는 종업원을 고용하는 데 있어서 기업에 대한 신용과 충성심 그리고 동료와의 관계 등을 제일 중요한 자격요건으로 생각한다.

따라서 기업은 그 조직에서 근무하고 있는 직원의 친척이나 친구를 더욱 선호하여 고용하는 경향이 있다. 이러한 기업에 입사하려고 생각하는 지원자는 개인적 능력 등을 열거한 서류를 제출하는 것보다는 오히려 친구나 친지를 통해서 인사담당자에 접근하는 것이 나을 것이다.

또한 개인주의적인 사회와 집단주의적인 사회에서 기업의 조직구조 역시 서로 다르게 나타난다. 캐나다와 미국과 같은 개인주의적 사회에서는 일반적으로 조직에서의 개인의 위치를 명확하게 명시하고 개개인에 대한 공식적 직무와 책임을 상세하게 기술한다. 그러나 홍콩, 인도네시아 및 말레이시아와 같은 보다 집단주의적인 사회에서는 조직구조를 상부의 하나 또는 두 개의 지위를 제외하고는 단순히 부, 과, 조 등으로 나누고 있는데, 이는 조직의 직무, 책임과 보고관계 등을 개인적 개념이 아닌 전체 조직이라는 집단적 개념으로 보기 때문이다.

개인주의적 성향과 집단주의적 성향은 또한 조직 내 의사결정과정에도 영향을 미친다. 북미에서는 조직 중의 개인이 의사결정을 한 다음에 다른 구성원의 동의를 구하는 방식으로 의사결정이 이루어진다. 따라서 그 과정이 비교적 빠르게 진행된다. 대조적으로 집단주의적 사회인 일본에서는 다수의 조직구성원이 의사결정과정에 참여한다. 이러한 집단적 의사결정과정은 구성원들 사이의 동의가 결정에 우선하여 이루어져야 하기 때문에 개인주의적 방식보다는 융통성이 적고 더 많은 시간이 소요된다. 그러나 모든 구성원들이 이미 이해하고 동의하고 난 이후의 결정은 그 즉시 실행에 옮길 수 있게 된다.

(4) 인간의 활동양식

인간의 활동양식에 대한 미국인의 지배적인 활동양식은 '실행한다(doing)' 또는 '실천한다(action)'는 것인데, 그들은 실제로 어떤 표준에 의해 측정되어질 수 있는 눈에 보이는 업적을 강조한다. 따라서 이러한 실천지향적 문화(doing-oriented cultures)에서 경영자들은 승진, 임금인상, 보너스 등 공적으로 인정될 수 있는 여러 가지 방법을 동원하여 종업원의 사기를 진작시킨다.

이와 크게 대조되는 개념으로 존재지향성(being orientation)과 통제지향성(control orientation)이 있다. 존재지향성은 사람과 사건(evens) 그리고 이념(ideas)이 무의식적으로 자연스럽게 흐르는 것을 의미한다. 따라서 사람들은 느슨함, 존재욕망에 대한 관대함, 순간적 착상 등을 중시한다. 이러한 존재지향적 문화에서는 경영자들이 만일 동료들이나 현재 진행 중인 사업계획에 대해 흥미를 느끼지 않는다면 미련 없이 직장을 그만둘 것이다. 왜냐하면 그들은 장래의 어떠한 보상을 위해서 철저히 일하기를 원치 않기 때문이다. 한편, 통제지향적인 사회의 사람들은 개인의 발전이 사회의 통합된 전체로만 허락되기 때문에 개인적 욕망을 억제하는 경향이 강하다.

문화의 실천지향성과 존재지향성은 계획수립방식에 서로 다르게 영향을 미친다. 존재지향의 사람은 시간을 한 세대에 걸치는 장기적인 개념으로 받아들인다. 따라서 그들은 진정한 변화가 일어날 수 있도록 장기간에 걸쳐 계획을 수립한다. 중요한 사업계획들이 확실한 결실을 보기 위해서는 종종 한 세대 또는 적어도 10년 정도의 시간을 필요로 하기도 한다. 존재지향의 사람은 짧은 기간 내에 결과를 얻기 위하여 일을 다그치거나 서두르지 않는다. 이들은 변화가 자신의 페이스에 맞추어 나타날 수 있도록 노력한다. 대조적으로 실천지향의 사람들은 만일 계획이 면밀하게 수립되고, 특정한 목표달성 예정일이 정해지고, 빈번한 진척보고서가 만들어진다면 변화과정을 가속화시킬 수 있다고 믿는다. 그러나 존재지향의 사람들은 이런 종류의 계획수립이 가능한 것이기는 하지만 현명한 것은 되지 못한다고 생각한다. 왜냐하면 이와 같은 계획은 거의 원래의 의도대로 이루어지지 않는 경우가 많으며, 장기적으로는 큰 성과를 거둘 수 없기 때문이다.

이러한 문화적 행동지향성은 기업종업원의 행동에도 크게 영향을 미친다. 실천지향의 사람들은 어떠한 목적을 달성하기 위해 일에 대한 노력을 극대화시키지만, 존재지향의 사람들은 자신의 삶을 충분히 향유하기 위해 일에 대한 노력을 최소화시키는 경향을 보인다. 따라서 실천지향성을 가진 자와 존재지향성을 가진 자에 대한 임금인상의 효과는 반대의 결과를 가져온다. 실천지향적인 사람은 일에 대한 노력과 보상의 크기는 정비례한다고 믿기 때문에 임금이 인상될수록 보다 많은 시간을 일하는 데 투입할 것이다. 그러나 존재지향적인 사람은 적은 노력으로도 충분한 돈을 벌 수 있고 또한 인생을 즐길 수 있다고 믿기 때문에 될 수 있는 한 적은 시간을 일하는 데 투입하려고 할 것이다.

(5) 삶의 주관심시기

삶의 주관심시기에 대하여 과거지향적 문화는 '계획은 사회의 관습과 전통에 의해 평가되어야 한다'고 믿으며, '혁신과 변화는 오직 과거의 경험에 따라서 정당화되어야 한다'고 생각한다. 반대로 미래지향적 문화는 '계획은 어떠한 특정 활동이나 사업계획으로부터 얻어지는 예측된 미래의 이익에 의해 평가되어야 한다'고 믿는다. 따라서 미래지향적인 사람들은 '혁신과 변화는 미래의 경제적 지불에 의해 정당화될 수 있는 것'으로 생각하고 과거 사회나 조직의 관습과 전통에 대해서는 그다지 관심을 두지 않는다.

대부분의 유럽인들은 과거지향적이라고 할 수 있다. 그들은 보존된 역사와 계속되고 있는 과거의 전통을 매우 중요하게 생각한다. 반면에 미래지향적인 북미인들은 전통을 그다지 중요하게 생각하지 않는다. 그러나 북미인들이 미래지향적이기는 하지만 그들의 주관심시기는 먼 장래가 아닌 '가까운 장래'라고 할 수 있다. 예를 들면, 북미의 사업가는 현재와 가까운 장래에 초점을 맞춘다. 즉 그들은 5년 또는 10년 계획의 달성에 대하여 이야기할지 모르나, 주요 관심사는 장기적 안목에서의 전체계획목표보다는 처음 1/4분기의 단기목표를 달성하는 데 있다.

북미인의 고용방식은 역시 단기적이다. 경영자들은 부임하여 첫해 동안 직무를 잘 수행하지 못하면 해고되거나 적어도 승진하지 못한다. 이와는 대조적으로 일본인은 미래지향적이면서 주관심시기는 장기적인 '먼 장래'에 있다. 따라서 일본기업의 종업원 고용은 단기적이 아닌 종신고용의 형태로 나타난다. 일본의 대기업들은 종업원들이 기업과 함께 30년에서 40년 동안 같이 일할 것을 기대하기 때문에 종업원들의 교육과 훈련을 위하여 장기적인 투자를 한다. 그러나 북미기업들은 기업과 종업원 사이에 종신적 관계가 예상되지 않기 때문에 종업원의 교육과 훈련에 단기적으로 적게 투자한다.

(6) 물리적 공간의 이용방식

사람들이 물리적 공간을 이용하는 방식에서도 문화적 차이를 발견할 수 있다. 예를 들면, 북미인들은 중요한 업무를 담당하는 종업원들에게 개인 사무실을 내어 주고, 심지어 개방되어 있는 사무실에서도 책상과 책상 사이에 칸막이를 설치한다. 그리고 중요한 회의는 보통 공개되지 않는 격리된 장소에서 이루어진다. 따라서 북미인들이 공간을 이용하는 방식은 매우 '사적'이라고 할 수 있다. 이와는 대조적으로 일본인들은 사무실 안에 공간을 분리하는 칸막이를 두지 않는다. 사장은 종종 넓은 방에서 종업원들과 함께 회사의 주요 안건을 처리하기 위한 회합을 갖는다. 또 중동인들 역시 회의 중에는 많은 사람을 참석시키며 이들의 의견을 존중한다. 따라서 일본인과 중동인들이 공간을 이용하는 방식은 북미인들에 비하여 매우 '공적'이라 할 수 있다.

표 2-2 문화지향성과 관리행동

문화요소	미국의 문화지향성	대비적 문화지향성
인간의 본성	선과 악의 혼합	기본적으로 선(기본적으로 악)
관리행동	변화가 가능함 종업원의 훈련을 강조하고, 직무에 대한 학습기회를 제공한다.	변화는 불가능함 종업원의 올바른 선택을 강조하고, 그들의 변화나 발전은 기대하지 않는다.
인간과 자연의 관계	인간이 자연을 지배	인간과 자연의 조화(인간은 자연에 복종)
관리행동	정책결정은 인간의 욕구에 따라 자연을 변화시키기 위해 행해진다. (예) 댐, 도로 등의 건설	정책결정은 인간의 욕구에 따라 자연을 보호하는 차원에서 행해진다.
인간관계	개인주의적	집단주의적
관리행동	인사담당자는 종업원을 선발하는 데 있어서 지원자의 학력과 능력을 중시한다.	인사담당자는 종업원을 선발하는 데 있어서 지원자와 기업 내 주요 인물과의 관계를 중시한다.
활동양식	동적	정적(통제적)
관리행동	종업원은 목표를 달성하기 위하여 작업을 극대화하려고 노력한다.	종업원은 그들의 생활에 필요한 만큼만 일하려고 한다. 따라서 작업을 최소화하려고 노력한다.
공간지향성	사적	공적
관리행동	경영자는 통상 중요한 회의를 폐쇄적인 장소를 이용하여 방해를 받지 않고 은밀하게 진행시킨다.	경영자는 통상 개방적인 장소를 이용하여 회의를 개최하며, 될 수 있는 한 많은 종업원을 참여시킨다.
시간지향성	미래지향성	과거지향적(현재지향적)
관리행동	정책은 5년, 10년, 15년 그리고 20년 주기의 목표에 중점을 두면서 융통성과 미래의 변화를 강조한다.	현재의 정책은 과거의 정책을 기준으로 하며, 미래에도 기업정책이 과거와 같이 계속 이행되기를 기대한다.

자료 : N. J. Adler(1984), *Women as Androgynous Manager: A Conceptualization of the Potential for American Women in International Management,* Pergamon Press, Ltd.

3 호프스테드의 문화비교모형

국가 간의 문화차이를 비교·분석하는 또 하나의 중요한 방법론으로 호프스테드(G. Hofstede)의 문화비교모형이 있다(Hofstede, 1980). 그는 실증적으로 이루어진 연구에서 문화를 분류하고 비교하는 데 매우 유용한 기준을 제시했고, 실제로 이 분류기준을 이용하여 각 국가들을 다양한 문화집단으로 분류하고 있다. 호프스테드의 문화비교모형에 관한 주요 내용을 살펴보면 아래와 같다.

1) 문화차이의 차원

호프스테드는 기업종업원들의 태도와 행동이 각국의 문화에 따라서 서로 다르게 나타나고 있음을 발견하였는데, 각국의 종업원과 경영자들 사이에 나타난 가장 중요한 문화적 차이점은 다음의 네 가지 차원(dimension)으로 요약된다.

(1) 권력간격

권력간격(power distance)이란 한 사회가 어떤 기관이나 조직에 권력이 불평등하게 배분되어 있다는 사실을 받아들이는 정도를 말한다. 모든 사회는 불평등하나 어떤 사회는 다른 사회보다 그 정도가 상대적으로 크다는 점에 착안한 것이다. 각국의 권력차이를 확실히 구분하기는 곤란하지만 권력차이를 '큰 권력간격(large power distance)'과 '작은 권력간격(small power distance)'의 양극단으로 나누고 권력간격의 크기를 이 양극단 사이의 어느 점에 표시함으로써 각국의 권력차이를 비교할 수 있다.

호프스테드의 연구결과에 따르면 필리핀, 베네수엘라, 멕시코, 인도 등은 권력간격이 가장 큰 권위주의적 국가에 속하는 것으로 나타났으며, 반면에 덴마크, 오스트리아, 뉴질랜드 등은 권력간격이 가장 작은 평등주의적 국가로 나타났다. [표 2-3]은 작은 권력간격과 큰 권력간격의 문화적 특징을 기술한 것이다.

표 2-3 권력간격

작은 권력간격	큰 권력간격
1. 사회에서 불평등은 최소화되어야 한다.	1. 각자의 합법적 신분으로 이루어지고 있는 사회에서 불평등에 대한 질서는 존재하여야 하며, 신분의 높고 낮음은 이러한 질서에 의해 보호되어야 한다.
2. 모든 사람은 상호 의존적이어야 한다.	2. 소수의 독립적인 사람과 다수의 의존적인 사람이 존재하여야 한다.
3. 계급은 편의상 존재하는 역할의 불평등을 의미한다.	3. 계급은 본질적인 불평등을 의미한다.
4. 상급자는 사람들이 자기를 좋아하는 것과 같이 하급자를 돌봐야 한다.	4. 상급자는 하급자를 자기와는 다른 부류의 사람으로 생각하여야 한다.
5. 하급자는 사람들이 자기를 좋아하는 것과 같이 상급자를 따라야 한다.	5. 하급자는 상급자를 자기와는 다른 부류의 사람으로 생각하여야 한다.
6. 상급자는 자연스럽게 대할 수 있는 사람이다.	6. 상급자는 자연스럽게 대할 수 있는 사람이 아니다.
7. 권력의 행사는 합법적이어야 하며, 행사하기 이전에 그것이 선인지 악인지에 대한 판단이 전제되어야 한다.	7. 권력은 선과 악을 따지기 이전에 사회의 기본적인 사실이며, 합법성 여부와는 무관한 것이다.
8. 사람은 누구나 평등한 권리를 가져야 한다.	8. 권력자에게는 특권이 주어져야 한다.
9. 권력자는 그들이 가지고 있는 실제의 권력보다 가능한 한 적은 권력을 행사하여야 한다.	9. 권력자는 가능한 한 많은 권력을 행사하여야 한다.
10. 사회적 패배자는 항상 보호를 받아야 한다.	10. 사회적 패배자는 당연히 비난을 받아야 한다.
11. 사회체제를 변화시키기 위해서는 권력의 재분배가 필요하다.	11. 사회체제를 변화시킬 수 있는 유일한 방법은 권력자들을 권좌에서 끌어내리는 것이다.
12. 다양한 권력계층이 존재할 때 사람들은 위협을 덜 느끼고 보다 더 사람들을 믿게 된다.	12. 권력을 가진 자와 권력이 없는 자 사이에는 항상 보이지 않는 갈등이 존재한다.
13. 권력이 없는 자들 간의 협동은 큰 힘을 발휘할 수 있다.	13. 힘없는 자들은 보통 그들 사이에 내재해 있는 불신 때문에 서로 협력하기가 어렵게 된다.

(2) 불확실성의 회피

불확실성의 회피(uncertainty avoidance)는 불확실한 미래를 어떻게 받아들일 것인가를 나타낸다. 이 불확실성의 회피는 '강한 불확실성의 회피(strong uncertainty avoidance)'와 '약한 불확실성의 회피(weak uncertainty avoidance)'의 양극단으로 나뉜다. [표 2-4]에서 볼 수 있듯이 불확실성의 회피가 강한 사회에서는 초조, 불안 등이 뚜렷하게 나타나며, 이에 따라 각종 법적·규범적 제도장치를 통해 리스크를 줄이고 안정을 기하기 위해 온갖 노력을 기울인다. 반면에 불확실성의 회피가 약한 사회에서는 미래에 대해 별로 위험을 느끼지 않으며, 따라서 일을 그렇게 열심히 하지 않게 되고 다른 사람의 의견이 자신의 것과 달라도 별로 신경을 쓰지 않는다.

표 2-4 불확실성의 회피

약한 불확실성의 회피	강한 불확실성의 회피
1. 어려서부터 경험하는 불확실성을 좀 더 쉽게 수용할 수 있으며, 불확실성은 항상 존재하는 것이다.	1. 어려서부터 경험하는 불확실성을 꾸준히 투쟁해야만 하는 계속적인 위협으로 느낀다.
2. 긴장감이나 스트레스를 별로 느끼지 못한다.	2. 깊은 고뇌와 번민을 경험한다.
3. 시간은 언제든지 있다.	3. 시간은 곧 돈이다.
4. 열심히 일하는 것은 미덕이 될 수 없다.	4. 항상 열심히 일해야 한다는 강박감이 있다.
5. 공격적인 행동은 곤란하다.	5. 자신과 타인의 공격적 행동은 용인된다.
6. 자기의 감정을 덜 나타내는 것이 미덕이다.	6. 자기의 감정을 적극적으로 표현하는 것이 미덕이다.
7. 갈등과 경쟁은 공정한 상태에서 이루어져야 하며 건설적으로 사용되어야 한다.	7. 갈등과 경쟁은 공격적이 되기 쉬우므로 가급적 피해야 한다.
8. 의견의 불일치가 많이 야기될 수 있다.	8. 의견일치에 대한 강한 욕구가 존재한다.
9. 의견의 불일치는 심각한 위협이 아니고 인내와 관용으로 해결할 수 있다.	9. 의견이 맞지 않는 사람이나 생각은 위험하므로 관용을 보일 필요가 없다.
10. 민족주의가 비교적 약한 편이다.	10. 민족주의가 매우 강한 편이다.
11. 젊은 층에 대한 감정이 보다 긍정적이다.	11. 젊은 층에 대해서는 일단 의심한다.
12. 삶에 있어서 위험을 기꺼이 수용하는 편이다.	12. 삶에 있어서 안정이 무엇보다 중요한 관심사이다.

13. 상호주의, 경험주의를 강조한다.	13. 절대적 진실과 가치, 그리고 궁극적인 것을 추구한다.
14. 규칙은 가능한 한 적을수록 바람직하다.	14. 명문화된 규칙과 규범은 필요한 것이다.
15. 지켜질 수 없는 규칙은 개정해야 한다.	15. 규칙이 지켜지지 않으면 죄인이 되고 후회해야 한다.
16. 신념은 일반사람들의 생각 속에 공통적으로 존재하는 것이다.	16. 신념은 전문가들의 지식 속에 존재하는 것이다.
17. 권위는 시민에 봉사하기 위해 존재하는 것이다.	17. 시민들은 통상 권위에 대해 무능력하다.

불확실성에 대한 강한 회피를 나타내는 국가로는 필리핀, 멕시코, 유고슬라비아, 베네수엘라, 브라질, 콜롬비아 등이 있으며, 그 반대의 경향을 보이는 국가로는 덴마크, 오스트리아, 이스라엘 등이 있다.

(3) 개인주의

개인주의(individualism) 차원은 '개인주의'와 '집단주의(collecti vism)'의 양극단으로 나뉜다. 개인주의는 사람들이 자신과 직계가족들에게만 관심을 가지는 것으로 간주되는 느슨하게 짜여진 사회구조를 의미한다. 반면에 집단주의는 우리의 집단과 외부집단 사이를 구별하는 엄격한 사회구조로 특징지어지는데, 사람들은 그들의 내부집단(친척, 당파, 조직 등)이 그들 자신을 돌보아 주기를 기대하며, 내부집단에 절대적인 충성을 보인다. 연구결과에 따르면 미국, 영국, 네덜란드 등은 매우 개인주의적인 국가로 나타났으며, 타이완, 파키스탄 그리고 콜롬비아 등은 매우 집단주의적인 국가로, 그리고 일본, 인도, 오스트리아, 스페인 등은 양자의 중간에 위치하는 국가로 나타났다. [표 2-5]는 개인주의와 집단주의의 대표적인 문화적 특징을 보여준다.

표 2-5 개인주의와 집단주의

집단주의	개인주의
1. 사회에서 사람들은 확대된 가족이나 종족의 일원으로서 가족이나 종족에 충성함으로써 보호를 받는다.	1. 사회에서 사람들은 자기 자신과 가족을 돌보는 것만으로 충분하다고 생각한다.
2. '우리'라는 생각이 지배적이다.	2. '나'라는 생각이 지배적이다.
3. 동일성의 인식은 전체 사회체제에 기초를 두고 있다.	3. 동일성의 인식은 개인에 기초를 두고 있다.
4. 개인은 조직과 제도에 대하여 보다 의존적이다.	4. 개인은 조직과 제도에 대하여 보다 독립적이다.
5. 조직에 대한 공헌은 도덕적이다.	5. 조직에 대한 공헌은 계산적이다.
6. 조직에서 강조되는 것은 소속감이다. 따라서 멤버십이 가장 이상적이다.	6. 조직에서 강조되는 것은 개인적인 창의와 성취이다. 따라서 리더십의 발휘가 가장 이상적이다.
7. 사생활은 조직과 자기가 속해 있는 종족에 의해 침해되고, 의견은 미리 결정된다.	7. 개인들은 의견과 사생활에 대하여 각자의 권리를 가진다.
8. 전문기술, 질서, 의무, 그리고 안전 등은 조직과 종족에 의해 보호된다.	8. 자주성, 다양성, 즐거움, 개인재산의 보호 등이 강조된다.
9. 우정은 안정된 사회적 관계에 의해서 미리 정해지며, 이러한 사회적 관계를 유지하기 위해서는 명망이나 위신이 필요하다.	9. 우정은 어떠한 특별한 관계에서만 필요한 것이다.
10. 집단에 의한 결정을 신뢰한다.	10. 개인적 결정을 신뢰한다.
11. 가치기준이 집단에 따라 서로 다르게 나타난다(배타주의).	11. 가치기준은 모든 사람들에게 똑같이 적용되어야 한다(보편주의).

(4) 남성다움

남성다움(masculinity) 차원은 그 사회에서 지배적인 가치가 어느 정도로 '남성다운가' 하는 것을 나타내는데, 남성과 여성의 사회적 역할의 구분을 극대화하는 사회를 '남성다운' 것으로 보고, 상대적으로 그것을 최소화하는 사회를 '여성다운' 것으로 본다. 가장 남성다운 국가로는 일본, 오스트리아, 베네수엘라 등이 있고, 가장 여성다운 사회로는 덴마크, 스웨덴, 노르웨이 등이 있다. [표 2-6]은 남성다움과 여성다움의 문화적 특징을 보여준다.

표 2-6 남성다움과 여성다움

여성다움	남성다움
1. 남성은 독단적일 필요가 없으며, 여성과 마찬가지로 양육의 역할을 담당할 수 있다.	1. 남성은 독단적이어야 하며, 양육의 역할은 여성이 담당해야 한다.
2. 남성과 여성의 사회적 역할은 유동적이다.	2. 남성과 여성의 사회적 역할은 명확히 구분되어야 한다.
3. 남성과 여성은 평등해야 한다.	3. 남성은 사회에서 지배적이어야 한다.
4. 생활의 질이 중요하다.	4. 중요한 것은 성과와 성장이다.
5. 살기 위해서 일한다.	5. 일하기 위해서 산다.
6. 사람과 환경을 중요시한다.	6. 돈과 일을 중요시한다.
7. 상호 의존관계를 중요시한다.	7. 독립성을 중요시한다.
8. 충고나 조언이 동기를 유발한다.	8. 개인적 야망이 동기를 유발한다.
9. 사람들의 불행에 대해 동정적이다.	9. 사람들은 성공과 성취자를 찬양한다.
10. 작고 느린 것을 아름답게 생각한다.	10. 크고 빠른 것을 아름답게 생각한다.
11. 남·여 공용이거나 중성적인 것을 이상적으로 생각한다.	11. 남성다움을 과시하는 것을 이상적으로 생각한다.

2) 문화집단의 분류

호프스테드는 위에서 설명한 문화차이를 나타내는 네 가지 차원을 이용하여 세계 150개 국가와 3개 지역(동아프리카, 서아프리카, 기타 아라비아 언어를 사용하는 국가)을 몇 개의 국가군(country clusters)으로 분류하였다. 그런데 여기서 유의하여야 할 점은 앞에서 설명한 네 차원에서 다시 각각 양극단으로 분류된 8개의 독립적 차원(개인주의－집단주의, 작은 권력간격－큰 권력간격, 약한 불확실성의 회피－강한 불확실성의 회피, 여성다움－남성다움)들은 서로 교차하면서 한 나라의 문화를 형성하고 있다는 것이다. 예를 들어, 권력간격과 집단주의를 결합해서 보면 집단주의의 특성이 강한 국가는 항상 큰 권력간격을 보여주나, 개인주의의 특성은 항상 작은 권력간격을 보여주지만은 않는다는 점이다. 다시 말하면 개인주의적이면서 동시에 권위주의적인 문화가 존재한다는 것이다.

여기서 한·미·일 3국을 중심으로 이들 세 나라 기업종원들의 태도와 행동적 특성이 어떠한 문화집단으로 분류되는지를 살펴보면 다음과 같다.

[그림 2-1]에서 보는 바와 같이 한국의 기업종업원들은 '큰 권력간격'과 '집단주의'를 나타내며, 이러한 문화집단으로 분류되는 국가로는 콜롬비아, 말레이시아, 필리핀, 싱가포르, 태국, 파키스탄 등이 있다. 미국의 기업종업원들은 '작은 권력간격'과 '개인주의'를 나타내며, 캐나다, 뉴질랜드, 네덜란드, 오스트리아, 서독 등이 같은 문화집단으로 분류되고 있다. 또한 일본의 기업종업원들은 '큰 권력간격'과 '집단주의'를 보이나, 그 정도가 한국에 비해서는 다소 낮게 나타난다. 일본과 같은 문화집단에 속하는 국가로는 브라질, 아르헨티나, 인도, 터키 등이 있다.

그림 2-1 | 개인주의 · 집단주의와 권력간격

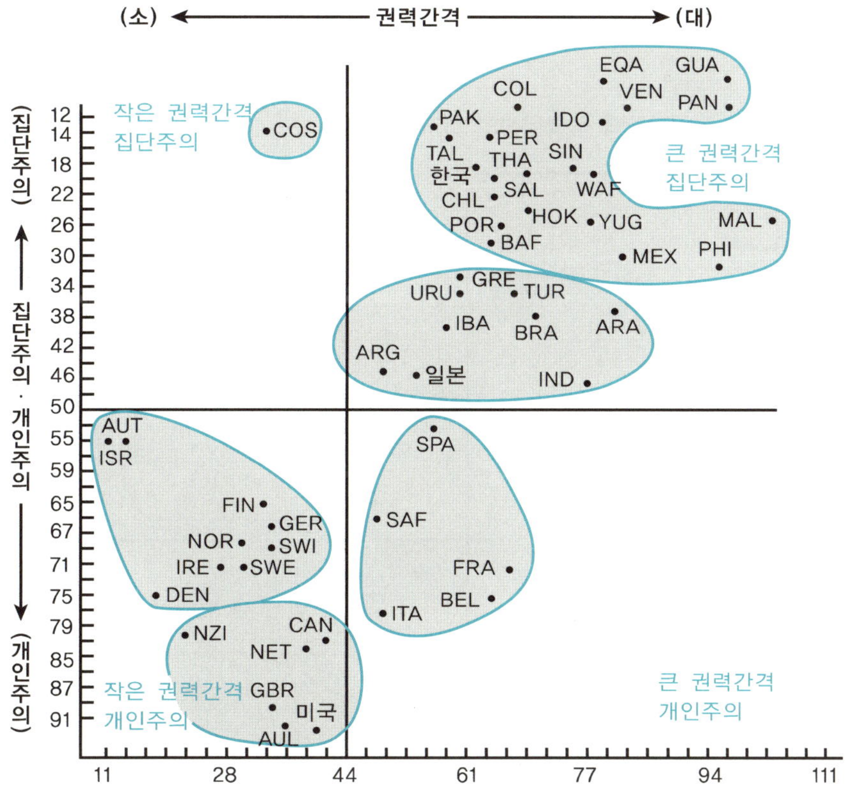

그리고 [그림 2-2]에서 보는 바와 같이 한국과 일본의 기업종업원들은 모두 '큰 권력간격'과 '강한 불확실성의 회피'를 나타내며, 브라질, 그리스, 유고슬라비아, 칠레, 이탈리아, 스페인, 벨기에, 멕시코 등이 같은 문화집단으로 분류된다. 이에 반하여 미

국의 기업종업원들은 '작은 권력간격'과 '약한 불확실성의 회피'를 나타낸다. 미국과 같은 문화집단으로 분류되는 국가들로는 캐나다, 노르웨이, 뉴질랜드, 네덜란드, 남아프리카공화국 등이 있다.

또한 [그림 2-3]에서 보는 것과 같이 한국의 기업종업원들은 '여성다움'과 '강한 불확실성의 회피'를 나타내며, 유고슬라비아, 칠레, 스페인, 프랑스, 포르투갈, 터키, 이스라엘 등과 같은 문화집단으로 분류되고 있다. 이에 반하여 미국의 기업종업원들은 '남성다움'과 '약한 불확실성의 회피'를 나타낸다. 미국과 같은 문화집단으로 분류되는 국가들로는 필리핀, 뉴질랜드, 캐나다, 인도, 영국 등이 있다. 일본의 기업종업원들은 '남성다움'과 '강한 불확실성의 회피'를 나타내며 다른 국가들과는 달리 독자적인 문화집단을 형성하고 있다.

그림 2-2 권력간격과 불확실성의 회피

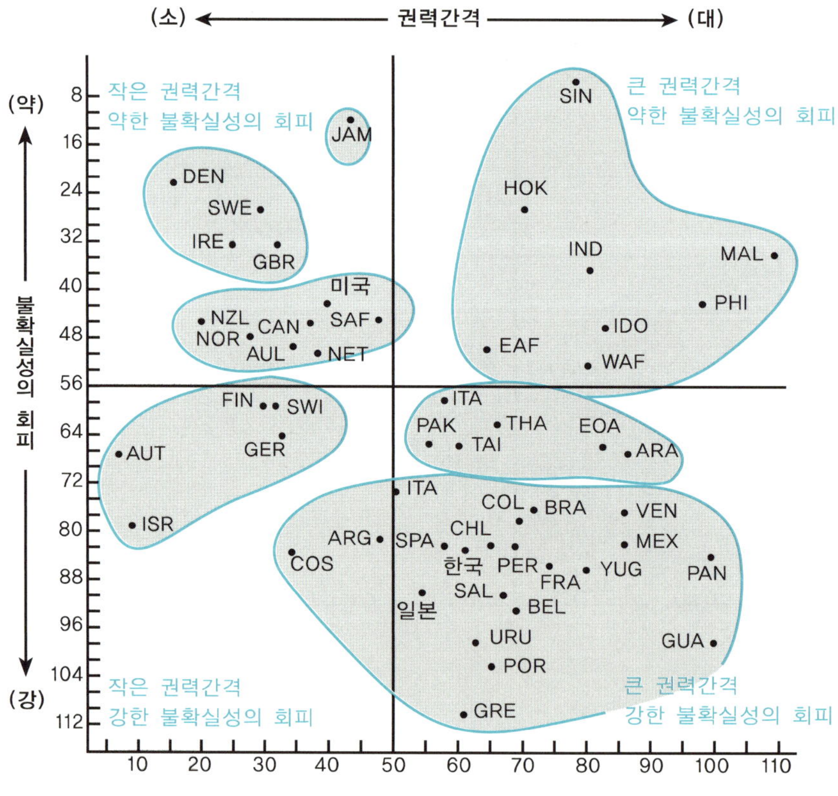

그림 2-3 남성다움 · 여성다움과 불확실성의 회피

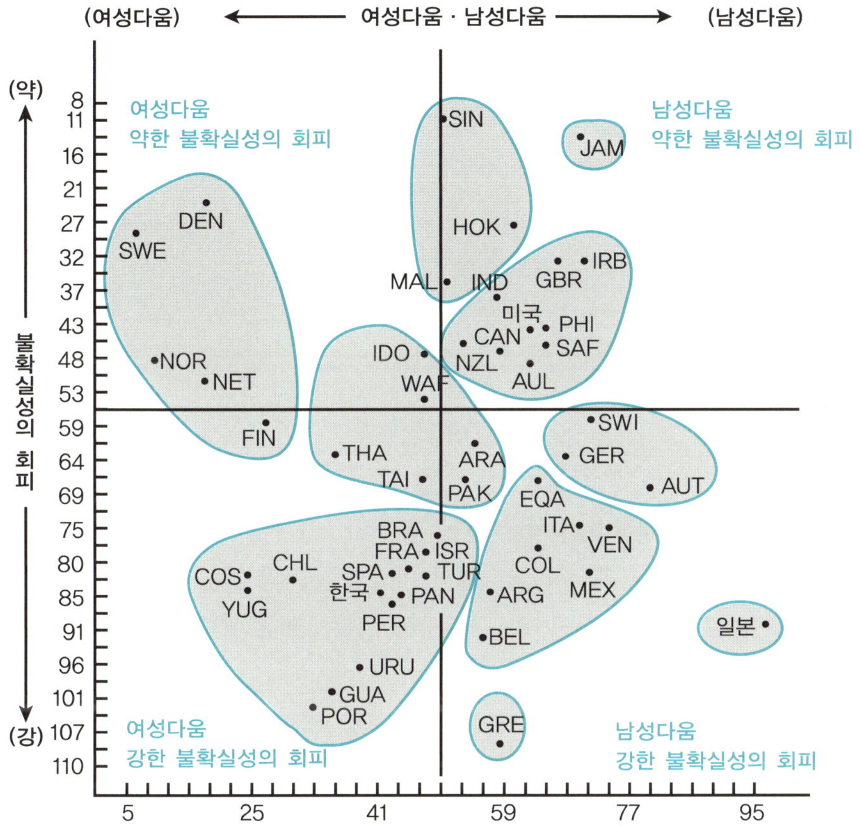

이상에서 호프스테드가 각 국가의 문화를 비교하기 위하여 제시한 네 가지 차원과 실제의 연구결과를 간단히 살펴보았다. '호프스테드모형'은 방법론에 있어서 계량적 분석방법을 도입하고 있기 때문에 객관성이 매우 높다고 할 수 있다. 그리고 이 모형은 글로벌기업 또는 글로벌경영자가 문화적으로 본국과 다르게 분류되는 국가에서 리더십, 동기부여, 조직설계 등과 같은 조직행동과 관련된 문제에 보다 효과적으로 대처할 수 있는 방안을 모색하는 데 큰 도움을 준다.

4 홀의 문화비교모형

위에서 살펴본 클러크혼과 호프스테드의 문화비교모형은 모두 문화차이를 지역적·국가적으로 비교하는 데 중점을 두고 있음을 알 수 있다. 여기에서는 한 걸음 더 나아가 문화차이를 국가문화와 기업문화를 동시에 비교할 수 있게 설계한 홀(Wendy Hall)의 문화비교모형에 대해 살펴보도록 하겠다.

1) 문화비교의 컴퍼스모형

홀(Wendy Hall)은 실증연구를 통하여 국가 간 및 기업 간 문화차이를 동시에 체계적으로 비교할 수 있는 모형을 제시하였다. 그는 이 문화비교모형을 통해 국가 간, 기업 간 문화차이를 효과적으로 관리함으로써 이질적 문화의 기업 간에 제휴나 인수합병과 같은 협력관계, 즉 파트너십(partership)이 성공적으로 이루어질 수 있다고 강조한다(Hall, 1995).

컴퍼스모형(The Compass Model : TCM)은 먼저 문화의 영역을 크게 행동에 있어서의 적극성(assertiveness)과 반응성(responsiveness)의 두 축으로 나누고, 이것을 다시 그 정도에 따라 네 가지 유형의 문화영역으로 분류한 다음 국가와 개별 글로벌기업의 문화적 특성을 비교하였다.

여기서 적극성 정도는 기업의 행동방식이 얼마나 강력하고 직접적인가를 나타내는 지표인데, 여기에는 개인주의적임, 요구적임, 통제적임, 진취적임, 권위적임, 공격적임, 도전적임, 근면함, 민첩함, 신중하지 못함 등의 개념들이 포함된다.

그리고 반응성 정도는 기업의 행동방식이 얼마나 정서적으로 표현되는지를 나타낸다. 여기에는 감각적임, 충실함, 타협적임, 공동협력적임, 가치융화적임, 예측불가능함, 질적임, 감성적임, 부정확함, 사람지향적임, 일관적임 등의 개념들을 포함한다.

[그림 2-4]는 이와 같은 문화의 두 영역을 다시 그 정도에 따라 분류한 매트릭스를 보여준다. 그림에서 기업행동의 낮은 적극성(Low Assertive : LA)과 높은 반응성(High Responsive : HR) 영역은 문화의 동방스타일(east style)로, 높은 적극성(HA)과 낮은 반응성(LR)은 서방스타일(west style)로, 높은 적극성(HA)과 높은 반응성(HR)은 남방

스타일(south style)로, 그리고 낮은 적극성(LA)과 낮은 반응성(LR)은 북방스타일(north style)로 분류하였다.

그림 2-4 | 문화비교의 컴퍼스모형

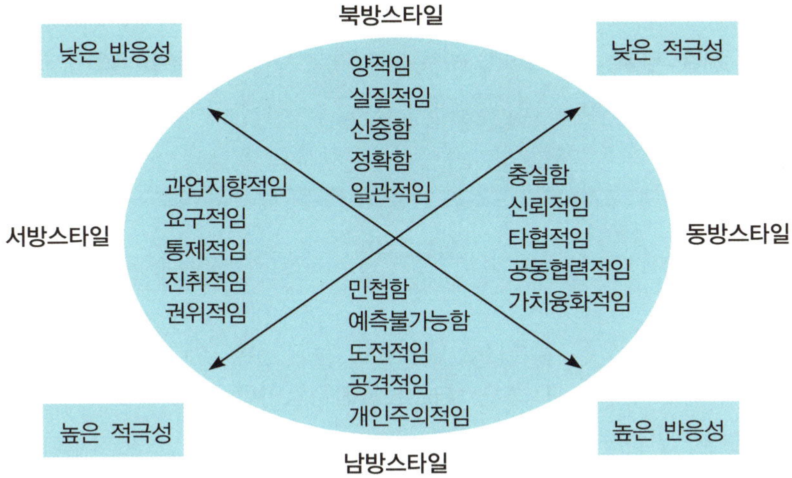

2) 국가문화와 기업문화의 비교

이상에서 살펴본 홀의 문화비교의 컴퍼스모형은 국가 간 문화차이뿐만 아니라 글로벌기업 간의 문화차이를 비교하는 데 매우 효과적이라고 할 수 있다(Hall, 1995).

[그림 2-5]는 문화비교의 컴퍼스모형을 토대로 여러 국가 및 글로벌기업의 문화가 어디에 위치하는지를 보여준다. 예컨대, 문화의 동방스타일(LA, HR)에 속하는 국가에는 일본과 이탈리아가 있으며, 기업에는 Hewlett-Packard(HP) NEC(N), Toshiba(TS), Nissan(N), Toyota(TY) 등이 있다. 그리고 문화의 서방스타일(HA, LR)에 속하는 국가로는 미국과 서독이 대표적이며, 기업으로는 Ford(F), Samsung(SA) 등이 있다. 문화의 남방스타일(HA, HR)에는 프랑스가 속해 있으며, 기업으로는 IBM(I), Siemens(SI) 등이 있다. 그리고 문화의 북방스타일(LA, LR)에는 영국과 네덜란드가 속해 있으며, 기업에는 General Motors(GM), Chrysler(C), Olivetti(O), Philips(P), Honeywell-Bull(HB), ICL(IC) 등이 있다.

그림 2-5 | 국가별 · 기업별 문화스타일 비교

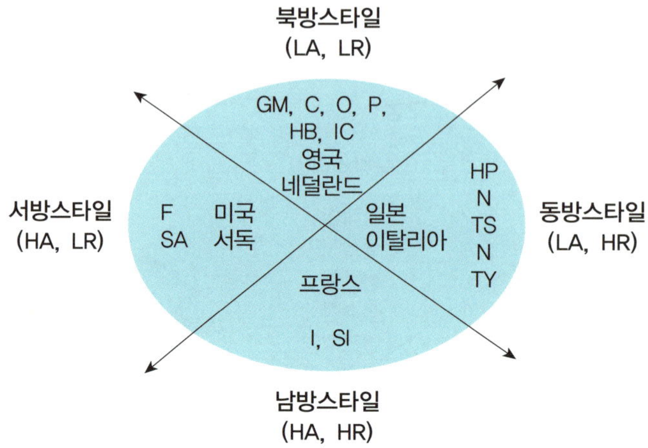

그런데 여기서 주목해야 할 것은 같은 글로벌기업이라 할지라도 자회사들의 문화적 특성은 회사가 위치한 국가에 따라서 서로 다른 문화스타일로 나타난다는 것이다.

표 2-7 | 문화스타일별 경영방식 특성

경영방식	동방스타일	서방스타일	남방스타일	북방스타일
문제해결	표면적 조화 강조	독단적임	활력적임 전체적임	논리적임 명확성 중시
의사결정	실제적 의견일치 중시	실제적임	즉각적임 신속함	신중함 사실에 입각함
의사소통	간접적임 신중함	직접적임	과시적임 다채로움	은밀함 소극적임
조직화	서서히 진화시킴	권위적임	항상 변신적임	명확함 일관성 중시
혁신	소극적임 다수의견 중시 집단위험 감수	계산된 위험	모험적임 도전적임	선택적으로 지지됨 갈등과 위험 회피
보상	소박하지만 민감함	성과에 근거함	칭찬과 격려	명시적 · 원칙적임
모니터링	상호관계 중시	목표량에 대해 민감	변화에 대해 탄력적	정확성 중시

예컨대, Unilever사의 영국본부와 이탈리아 자회사는 동방스타일에 속하며, 미국 자회사는 서방스타일에, 그리고 독일 자회사는 남방스타일에 속한다. 참고로 문화의 방위별 스타일에 따라 나타나는 기업의 경영방식특성을 요약하면 [표 2-7]과 같다.

5 본드의 유교문화패턴

문화를 연구하는 데 심혈을 기울여 온 여러 연구자들 가운데에서도 본드(M. H. Bond)는 서양학자들에 의해 개발된 문화분류방식은 서양의 선입관 내지는 편견이 크게 작용하고 있기 때문에 세상의 모든 문화특성을 일관성 있게 설명하지 못한다고 주장한다. 그는 동양의 유교문화를 예로 들면서 약 2500년 전 중국의 공자사상에 의해 형성되어온 동양의 유교문화패턴(confucian cultural patterns)은 다음과 같은 몇 가지 차원에서 서양이나 타 지역의 문화적 특성과는 매우 다른 양상을 보이는데, 국가 간 문화차이를 이들 차원에 의해서도 이해해야 할 필요가 있다고 강조한다(Moran 등, 2007).

① **통합성** : 통합성(integration) 차원은 사회적 안정성과 관계가 있다. 통합성이 높은 유교문화는 사람들의 행동에 있어서 관용과 비경쟁성 그리고 개인 간의 조화와 같은 특성이 강하게 나타난다.

② **인간성** : 인간성(human-heartedness) 차원은 우아함과 자비로움에 대한 가치와 관계가 있다. 인간성을 존중하는 문화는 타인에 대한 관대함, 예의 바름 그리고 친절함에 높은 가치를 두는 특성이 강하게 나타난다.

③ **도덕성** : 도덕성(moral discipline) 차원은 사람들의 일상적 활동에 있어서 행동상의 억제와 절제 등과 관계가 있다. 따라서 도덕성을 중시하는 문화의 특성은 '쾌락 아니면 금욕'과 같은 극단에 치우치지 않는 중용(middle way)을 따르며, 개인의 욕망을 바람직하지 않게 생각하는 경향이 강하게 나타난다.

유교사상은 노동(work)과 생활(life)에 대해 개인이 지녀야 할 태도와 지향성을 강조한다. 본드(M. H. Bond)에 의하면, 이상과 같은 문화 차원에 따라 나타나는 행동특성은 곧 공자(Confucius)의 가르침과 일치한다는 것이다.

공자의 가르침은 사람들이 모든 방면에 있어서 교육되어야 하며, 숙련되어야 하며, 열심히 일해야 하며, 검소해야 하며, 겸손해야 하며, 참을성이 있어야 하며, 엄격해야 한다고 강조하고 있다. 그리고 인간의 본성은 태어날 때부터 선하다고 생각하며, 따라서 이와 같은 행동표준에 맞는 품성을 갖추도록 사람들을 가르치고 훈련시키는 것을 개인의 의무 내지는 책임이라고 믿는다.

글로벌 문화탐방 2

위대한 예술가는 훔친다

'정보기술(IT)문화의 구루' 스티브 잡스가 애플 CEO직을 떠난다는 소식이 전해졌을 때 국내외 온라인 커뮤니티엔 그에 대한 찬사의 글이 넘쳐났다. 췌장암과 싸워온 지 오래. 아마도 병마 때문일 잡스의 퇴진은 그가 이끌어온 21세기 스마트 혁명이 새 변곡점을 맞았음을 뜻한다. 그에 대한 평가는 극을 달린다. 수백만 추종자를 거느린 디지털 세상의 리더, 한편으론 복수심과 정복욕에 사로잡힌 '악마의 천재'.

젊은 날 잡스는 환각제를 즐기는 몽상가였다. 힌두교에 심취했고, 대학을 자퇴한 채 좋아하는 일에만 빠져 살았다. 그는 2005년 스탠퍼드대 졸업식 강연에서 "자퇴는 내 인생 최고의 결정이었다"며 "계산 없이 그저 호기심과 직관을 믿고 나아가는 과정에서 많은 걸 배웠다"고 했다. 애플 창업 뒤에도 그는 이런 삶의 기조를 버리지 않았다. '더 많은 돈을 벌 수 있는 제품'보다 자신이 만족할 수 있는 '더 완벽한 제품'을 만드는 데 몰두했다.

잡스는 1976년 동네친구 스티브 워즈니악과 애플을 창업했다. 그는 25세 때 이미 백만장자였다. 애플컴퓨터로 'PC의 전성시대'를 열어젖히며 승승장구했다. 하지만 그의 독선적 경영은 이내 벽에 부딪혔다. 1985년엔 결국 자신이 영입한 전문경영인에 의해 회사에서 쫓겨났다. 훗날 그는 이 경험을 "내 인생 최고의 사건이었다"고 했다. 덕분에 성공의 무게에서 벗어나 모든 게 불확실한 초심자의 자세로 돌아갈 수 있었다. 실제로 그는 컴퓨터그래픽(CG) 업체 '픽사'에 투자해 최초의 CG 작품 '토이 스토리'를 만듦으로써 영화 역사를 새로 썼다. 1997년엔 경영난에 시달리던 애플로 복귀해 10억 달러 적자를 1년 만에 4억 달러 흑자로 돌려놓는 괴력을 발휘했다.

이런 스타일은 '충돌과 파괴의 리더십'으로 불린다. 그는 주변 사람들과 끊임없이 불화한다. 아무리 비현실적인 목표도 그가 "해야 한다"고 하면 그대로 진행된다. 하지만 이런 그의 고집이야말로 버튼이 하나뿐인 휴대전화(아이폰), 본체 없는 컴퓨터(아이패드)가 등장하는 원동력이 됐다. 그는 또한 기업인이기 이전에 '문화창안자'다. 그는 "유능한 예술가는 모방하고, 위대한 예술가는 훔친다(Good artists copy, great artists steal)"는 피카소의 말을 즐겨 인용한다. "인류가 지금껏 만들어놓은 최고의 것을 자신의 일에 접목하는 지혜가 필요하다"는 명언이다. 특히 세계 젊은이들에게 영감을 준 그의 명언이 있다. "갈망하라, 바보짓을 두려워 말라(stay hungry, stay foolish)."

자료 : 중앙일보, 2011년 8월 26일자.

생각해 봅시다

1. 글로벌경영의 문화비교연구에 대한 학자들 사이의 견해차이는 무엇이며, 이와 관련하여 글로벌기업의 경영자는 어떠한 관점으로 접근할 것이 요구되는가?

2. 다양한 문화의 차이는 어떠한 기준으로 비교할 수 있는가? 여러 문화비교모형들의 특징은 무엇이며, 각 모형들은 문화비교에 관하여 어디에 초점을 두고 무엇을 강조하고 있는가?

3. 기업의 글로벌경영과 관련하여 여러 문화비교모형의 장·단점은 무엇이며, 현실적으로 가장 도움이 되는 문화비교모형은 어느 것인가?

Part 02

Global Cross-Cultural Management

조직행동의 문화비교적 이해

글로벌 비교경영학

제1부 글로벌경영과 다문화환경

제 1 장 글로벌기업과 문화환경
제 2 장 글로벌경영과 문화비교연구

제2부 조직행동의 문화비교적 이해

제 3 장 개인특성과 문화차이
제 4 장 개인행동과 문화차이
제 5 장 집단행동과 문화차이
제 6 장 리더십과 문화차이
제 7 장 조직특성과 문화차이

제3부 글로벌경영과 다문화관리

제 8 장 글로벌경영과 다문화집단
제 9 장 글로벌경영과 문화커뮤니케이션
제10장 글로벌경영과 문화다양성관리

제4부 글로벌기업의 다문화전략

제 11 장 글로벌기업의 해외파견자관리
제 12 장 글로벌기업의 협상전략
제 13 장 글로벌기업의 윤리경영전략

누름돌

(朴 英 培)

김칫독에 김장김치 수북이 채워 넣고
개울가에서 주어다 놓은
반들반들 잘생긴 누름돌 하나를
김칫독 위에 올려놓으면서
어머니가 혼잣말을 중얼거리신다.

-짐장짐치는 요렇게 꾹 눌러줘야 혀.
숨을 눌러놔야 짐치 맛이 잘 드는 겨.
사람도 매양 한가지여.
맴 속에 쓸 만한 누름돌 하나씩은
꾹 품고 살아야 하는 겨.
그려야 사람 맛 잘 들고 오래 가는 겨.

Chapter 3

개인특성과 문화차이

볼거리 읽을거리

두뇌와 문화차이*

동양인의 뇌와 서양인의 뇌는 다른가? 동양과 서양, 같은 동양에서도 한국・중국・일본은 각기 독특한 문화를 발전시켜 왔다. 문화차이가 뇌를 바꾸고, 다른 뇌가 다른 문화를 만든다.

언어에서 감정의 표현과 인지는 전 세계적으로 공통적인 부분이 많다. 그러나 문화차이로 인해 같은 발성을 다르게 인지하는 경우도 있다. 예를 들면, 서양인들에게는 감탄으로 들리는 발성이 동양인에게는 의심으로 느껴지고, 일본인의 겸손한 어투가 서양인이나 다른 동양인에게는 오만스럽게 느껴지기도 한다. 이는 감각부분은 같더라도 두뇌의 고등인지기능이 문화권에 따라 다르다는 것을 의미한다.

일반적으로 동양인은 여러 개체 사이의 관계를 고려한 총체적 개념정리를 잘하고, 서양인은 개별 개체에 대한 세부분석을 잘하는 것으로 알려져 있다. 수초가 있는 어항 속의 물고기나 복잡한 배경 속의 인물 등 그림을 보여주며 눈동자의 움직임을 관찰하면, 동양인의 눈동자는 서양인에 비해 배경에 머무는 시간이 길다.

2개 시각패턴의 절대적 또는 상대적 크기를 판별하게 하면서 뇌의 활성도를 기능성 자기공명영상(FMRI)으로 측정하는 실험이 있다. 동양인은 절대적 크기를 판별할 때, 서양인은 상대적 크기를 판별할 때 뇌의 많은 부분이 활성화된다. "머리에 쥐가 난다"는 표현처럼 어려운 일을 할수록 뇌의 많은 부분이 활성화된다. 따라서 동양인은 상대적 판별을 잘하고, 서양인은 절대적 판별을 잘한다.

일상생활에서도 동양인은 주위 환경 및 사람과의 관련성에 관심이 많은 반면, 서양인은 개별 개체나 개인을 중시한다. 아시아 전역에서 호평을 받는 한류 드라마는 가족관계를 배경으로 하거나 주인공의 가족이 많이 등장하지만, 서양 영화에서는 대부분 가족관계가 설정되지 않는다.

이러한 문화차이는 젊은 사람보다 나이 든 사람에게 주로 나타난다. 문화는 외부환경의 중요한 요소이므로, 사람의 두뇌가 주위 환경으로부터 문화를 배운 결과로 해석된다. 즉, 이러한 차이는 구조적인 것이 아니고 기능적일 뿐이다. 하드웨어의 차이가 아니라 소프트웨어의 차이라고 할 수 있다. 따라서 새로운 문화권으로 이주한 후 6개월 만 지나도 새로운 문화적 특성을 갖게 된다는 보고도 있다. 겉은 노란데 속은 하얀 바나나가 미국에는 흔하다.

동・서양의 문화차이가 과학기술의 발전에도 영향을 준 것으로 보인다. 15세기까지만 해도 동양의 과학기술이 서양을 압도했다. 비단・종이・도자기・화약 등 동양의 기술이 실크로드를 통해 서양으로 넘어갔다. 중세에 무역으로 부를 이룩한 이탈리아 도시의 박물관 소장품 가운데는 동양에서 넘어온 도자기 주전자의 외부를 백금 철망으로 보호한 것도 있다.

그러나 공자・노자・주자로 대표되는 동양의 학문은 총체적 개념을 중요시한 결과, 작게 나누어 분석적으로 연구하는 서양과학에 주도권을 넘겨주게 되었다. 뇌 연구도 시스템수준에서 분자수준까지 다양하며, 주로 뇌 전체를 다루는 '인간의 본성'에 관한 학문으로부터 신경세포 이하를 분석하는 기법으로 발전했다. 수풀 전체의 생태계로부터 나무 잎사귀 하나하나에 대한 고찰로 바뀐 것과 유사하다.

역사의 수레바퀴는 돌고 돈다. 분석적 학문이 한계에 부딪치자 총체적 개념이 중요한 융합학문의 시대가 다시 열리고 있다. 동양문화에 매우 적합한 과학기술이다. 그러나 아깝게도 우리는 동양문화의 많은 것을 버리고 서양문화만 좇고 있는 것은 아닌가. 가장 '우리스러운 것'이 우리를 세계의 선두그룹으로 이끌 수 있다.

* 자료 : 중앙일보, 과학칼럼, 2008년 1월 16일자.

03 Chapter 개인특성과 문화차이

1 가치관과 퍼스낼리티의 문화차이

1) 가치관과 문화

(1) 가치관의 형성과 행동

우리가 일상생활을 통하여 광범위하게 사용하고 있는 가치(value)는 인류학과 심리학 그리고 사회학 등의 많은 학문분야에서 중요하게 연구되어온 주제이다. 그러나 여러 학자들의 연구노력에도 불구하고 아직까지 가치를 정의하는 데 있어서 많은 혼란이 야기되고 있는데, 이는 아마도 학자들의 학문에 대한 입장과 관점의 차이에서 나타나는 현상으로 생각된다. 가치는 원래 '구체적 사물에 대한 가치'를 나타내는 경제학적인 용어라고 할 수 있는데, 19세기에 들어오면서 철학자들이 추상적 사물과 관념으로서의 가치로 그 의의를 확장시켰다. 그 후 심리학, 사회학, 인류학, 정치학 등 사회과학과 행동과학 그리고 인문학 등을 연구하는 학자들은 가치의 개념을 더욱 발전시켜 '고도로 추상화된 관념적 틀(highly conceptual framework or construct)로서의 가치관(values)과 가치체계(value system)'를 말하고 있다.

클러크혼(C. Kluckhohn)은 "가치는 개인이나 집단을 특정지어 주는 것으로서, 행동의 이용가능한 제 형태, 수단, 목표의 선택에 영향을 주는 바람직한 것에 대한 명시적·묵시적 개념"이라고 정의한다(Kluckhohn, 1951). 또 로케치(M. Rokeach)는 "가치는 일종의 비교적 오래 지속되는 신념이며, 이러한 신념은 개인이나 사회로 하여금 행동방식이나 존재의 목적상태(end-state of existence)를 선호할 수 있게끔 한다"고 설명하고 있다(Rokeach, 1973). 따라서 가치는 개인이 사물에 대하여 '좋다 · 나쁘다', '옳다 · 그르다', '바람직스럽다 · 바람직스럽지 않다'와 같은 것을 판단하는 일종의 심리적 과정으로서 비교적 오래 지속되며 인간행동에 영향을 주는 개념이라고 할 수 있다.

이러한 정의를 기초로 하여 볼 때 개인적 차원에서의 가치관, 즉 개인의 가치관은 개인의 의식구조 속에 내면화되어 있는 평가적 성향으로서(이상주, 1986), 개인의 행동에 일정한 방향을 지워주고 규칙성을 부여해 준다. 또한 이것은 일정한 형태의 행동을 유발하는 동기에 영향을 미치는 중요한 요인이며 개인이 느끼는 만족감과 사물에 대하여 갖는 의미의 내용을 좌우한다고 할 수 있다.

이상에서 살펴본 바와 같이 가치는 심리적 과정이나 속성으로 볼 수도 있지만 다른 한편으로는 그것을 사회문화적인 현상으로 볼 수도 있다. 예를 들어, 한 개인이 지극한 효성을 지니고 있든 없든 간에 한국사회가 전통적으로 효의 가치를 존중하여 왔다는 것은 문화가치가 개인을 초월하여 일종의 사회적 사실로서 실재함을 말해 주는 것이다. 여기서 문화가치란 사회문화적 현상으로서 집단의 일반화된 행동방식을 특징짓는 규범적 원리를 말하는데, 이는 그 사회의 지배적인 도덕적 계율, 종교적 신앙, 정치적 이념, 심리적 기준 등에 광범위하게 스며들어 있으며 제반 사회제도 내에 투영되어 있다고 할 수 있다(이상주, 1986).

따라서 사회구성원의 일반적인 행동특성을 반영하는 문화가치는 또한 사회구성원으로서의 개인의 가치관 형성에 결정적으로 영향을 미친다고 할 수 있다. 이것은 개인의 가치관이 경험을 통하여 형성된다는 관점에서 볼 때 매우 중요한 의미를 지닌다. 이에 대하여 사회학자들은 "가치관은 문화적으로 전승된 사회생활의 규범적 원리와 선악시비를 판단하는 평가적 표준이나 구성원 개인의 학습과정을 통하여 내면화된 심리적 특성으로서 사회적 행동의 방향과 강도를 규정해 주는 동기적 기능을 가지며… 가치관은 문화적으로 오랜 기간을 통해서 전승되어 온 것일 뿐만 아니라 사회구성원의 성격 및 다른 심리적 특성에 내면화된 것이기 때문에 쉽게 변화되거나 외국의 가치관에 쉽게 동화되지 않고 비교적 오래 지속하게 된다"고 강조한다(박용헌, 1982). 따라서 개인이 지니는 가치관은 그가 사회의 문화가치를 내면화하고 사회구조 속에 사회화됨으로써 형성된다고 할 수 있다.

한편, 가치관은 개인이나 집단의 행동에 영향을 미치는 중요한 요인으로 볼 수가 있는데 이는 다음과 같이 가치관이 지니는 몇 가지 특성을 통하여 이해할 수 있다. 첫째, 가치는 바람직하거나 바람직하지 못한 것을 나타내어 행동결정의 준거가 된다. 둘째, 따라서 내면화된 가치체계로서의 가치관은 가치판단과 행동의 기준이 되며, 셋째 나아가 개인이나 집단의 욕구에 대한 행동방향을 제시하며, 넷째 또한 개인이나 집단의 존재의미를 확인하는 중요한 역할을 한다. 다시 말하면 가치관은 행동의 근원적인 기준을 제공함으로써 행동방향을 규정짓는 중요한 역할을 한다고 할 수 있다. 따라서 만일 개인이나 집단이 공유하고 있는 가치체계 또는 가치관을 이해할 수 있다면 개인이나 집단의 행동을 상당히 정확하게 예측할 수 있을 것이다.

지금까지 가치의 개념, 가치관과 행동의 관계 등에 관하여 설명하면서 문화-가치관-행동의 관계를 대략적으로 알아보았다. 여기서 우리는 개인과 집단의 행동이 형성되는 데 있어서 결정적인 변수로 작용하고 있는 가치관은 또한 문화의 함수로 생각할 수 있다는 것을 이해하였다. 바꾸어 말하면 문화환경은 개인이나 집단의 가치관이 형성되는 데 매우 중요한 환경요인으로 영향을 미친다는 것이다.

이러한 측면에서 볼 때 독특한 문화환경에서 형성된 기업종업원 또는 경영자의 가치관과 가치체계는 그들의 행동에 영향을 미치게 되며, 이는 또한 기업의 경영방식에 영향을 미치는 요인으로 생각할 수 있다. 따라서 상이한 문화환경에서 경영활동을 하고 있는 글로벌기업의 경영자들이 자기 자신의 가치관뿐만 아니라 현지 종업원들의 가치체계를 이해하는 것은 매우 중요하다 할 것이다.

아래에서는 가치관의 이러한 중요성에 비추어 상이한 문화환경에서 가치관은 어떠한 차이를 보이며, 이러한 차이는 또한 행동에 어떻게 영향을 미칠 것인지를 문화비교적인 관점에서 살펴보도록 하겠다. 특히 여기에서는 가치관의 문화구속적인 특성을 몇몇 학자들의 실증연구결과를 통하여 알아봄으로써 가치의 개념이 어떻게 경험적으로 규명되며 실제로 어떻게 응용되고 있는지를 이해할 수 있을 것이다.

(2) 인생관과 문화차이

모리스(C. Morris)는 미국, 캐나다, 인도, 중국, 일본, 노르웨이의 대학생들을 대상으로 가치관을 조사하였다. 이 연구는 그가 제시하고 있는 13개 인생관의 서술문항에 등급을 매긴 것을 통계적으로 분석하여 발표한 것으로서 가치관을 문화비교적인 관점에서 이해하는 데 큰 도움을 주고 있다.

[표 3-1]은 모리스의 연구결과를 요약한 것이다(홍승직, 1983; Morris, 1956). 이 표에서 보는 바와 같이 유사한 문화적 배경을 가지고 있는 미국과 캐나다 학생들의 가치지향성은 다른 나라에 비하여 상당히 접근하고 있음을 알 수 있다. 미국 학생들의 인생관은 다양형이 가장 많이 선택되었고 중용형이 그 다음이다. 한편 인도 학생들의 경우에는 중용형이 가장 많이 선택되었고 자애형 및 노력형이 그 다음으로 선택되고 있다. 흥미 있는 것은 인도 학생들의 인생관이 일본 학생들과 가장 가깝고 미국 학생들과 가장 멀다는 것이다. 중국 학생들의 경우에는 봉사형 · 노력형 · 협동형 · 자애형 등 사회적으로 활동적인 생활방식이 높이 평가되고 있다. 그리고 노르웨이 학생들의 경우에는 일반적으로 중용형, 노력형 등이 높이 평가되고 있으며 다양형이 미국과 마찬가지로 많이 선택되고 있다.

표 3-1 여러 나라의 가치관

가치지향성	미국	캐나다	인도	일본	중국	노르웨이
1. 중용형	5.06	5.32	5.95	5.00	4.89	5.28
2. 달관형	2.81	2.64	3.99	4.05	2.95	3.54
3. 자애형	4.22	4.64	5.34	5.30	5.10	5.28
4. 향락형	3.74	3.33	3.63	3.62	3.17	3.17
5. 협동형	4.26	4.24	4.74	4.65	5.14	3.78
6. 노력형	4.88	4.52	5.29	5.04	5.31	5.02
7. 다양형	5.58	5.65	4.71	4.22	4.72	4.95
8. 안락형	4.53	4.85	4.24	3.65	3.98	3.95
9. 수동형	2.95	3.05	3.37	3.93	2.57	3.63
10. 극기형	3.85	3.73	5.32	4.65	3.69	4.30
11. 명상형	2.77	2.72	3.74	3.77	2.58	2.87
12. 행동형	4.41	4.12	4.54	3.96	4.55	4.34
13. 봉사형	2.23	2.35	4.01	3.17	5.47	3.09
평균	3.94	3.94	4.53	4.23	4.16	4.09
N	2,105	170	724	192	532	149

자료 : 홍승직(1983). "가치지향의 변화," 한국사회론. 한국사회과학연구소 편. 민음사.

모리스의 연구결과를 통하여 우리는 가치지향성 또는 가치관이 문화에 따라 상이하게 나타나고 있음을 이해할 수 있다. 이러한 가치관의 문화적 차이는 행동의 형성에 크게 영향을 미친다는 것을 예측할 수 있는데, 실제로 모리스의 가치척도는 행동 차원으로서의 개인의 생활방식을 예측하는 데 매우 유용하게 활용되고 있다.

(3) 경영자 가치관과 문화차이

잉글랜드(G. W. England)는 행동은 가치의 함수라고 강조하면서 가치측정을 위한 '개인가치설문지(Personal Value Questionnaire : PVQ)'를 개발하였다. 이 설문지는 특히 기업경영자의 가치관을 연구하는 데 매우 적합하며, 국가 간 또는 문화 간의 가치관을 비교하는 데도 유용하다고 할 수 있다.

잉글랜드는 PVQ를 이용하여 미국, 한국, 일본, 호주, 인도 등 5개국 기업경영자 2,500여 명을 대상으로 이들의 가치관을 비교·연구하였다(England, 1978). 그는 이 연구를 통하여 이들 경영자의 가치관이 국가에 따라 매우 다르게 나타나고 있음을 발견하였다.

그림 3-1 | 각국 경영자의 가치관 비교

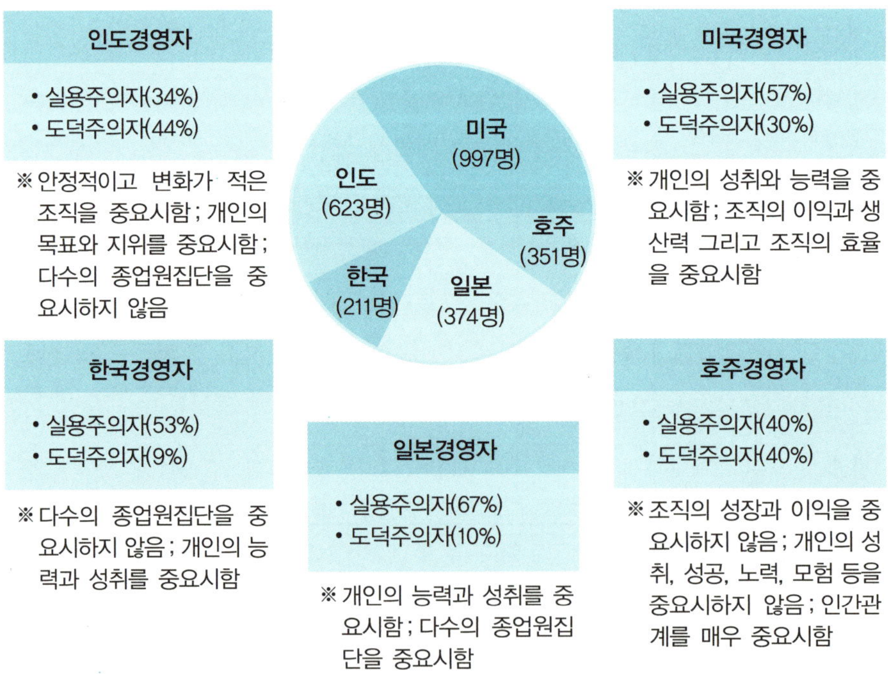

잉글랜드는 그의 가치이론을 근거로 가치의 기본경향(primary orientation)을 실용적 경향, 도덕적 경향, 감정적 경향으로 분류하고 각국 경영자들의 가치체계를 비교하였는데 모든 국가의 경영자는 34% 이상이 실용주의자, 9% 이상이 도덕주의자, 그리고 1% 이상이 감정주의자인 것으로 나타났다. 그러나 [그림 3-1]에서 보는 바와 같이 각국 경영자들의 가치체계는 국가에 따라 매우 큰 차이가 나타나고 있음을 알 수 있다. 특히 미국과 호주 그리고 인도는 실용적 경향과 도덕적 경향을 가진 경영자의 비율이 거의 같게 나타나고 있는 데 반해, 한국과 일본의 경영자들은 대부분 도덕적 경향보다는 실용적 경향이 높게 나타나고 있다.

중국(타이완)에서 이루어진 한 연구는 잉글랜드의 PVQ를 이용하여 중국기업경영자의 가치관을 조사하고, 이 결과를 다시 1975년 잉글랜드에 의해 연구된 미국과 일본경영자의 가치관과 비교하였다(白崇亮, 1979; England, 1975). 이 연구는 잉글랜드의 가치이론에 의거하여 가치의 기본경향을 실용적 경향, 도덕적 경향, 감정적 경향 그리고 이들 세 가지 경향을 모두 포함하는 혼합적 경향 등 네 가지 차원으로 분류하고 중・미・일 3국 경영자들의 가치관을 비교하였다. [표 3-2]에서 보는 바와 같이 중국의 경영자들은 주로 도덕적 경향(61.7%)을 보이고 있으며, 미국과 일본의 경영자들은 실용적 경향을 보이고 있다.

표 3-2 중・미・일 경영자의 가치관 비교

기본경향	중국(240명)		미국(885명)		일본(315명)	
	(N)	(%)	(N)	(%)	(N)	(%)
실용적 경향	28	10.0	507	57.3	212	67.4
도덕적 경향	175	61.7	268	30.3	31	9.9
감정적 경향	10	3.3	11	1.2	22	7.0
혼합적 경향	72	25.0	99	11.2	50	15.8

자료 : 白崇亮(1979), "我國企業經營者個人價值觀念之研究," 中華民國 國立政治大學 企業管理研究所 碩士學位論文.

또한 잉글랜드와 리(R. Lee)는 미국, 일본, 인도 그리고 호주의 기업경영자 2,000여 명을 대상으로 한 연구에서 경영자의 가치체계가 경영상의 성공과 밀접한 관계가 있음을 발견하였다(England and Lee, 1974). 특히 이 연구는 경영자들의 '충성심'과 '성공'과의 상관관계가 일본의 경영자들에게서는 높은 '정'의 상관관계를 보이며, 기타 3국경영자들에게서는 '부'의 상관관계가 나타나고 있음을 발견하였다. 또 '나(me)'의 개념과 성공과의 상관관계에서 일본경영자들에게서는 '부'의 상관관계가, 그리고 기타 3국 경영자들에게서는 높은 '정'의 상관관계가 나타나고 있음을 발견하였다. 이와 같은 결과는 일본의 경우 유교주의적·권위주의적인 문화특성으로 인하여 '나' 개인을 강조하기보다는 집단이나 조직에 대한 '충성'이 더욱 강조되고 있기 때문인 것으로 생각할 수 있다.

그리고 잉글랜드와 리는 이 연구를 통하여 다음과 같은 몇 가지 중요한 결과를 발견하였다.

첫째, 경영자의 가치체계는 그가 처해 있는 상황과 문제에 대한 인식에 영향을 미친다.

둘째, 경영자의 가치체계는 경영에 대한 의사결정과 문제해결에 영향을 미친다.

셋째, 경영자의 가치체계는 타인 혹은 타 집단을 보는 시각에 영향을 미침으로써 결과적으로 대인관계에 영향을 준다.

넷째, 경영자의 가치체계는 경영자가 윤리적 혹은 비윤리적 행동을 결정하는 데 중요한 기준을 제공한다.

다섯째, 경영자의 가치체계는 경영자가 조직으로부터의 압력이나 조직의 목표에 대해 지지하거나 저항하게 되는 범위를 설정하여 준다.

여섯째, 경영자의 가치체계는 개인과 조직의 성공에 대한 인식에 영향을 미친다.

일곱째, 개인의 가치체계 중에는 경영성과에 공헌할 수 있는 것과 무관한 것 그리고 저해가 되는 것이 있다.

2) 퍼스낼리티와 문화차이

(1) 퍼스낼리티의 특성과 형성요인

퍼스낼리티(personality)는 "환경의 조건에 관계없이 비교적 장기적으로 일관되게 행동방식을 결정해 주는 개인의 독특한 심리적 자질들의 총체"라고 할 수 있다(박영배, 2008). 이와 같은 퍼스낼리티의 개념을 통하여 알 수 있듯이 퍼스낼리티를 이해하는 데 있어서 주목해야 할 두 가지 측면이 있는데 그것은 독특성(uniqueness)과 일관성(consistency)이다. 따라서 우리가 어떤 사람의 퍼스낼리티를 말할 때 그것은 우선 다른 사람과 구별되는 그 사람만의 독특한 것이며 환경조건과 관계없고 또 장기간 지속적인 것이어야 한다(신유근, 1985). 이와 같은 퍼스낼리티의 두 측면은 퍼스낼리티가 지니는 가장 대표적인 특성이라고 할 수 있는데, 여기서 심리학자들 사이에 인정되고 있는 퍼스낼리티의 특성을 좀 더 상세히 살펴보면 다음과 같다(Gibson 등, 1982).

첫째, 개인의 독특한 개성을 나타내는 전체적인 개념이다.

둘째, 표면상으로 관찰이 가능하고 측정할 수 있는 어느 정도 안정된 일정한 패턴을 형성하고 있다.

셋째, 선천적 유전에 의한 생리적인 것을 바탕으로 하여 개인이 사회문화환경과 작용하는 과정에서 형성된다.

넷째, 주어진 사회문화환경의 테두리 내에서 일반적으로 유사하거나 공통적인 면과 개인마다 다른 독특한 면으로 구성되어 있다.

다섯째, 개인의 일반적인 태도에서 나타나는 표면적이고 피상적인 것과 내면에 깊숙이 묻혀 있는 핵심적인 것으로 구성되어 있다.

한편, "무엇이 개인의 퍼스낼리티를 결정하는가" 하는 문제는 오랫동안 논쟁의 대상이 되어 왔다. 즉 퍼스낼리티라고 하는 것이 유전에 의하여 선천적으로 결정되는가 아니면 환경과의 상호작용에 의하여 후천적으로 형성되는가 하는 문제인데 이에 대한 명확한 답은 없다. 퍼스낼리티는 이 두 요인 모두의 영향을 받아 형성된다고 보아야 마땅할 것이다. 그리고 최근에는 여기에 또 하나의 요인으로서 상황(situation)이 크게 관계된다고 본다. 따라서 개인의 퍼스낼리티는 유전과 환경에 의하여 결정되며 이는 다시 상황적 조건에 의해 조절되는 것으로 파악할 수 있다. 여기에서는 퍼스낼리티를 결정하는 요인을 [그림 3-2]에서와 같이 유전적·문화적·사회적·상황적 요인으로 분류하여 살펴보기로 하겠다.

① **유전적 요인** : 사람들은 일반적으로 개인의 몸매, 얼굴모습, 성별, 체질, 근육구조, 체력 등과 같은 신체적·생리적 특징은 유전에 의해서 결정된다고 생각한다. 우리가 흔히 들을 수 있는 '부전자전'이라든지 '그 부모에 그 자식' 등과 같은 말은 유전적 요인이 퍼스낼리티의 형성에 영향을 미친다는 것을 잘 설명해 주고 있다. 이러한 생각은 주로 유전론자들에 의해 뒷받침되고 있는데, 이

들은 한 개인의 퍼스낼리티는 염색체에 위치한 유전인자의 분자구조에 의해서 결정된다고 주장한다. 즉 유전요소는 유전인자를 통하여 전달되는데, 유전인자는 호르몬균형을 결정하고 호르몬균형은 다시 체격(physique)을 결정하며 끝으로 체격은 퍼스낼리티의 형성에 영향을 미친다는 것이다(Kelly, 1974).

그림 3-2 | 퍼스낼리티의 결정요인

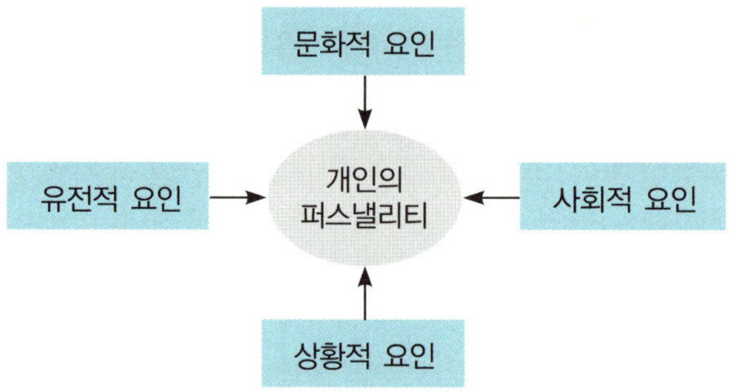

② **문화적 요인** : 문화는 한 사회나 집단을 구성하고 있는 모든 사람들이 공유하고 있는 가치관, 신념, 이념, 관습, 지식, 언어, 신앙, 기술 등을 포함하는 거시적이고 종합적인 개념으로서 퍼스낼리티의 형성에 중요한 역할을 한다. 문화는 한 세대에서 다음 세대로 일관성 있게 전승되기 때문에 같은 사회나 집단의 구성원들은 동일한 문화를 학습하면서 사회화(socialization)를 이루어 나가는 과정을 통하여 공통성이 있는 퍼스낼리티를 형성하게 된다. 따라서 한 사회나 집단이 지니고 있는 퍼스낼리티는 다른 사회나 집단의 그것과는 구별되는 독특성을 나타내게 된다. 예컨대 기독교적 윤리(protestant ethic)가 지배적인 서양문화에서는 일반적으로 독립적이고 경쟁적인 사람을 높이 평가하는데 반하여, 유교적 윤리가 지배적인 동양문화에서는 그렇지 않다. 따라서 이와 같이 상호 이질적인 두 문화권에서 성장한 사람들은 서로 다른 퍼스낼리티를 지니게 된다. 그리고 유전적인 요소는 서양계 혈통을 이어받았지만 동양문화권에서 성장한 사람은 다분히 동양적인 퍼스낼리티를 가지게 된다(Luthans, 1985).

③ **사회적 요인** : 문화적 요인과 함께 퍼스낼리티의 형성에 영향을 미치는 또 하

나의 중요한 환경요소로 사회적 요인을 들 수 있다. 즉 가족과 사회집단에서 나름대로 중시되는 가치관, 생활습관, 규범, 서열관계 및 분위기 등과 같은 사회적 요인이 그 구성원들의 퍼스낼리티가 형성되는 데 중요한 역할을 한다는 것이다. 여기서 가족관계는 특히 어린이의 퍼스낼리티가 형성되는 데 가장 크게 영향을 미친다. 예컨대 사람의 초기의 퍼스낼리티는 주로 부모를 닮으려는 심리와 노력, 즉 동일화과정(identification process)을 통하여 형성되기 때문에 부모의 사고, 감정, 동기 및 욕구, 실제의 행동 등은 그 자식의 퍼스낼리티에 상당한 정도로 반영된다고 할 수 있다. 또한 가정에서의 출생순서(birth order) 역시 퍼스낼리티의 형성에 영향을 미친다는 견해도 있다. 즉 여러 형제들 가운데 맏이는 착하고 독립심과 책임감이 강하고, 막내는 독립심이 있는 체하지만 매우 불규칙하고 체계적이지 못한 반면에 성취능력은 큰 것으로 인식되기도 한다(Warren, 1966). 또 어떤 연구에 의하면 장남이 차남에 비하여 정신분열증(schizophrenia)에 걸리기 쉬우며, 사회적 압력에 굴복하기 쉽고 보다 의존적이 되는 경향이 많다고 한다(Luthans, 1985). 이와 같이 출생순서에 의한 퍼스낼리티의 특성에 관하여 학자들의 견해가 일치하지는 않지만 출생순서가 퍼스낼리티 형성에 부분적으로 영향을 미친다는 주장은 설득력이 있는 것으로 생각된다.

④ **상황적 요인** : 개인의 퍼스낼리티는 상당히 안정적이고 일관성을 지니고 있기는 하지만 상황에 따라 변할 수도 있음을 이해할 필요가 있다. 사람은 경우에 따라서 이질적인 상황에 놓이게 되면 상황이 요구하는 대로 본래의 자기와는 전혀 다른 새로운 측면을 드러내기도 한다. 예를 들면, 성장과정에서 겁이 많고 수줍음이 많던 사람이 어쩌다 죄를 짓고 교도소에 들어가게 되면 교도소 내의 절망적인 상황에 좌절하여 오히려 공격적이고 뻔뻔한 사람으로 바뀔지도 모른다. 그렇게 되면 출감한 다음에 다른 사람의 눈에는 그가 흉폭하고 구제하기 어려운 문제아인 것처럼 비치게 될 것이다.

이와 같이 개인의 퍼스낼리티는 유전적 요인과 환경적 요인에 의하여 결정되며 이는 다시 개인이 직면하는 상황적 요인에 의해서 조절된다고 할 수 있다. 따라서 퍼스낼리티의 형성은 상황과 무관하게 이루어지는 것으로 생각해서는 안 될 것이다. 아직까지 상황에 대한 완전한 분석체계가 개발되지 못하여 퍼스낼리티에 대한 상황의 영향관계를 체계적으로 연구하지 못하고 있는 형편이지만(Sechrest, 1976), 이것이 퍼스낼리티의 형성과 변화에 밀접하게 관련된다는 것은 분명하다고 할 수 있다.

(2) 퍼스낼리티와 문화차이

문화적 요인이 개인의 퍼스낼리티에 영향을 미친다는 것은 이미 널리 알려진 사실이다. 위에서 살펴보았듯이 퍼스낼리티가 형성되는 데 있어서 사회적·문화적 요인은 유전적 요인과 함께 중요한 역할을 한다. 신프로이트 학파에 속하는 학자들은 일찍이 개인의 퍼스낼리티는 프로이트의 생각처럼 생물학적으로 미리부터 예정되어 있는 것이 아니며 개인이 성장하면서 경험하는 특수한 문화적 조건들에 좌우된다고 주장했다. 즉 한 사회 또는 한 문화에서 전형적인 것으로 여겨지는 퍼스낼리티 특성이 다른 사회 또는 다른 문화에서도 존재하는 보편적인 것이 결코 아니라는 것이다. 그리고 이들의 이러한 주장은 문화인류학자들에 의해서 실제로 증명되었다(任能彬, 1988).

문화인류학자들은 풍습과 사고방식은 문화마다 상당한 차이가 있고, 그러한 문화적 환경에는 각기 나름대로의 전형적이고 독특한 퍼스낼리티 유형이 다양하게 존재한다고 주장한다. 그 유명한 한 가지 예가 남녀에 부여된 역할이 사회에 따라 큰 차이가 있다는 것이다. 오래전에 미국의 저명한 인류학자인 미드(Margaret Mead)가 『성과 기질』이라는 책으로 발표한 한 영향력 있는 연구에서는 직경 100마일 이내에 살고 있는 세 뉴기니아(New Guinea) 종족의 남녀 퍼스낼리티가 비교되어 있다(Mead, 1935). 한 종족(Arapesh족)에서는 남녀 모두 양순하고 협동적이었으며, 서로 간에 모성적인 태도를 지니고 있었다. 이웃한 다른 종족(Mundugomor족)에서는 남녀 모두 격한 공격성과 호전성이 발견되었다. 그리고 나머지 한 종족(Tchambuli족)에서는 남녀의 역할이 보통과 반대였다. 즉 여성은 신체가 건장하고 물고기를 잡아 식량을 대고 있었으며, 시장에 갈 때도 아무런 치장을 하지 않았다. 반면에 남성은 수다스럽게 쏘다녔고, 정교한 머리치장을 했으며, 조각과 그림을 일로 삼았고, 복잡한 춤 스텝을 연습하고 있었다.

또한 많은 학자들은 개인의 퍼스낼리티가 문화적 환경에 따라 다르게 형성되는 원인을 육아양식의 차이에서 찾고 있다. 육아양식이란 어린이를 기르는 방법으로 젖먹

이는 법, 잠재우는 법, 안아주고 업어주는 법, 뒤보기훈련법 등이 이에 포함된다. 이러한 육아방식은 문화마다 다르고, 그렇게 상이한 육아방식을 익히며 성장한 사람들의 퍼스낼리티는 크게 차이가 난다는 것이다. 실제로 일본을 연구한 한 학자는 뒤보기훈련이 일본인의 퍼스낼리티에 영향을 미친다는 것을 발견하였다.

이 연구에 의하면 일본인들은 다다미라는 특별한 자리에서 생활하기 때문에 이곳에 아이가 대소변을 보게 되면 냄새가 배어서 생활에 지장을 주게 된다. 따라서 일본에서는 어려서부터 엄격한 뒤보기훈련을 받게 된다. 이러한 뒤보기훈련을 통하여 일본인은 예의가 바르고 정숙하고 깔끔한 성격을 가지며, 특히 차를 마시는 예법인 다도에서 볼 수 있듯이 정확하고 의례적인 성격을 지니게 된다. 그러나 이들은 또 한편으로는 동경대학살 때와 같이 잔인하고 발광적이며 공격적이고 신경질적인 모습을 보이기도 하는데, 이것도 엄격한 뒤보기훈련에서 연유한 것이라고 한다(이광규, 1980).

이상에서 살펴보았듯이 개인의 퍼스낼리티가 문화적 환경의 영향을 크게 받는다는 사실은 기업경영에 있어서 시사하는 바가 크다고 할 수 있다. 특히 요즈음과 같이 기업경영이 점차 글로벌화되어 가는 상황에서 이 사실은 경영자들에게 매우 중요한 통찰력을 제공해 준다. 즉 문화적으로 서로 다른 환경에서 성장한 종업원들은 각기 상이한 퍼스낼리티를 지니고 있기 때문에 같은 작업환경과 동일한 성격의 직무에 대해 서로 다르게 반응할 것이라는 점이다. 이것이 종업원들이 여러 민족으로 구성되어 있는 글로벌기업인 경우에는 심각한 문제로 대두될 수도 있다. 따라서 경영자가 부하들을 효과적으로 관리하기 위해서는 무엇보다도 그들이 성장해 온 문화적 배경과 그에 따른 퍼스낼리티의 차이를 이해해야 할 필요가 있다. 경영자가 문화적 환경과 퍼스낼리티의 관계를 이해한다는 것은 종업원에 대한 동기부여의 방법을 개선한다는 측면에서뿐만 아니라 기업의 전반적 경영방식의 질을 향상시킨다는 측면에서도 큰 도움이 된다.

2 대인지각과 학습행동의 문화차이

1) 대인지각과 문화

(1) 지각과 문화적 장애요인

지각(perception)은 개인들이 환경에 대한 영상 또는 의미 있는 경험을 형성하는데 있어서 외부로부터 들어오는 각종 감각적 자극을 선택·조직·해석하는 과정을 말한다. 이러한 개인의 지각은 선천적인 것도 절대적인 것도 아니다. 지각은 선택적이고 학습되는 것이며 또 문화적으로 결정되는 것이라고 할 수 있다(Adler, 1986). 또한 지각은 지속적이면서 부정확한 특성을 지니고 있다.

지각이 선택적 특성을 지닌다는 것은 개인이 외부의 환경으로부터 오는 자극을 받아들일 때 지각적 여과작용을 통하여 그에게 필요한 자극만을 선별적으로 받아들인다는 것을 의미한다. 즉 개인이 관찰하려고 하는 환경 속에는 여러 가지 많은 자극들이 존재한다. 따라서 개인은 그가 보고, 듣고, 맛보고, 느끼는 것의 대부분은 버리고 그가 선별한 몇 가지만을 받아들인다. 이러한 지각의 선택성은 개인의 동기, 과거의 경험, 그리고 직업·지위·종교 등의 사회적 특성에 의하여 영향을 받는다.

지각은 개인의 경험에 의하여 학습된다. 개인은 경험을 통하여 어떤 일정한 방식으로 세계를 지각해야 할 것인지를 알게 된다. 그리고 지각은 문화적으로 결정된다. 따라서 개인은 그의 문화적 배경을 토대로 하여 어떠한 방법으로 세계를 보아야 하는지를 터득하게 된다. 또한 지각은 상당한 시간 동안 일관성을 가지고 유지되는 경향이 있다. 그러므로 개인이 일단 특정한 방법으로 어떤 환경의 자극을 지각하게 된다면 그는 그러한 종류의 자극에 대해서는 계속해서 처음의 방법을 통하여 지각하게 될 것이다.

사람들의 관심, 가치관, 경험, 그리고 문화적 배경 등이 그들이 보고 듣기 위해서 선택하는 각종 자극들을 왜곡하고 차단하며, 그리고 심지어는 존재하지 않는 사물을 느끼게도 하고 실제로 존재하는 사물을 느끼지 못하게도 한다. 이러한 지각의 부정확성은 특히 상이한 문화환경으로부터 들어오는 각종 자극을 선택·조직·해석·평가할 때 더욱 증가된다. 그리고 이 같은 현상은 문화적 배경이 서로 다른 사람들 사이의 커뮤니케이션에서 자주 발견된다. 예를 들면, 빈랑나무의 열매를 씹는 것이 상류층 사람들의 습관이고 검은색의 치아가 높은 신분의 상징으로 여겨지고 있는 동남아시아의 여러 지역에서 미국인 치약회사의 하얀 치아에 대한 약속은 설득력이 없었다. 따라서 "누런 치아가 기적적으로 희게 변합니다"라고 강조한 이 회사의 광고는 실패하고 말았다. 그러나 같은 지역에서 치약 이름을 '흑인치약'이라고 명명한 한 회사는 기록적인 판매량으로 시장을 석권하였다.

이와 같이 문화적 차이는 지각의 부정확성을 증대시킬 수 있다. 지각에 영향을 미치는 문화적 요인은 매우 다양하다. 그 중에서도 문화에 의해 형성된 지각의 범주와 상동적 태도는 일관된 지각패턴을 이해하는 데 있어 특히 중요한 요인들이다.

① **지각의 범주** : 사람은 항상 자기가 식별하고 소화해 낼 수 있는 것 이상의 많은 자극의 홍수 속에서 단지 자기에게 어떠한 의미를 제공하는 한정된 범위의 이미지만을 받아들이게 된다. 이렇게 여과작용을 통하여 받아들인 이미지는 그 성질에 따라 환경을 보다 단순화하면서 해석의 기초로 이용하는 데 도움이 될 수 있는 어떠한 범주로 분리된다.

이러한 지각된 이미지의 범주화(categorization)는 우리로 하여금 환경 중에서 가장 중요한 것이 무엇인지를 판별할 수 있게 하며, 그리고 그에 따라 적절히 행동할 수 있도록 도움을 준다. 그러나 지각된 이미지의 범주화는 때때로 지각된 자극을 왜곡하는 요인으로 작용한다. 이는 특히 문화배경이 서로 다른 환경으로부터 오는 자극을 왜곡하고 오해하는 주요 원인이 된다. 즉 어느 한 문화를 배경으로 하여 형성된 이미지의 범주를 이용하여 다른 문화환경으로부터 오는 메시지를 해독하려고 한다면, 이는 결국 메시지를 왜곡하는 결과를 초래한다는 것이다.

예를 들면, 한국의 한 사업가가 스톡홀름에 있는 외국인 고객의 사무실에서 책상 뒤쪽에 있던 어떤 여자와 마주쳤다. 그녀를 그 회사의 비서로 생각한 한국인 사업가는 그녀에게 사장을 만나고 싶다고 말했다. 그 여자는 한국인 사업가에게 사장의 비서가 그를 사장에게 안내해 줄 거라고 응답했다. 이 말을 들은 한국인 사업가는 매우 어리둥절해지고 말았다. 그는 결국 대부분의 여성을 경영자로서보다는 비서로 가정함으로써 그때의 상황을 잘못 해석했고 부적당하게 행동하게 된 것이다. 이러한 결과는 한국의 문화환경 속에서 형성된 "여성은 경영자로서보다는 비서로 더욱 적합하다"는 여성의 이미지에 대한 범주가 스웨덴의 문화환경에서는 효과적으로 적용될 수 없었기 때문에 발생된 메시지의 왜곡현상에 의한 것이라고 할 수 있다.

② **상동적 태도** : 상동적 태도(stereotyping)란 경직적인 편견을 가지고 사람을 지각하는 것을 의미한다. 즉, 이것은 타인에 대한 지각이 그가 속한 사회적 집단에 대한 지각을 기초로 해서 이루어지는 것을 말한다.

이러한 상동적 태도는 개인의 행동을 기술하기보다는 집단적인 행동의 특성을 기술하는 것으로서, 특히 문화배경이 다른 사람들의 공통적인 행동특성을 지각하고 해석하는 데 영향을 미친다. 상동적 태도는 우리가 그것을 어떻게 사용하느냐에 따라 유익할 수도 해로울 수도 있다. 상동적 태도의 효율적인 사용은 사람들이 새로운 상황에서 적절히 이해하고 행동하는 데 도움이 될 수 있다. 그러나 상동적 태도가 어떤 대상에 대하여 완고하게 고수될 때에는 별로 도움이 되지 못한다.

한 연구결과에 의하면, 세계적으로 유능하다고 평가된 경영자들은 그들이 실제로 관계하는 인물에 적합하도록 그들의 상동적 태도를 변화시켰고, 반면에 별로 유능하지 못한 경영자로 평가된 사람들은 그들이 평소 가지고 있던 생각과 상반되는 정보에 직면해서조차 그들의 상동적 태도를 고집스럽게 버리지 못하고 있다는 사실을 발견했다(Ratiu, 1983). 예를 들면, 유능한 경영자들은 처음 독일을 방문하기 전까지는 독일인들은 지나치게 직무지향적이라는 상동적 태도를 지니고 있었다. 그러나 이들이 독일을 방문하여 여러 독일인 경영자들을 만나고 난 후에는 독일인의 일부는 매우 직무지향적이지만 다른 사람들은 상당히 관계지향적이라는 사실을 깨달았다. 그러나 유능하지 못한 경영자들은 관계지향적인 경영자들을 만나고 난 이후에도 독일인들은 매우 직무지향적인 사람이라는 그들의 상동적 태도를 버리지 못했다. 즉, 이들은 관계지향적으로 생각되는 독일인들에 대해서는 매우 예외적인 사람들이며 대부분의 독일인들은 여전히 지나치게 직무지향적일 것이라는 의견을 나타냈다. 위의 예에서 유능한 경영자들은 그들의 상동적 태도를 새로운 정보에 적합하게 변화시킴으로써 해석상의 오류를 범하지 않고 있음을 알 수 있으며, 유능하지 못한 경영자들은 그들의 평소 생각과 상반되는 정보를 접하고서도 그들의 상동적 태도를 변화시키지 못함으로써 해석상의 오류, 즉 정보를 왜곡하는 결과를 가져오고 있음을 알 수 있다.

(2) 대인평가에 있어서의 문화적 장애요인

평가(evaluation)는 어떤 사람 또는 어떤 사물이 선한지 또는 악한지를 판단하는 과정을 말한다. 지각을 통해 이루어지는 평가 역시 문화의 영향을 받는다고 할 수 있는데, 이는 사람들이 판단의 기준으로서 자기가 속해 있는 문화의 가치척도를 이용한다는 것을 의미한다. 따라서 사람들은 종종 어떤 대상을 판단하는 데 있어서 자기의 문화가치에 부합되거나 상당히 접근하고 있는 대상에 대해서는 지극히 정상적이며 선한 것으로, 또 자기의 문화가치와 상반되거나 상당히 거리가 먼 것에 대해서는 비정상적이며 악한 것으로 판단을 내리는 경향이 있다.

그러나 이러한 자문화중심적인 또는 문화적 조건화(cultural conditioning)에 의한 평가는 같은 문화권에서 같은 문화적 배경을 지니는 어떤 대상을 평가하는 데 있어서는 상당히 바람직한 결과를 가져올 수도 있지만, 문화적 배경이 다른 사람들을 평가하거나 이해하려고 노력하는 데 있어서는 별로 도움이 되지 않는다. 특히 이는 문화적 배경이 다른 외국 사람들과의 커뮤니케이션에서 많은 오류를 범할 수 있는 위험이 존재한다. 여기서 한 가지 실례를 들어 보도록 하자.

한 스위스의 경영자는 라틴인 동업자와 그의 사무실에서 공급계약서에 서명하기로 시간 약속을 하였다. 그러나 약속시간이 1시간 이상 지나도록 라틴인 동업자가 도착하지 않자 스위스인 경영자는 라틴인은 매우 게으르고 사업에 대해서는 전혀 관심이 없는 사람들임에 틀림없다고 단정했다.

여기서 스위스인 경영자는 그가 평소 지니고 있는 '시간에 대한 신념'으로 전체의 라틴 사람들을 그릇되게 평가하고 있음을 알 수 있다. 스위스인 경영자의 이러한 평가상의 오류는 그 자신의 문화적 가치기준을 문화배경이 다른 상대방에 그대로 적용함으로써 나타난 결과이다. 즉 그는 라틴인의 '시간적 언어'를 이해하지 못하고 자신의 시간적 언어만을 이용하여 상대방을 판단함으로써 평가상의 오류를 범했다고 할 수 있다. 따라서 그의 이러한 평가오류는 이후 라틴인 동업자와의 효과적 커뮤니케이션에 부정적으로 작용할 수 있음을 예측할 수 있다.

2) 학습행동과 문화

(1) 학습의 성격

우리는 어떤 환경 속에서 무엇을 배우고 경험하느냐 하는 것에 큰 관심을 가지고 있다. 왜냐하면 사회인으로서 다른 사람들과 더불어 살아가는 데 요구되는 '바람직한 행동'이 무엇인지를 터득하고 자기의 행동을 그러한 방향으로 변화시켜야 할 필요성을 느끼기 때문이다. 예컨대, 우리가 대학을 졸업하고 직장생활을 하게 된다면 그 조직의 구성원이 되는 데 필요한 여러 가지의 새로운 일들을 익히고 자기의 행동 또한 그에 맞게 바꿔나가도록 노력해야 할 것이다. 이와 같이 우리가 새로운 환경에 적응해 나가기 위해서는 자기의 행동을 변화시켜야 하는데, 이러한 행동변화는 근본적으로 학습이라는 과정을 통해 이루어진다.

학습(learning)이란 개념은 일반적으로 "반복적인 연습이나 경험에 의해 이루어지는 비교적 영구적인 행동변화의 과정"으로 이해되고 있다(Robbins, 1989). 이 정의에서 알 수 있듯이 학습의 핵심은 바로 행동변화에 있다고 할 수 있다. 즉 행동변화가 이루어지지 않는 것은 학습이라고 보기가 어렵다는 것이다. 따라서 학자에 따라서는 행동이라는 말 대신에 행동잠재력(behavior potentiality)이란 용어를 사용하여 정의를 보다 엄격히 하고 있다(Hammer and Orang, 1978). 반드시 행동 그 자체의 변화가 아니더라도 행동잠재력의 변화를 학습으로 간주한다는 것이다. 이러한 측면에서 보면 학습은 관찰이나 독서처럼 실제로 직접 체험을 하지 않는 방법, 즉 간접적인 경험에 의해서도 이루어질 수 있다(신유근, 1985). 예를 들어, 회사에 새로 들어온 신입사원은 선배동료가 지각을 자주 하여 상사로부터 심한 질책을 당하는 것을 보고 지각은 해서는 안 되는 것이라고 학습하게 되는 것이다. 이러한 정의를 바탕으로 학습의 성격에 대하여 살펴보면 아래와 같다(Swanda, 1979; 이학종, 1992).

첫째, 학습은 행동변화(behavior change)를 포함한다. 여기서 행동변화란 실제의 행동을 포함하여 퍼스낼리티 · 지각 · 동기 · 태도 등이 변화하는 것을 말한다. 또한 이것은 행동의 바람직한 변화만을 일컫는 것이 아니라 나쁜 습관, 편견, 상동적 태도,

현혹효과 등과 같은 바람직하지 못한 행동을 새롭게 습득하는 것도 해당된다.

둘째, 학습에서의 행동변화는 비교적 영구적인 성격을 지녀야 한다. 따라서 일시적으로 취하는 적응행동은 그것이 변화된 행동이라 할지라도 학습에 의한 것으로 볼 수 없다.

셋째, 학습은 반복적인 연습이나 경험에 의하여 행동의 변화가 이루어지는 것을 의미한다. 따라서 자연적인 성숙에 의한 행동변화는 그것이 영구적인 것이라 할지라도 학습에 의한 변화라고 할 수 없다. 또한 피로나 약물투여에 따른 일시적인 행동변화 역시 연습이나 경험에 의한 것으로 볼 수 없다.

넷째, 연습이나 경험을 통하여 발생한 행동변화가 영구적으로 지속되도록 하기 위해서는 연습과 경험을 되풀이시키는 강화작용(reinforcement)이 필요하다. 이러한 강화작용이 없으면 변화된 새로운 행동이 곧 소거되어 버린다.

기업조직에서 학습이 중시되고 있는 것은 조직구성원들의 행동을 조직과 개인 모두에게 도움이 되는 보다 바람직한 방향으로 변화시킬 필요가 있기 때문이다. 따라서 기업의 경영자는 변화담당자(change agent)로서의 역할을 충실히 수행하여야 한다. 물론 조직구성원들의 행동변화가 경영자의 노력만 가지고 이루어지는 것은 아니다. 변화는 개인 스스로의 노력이나 조직에서의 사회화과정을 통해 비공식적으로 이루어지기도 한다. 그러나 이러한 비공식적 방법으로 이루어지는 변화는 나름대로의 한계를 지니고 있고, 또 자칫 잘못하면 본래의 의도와는 다르게 변질될 수도 있기 때문에 경영자의 적극적인 개입이 절대적으로 필요하게 되는 것이다. 그렇지만 경영자가 자신의 경험과 직관에만 의존하여 행동변화를 주도한다면 그 또한 심각한 결과를 초래할 수도 있다. 따라서 경영자는 보다 과학적인 근거에 입각하여 조직구성원들의 바람직한 행동변화를 효과적으로 이끌어야 하는데, 그러기 위해서는 무엇보다도 먼저 자기 자신의 과거 경험에 대한 성찰과 함께 행동변화의 기본적 속성인 학습과정에 대한 깊은 이해가 전제되어야 한다.

인간의 행동이 어떤 과정을 통해 학습·변화되는지를 설명하는 데는 여러 가지의 관점이 있으며, 학자들이 제시하고 있는 이론도 상당히 다양하다. 그 중에서 비교적 대표적인 것으로는 자극-반응이론과 인지학습이론 그리고 사회학습이론을 들 수 있다. 학자에 따라서는 학습과정을 크게 행태론적 학습(behavioral learning)과 인지론적 학습(cognitive learning)으로 분류하기도 한다. 전자는 학습을 자극(S)과 반응(R)

의 연상으로 파악하는 것으로서 자극-반응이론이 여기에 속한다. 그리고 후자는 자극과 반응을 연결시키는 데 있어서 사고과정의 중요성을 강조하며 학습을 행동 그 자체의 변화라기보다는 행동잠재력의 변화로 간주하는 것인데 인지학습이론과 사회학습이론이 여기에 해당된다.

(2) 학습이론의 사회문화적 배경

우리가 인간의 행동을 보다 바람직한 방향으로 변화시키는 데 목적을 두고 연구하고 있는 학습이론은 원래 기본적으로 행동주의심리학에 바탕을 두고 시작되었다.

행동주의란 자연과학적인 방법론을 사용하여 실제로 관찰가능하고 측정가능한 현상에 대한 실험결과를 토대로 인간행동의 보편성을 발견하려는 것인데, 학습이론에서 학습과정을 설명하는 데 수많은 실험결과가 제시되는 것이나 인간행동을 자극과 반응의 연상으로 파악하는 것 등은 바로 이러한 행동주의적인 성격에서 나온 것이라고 할 수 있다. 학습이론가들은 주로 동물을 대상으로 이루어진 실험의 결과를 인간에 적용시켜 인간의 행동이 어떻게 습득되는지를 설명하고 있다. 그리고 이들은 인간의 행동이 학습·변화되는 원인을 외부의 환경에서 찾음으로써 환경결정론적·기계론적인 인간상을 만들어 냈다(양창삼, 1991).

이러한 학습이론은 본질적으로 러시아와 미국의 사회문화를 반영한다고 할 수 있다. 러시아의 파블로프(I. Pavlov)가 제시한 고전적 조건화는 인간의 행동이 동물의 그것과 마찬가지로 생리적 욕구를 기반으로 이루어지며 완전히 통제된 상황 아래서 반복적인 자극을 줌으로써 조건화된다는 것을 강조하는데, 이러한 종류의 욕구와 자극 그리고 반응방식은 모두 전체주의사회의 환경적 특성을 상징한다. 구소련에서 파블로프의 실험이 높이 평가되었던 것도 이러한 맥락에서 이해할 수 있다. 고전적 조건화에 따르면 완전하게 통제된 환경 속에서 우리가 원하는 인간형을 만들어 낼 수 있다. 그리고 이러한 환경 속에서의 인간관계는 의도된 자극에 대한 능동적 반응의 관계로 나타난다.

한편, 스키너(B. F. Skinner)의 작동적 조건화는 미국의 사회문화적 전통을 반영한다고 할 수 있다. 작동적 조건화에 따르면 생리적 욕구나 통제자의 완벽하게 계획된 자극이 아니라 무작위적 행동(random behavior)이 먼저 일어난 다음 그에 대한 자극이 선별적으로 주어진다. 한 행동의 결과가 그 다음 행동의 원인이 된다는 손다이크(E. L. Thorndike)의 '효과의 법칙(law of effect)'처럼 인간관계는 반응→자극→반응의 관계로 나타난다(오세철, 1982). 이러한 조건화는 개인의 자유로운 반응을 전제로 하고 있으며, 이와 같은 반응방식은 미국사회의 개인주의적인 특성을 상징하는 것이다.

이상과 같은 학습이론은 무엇보다도 행동의 학습과 변화를 어떤 자극으로부터 반응을 유도해 내는 기계적인 과정으로만 본다는 데 문제가 있다. 인본주의자들은 행동주의자들의 이러한 주장을 비판한다. 즉 이들은 행동주의자들이 인간을 지나치게 단순하고 합리적인 존재로만 이해하려 한다고 비판하면서, 인간은 스스로의 의도나 목적을 가지고 움직이는 매우 복잡한 존재이기 때문에 절대적인 가치기준으로 평가해서는 안 된다고 강조한다. 이러한 측면에서 보면 인지학습이론이나 사회학습이론과 같이 학습과정에서 인지의 역할을 중시하는 학습이론들은 바로 인본주의자들의 비판을 어느 정도 수용하는 입장에서 발전된 것이라고 볼 수 있다. 또한 이러한 인지론적 학습은 그것을 적용하는 데 있어 행태론적 학습이 지니는 사회문화적인 한계성을 어느 정도 극복할 수 있게 만들어 주고 있다.

3 창의성과 스트레스의 문화차이

1) 창의성과 문화

(1) 창의성의 성격

창의성(creativity)은 개인의 행동 및 능력의 하나로서 선천적으로 주어지는 것이라기보다는 학습과 노력에 의해 연마되는 것이라고 할 수 있다. 창의성의 개념을 보다 정확히 이해하기 위해서는 먼저 '창의적 행동(creative behavior)'과 '창의적 능력(creative ability)'을 구분하여 살펴볼 필요가 있다(Reitz, 1981).

창의적 행동은 "새로우면서도 실용적인 여러 가지의 아이디어를 산출해 내는 것"을 말한다. 여기서 산출이란 새롭고 실용적인 아이디어를 다른 사람들이 지각하고 이해할 수 있는 어떤 형태나 양식(예컨대 노래와 같은 언어적 방식, 무용이나 그림과 같은 비언어적 방식 등)으로 변형시키는 것을 의미한다. 그리고 실용적이라는 것은 새로운 아이디어, 즉 산출물이 다른 사람들에게 실제적인 가치가 있어야 한다는 것이다.

창의적 능력은 "새로우면서도 실용적인 여러 가지의 아이디어를 산출해 낼 수 있는 능력"을 말한다. 즉 이것은 개인이 새로운 방식으로 연상하고 조합하는 능력이라고 할 수 있다. 창의성에 관한 연구문헌들을 살펴보면 창의적 능력, 즉 창의력에 대하여 특별히 두 가지 특징을 강조하고 있다. 하나는 창의력은 단순하거나 고정되어 있는 일차원적인 능력이 아니라 여러 차원의 능력이 조합된 복합체라는 점이며, 다른 하나는 사람들이 전에는 만들어 내지 못했던 연상을 만들어 내는 능력이라는 점이다.

이와 같이 창의력은 새로운 조합이나 연상을 만들어 내는 능력, 즉 '확산적 사고력(divergent thinking)'이라고 할 수 있다. 그러나 확산적 사고력은 수평적으로 사고하는 능력을 말하는 것으로서 이것을 창의력의 전부라고 할 수는 없다. 진정한 의미의 창의력은 전통적 사고방식과 과거의 경험 그리고 진부한 관념의 속박에서 벗어나 서로 관련이 없는 요소들을 특정의 필요성에 부합되도록 새롭게 조합하고 연상할 수 있는 것이어야 한다.

창의성은 이상과 같은 창의적인 행동과 능력을 모두 포함하는 포괄적인 개념이라고 할 수 있다. 그런데 한 가지 주의해야 할 일은 창의성, 특히 창의력을 지능(intelligence)과 같은 개념으로 간주해서는 안 된다는 것이다. 많은 연구에 따르면 이 두 개념 간에는 관계가 거의 없는 것으로 나타나고 있다. 예컨대, 창의성에 대한 연구에 많은 노력을 기울인 길포드(J. P. Guilford)에 의하면 '창의적 자질(creative talent)'은 지능과는 다른 여러 가지의 능력으로 이루어져 있다(Guilford, 1971). 그 외에 이에 관한 많은 연구에서도 이 둘 사이의 관계가 기껏해야 0.1 정도의 상관관계밖에는 없다고 강조하고 있다(신유근, 1982). 그러나 창의성과 지능이 전혀 관련이 없는 별개의 개념이라고 단정하기도 곤란하다. 왜냐하면 길포드의 말처럼 창의적 행동에는 최소한 어느 정도의 지능이 요구되기 때문이다.

오늘날의 모든 조직에서는 구성원들의 창의성을 필요로 하고 있다. 위에서 지적한 바와 같이 현대와 같이 주변의 환경이 극도로 복잡해지고 다변화되어 가는 상황하에서 조직이 존속하고 지속적인 성장의 기회를 얻기 위해서는 구성원들이 창의적으로 생각하고 행동할 수 있어야 하기 때문이다. 그러나 조직에서 창의성이 그 가치를 더할 수 있도록 하기 위해서는 구성원 각자의 자질에만 의존해서는 안 되고 경영자들의 관심 속에서 관리되어 보다 많은 창의적 사고와 행동이 이루어지도록 해야 한다. 조직에서 구성원들의 창의성이 중요시되는 실제적인 이유를 몇 가지 들어 보면 다음과 같다.

첫째, 창의성은 조직구성원들의 활발하고 적극적인 사고를 촉진시키며 문제해결능력을 증대시킨다.

둘째, 창의성은 조직구성원들의 사기와 작업의욕을 고취시키며 진취적이고 개방적인 조직문화가 형성되는 데 큰 도움이 된다.

셋째, 창의성은 생산성의 제고에 직접적으로 영향을 미친다. 즉, 창의성은 새로움과 변화 그리고 바람직함을 추구하기 때문에 그 과정은 생산성을 제고하기 위한 지름길이라고 할 수 있다.

그러나 창의성이 이와 같이 조직에 대하여 순기능적으로만 작용하는 것은 아니라는 점에 유의할 필요가 있다. 조직구성원들이 창의성에만 너무 몰두하게 되면 또 다른 목적을 위해 활용해야 하는 시간과 비용을 낭비하는 결과를 가져올 수도 있다. 또한 작업이 일상적이고 반복적으로 이루어지고 능률이 강조되는 조직에서는 이것이 오히려 성과에 대한 예측을 어렵게 만들기도 한다. 따라서 경영자는 때때로 창의성으로 말미암아 나타날 수 있는 이러한 역기능적인 결과를 염두에 두어야 한다.

(2) 창의성과 문화차이

창의성은 선천적으로 주어지는 것이라기보다는 개인적인 노력에 의해서 개발되고 연마되는 것이라고 할 수 있다. 그러나 창의적 잠재력은 그것이 발휘될 수 있는 환경이 따라주지 않으면 창의적 행동으로 나타나지 않을 수도 있다. 왜냐하면 대개의 행동이 그러하듯 창의적 행동도 결국은 개인과 환경의 상호작용의 결과이기 때문이다. 따라서 창의성을 설명하기 위해서는 그것의 환경과의 관계를 먼저 이해하지 않으면 안 된다.

이러한 맥락에서 볼 때 문화는 개인의 창의성에 영향을 미치는 중요한 환경적 요인이라고 할 수 있다. 즉 개인이나 집단이 창의적이거나 또는 창의적이지 못한 것은 그들이 속해 있는 문화 때문일 수도 있다는 것이다. 예를 들면 우리는 대체로 서양인들이 동양인들에 비하여 더욱 창의적이라고 말하는데, 이는 이들이 각기 선천적으로 그렇게 태어난 것이 아니고 문화라는 독특한 환경이 그렇게 되도록 만들었기 때문이다. 실제로 서양의 문화는 개인의 독립성과 자주성 그리고 변화가능성을 중시하는 개인주의적·미래지향적 특성을 지닌다. 따라서 이러한 문화환경 아래서 사람들은 창의적 잠재력을 개발하고 또 그것을 발휘하는 데 제약을 받지 않는다. 이에 반하여 예부터 윗사람의 말을 있는 그대로 받아들이는 것을 큰 미덕으로 삼고 자기의 생각을 함부로 입 밖에 내는 것을 바람직하지 않게 여겨온 동양에서는 집단주의적·권위주의적이고 과거지향적인 문화적 특성이 창의성의 개발과 발휘를 오히려 어렵게 만들어 왔다.

우리나라 사람들이 흔히 개인의 창의성을 전적으로 직관적이거나 천부적인 것으로 생각한다든지(신유근, 1982), 기업에서조차 아직도 창의적 인간보다는 관리적 인간, 진취적 인간보다는 순응적 인간을 만들어 내는 조직풍토가 형성되어 있어 이것이 개인의 창의성을 억압하고 있는 것도 결국은 문화환경이 그렇게 만들었기 때문이라고 할 수 있다. 그러나 문화 그 자체가 창의적이지 못한 것을 탓하고 있을 수만은 없다. 이제부터라도 우리의 문화 중에서 창의성을 개발하고 발휘하는 데 장애가 되는 요인들을 찾아내어 과감하게 제거하든지 또는 그것을 창의적인 것으로 변화시키든지 하는 노력을 기울여야 한다. 타이완의 한 학자는 중국인들의 창의성에 장애가 되고 있는 전통적인 사고방식과 태도를 아래와 같이 구체적으로 지적하였는데(吳秉恩, 1986), 이는 유교문화권에 속해 있는 우리에게도 참고가 될 만한 내용이다.

① 항상 엄숙하고 무거운 기분상태에 있다.
② 전제를 뒤집을 수 있는 수평적인 사고보다는 수직적 사고를 더욱 중시한다.
③ 독특한 일보다는 남들도 할 수 있는 일반적인 일을 하는 것을 좋아한다.
④ 과정보다는 결과를 중시한다.
⑤ 이질적인 것보다는 동질적인 것을 더욱 중시한다.
⑥ 일 그 자체보다는 인정에 치우친다.
⑦ 전체적인 틀보다는 부분적인 방법이나 기교를 중시한다.
⑧ 다양한 해결방안보다는 하나의 해결방안을 선호한다.
⑨ 진실을 추구하기보다는 표면적인 동의와 책임분산에 더욱 주의를 기울인다.
⑩ 토론에 있어 상대방의 의견을 존중하기보다는 반대를 위한 반대로 일관하는 경향이 강하다.

⑪ 상호작용적인 관계를 무시하고 순서에 의한 배열을 중시한다.
⑫ 기회나 요령보다는 종래의 규칙이나 관례를 고수하려는 경향이 강하다.
⑬ 혁신적이지 못하고 고집이 세다.
⑭ 완전하게 생각하지 않고 급히 결론을 내리는 경향이 있다.
⑮ 전체적으로 이해하려고 하지 않고 부분적인 것에 치우치는 경향이 있다.

2) 스트레스와 문화

(1) 스트레스의 성격

스트레스라는 말은 우리의 일상생활에서 자주 쓰이고 있는 용어이기는 하지만 이에 대한 정의를 명확히 내린다는 것은 매우 어려운 일이다. 왜냐하면 스트레스란 말은 학자들의 관점과 연구분야에 따라 여러 각도에서 이해되고 있기 때문이다. 그러나 많은 사람들의 이에 대한 정의를 살펴보면 서로 공통되는 일면이 있음을 발견할 수 있다. 즉, 스트레스(stress)는 환경에 대한 개인의 어떤 반응으로 볼 수 있다는 것이다. 다시 말하면 이것은 환경이 개인의 능력한계를 벗어나는 지나친 요구를 하거나 또는 개인의 욕구를 환경이 충족시켜 주지 못하는 경우에 발생하는 개인의 환경에 대한 적응적 반응(adaptive reaction)을 가리킨다.

스트레스는 이렇듯 위협적인 환경에 대한 개인의 반응으로 파악할 수 있는데, 그러한 반응은 보통 다음과 같은 생리적·심리적 증상으로 나타나게 된다(Cannon, 1979). 스트레스를 받게 되면 먼저 생리적인 증상들이 나타나게 되는데, 이는 환경의 위협으로부터 자기 자신을 보호하려는 일종의 신체적인 반응이다. 여기에는 신진대사의 증가, 혈압의 상승, 심장박동의 증가, 호흡의 증가 등과 같은 증상이 포함된다. 또한 스트레스를 받게 되면 이와 같은 생리적 증상과 함께 긴장, 두려움, 초조함, 불안 등과 같은 심리적인 증상이 나타난다.

이상과 같이 스트레스를 받음으로써 나타나는 생리적·심리적 증상들은 사람들이 대체로 스트레스를 부정적인 것으로 보도록 만들었다. 그러나 근래에 와서 스트레스를 조직의 문제와 관련시켜 이해하기 시작하면서 모든 스트레스가 나쁜 것은 아니라는 생각을 하기에 이르렀다. 즉 과도한 스트레스는 부정적인 결과를 가져오지만, 적당한 스트레스는 오히려 개인과 조직 모두에게 도움이 된다는 것이다. 그런 점에서 경영학에서는 스트레스의 관리라는 측면에서 스트레스를 완전히 제거하는 것이 아니라 일정한 수준으로 유지시켜 그것이 조직구성원들의 직무만족, 직무성과, 생산성 등에 긍정적으로 작용할 수 있는 방안을 모색하는 데 중점을 두고 있다.

앞에서 지적한 바와 같이 스트레스는 환경에 대한 적응적 반응이기 때문에 개인을 둘러싸고 있는 모든 환경은 곧 스트레스를 일으키는 원천이 된다. 그러나 똑같이 위협적인 환경이라고 할지라도 그로부터 스트레스를 받는 정도는 사람마다 다르다고 할 수 있는데 이는 여러 가지의 요인들이 영향을 미치기 때문이다. 스트레스의 원천은 크게 세 가지를 들 수 있다. 그 중 하나는 조직 밖의 일반적인 환경이고 다른 두 가지는 조직 및 개인과 관련된 요인들이다. 그리고 스트레스의 정도에 영향을 미치는 것으로는 개인의 특성과 관련된 요인들이 있으며, 여기에 덧붙여 사회적·문화적 요인도 고려해 볼 수 있다.

(2) 스트레스의 원인과 문화차이

스트레스와 문화 간의 관계는 두 가지 측면에서 설명할 수 있다. 하나는 스트레스를 야기하는 요인의 문화에 따른 차이이고, 다른 하나는 스트레스에 대한 대처방안이 문화에 따라 어떻게 다른가 하는 것이다. 이에 대하여 학자들 사이에 논란이 없는 것은 아니나 대체로 스트레스의 원인이나 대처방안은 모두 문화에 따라 차이가 있다는 것이 일반적인 생각이다.

한 연구결과에 의하면 중국인들은 경제적 문제나 내면적 감정문제보다는 인간관계의 문제로 받는 스트레스가 더욱 큰 데 반하여, 미국인들은 내면적 감정문제로 스트레스를 가장 많이 받는 것으로 나타났다(Kleinman, 1979). 또한 중국인들은 전통적으로 가장 큰 스트레스의 원인이 되고 있는 요인으로 여성의 경우에는 고부간의 관계를, 그리고 남성의 경우에는 출생순서를 들고 있는데 이는 전통적으로 같은 유교문화권에 속해 있는 우리나라 사람들에게도 시사하는 바가 크다고 할 수 있다. 그리고 일본기업의 경영자들은 다른 나라의 경영자들에 비하여 자기가 근무하는 기업의 경영상태가 좋지 않을 때 스트레스를 특히 많이 받는 것으로 나타나고 있는데(柯永河·蕭欣義, 1990), 이는 일본의 독특한 기업문화에서 기인하는 현상이라고 할 수 있다. 즉,

일본기업은 전통적으로 종신고용제를 채택하고 있기 때문에 대부분의 종업원들은 회사의 성공이나 실패를 곧 자기의 성공이나 실패와 동일시하는 경향이 있다(Robbins, 1989). 또 하나 흥미 있는 사실은 일본경영자들의 심장병 발병률과 사망률이 일본의 경제가 석유위기나 엔화의 평가절상 등으로 악화되었을 때 특히 높게 나타나고 있다는 것인데(Horowitz, 1987), 이러한 현상 역시 같은 맥락에서 이해할 수 있다.

우리나라 기업의 경우에도 스트레스의 잠재력을 풍부하게 지니고 있는 것으로 생각된다. 그리고 그 원인은 다른 나라에서의 그것과 같은 것일 수도 있고 또는 우리에게만 독특하게 존재하는 것일 수도 있다. 특히 스트레스의 원인이 문화적인 것일 경우에는 일반적인 대처방법으로는 스트레스를 관리하기가 어렵게 된다. 따라서 스트레스의 문화적 특성을 이해하고 그에 대한 대처방안을 강구해야 할 것이다. 우리나라의 기업에서도 벌써부터 누적된 스트레스의 징후들이 많이 나타나고 있으나 이에 대한 대처는 아직까지 매우 미흡한 실정이다. 이제부터는 경영자들이 이러한 스트레스문제의 심각성을 이해하고 이의 관리를 위해 적극적으로 노력해야 할 것이다.

(3) 문화충격과 스트레스

스트레스는 또한 문화 그 자체가 원인이 되어 발생하기도 한다. 개인이 새로운 문화를 접하면 마치 물 밖으로 나온 붕어와도 같이 갑자기 의지할 곳을 잃고 방황하게 되므로 새로운 환경에 적응할 수 있게 되기까지는 욕구불만이나 긴장이 높아지게 된다. 이러한 새롭고 예측할 수 없는 불확실한 문화환경에 대한 개인의 반응을 문화충격(culture shock)이라고 하는데, 이것이 곧 스트레스를 유발한다는 것이다.

이질적인 문화를 처음으로 경험하는 사람은 물론이고 이를 빈번하게 접하는 사람도 역시 문화충격으로부터 많은 스트레스를 받는다. 한 연구결과에 의하면, 해외근무의 경험이 풍부한 경영자들의 대부분이 문화충격으로부터 심각한 고통을 겪고 있는 것으로 나타났다(Ratiu, 1983). 이것은 일단 자기의 나라나 조직 또는 가정을 떠나서 새로운 환경을 접하게 되면 누구나 혼자의 힘으로는 해결하기 힘든 수많은 문제에 직면하기 때문이다. 따라서 해외근무자나 해외여행자는 이러한 문화충격과 그로 인한 스트레스에 대처할 수 있는 방안을 마련하는 것이 중요하다.

해외근무자들은 너무 과중한 업무를 피함으로써 스트레스를 감소시킬 수 있다. 건강프로그램에 참여하여 스트레스를 완화시키는 습관을 익히는 것도 큰 도움이 된다. 또한 해외여행자나 해외근무자들은 '안정지대(stability zone)'를 설정함으로써 문화충격을 감소시킬 수 있다. 안정지대란 가정과 같이 포근함을 느끼며 휴식을 취할 수 있는 장소를 말하는데, 많은 시간을 현지의 이질적인 문화에 동화하기 위해 보내고 난 후에 그러한 장소에 피신하여 자기만의 시간을 갖고 휴식을 취한다면 문화충격을 감소시키고 스트레스를 해소하는 데 큰 도움이 된다.

이 밖에 해외근무자들의 경우 직무를 수행하는 데 있어서 직무에 대한 과도한 기대감과 지나친 몰입을 적절히 완화시키는 것도 스트레스를 감소시키는 데 효과가 있다. 그리고 가정에서도 스트레스관리를 위한 방안을 개발할 수도 있다. 예를 들면, 식사시간에는 불평하는 것을 금지한다든지 또는 고국의 본사나 현지인 그리고 새로운 문화의 긍정적인 면만을 얘기한다든지 하는 규칙을 만들어 실천하는 것도 문화충격과 스트레스를 감소시키는 데 큰 도움이 될 것이다.

글로벌 문화탐방 3

워크맨이 바꿔놓은 청년문화

1970~80년대에 청소년기를 보낸 세대에게 '카세트리코더'는 아련한 추억으로 남아 있다. 책가방만큼 큰 크기에 라디오와 카세트 재생기(플레이어)가 결합된 카세트리코더는 당시만 해도 신선했다. 라디오에서 흘러나오는 음악을 빈 카세트테이프에 녹음한 뒤 카세트리코더를 틀면 언제든지 듣고 또 들을 수 있게 됐다. 별표·독수리표 전축이 사치품으로 분류되던 시절, 값비싼 LP레코드판을 사 전축 턴테이블에 올려놓고 감상하던 종전의 문화를 일시에 바꿔놓은 것이다. LP 세대를 이은 '카세트테이프 세대'는 이렇게 등장했다.

1963년 필립스가 개발한 카세트테이프는 1980년대 전성시대를 맞았다. 1979년 일본의 소니가 출시한 휴대용 플레이어 '워크맨'이 그 추진체이었다. 워크맨은 실내에서 주로 듣던 음악을 바깥세상으로 끌어냈다. 똑같은 카세트테이프를 쓰면서도 카세트리코더와는 비교할 수 없을 정도로 가볍고 작은 디자인에 세계의 젊은이들은 열광했다. '허리춤에 워크맨을 차고 스테레오 헤드폰을 낀 채 조깅하는 주인공'의 모습은 뉴욕·파리·도쿄를 배경으로 하는 많은 영화에 단골로 나오는 장면이 됐다.

워크맨은 한때 한국에서 수입금지품목에 묶여 있었다. 코끼리표 전기밥통과 더불어 세관에서 수시로 적발되는 반입제한품목 중 하나였다. 그렇다고 보따리무역상·외국출장자를 통해 음성적으로 국내에 상륙한 것까지 막지는 못했다. 국내에서 워크맨을 본뜬 '미니카세트'가 잇달아 나오자 워크맨 열풍이 불었다. 문화와 라이프스타일을 바꿔놓으면서 세대 갈등을 빚기도 했다. 부모는 헤드폰을 끼고 책상에 앉아 있는 자녀에게 "음악을 들으며 무슨 공부가 되느냐"고 잔소리를 했지만 이들에게 워크맨은 이미 공기와 같았다. 카세트테이프와 워크맨의 시대는 CD 시대를 맞으면서 쇠락의 길을 걷기 시작했고, 2000년대 MP3플레이어의 보급으로 사실상 종언을 고했다.

얼마 전에 소니가 카세트테이프용 워크맨 생산을 중단했다고 발표했다, 워크맨은 지금까지 전 세계에서 2억 대 이상 팔린 히트상품으로 영어사전에 보통명사로 올라 있다. 워크맨은 역사 속으로 사라졌지만 카세트테이프는 우리나라 고속도로 휴게소에서 이른바 '뽕짝 메들리'를 담고 그 명맥을 이어가고 있다. 피고 지는 꽃처럼 기술의 변천을 어찌하겠는가. 워크맨의 퇴장은 카세트테이프 세대에게 거스를 수 없는 세월의 흐름을 되새기게 한다.

자료 : 중앙일보, 분수대, 2010년 10월 26일자.

생각해 봅시다

1. 가치관과 퍼스낼리티는 어떻게 형성되며 개인의 행동과는 어떤 관계가 있는가?

2. 가치관과 퍼스낼리티는 문화적으로 어떻게 다르게 나타나며, 그러한 차이는 글로벌기업의 경영에 어떠한 영향을 미치는가?

3. 대인지각과 학습은 기업경영과 관련하여 어떠한 중요성이 있으며, 이것이 문화구속적이라는 점을 어떻게 설명할 수 있는가?

4. 개인의 창의성과 스트레스가 문화구속적이라는 것을 어떻게 이해하여야 하며, 그와 같은 문화차이는 글로벌기업의 경영과 관련하여 어떠한 중요성을 갖는가?

Chapter 4 개인행동과 문화차이

볼거리 읽을거리

놀 줄 아는 브라질*

"놀기 위해 일하나, 일하기 위해 노나?" 이런 자문을 한 번쯤 해봤을 것이다. 아침부터 저녁 혹은 밤늦게까지 업무에 허덕이는 직장인들에게는 일이 인생의 전부처럼 비칠 때가 있다.

브라질에서 가장 큰 문화차이를 느낀 것은 바로 이 부분이다. 이곳 사람들의 인생철학은 분명해 보인다. "일은 놀기 위해 필요한 만큼 하는 것이다." 이런 심증은 며칠 전 카니발을 겪으면서 확실히 굳어졌다. 금욕기간인 사순절에 앞서 한바탕 즐기는 '카니발'은 브라질에만 있는 게 아니다. 다른 남미 국가는 물론 유럽 각국도 나름의 축제를 즐긴다. 하지만 이곳만큼 '삶의 중심'이 카니발인 듯한 나라는 어디에도 없을 것이다.

브라질을 두고 '카니발의 나라'라 칭한 것은 이 나라 문호 조르제 아마두(Amado, 1912~2001)였다. 그 뒤로 이 명칭이 갖는 뉘앙스는 대개 부정적이었다. 그 바닥에 깔린 것은 "내일 일은 생각 않고 오늘 즐거움에만 탐닉한다"는 훈계적 시각이다.

실제로 이곳에서 일하다 보면 울화통이 터질 때가 한두 번이 아니다. 식당이든 은행이든 일처리 속도가 이보다 느릴 수가 없다. 직원은 고객의 안달에도 아랑곳없다. 이런 일이 반복되다 보면 이 나라 경제성장이 더딘 것은 정부나 제도 이전에 '근로문화의 부재' 때문이란 진단에까지 이르게 된다. 하지만 이번 카니발의 전후를 지켜보면서 이들 나름의 '장점'을 알게 됐다. 무엇보다 브라질의 카니발을 그저 반라(半裸)의 무희가 삼바춤을 추는 '광란의 축제' 정도로 생각한 것이 오해였다. 남녀노소 주민 전체가 합세한 공동의 기획이었고 함께 즐기는 놀이마당이었다. 사실 카니발은 당일만의 행사가 아니었다. "프랑스인들이 1년의 절반을 다음 휴가에 대해 이야기하며 보내고, 나머지 반을 지난 휴가를 추억하며 보낸다"는 말이 있지만, "브라질 사람들이 1년 내내 카니발을 위해 산다"는 말은 사실인 듯했다. 준비과정부터가 각 지역 삼바스쿨을 통해 주민의 일상과 밀착돼 있었다. 행사 당일에도 대열 속 참가자 모두가 주인공이 된 것 같은 표정이었고, '내 존재이유는 이것'이란 듯한 몸짓이었다. 관객들도 이날만을 기다렸다는 듯 신나 했다.

'상업화' 우려는 올해도 어김없이 들렸다. 하지만 카니발의 희열은 값비싼 장내 행사에만 국한된 것이 아니었다. 시내 곳곳에서 별도의 축제가 열렸고 동네마다 자신들만의 잔치가 있었다.

"그렇게 놀 궁리만 하니 일의 능률이 오를 리 없다"는 핀잔도 가능하다. 하지만 흥미로운 점은 놀이가 수익을 낳기도 한다는 사실이다. '지상 최대의 쇼' 리우 카니발은 이미 세계적인 고수익 엔터테인먼트사업이 되었다. 빈민촌에서 출발한 삼바스쿨은 이제 자신들의 '꿈의 공장'이라 불리는 작업실들을 한자리에 모아 '삼바 시티'를 건립하고선, 연중 관광코스로 개방한다. 그들의 '노는' 모습을 보기 위해 올해도 카니발 기간에만 70만 이상이 이 도시를 찾았다.

이제 올해의 리우 축제는 끝났고 사람들은 일상으로 다시 돌아갔다. 아니 브라질식으로 말하면 이들은 내년의 카니발을 위해 다시 일터로 돌아간 것이다.

'놀 줄 아는' 국민과 '일할 줄 아는' 국민, 어느 쪽이 더 나은지 따질 생각은 없다. 다만 한때 서구가 아시아를 두고 '오리엔탈리즘'의 오류를 범한 것처럼 우리가 브라질의 '노는 문화'에 대해 일면적인 선입견을 가질 필요는 없겠다는 생각이다.

* 자료 : 조선일보, 조선데스크, 2007년 2월 26일자.

04 Chapter 개인행동과 문화차이

1 개인태도와 문화차이

1) 태도의 성격

태도(attitude)는 일반적으로 "개체가 사람 또는 사물에 대하여 좋다 · 나쁘다의 방식으로 반응하려는 일종의 평가적 경향"으로 정의할 수 있다. 즉, 우리가 어떤 사물이나 사람에 대하여 좋다 · 나쁘다 할 때 사실상 우리는 이들 대상에 대한 우리의 태도를 표현하고 있는 셈이 된다. 따라서 조직구성원들의 직무에 대한 태도는 그들이 직무에 대하여 호의적 · 비호의적인 방식으로 나타내려는 지속적인 감정 또는 평가라고 할 수 있다.

태도와 가치(value)는 서로 다른 개념이다. 가치는 이것이 포함하고 있는 범위가 비교적 넓다고 할 수 있으며, 태도는 비교적 특정적인 것으로 볼 수 있다. 또한 가치는 일종의 도덕적 개념을 강하게 포함하는 데 반하여 태도는 그렇지 않다. 그러나 태도와 가치는 상호 간에 밀접한 관계를 유지하고 있다.

태도는 또한 의견(opinion)과도 구별된다. 의견은 태도의 구두적인 표시이며 비교적 쉽게 변하는 특성을 가진다. 그리고 의견은 유지되는 시간이 비교적 짧다. 이에 반하여 태도는 개인의 내재적인 느낌으로서 쉽게 변하지 않고 유지되는 시간도 비교적 길다고 할 수 있다. 예를 들어, A라는 사원이 자기의 여성 상사인 B에 대하여 무능한 상사라고 비평한다고 하자. 이때 A의 이러한 비평은 그의 '여성을 경시하는 태도', '상사를 경시하는 태도' 또는 'B가 자기의 상사라는 점에 대한 불만에서 기인하는 일종의 의견표시'로 볼 수 있는데, 세 번째의 불만에서 기인하는 의견은 전자에 비하여 상대적으로 쉽게 변할 수가 있을 것이다. 즉 A가 B로부터 어떠한 혜택을 입은 경우에 A의 B에 대한 구두적 평가는 순간적으로 'B는 역시 유능한 상사'로 바뀔 수 있다. 그러나 A의 B에 대한 내재적 평가를 나타내는 '여성경시' 또는 '상사경시' 태도는 쉽게 변하지 않을 것이다.

기업경영의 측면에서 볼 때 태도는 그 자체로서도 의미가 있지만 특히 행동과 관련하여 중요성을 갖는다. 왜냐하면 태도는 어떠한 자극에 대한 반응의 준비상태로 파악되고 따라서 행동의 예측지표가 될 수 있기 때문이다. 이러한 근거는 태도와 행동 사이의 인과관계가 매우 높은 수준의 정의 관계를 보인다고 하는 데서 찾을 수 있다. 그러나 태도와 행동이 반드시 일치한다고 할 수는 없다. 왜냐하면 여러 가지 상황적인 변수들이나 규범들이 태도와 행동 사이에 개재되는 수가 많기 때문이다. 예를 들어, "로마에 가면 로마법을 따르라"는 말과 같이 사람들은 어떤 이질적인 상황하에서는 그들의 근본적인 신념이나 가치를 포함하는 태도를 그대로 행동으로 나타내기보다는 그 상황에서 권유되거나 심지어 강요되어지는 특정의 요인들에 의하여 실제로는 자기의 의도와는 다르게 행동하는 경향이 있다는 것이다. 따라서 개인의 태도와 실제 행동 사이에는 상황에 따라서 차이를 보일 수가 있다.

그러나 태도와 행동의 이러한 차이는 이들 사이에 본질적으로 관련성이 없어서라기보다는 어떤 환경적 요인에 의하여 본래의 태도와 일치되게 행동하는 것이 억제된 결과일 따름이라고 볼 수 있다. 이러한 경우에 태도는 본래의 행동의도에 따라 잠재적인 힘을 가지고 실제의 행동에 대하여 계속적으로 영향력을 행사한다고 보아야 할 것이다.

개인과 관련된 태도는 수없이 많다. 그러나 기업경영과 관련해서 특히 중요한 것은 조직구성원들의 직무와 조직에 대한 태도이다. 조직구성원들의 직무에 대한 태도로서 대표적인 것으로 직무만족(job satisfaction)과 직무몰입(job involvement)의 두 가지가 있고, 조직에 대한 태도로는 조직몰입(organizational commitment)과 최근에 새로운 개념으로 많은 연구가 이루어지고 있는 신뢰(trust) 및 조직시민행동(organizational citizenship) 등이 있다. 이들 태도는 경영학에서 널리 응용되고 있는 것들로서 지금까지 학자들은 많은 연구를 통하여 이들에 대한 이론을 정립・발전시켜 오고 있다. 아래에서는 이들 중 전통적으로 가장 많은 연구가 이루어지고 있는 직무만족과 조직몰입을 중심으로 살펴보도록 한다.

2) 직무만족과 문화

(1) 직무만족의 성격

1940년 이후 지금까지 조직구성원의 직무만족 정도는 조직의 성과를 평가하는 중요한 기준이 되어 오고 있다. 직무만족이 이렇게 중시되고 관심의 대상이 되고 있는 이유를 데이비스(R. C. Davis)는 다음과 같이 강조한다(Davis, 1951). 즉, 조직구성원의 직무만족이 높을수록 조직은 이들로부터 아래와 같은 효과를 얻을 수 있다는 것이다.

첫째, 조직목표의 달성을 위하여 자발적으로 협조한다.

둘째, 조직과 상사에 대하여 더욱 순종하고 충성하게 된다.

셋째, 조직이 어려움에 처하면 조직과 함께 이를 극복하려고 노력한다.

넷째, 자신의 직무에 대하여 한층 더 흥미를 가지게 된다.

다섯째, 조직 내의 법규나 규율을 엄수하고 질서를 유지하게 된다.

여섯째, 자발적으로 직무수행을 위하여 열심히 노력하게 된다.

일곱째, 조직의 구성원임을 자랑스럽게 생각하게 된다.

따라서 조직구성원의 직무만족을 높이는 것은 특히 조직의 인사정책의 수립과 함께 매우 중요한 문제라고 할 수 있다. 또한 직무만족에 대한 연구는 이것이 우리에게 다음과 같은 가치를 가져다준다는 측면에서 그 의의를 찾을 수 있다(Schwab and Cumming, 1970).

첫째, 직무만족은 그 자체가 사회적 가치를 나타낸다. 만일 '심리적 국민총생산(psychological GNP)'이 존재한다면 사회구성원들의 직무만족 정도는 중요한 구성요소가 될 것이다. 따라서 조직구성원의 직무만족은 조직이 사회에 대하여 부담하는 '사회적 책임'의 한 범주로 강조되고 있다.

둘째, 직무만족은 한 조직의 '건강상태'를 일찍 측정하는 지표가 된다. 따라서 조직이 만일 그 구성원들의 직무만족에 대하여 끊임없이 주의를 기울인다면 조직의 문제를 조기에 발견하고 적당한 조치를 취할 수 있게 된다.

셋째, 직무만족은 조직과 경영을 연구하는 데 있어서 하나의 중요한 변수로 삼을 수 있다. 즉 직무만족은 경영 또는 조직에 관한 여러 변수의 영향을 측정하는 결과변수가 될 수 있을 뿐만 아니라 각종 행동의 결과를 예측하는 선행변수가 되기도 한다.

한편, 직무만족의 측정과 관련하여 많은 학자들은 직무를 구성하는 여러 측면을 찾아내려고 노력한다. 예를 들면, 브룸(V. H. Vroom)은 직무의 측면에 대한 여러 연구결과를 검토한 후 직무는 대체적으로 다음과 같은 7가지 측면으로 구성된다는 것을 발견하였다(Vroom, 1964). 즉, 직무만족의 정도는 이들 7가지 측면에 대해 얼마나 만족하고 있는지를 나타낸다는 것이다.

① 회사 및 경영당국
② 승진기회
③ 작업내용
④ 상급자
⑤ 금전적 대우
⑥ 작업환경
⑦ 동료작업자

그러나 직무만족의 가장 이상적인 측면이 무엇인가 하는 문제에 대해서는 아직까지 만족할 만한 대답을 찾아보기가 어렵다. 직무만족을 측정하기 위하여 학자들이 사용하는 설문항목은 연구대상에 따라 대부분 그 요소구조가 달라진다. 그러나 많은 학자들은 4~5개의 측면으로, 또는 여기에 하나의 일반적 측면을 첨가하면 직무만족을 충분히 해석할 수 있다고 주장한다.

(2) 직무만족과 문화차이

문화는 태도의 형성에 근본적이고 포괄적으로 영향을 미치는 중요한 요인으로 작용한다. 바꾸어 말하면 개인의 태도는 강력한 문화구속적 특성을 지닌다는 것이다. 따라서 개인의 직무에 대한 하나의 태도를 나타내는 '직무만족' 역시 문화구속적인 것으로 볼 수 있으며, 상이한 문화적 배경을 지니는 사람들의 직무에 대한 태도, 즉 직무만족에 상당한 차이가 나타나리라는 것을 예측할 수 있다.

호마스(G. C. Homas)는 "같이 일하고 같은 보수를 받는 종업원들도 그들의 직무에 대한 평가는 항상 매우 다르게 나타나는데, 이것은 각자의 문화적 배경과 개인적 기대에 기인하는 서로 다른 직무가치관을 가지고 있기 때문이다"라고 말하면서 직무만족에 영향을 주는 환경변수로서 '문화요인'의 중요성을 강조한다(Homans, 1961).

실제로 많은 학자들은 다른 요인들과 함께 한 국가와 사회의 전통문화, 가치관, 법률, 정치상황 등과 같은 사회·문화요인을 직무만족에 대한 중요한 선행변수로 취급하고 있다.

문화비교의 관점에서 직무만족을 연구하는 학자들은 기업종업원의 욕구만족(need satisfactions)과 욕구결핍(need deficiencies)의 정도가 그들의 문화적 배경에 따라 서로 다르게 나타날 것이라고 가정한다. 그리고 이들은 많은 연구를 통하여 이러한 가정을 증명하고 있다.

슬로컴(J. W. Slocum, Jr.)과 토피체크(P. M. Topichak)는 미국과 멕시코의 기업종업원 234명을 대상으로 실시한 연구에서 두 나라 기업종업원들의 직무만족에 현저한 차이가 나타나고 있음을 발견하였다(Slocum, Jr. and Topichak, 1972). 이들의 연구결과를 간단히 소개하면 다음과 같다.

이들은 미국과 멕시코의 기업종업원들을 기술수준에 따라 '높은 기술수준(high skill)'과 '낮은 기술수준(low skill)'의 두 집단으로 분류하고, 다시 매슬로우(A. Maslow)가 제시한 '5단계 욕구'를 이용하여 이들 집단의 욕구결핍 정도를 비교하였다. 연구결과는 [표 4-1]에서 보는 바와 같다. 즉 미국과 멕시코의 기업종업원들은 모두 안전욕구가 매우 결핍되어 있다고 대답하고 있으나 그 밖의 욕구에 대해서는 기술수준에 관계없이 미국의 기업종업원들은 대체로 욕구의 수준이 높을수록, 멕시코의 기업종업원들은 반대로 욕구의 수준이 낮을수록 욕구에 대한 결핍 정도가 높게 나타나고 있다. 이러한 결과는 미국의 기업종업원들이 직무에 대하여 높은 수준의 욕구만족을 더욱 필요로 하는 데 반하여, 멕시코의 기업종업원들은 낮은 수준의 욕구만족을 더욱 필요로 하고 있다는 것을 보여준다. 또한 직무만족을 나타내는 직무에 대한 전반적인 만족도는 멕시코의 기업종업원들이 미국의 기업종업원들에 비하여 상대적으로 높게 나타나고 있다.

표 4-1 미국과 멕시코 기업종업원들의 욕구결핍에 대한 반응

욕구의 단계	높은 기술수준				낮은 기술수준			
	미국	순위	멕시코	순위	미국	순위	멕시코	순위
안전욕구	2.11	1	1.30	1	2.13	2	1.05	1
사회적 욕구	.93	5	.97	3	1.09	5	.91	2
존경욕구	1.62	4	.84	4	1.66	4	.65	4
자주적 욕구	1.66	3	1.23	2	1.68	3	.90	3
자아실현욕구	1.82	2	.72	5	2.14	1	.62	5

자료 : J. W. Slocum, Jr., P. M. Topichak(1972), "Do Cultural Differences Affect Job Satisfaction?," *Journal of Applied Psychology,* Vol.56, No.2, p.178.

이 연구를 통하여 우리가 보다 중요하게 인식할 수 있는 것은 어느 나라를 막론하고 기업종업원들의 '기술수준'은 욕구결핍이나 욕구만족의 정도, 즉 직무만족에 크게 영향을 미치지 않는다는 사실이다. 이 연구를 통하여 나타난 직무만족에 대한 미국과 멕시코 두 나라 기업종업원들의 차이는 그들의 문화적 배경 때문인 것으로 생각할 수가 있다.

3) 조직몰입과 문화

(1) 조직몰입의 성격

조직구성원의 태도로서 1980년대 이후에 활발한 연구가 이루어지기 시작한 조직몰입(organizational commitment)은 직무만족과는 다른 개념으로서 다음과 같은 차이가 있다(Steers, 1988). 즉 직무만족이 개인의 직무나 직무의 어떤 측면에 대한 반응만을 의미하는 데 반하여, 조직몰입은 조직 전체에 대한 개인의 반응을 반영한다는 면에서 보다 포괄적인 개념이라고 할 수 있다. 또한 직무만족은 직무환경이 변화함에 따라 쉽게 변화하는 성질이 있으나 조직몰입은 비교적 오래 지속되는 특성을 지닌다.

조직몰입은 일종의 개인의 조직에 대한 태도로서 일반적으로 "개인의 조직에 대한 동일시(identification)와 몰두(involvement)의 상대적 강도"로 정의된다. 따라서 조직몰입은 조직구성원으로서의 개인이 자기가 속해 있는 조직에 대하여 얼마나 일체감을 가지고 몰두하느냐 하는 정도를 나타낸다고 할 수 있으며, 이것은 다음과 같은 특성을 가진다(Mowday 등, 1982).

첫째, 조직이 추구하는 목표와 가치에 대한 강한 신앙과 수용
둘째, 조직을 위하여 노력하려는 생각
셋째, 조직의 구성원으로서 계속 남아 있으려는 강한 의욕

조직몰입의 중요성에 관하여는 학자들의 연구방향에 따라 여러 각도에서 알아볼 수 있다. 모우데이(R. T. Mowday) 등은 조직몰입에 의한 개인과 조직 사이의 바람직한 연결은 개인, 조직 그리고 사회적 측면에서 다음과 같은 좋은 결과를 가져올 것이라고 강조하고 있다(Mowday 등, 1982).

첫째, 개인에 대하여 조직은 경제적 욕구의 원천, 미래의 경제적 보장, 그리고 심리적 보상 등을 제공해 준다. 따라서 개인은 자신을 조직과 연결시킬 필요가 있는데, 조직몰입이 바로 이러한 연결의 기능을 수행한다고 할 수 있다. 즉 개인이 조직에 대하여 몰입하는 정도가 높으면 높을수록 조직으로부터 얻을 수 있는 보상 역시 증가한다.

둘째, 조직의 측면에서 보면 높은 이직률과 결근율은 조직에 큰 경제적 손실을 초래하는데 종업원들의 조직몰입 정도를 높임으로써 이직률과 결근율을 감소시킬 수 있다.

셋째, 조직의 생산성과 성과는 또한 다양한 조직으로 구성되어 있는 사회에 영향을 미친다. 따라서 조직의 생산성과 성과에 밀접하게 관련되는 조직몰입은 사회에도 간접적으로 영향을 미친다고 할 수 있다.

그러나 조직몰입은 다음과 같이 개인이나 조직에 부정적으로 작용하는 측면도 있음에 유의하여야 한다. 즉 조직몰입이 높은 조직은 종업원들을 한 조직에만 붙잡아 둠으로써 개인적인 경력개발을 저해하고 그들의 기능을 퇴화시킬 수 있으며, 가정을 위한 활동을 감소시킬 수 있다. 또한 종업원들의 높은 조직몰입은 조직 내의 유동성이 낮아지게 되어 새로운 인재의 유입이 적어지게 된다. 따라서 참신한 아이디어의 도입이 지연되거나 막히게 되며, 조직변화에 대한 장애요인으로 작용할 수 있다. 조직몰입을 연구하는 데 있어서는 긍정적 측면과 함께 이와 같은 부정적 측면을 고려하여야 할 것이다.

한편, 조직몰입에 관한 대부분의 연구도 직무만족의 연구와 마찬가지로 그 원인과 결과를 규명하는 데 주력하고 있다. 바꾸어 말하면, 연구자들은 조직몰입을 종속변수로 하여 종업원들의 조직몰입 정도를 높일 수 있는 가능한 요인들을 찾아내려고 노력

하는 한편, 조직몰입을 독립변수로 하여 종업원들의 조직몰입 정도에 따라서 나타날 수 있는 결과를 예측하고, 나아가 조직몰입을 매개변수로 하여 조직몰입에 영향을 미치는 요인과 그 결과 간의 관계를 종합적으로 규명하려고 노력하고 있다. [그림 4-1]은 조직몰입을 매개변수로 하여 그 선행변수 및 결과변수와의 관계를 잘 나타내고 있는데, 많은 학자들은 실증적 연구를 통하여 이 이론적 틀이 기본적으로 정확하다는 것을 증명하고 있다(Mowday 등, 1982).

그림 4-1 조직몰입의 원인과 결과

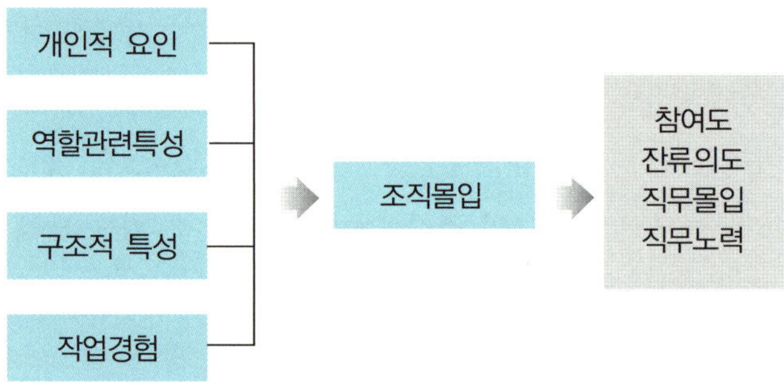

자료 : R. M. Steers(1984), *Introduction to Organizational Behavior*, 2nd., Glenview, Ill.: Scott, Foresman and Company, p.466.

(2) 조직몰입과 문화차이

조직몰입이 문화구속적인 존재인지 혹은 보편타당한 것인지를 명확하게 설명해 주는 연구결과는 많지 않다. 그러나 조직몰입이 보다 문화구속적일 것이라는 가정은 다음의 두 가지 측면에서 설명이 가능하다.

조직몰입이 문화에 따라서 서로 다르게 나타날 것이라는 가정은 먼저 조직몰입의 영향요인과 문화의 관계에서 찾아볼 수 있다. 즉, 조직몰입에 영향을 미치는 요인들은 문화에 따라 상당한 차이가 나타난다는 것이다. 이러한 생각은 조직몰입이 개인의 조직에 대한 태도를 나타내는 하나의 '심리적인 반응'이라는 것에서 그 실마리를 찾을 수 있다. 왜냐하면 심리적 반응으로서의 태도는 역시 문화구속적인 특성을 매우 강하게 지니기 때문이다.

예를 들어, 우리는 지금까지 많은 연구를 통하여 일본인들은 조직에 대하여 매우 높은 충성심을 가지며 종신적 몰입을 나타내고 있음을 알고 있다. 그런데 이들의 조직에 대한 높은 몰입의 정도는 직무나 조직의 환경에 의해서라기보다는 그들의 전통 문화로부터 형성되어온 심리적인 요인, 즉 가치관과 신념 또는 퍼스낼리티 등에 기인하는 것으로 볼 수 있다. 그러나 미국인들의 조직에 대한 몰입 정도는 일본인들과 같이 심리적 요인보다는 직무의 도전성, 조직의 규모, 통제의 폭 등과 같은 직무나 조직의 환경요인에 의해 더욱 크게 영향을 받는 것을 생각할 수 있다.

이와 같이 심리적 요인에 기인하는 일본인들의 조직몰입은 무조건적인 특성을 지니며 비교적 오래 지속되는 것으로 생각할 수 있고, 직무나 조직의 환경요인에 기인하는 미국인들의 조직몰입은 환경조건에 따라 비교적 쉽게 변할 수 있는 특성을 지닌다고 할 수 있을 것이다. 따라서 우리는 조직구성원들의 조직몰입에 영향을 미치는 요인들은 국가나 문화에 따라 상대적인 차이를 보일 것이라는 생각으로부터 조직몰입이 보편타당성보다는 문화구속적 특성을 갖는 것으로 가정할 수 있다.

한편, 최근에 연구자와 경영자들이 조직구성원의 조직에 대한 태도, 즉 조직몰입에 대해 깊은 관심을 가지게 된 가장 큰 이유는 그것이 조직의 성과, 결근율 및 이직률을 결정하는 변수로서 중요한 의미가 있다고 생각하기 때문이다. 사실 미국인을 대상으로 실시된 대부분의 연구들은 조직몰입이 조직의 성과나 종업원의 결근율과 이직률을 예측하는 데 매우 효과적이라는 사실을 입증하고 있다. 즉, 종업원의 조직몰입 정도가 높을수록 조직성과는 높게 나타나며 결근율과 이직률 등 종업원의 유동성은 낮아진다는 것이다. 그러나 일본인을 대상으로 실시된 한 연구결과는 조직몰입의 이러한 예측력에 대하여 의문을 제기한다.

마르쉬(R. M. Marsh)와 마나리(H. Mannari)는 일본의 5개 전기회사의 종업원 13,500명을 대상으로 실시한 '조직몰입과 유동성의 관계'에 관한 연구에서 다음과 같은 사실을 발견하였다(Marsh and Mannari, 1977). 즉 이들은 기업종업원들의 조직몰입을 측정하고 5년 동안에 걸쳐 나타난 유동률과의 관계를 조사하였는데 높은 조직몰입, 즉 조직에 대하여 높은 종신적 몰입(life-time commitment)을 보이는 종업원들 역시 낮은 몰입을 보이는 종업원들과 마찬가지로 그 유동률이 매우 높다는 것을 발견하였다. 이들은 이 연구를 통하여 일본에서는 기업종업원의 조직몰입이 그들의 유동성과는 무관하다고 할 수 있으며, 이러한 현상은 문화차이에 의하여 설명할 수 있다고 주장한다. 미국의 경우에는 높은 조직몰입이 낮은 유동성의 결과를 가져올 수 있지만 문화환경이 다른 국가에서는 조직몰입이 유동성을 예측하는 데 효과적인 것이 되지 못하는 경우도 있다는 것이다.

마르쉬와 마나리의 연구결과를 일반화하는 데는 어려움이 있다. 왜냐하면 이들의 연구는 다만 하나의 산업(즉, 전기산업)만을 대상으로 하고 있으므로 연구의 타당성(validity)이 문제가 될 수 있으며, 이들의 연구결과를 입증할 만한 후속적인 연구를 거의 찾아볼 수 없기 때문이다. 그러나 이들의 연구는 조직몰입의 문화구속적 특성을 설명하는 데 있어서 참고할 만한 가치가 있다고 할 수 있다.

2 개인동기와 문화차이

1) 동기와 동기부여

동기(motive)는 개인의 행동을 목적달성을 위하여 어떤 방향으로 작동시키는 내적 심리상태(inner state)라고 할 수 있다. 즉 동기는 행동의 내적 결정요인이라고 할 수 있는데, 이는 '환경요인'과 '실제의 행동' 사이에 위치하여 개인행동의 형성에 매우 중요한 역할을 하고 있다.

행동 형성의 관점에서 볼 때, 동기는 다양한 요소들을 포함하고 있다. 첫째로 동기는 개인의 욕구(needs)에 의하여 발생하고, 이렇게 유발한 동기는 욕구를 충족하기 위한 목적지향적(goal-directed) 행동으로 전환되는데, 이 전환과정에는 직무조건과 리더십 등 여러 조직체 내의 환경변수가 작용함으로써 동기 자체와 목적지향적 행동에 영향을 미친다.

동기와 목적지향성에 따라서 개인의 노력수준이 정해지고, 노력은 개인의 능력과 결합하여 성과로 연결된다. 그리하여 개인은 성과 자체로부터 직접적으로 자신의 욕구를 충족하든지 그렇지 않으면 성과의 결과인 보상이나 인정을 받음으로써 자신의 욕구를 충족하게 된다. 이러한 욕구충족 여하에 따라서 개인의 만족감이 영향을 받게 된다.

이와 같이 얻어진 만족감은 또한 하나의 학습효과로서 차후의 동기과정에 있어서 결과에 대한 기대감(expectation)으로 작용하여 개인의 동기 자체와 목적지향성 그리고 노력수준에 영향을 주게 된다. 그리고 이 동기과정에서 경영자와 조직은 리더십과 직무구조, 유인(incentive) 등 조직의 환경변수를 조정하여 개인의 욕구를 자극하고 동기를 작동시켜 조직의 목표달성을 위한 성과지향적 행동을 유도하게 된다. [그림 4-2]는 이러한 동기과정을 보여준다(이학종, 1987).

그림 4-2 | 동기과정

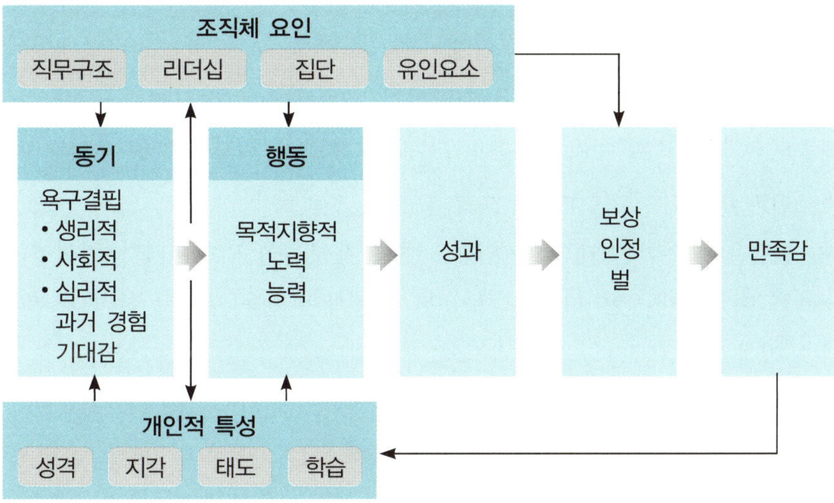

이와 같이 동기부여(motivation)는 "조직구성원들의 목표달성을 위한 지속적인 노력을 발동시키는 것"을 의미한다. 따라서 경영자는 종업원들의 자발적인 목표달성노력을 어떻게 촉발·지속시킬 것인가 하는 관점에서 이 개념을 이해하여야 할 것이다.

동기부여이론은 그 발전과정을 중심으로 크게 내용이론(content theory)과 과정이론(process theory)으로 구분하여 설명할 수 있다. 전자는 어떤 요인들이 동기부여에 크게 작용하는지를 다루는 이론이고, 후자는 동기부여가 어떠한 과정을 통해 이루어지는지를 다루는 이론이다. 동기부여의 내용이론에는 욕구단계이론, 이요인이론, ERG이론, 성취동기이론 등이 있고, 과정이론에는 대표적인 것으로 기대이론과 공정성이론이 있다.

여기에서는 몇몇 동기부여이론을 예로 들어 그동안 미국을 중심으로 전개되어 온 동기부여이론이 문화적으로 다른 국가에서도 효과적으로 적용될 수 있는 보편타당성이 있는지, 또는 문화구속적(culture bound)인 관점에서 이를 다루어야 할 것인지에 대하여 알아보도록 하겠다.

2) 인간의 욕구단계와 문화

(1) 욕구단계이론의 중점

매슬로우(A. H. Maslow)의 욕구단계이론(need hierarchy theory)은 개인이 지닌 욕구와 동기부여에 관한 이론으로서 지금까지 가장 널리 알려진 이론들 중의 하나이다. 매슬로우의 이론은 다음과 같이 크게 두 가지의 기본전제로 구성되어 있다(Maslow, 1943).

첫째, 인간은 특수한 형태의 충족되지 못한 욕구들을 만족시키기 위해서 동기화(motivate)되어 있다는 것이다. 매슬로우는 임상적 관찰을 토대로 하여 대부분의 인간들이 생리적 욕구, 안전욕구, 소속감과 애정욕구, 존경욕구, 자아실현욕구 등 다섯 가지 욕구의 충족을 추구한다고 가정한다.

이 욕구들 가운데 개인에게서 충분히 충족되지 못한 욕구들이 긴장을 유발하며, 긴장이 유발되면 개인은 긴장을 감소시켜서 내적 평형상태를 회복하고자 행동하게 된다. 그러나 일단 욕구가 충족되면 이 욕구가 다시 나타나기 전에는 더 이상 동기로서의 힘을 상실하게 된다. 즉, 한 번 충족된 욕구는 다음에 그 욕구가 발생할 때까지 행동을 동기화시키지 못한다는 것이다. 또한 이 욕구에 의하여 동기화되지 않는 행동은 또 다른 욕구에 의해서 동기화될 수 있다. 다시 말하면 욕구들은 일정한 시점에서의 상대적인 중요성에 따라서 외부의 행동으로 표현되기도 하고 표현되지 않기도 한다는 것이다.

둘째, 매슬로우에 의하면 대부분의 사람들이 추구하는 욕구들은 사람에 따라 서로 다르기는 하지만, 이를 분류하면 몇 가지 공통된 범주로 나눌 수 있다는 것이다. 그리고 [그림 4-3]에서 보는 바와 같이 보편성이 있는 이들 공통적인 욕구들은 충족되어야 할 순서대로 위계적 형태로 계열화되어 있다고 주장한다. 즉, 인간에게 공통적으로 존재하는 낮은 수준의 욕구가 일단 충족되어야만 한 번에 한 단계씩 상승하여 바로 다음 수준의 욕구를 충족시키기 위하여 동기화된다는 것이다.

그림 4-3 매슬로우의 욕구단계

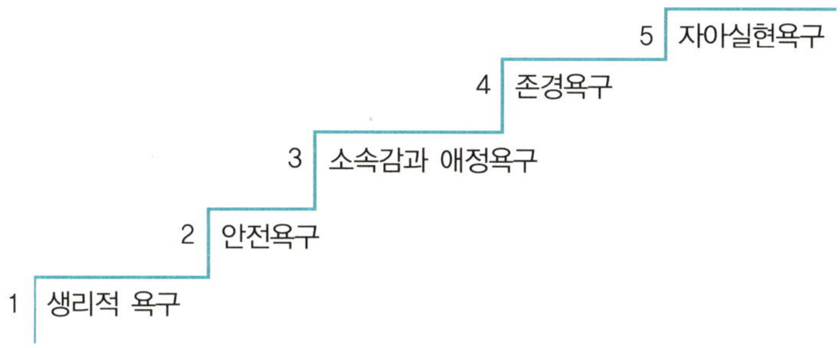

이상에서 살펴본 매슬로우의 욕구단계이론은 경영자들에게 처음으로 인간의 욕구에 대하여 체계적으로 인식할 수 있게 해주었으며, 종업원의 하위욕구를 어느 정도 충족시켜 준 후에도 지속적으로 동기부여의 효과를 얻기 위해서는 고차적 욕구를 충족시켜 줄 수 있는 방안 마련이 중요함을 일깨워 주었다는 점에서 기업경영에서 갖는 의미는 매우 크다고 할 수 있다.

(2) 욕구단계이론의 문화비교적 관점

호프스테드(G. Hofstede)는 매슬로우가 제시한 욕구단계이론에 대하여 미국과 같이 '불확실성의 회피가 약한(weak uncertainty avoidance)' 나라의 기업종업원들은 개인의 자아실현욕구에 의하여 강하게 동기화될 수 있지만, 그리스나 일본 같이 '불확실성의 회피가 강한(strong uncertainty avoidance)' 나라의 기업종업원들은 자아실현욕구보다는 안전욕구에 의해서 더욱 강하게 동기화될 수 있다고 주장한다. 왜냐하면 불확실성의 회피가 강한 나라의 기업종업원들은 직무의 안전성과 종신고용 등을 더욱 중시하기 때문이다.

또한 소속감과 애정을 나타내는 사회적 욕구는 미국과 같이 생산성(productivity)을 중시하는 남성화(masculinity)사회의 기업종업원들보다는 스웨덴, 노르웨이, 덴마크 등의 나라와 같이 생활의 질(quality of life)을 강조하는 여성화(femininity)사회의 기업종업원들을 더욱 강하게 동기화시켜 주는 경향이 있다고 주장한다. 그리고 미국과 같이 개인주의적(individualistic) 국가의 기업종업원들은 자아실현욕구를 중시하는 경향이 있는 반면, 파키스탄과 같이 집단주의적(collectivistic) 국가의 기업종업원들은 사회적 욕구를 더욱 강조하는 경향이 있다는 것이다(Hofstede, 1980).

또한 지금까지 많은 학자들은 연구를 통하여 매슬로우가 주장한 욕구의 위계성은 문화에 따라 달라질 수 있음을 발견하였다. 예를 들어 호웰(P. Howell), 스트라우스(J. Strauss) 그리고 소렌센(P. F. Sorensen) 등은 실증적 연구를 통하여 리베리아의 기업경영자들은 남아프리카, 아르헨티나, 칠레, 인도 그리고 그 밖의 여러 개발도상국들의 기업경영자들과 유사한 욕구를 가지고 있는 반면에, 선진국의 기업경영자들보다는 더 강한 안전욕구와 자아실현욕구를 가지고 있음을 발견하였다(Howell 등, 1975). 또한 뷰에라(A. Buera)와 글루엑크(W. Glueck) 등은 리비아 기업경영자들의 욕구단계(need hierarchy)는 영국에서의 욕구단계와 다르게 나타나고 있음을 발견하였다. 이와 같은 연구를 통하여 이들은 매슬로우의 욕구단계는 문화에 따라 다르게 나타난다는 결론을 내리고 있다(Buera and Glueck, 1979).

그러나 또 다른 연구들은 매슬로우의 욕구단계이론과 일치하는 결과를 보여주기도 한다. 예를 들어 레이츠(H. J. Reitz)는 미국, 멕시코, 푸에르토리코, 베네수엘라, 일본, 태국, 터키 그리고 유고슬라비아 등 8개국 26개 기업을 대상으로 실시한 연구에서 이들 국가들의 종업원들은 대체적으로 자아실현욕구를 가장 중시하고 있으며 안전성을 가장 중요하지 않은 욕구의 하나로 생각하고 있음을 발견하였다. 그리고 교육수준이 높을수록 자아실현욕구가 높게, 안전욕구는 낮게 나타나고 있음을 발견하였다(Reitz, 1975).

헤어(M. Haire)와 그의 동료들 역시 14개 국가를 대상으로 한 연구에서 레이츠의 연구결과와 비슷한 결과를 얻었다. 그들은 또한 이 연구를 통하여 "서로 다른 문화적 배경을 가지고 있는 나라의 경영자들은 직무에 대하여는 모두 '유사한 바람'을 가지고 있지만, 현재 그들이 수행하고 있는 직무가 그들 자신에게 '어떠한 의미'를 제공하고 있는가 하는 것에 대해서는 서로 다르게 생각한다"는 사실도 발견하였다(Haire 등, 1966).

이러한 상반되는 연구결과에 대하여 애들러(N. J. Adler)는 "서로 다른 조사방법을 사용하고 있는 여러 연구결과들은 매슬로우의 욕구단계이론을 명확하게 부정하거나 긍정하는 데는 실패했지만 이들의 연구 자체가 매슬로우의 동기부여이론이 보편타당성을 지니지 않는다는 가정을 강하게 암시하고 있다"고 지적한다(Adler, 1986). 또한 오레일리(C. A. O'Relly)와 로버트(K. H. Roberts)는 "많은 연구들은 개인이 가지고 있는 준거의 틀(frame of reference)이 그들 자신의 욕구에 대한 중요한 순서를 결정하며, 이러한 '준거의 틀'은 개인의 문화적 배경에 의해 어느 정도 결정됨을 발견했다. 따라서 개인의 욕구가 부분적으로는 문화구속적이라고 할 수 있다"라고 주장한다(O'Relly and Roberts, 1973).

따라서 우리는 인간의 욕구는 기본적이고 보편적으로 존재하는 측면을 가지고 있으나, 인간이 이들 욕구에 대하여 느끼는 상대적 중요성과 욕구의 표현방식은 문화에 따라서 다르게 나타난다는 것을 이해할 수 있다.

3) 동기 · 위생요인과 문화

(1) 동기 · 위생이론의 중점

허쯔버그(F. Herzberg)가 제시한 동기 · 위생이론(motivation-hygiene theory)은 이요인이론(two factor theory)이라고도 불리는데 매슬로우의 이론과 더불어 실제로 기업조직에서 많이 응용되고 있는 이론이다.

허쯔버그의 동기 · 위생이론은 일련의 연속적인 연구과정을 통하여 정립된 것이다. 즉, 이 이론은 피츠버그지역의 여러 산업체에서 선정한 약 200명의 기술자와 회계사들을 대상으로 실시된 욕구충족에 관한 최초의 연구와 이러한 욕구충족이 동기부여에 미치는 효과에 대한 후속적 연구들을 기초로 하여 성립되었다(Herzberg, 1966). 허쯔버그는 일련의 연구들을 통하여 개인의 동기를 자극하는 요인들을 크게 위생요인과 동기요인의 두 가지 범주로 나누고 있다(Herzberg, 1968).

위생요인(hygiene factor)은 개인의 욕구를 충족시키는 데 있어서 주로 개인의 불만족을 방지해 주는 효과를 가져오는 것들을 말한다. 따라서 이들 요인을 불만족요인(dissatisfiers)이라고도 부르며 기업의 정책과 관리, 감독, 작업조건, 동료와의 관계, 부하와의 관계, 지위, 안전, 책임, 개인생활 등 주로 '직무환경(context)'과 관련된 요인들을 말한다. 허쯔버그에 의하면 이들 위생요인은 개인의 생리적 욕구와 안전욕구

그리고 애정욕구를 충족시켜 줌으로써 개인의 불만족을 방지해 주는 효과를 나타내는데, 이들 불만족요인이 개선된다고 하더라도 직무에 대한 만족이나 직무동기가 높아지지는 않는다는 것이다. 따라서 위생요인의 특성은 이 요인의 충족이 단지 불만족의 감소만을 가져올 뿐이지 만족에 작용하지는 못한다는 데 있다.

동기요인(motivator)은 직무에 대한 만족을 결정짓는 데 영향을 미치는 요인들로서 이에 속하는 것으로는 성취감, 인정감, 책임감, 성장과 발전, 직무 자체 등을 들 수 있다. 이들 요인들은 직무내용과 관련되어 직무에 대한 만족을 결정한다는 의미에서 '만족요인(satisfier)'이라고도 한다.

위생요인이 직무외재적 성격을 지니는 데 반하여, 동기요인은 주로 직무내재적 성격을 지니고 있음으로써 서로 대조를 이루고 있다. 허쯔버그에 의하면 위생요인이 직무동기를 작동시키지 못하는 것과 같이, 동기요인은 불만족을 초래하지 않는다는 것이다. 다시 말해서 동기요인이 결핍되었다고 하더라도 개인이 극도로 불만족하지는 않는다는 것이다.

허쯔버그의 이요인이론은 만족과 불만족을 연속선상의 단일차원(uni-dimensional continuum)으로 파악하던 종래의 입장과는 달리, 만족과 불만족이 전혀 별개의 독립된 차원(independent dual-dimensional continua)이고 각 차원에 작용하는 요인 역시 별개의 것이라는 가정을 제시함으로써 동기요인의 작용영역과 한계를 명백히 해주고 있다. 그리고 이 이론은 매슬로우의 이론과는 달리 보편적인 인간행동에 관한 이론이 아니라 경영을 염두에 두고 개발된 작업동기의 부여에 관한 이론이라는 점에서 경영자들이 쉽게 응용하여 이를 실제로 경영에 적용할 수 있다는 중요성을 지닌다.

(2) 동기 · 위생이론의 문화비교적 관점

호프스테드는 허쯔버그의 동기부여이론에 대하여 '문화'는 행동을 동기화시킬 수 있는 요인(동기요인)뿐만 아니라 그렇지 못한 요인(위생요인) 모두에게 영향을 미친다고 주장한다(Hofstede, 1980). 예를 들면 사람에 따라서는 책임감 · 성취감 · 도전감 등 동기요인이 포함된 직무에 의해 동기화될 수 있는 사람이 있는 반면, 작업조건 · 지위 · 직무의 안전 등과 같은 직무외적인 위생요인에 의해 똑같이 동기화될 수 있는 사람도 분명히 존재하는데, 이러한 현상은 문화적인 관점으로 설명될 수 있다는 것이다.

호프스테드는 고도의 개인주의적이고 생산지향적인 미국문화는 생산성 향상을 위한 직무의 재구조화를 의미하는 '직무충실화(job enrichment)'에 초점을 맞추어 온 데 반하여 스웨덴, 노르웨이 등 여성적이고 종속적이며 집단주의적인 문화특성을 지니는 사회에서는 생산성의 향상보다는 공동목표달성을 위해 조성된 작업집단구성원들의 '근로생활의 질(quality of working life)'을 향상시키는 데 초점을 맞추어 사회・기술체계(socio-technical system)를 개발했다고 주장한다. 따라서 그는 허쯔버그의 이론이 미국과 같은 문화환경에서는 효과적으로 적용될 수 있을지라도 그 밖의 다른 문화환경에는 효과적이지 못하다고 주장한다.

허쯔버그의 동기・위생이론은 이 밖에 미국 이외의 많은 국가에서 연구가 진행되어 왔는데, 결과적으로 이 이론의 검증에는 실패했다고 할 수 있다. 예를 들면, 뉴질랜드에서 행해진 한 연구는 감독(supervision)과 인간관계(interpersonal relationships) 등과 같은 요인, 즉 위생요인이 기업종업원의 만족과 성과에 적극적인 영향을 주며, 이 요인들이 단지 불만족의 감소만을 가져오지는 않는다는 결과를 얻음으로써 허쯔버그이론의 보편타당성을 입증하는 데 실패했다(Hines, 1973). 또한 파나마운하지역(Panama Canal Zone)에서 행해진 한 연구의 결과에서도 미국 이외의 서인도, 라틴아메리카, 유럽, 파나마 그리고 아시아 등의 지역에서 이주해 온 사람들에게는 허쯔버그의 위생요인들이 강력한 만족요인으로 작용한다는 사실이 발견되었다(Grabbs, 1973).

따라서 다른 동기부여이론들과 마찬가지로 허쯔버그의 동기・위생이론 역시 미국 이외의 국가에서도 효과적으로 적용될 수 있는 보편타당성을 가진다고 보기는 어렵다. 문화의 특성에 따라 어떤 요인들은 동기요인으로 작용할 수 있고, 또는 위생요인으로도 작용할 수 있는 것이다(박영배, 2008). 즉, 어떤 특정 요인에 대한 상대적 중요성은 문화와 상황에 따라서 달라질 수 있다. 이러한 관점에서 볼 때 새로운 문화환경을 접하게 될 글로벌기업의 경영자가 이전의 경험에서 탈피하여 새로운 문화에서는 어떤 성질의 요인들이 강한 동기요인으로 작용할 것인지를 찾아내는 것은 매우 중요하다고 할 수 있다.

4) 성취동기와 문화

(1) 성취동기이론의 중점

성취동기이론(achievement motivation theory) 역시 매슬로우의 욕구단계이론과 마찬가지로 인간의 욕구에 기초해서 동기부여를 설명하려는 이론이다. 맥클레란드(D. C. McClelland)를 위시한 미국의 몇몇 학자들은 개인의 퍼스낼리티는 인간의 행동을 동기화시킬 수 있는 잠재력을 지닌 여러 욕구들로 구성된다고 보았는데, 그 중에서도 성취욕구(need for achievement : n-Ach), 친교욕구(need for affiliation : n-Aff), 그리고 권력욕구(need for power : n- Pow) 등의 세 가지가 가장 중요한 욕구라고 강조하였다.

이들 욕구 중에서도 맥클레란드는 특히 개인의 성취동기에 관하여 집중적으로 연구를 하였는데, 성취동기가 강한 사람들은 그렇지 못한 사람들에 비하여 다음과 같은 몇 가지 중요한 특징을 지니고 있다는 것을 발견하였다(Litwin and Stringer, 1968).

첫째, 성취동기가 강한 사람은 목표설정을 중요시하며, 실제 목표설정에 있어서도 모험성과 난이도를 적절히 절충하여 자신의 능력에 비추어서 도전적이면서도 달성가능한 수준에서 시작하여 이를 점차적으로 상위수준으로 올리면서 성과를 높여 나간다.

둘째, 성취동기가 강한 사람은 목표달성과정에서 경과의 진행상황을 수시로 점검하고 성과결과에 대한 피드백(feedback)을 원한다.

셋째, 성취동기가 강한 사람은 동료들에 대해서도 많은 관심을 가지며, 특히 그의 목표달성에 기여할 수 있는 성과지향적인 동료들과 같이 일하기를 원한다.

특히 맥클레란드는 인도에서 실시한 유명한 연구에서 성취동기에 잘 훈련된, 즉 높은 성취동기를 가진 기업가들은 그렇지 못한 기업가들에 비하여 그들의 역할을 성공적으로 수행하고 있음을 발견하였다. 또 그는 조직의 차원을 넘어서 성취동기이론을 국가의 경제성장과 관련시킴으로써 이 이론의 적용범위를 크게 확장하였다. 그는 경제성장과 국민의 평균적인 성취동기수준과의 관련성을 조사한 결과 둘 사이에 밀접한 관련이 있음을 발견하였다. 따라서 성취동기가 높은 나라는 경제적으로 높은 성장을 하고 있는 반면에, 성취동기가 낮은 나라에서는 경제적 성장이 저조하다는 결론을 내리고 있다.

(2) 성취동기이론의 문화비교적 관점

맥클레란드의 성취동기에 대한 비교조사연구는 '성취동기'가 어떠한 문화적 특성을 가지는 국가에도 보편적으로 적용될 수 있는 것처럼 보인다. 즉, 맥클레란드는 어느 국가에서든지 성취동기가 높은 사람은 미국에서와 같이 경영상의 성공이나 훌륭한 직무수행을 보인다고 주장한다. 그러나 호프스테드는 매슬로우의 욕구단계이론에 대한 비판과 같은 맥락에서 맥클레란드의 성취동기이론의 보편타당성에 대하여 의문을 제기한다(Hofstede, 1980).

호프스테드는 먼저 맥클레란드의 '성취(achievement)'란 개념 자체가 영어 이외의 언어로는 번역이나 설명이 어렵다고 주장한다. 영어를 사용하지 않는 나라에서는 '성취'의 개념이 미국이나 영국 등의 국가에서와는 다른 의미로 설명될 수도 있다는 것이다. 또한 호프스테드는 '높은 성취동기'를 가지는 나라는 역시 '남성적'이면서 '약한 불확실성의 회피'의 문화특성이 동시에 나타나는 나라들로서 기업종업원들이 생산에 대한 높은 욕구와 위험을 기꺼이 받아들이는 강한 의지를 가진다고 말한다. 이 같은 '높은 성취동기'는 미국, 캐나다, 영국 등 앵글로-아메리카(Anglo-American) 문화권에 속하는 국가들에서 공통적으로 나타난다. 반면에 칠레와 포르투갈 등과 같이 '강한 불확실성의 회피'와 '여성적'인 문화특성을 동시에 보이는 국가에서는 대체적으로 '낮은 성취동기'가 나타난다.

호프스테드의 이러한 연구결과는 맥클레란드의 성취동기이론이 인간의 행동을 설명하는 데 도움이 될 수는 있지만 그것이 보편타당성을 지닌다고 보기에는 설득력이 매우 부족하다는 것을 보여준다. 따라서 미국을 포함하여 특정 국가집단의 우세한 가치패턴에만 부합될 수 있는 성취동기패턴을 이들 이외의 국가에 적용하는 데 있어서는 보다 신중함이 요구된다고 할 수 있다.

3 동기화과정과 문화차이

1) 동기화과정과 기대이론

브룸(V. H. Vroom)에 의하면 동기부여란 여러 자발적인 행동들 가운데서 사람들의 선택을 지배하는 과정으로 정의된다(Vroom, 1984). 다시 말하면 개인은 여러 행동대안(behavior alternatives)이 있을 경우 이들을 평가하여 자기 자신이 가장 중요시하는 결과를 가져올 것으로 믿어지는 행동대안을 선택한다는 것이다. 따라서 브룸에 의하여 처음으로 발표된 기대이론(expectancy theory)은 개인의 동기발생과 동기선택과정에 있어서의 인지적 요소를 강조한다.

기대이론에는 브룸이 주장하는 원리에 따라 동기부여의 설명에 유용하게 쓰일 수 있는 다음의 다섯 가지 변수에 대한 개념이 제시되어 있는데, 이들은 행동선택과정에 있어서 중요한 요인이 되고 있다. [그림 4-4]에서 보는 바와 같이 개인의 동기(Fi)는 1차수준결과에 대한 유의성(Vj)과 일정 행동이 특정의 1차수준결과를 가져오리라고 믿는 기대(Eij)의 곱의 함수라는 것을 의미하고, 1차수준결과의 유의성은 다시 모든 2차수준결과의 유의성(Vk)과 실제로 2차수준결과를 가져오리라는 기대, 즉 수단성(Iik)의 곱의 함수라는 것을 의미한다.

이와 같이 브룸의 기대이론은 유의성와 기대, 유의성과 수단성 사이에 곱셈의 관계를 이루고 있다는 점에 유의할 필요가 있다. 즉, 조직에서 높은 성과에 대해 아무리 큰 보상이 주어진다 해도 충분한 시간과 자원이 없다면(기대가 낮다면) 동기부여는 적어지는 것이다(신유근, 1989).

기대이론은 성과로부터 기대되는 실제 결과가 동기에 작용하는 역할을 강조함으로써 개인의 행동동기에 대한 현실적인 이해를 높여주었다. 그리고 노력과 성과에 대한 기대감을 중심으로 조직구성원의 능력과 기술개발의 중요성을 강조하고, 성과와 보상에 대한 기대감을 중심으로 적절한 유인(incentive)의 중요성을 강조함으로써 실제로 동기부여과정에 많은 도움을 주었다.

그림 4-4 | 브룸의 기대이론모형

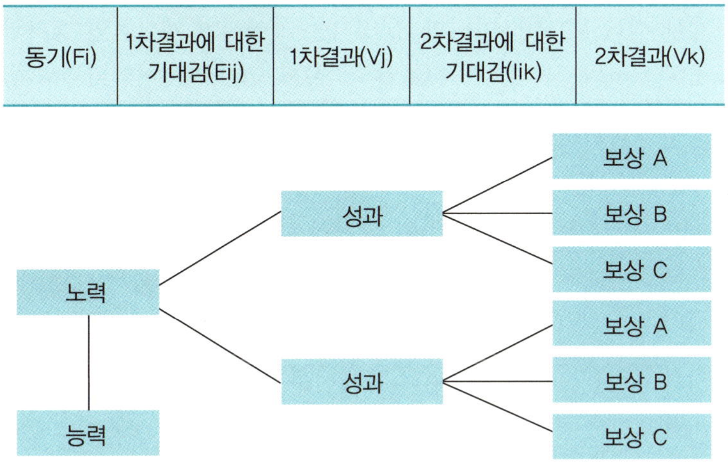

2) 동기화과정의 문화비교적 관점

오늘날 세계의 모든 사람들에 의해 학습되고 있고 실제로 사용되고 있는 대부분의 동기부여이론은 미국에서 미국인들을 대상으로 하여 개발되고 발전되어 왔다. 또 미국에서 개발되지 않은 이론들도 사실상 미국인들의 연구에 의해서 상당한 영향을 받으며 발전되어 왔다고 할 수 있다.

개인주의(individualism)라는 미국의 강력한 문화적 특성이 그동안 인간행동의 가장 중요한 기초로서 개인의 합리적인 사고를 강조하는 기대이론과 공정성이론 등의 동기이론을 이끌어 왔다고 할 수 있는데, 이는 미국인들이 실제로 개인적 성취와 행동에 대한 성과를 중요시하고 환경으로부터의 위험을 적극적으로 수용하려는 의지를 가진다는 사실로 볼 때 그리 놀라운 일은 아니다. 따라서 이러한 미국인들의 가치체계(values system)를 전적으로 반영하고 있는 과정이론을 보편타당한 것으로 설명하기는 어렵다고 생각된다. 즉, 이와 같은 이론들이 미국과 문화환경이 상이한 국가에도 효과적으로 적용될지는 의문시된다고 할 수 있다. 여기에서는 브룸의 기대이론을 중심으로 이러한 문제점을 살펴보도록 하겠다.

기대이론은 사람들이 자기의 행동이 어떤 결과를 가져올 것이라는 사실을 기대하기 때문에 동기가 작동된다고 주장한다. 이 이론은 종업원들이 과업을 실행할 수 있는 능력과 과업을 성공적으로 완수했을 경우 주어질 수 있는 보상의 형태를 이지적으로 평가·통제할 수 있을 뿐만 아니라, 경영자들도 이러한 계산적인 평가과정에 의하여 요구하는 다양한 보상의 성질을 인식할 수 있는 능력이 종업원들에게 있다고 가정한다.

애들러(N. J. Adler)는 기대이론이 제시하고 있는 행동과정에 대한 가정이 동기부여에 대한 우리의 이해를 증진시켰지만, 동기의 미국문화특성만을 주로 반영하고 있다고 말한다(Adler, 1986). 그리고 그는 사람들이 자신의 노력과 그에 따라 나타날 수 있는 성과를 통제할 수 있다는 믿음은 '범위' 또는 '정도(extent)'의 문제이며, 이러한 성과통제에 대한 믿음의 범위 내지 정도는 개인이 속해 있는 문화환경에 따라 달라진다고 강조한다.

사람들이 환경을 통제할 수 있다고 믿는 정도는 문화에 따라서 달라진다. 대부분의 미국인들은 인간이 환경을 통제할 수 있다는 강한 신념을 가지고 있다. 이러한 미국인들의 일반적인 믿음은 미국의 경영자들이 자신이 작업환경에 직접적인 영향을 미칠 수 있다고 생각하는 것과 맥락을 같이한다. 따라서 미국의 경영자들은 매우 높은 수준의 내적 귀인(internal attribution)을 갖는다고 할 수 있다. 그러나 이와 대조적으로 다른 나라의 많은 경영자들은 작업환경과 자신의 행동에 대한 결과를 오직 부분적으로만 통제할 수 있다고 믿는다. 따라서 브룸의 기대이론은 미국인들의 이러한 내적 귀인적인 속성만을 잘 설명해 주고 있다고 할 수 있다.

사람들이 일로부터 원하는 보상(rewards)은 또한 문화에 따라서 크게 달라질 수 있다. 예를 들어, 매슬로우의 욕구단계이론에서 언급되고 있는 안전과 관계 그리고 개인적 지위와 존경 등은 문화에 따라 그 중요성이 다르게 나타날 수 있다.

시로타(D. Sirota)와 그린우드(M. J. Greenwood)는 세계 46개의 국가에서 경영활동을 하고 있는 다국적기업인 한 전기기구 제조회사의 25개국 19,000명 종업원을 대상으로 한 연구에서 종업원의 '노동목적(work goals)'을 조사했는데(Sirota and Greenwood, 1971), 모든 국가의 종업원들이 공통적으로 가장 중요시하는 노동목적은 개인적 성취, 직접적인 작업환경, 기업의 일반적인 형상, 임금, 근무시간과 같은 고용조건으로 나타났다. 그리고 이들 25개국을 다시 몇 개의 문화집단(cultural groups)으로 분류하여 각 집단별로 노동목적의 중요성을 분석한 결과 다음과 같은 특징적 차이점이 발견되었다.

첫째, 영어문화권에 속하는 국가의 종업원들은 개인적 성취를 제일 중요하게 생각하고 있으며 안전에 대한 바람은 낮게 나타났다.

둘째, 불어문화권에 속하는 국가의 종업원들은 전반적으로 영어권 국가들과 비슷한 결과를 보이고 있는데, 특이한 점은 이들이 직무의 도전성보다는 직무의 안전성을 더 중시하고 있다는 것이다.

셋째, 북유럽 국가들의 종업원들은 성공이나 작업목표에는 적은 관심을 보이는 반면 '직무의 수행' 자체를 중요시하는 것으로 나타났다. 이는 이들이 개인적인 성취로서의 직무 그 자체보다는 사람들과의 관계를 통한 개인의 생활을 더 중시한다는 것을 보여준다.

넷째, 라틴 국가의 종업원들은 개인적 성취를 별로 중시하지 않으며, 남유럽인들은 직무안전을 특히 중시하는 것으로 나타났다. 그리고 이 두 문화집단의 종업원들은 공통적으로 복리후생을 매우 강조하는 것으로 나타났다.

다섯째, 독일의 종업원들은 대체적으로 안전과 복리후생을 중시하고 있고, 성공을 가장 중시하는 것으로 나타났다.

여섯째, 일본의 종업원들은 성취와 자주성(autonomy)에는 낮은 관심을 보이고 있고, 도전성과 좋은 작업조건 그리고 우호적인 근무환경을 매우 중시하는 것으로 나타났다.

기대이론은 주어진 작업집단의 동기를 작동시킬 수 있는 보상의 유형을 특정지우지 않고 있다는 점에 있어서는 보편타당한 일면을 가진다고 할 수 있다. 따라서 경영자는 특정 작업집단의 욕구를 충족시킬 수 있는 보상의 수준과 유형을 결정해야 한다. 이에 대하여 시로타와 그린우드는 인간의 기본적인 욕구는 비슷하다 할지라도 욕구를 충족시킬 수 있는 가장 이상적인 보상의 수준과 유형의 선택은 문화와 환경 차이를 고려하여 결정되어야 한다고 강조한다.

이러한 관점에서 볼 때, 만일 경영자들이 그동안 미국 보상체계의 우월성에 이끌려 습득하고 있는 보상에 대한 고정관념과 더불어 "경영자는 작업환경을 능히 통제할 수 있다"는 생각을 문화환경에 따라 유동적으로 변화시킬 수 있다면 기대이론은 미국과 문화가 다른 국가에서도 효과적으로 적용될 수 있는 보편타당성을 가지게 될 것이다.

글로벌 문화탐방 4

직장인의 업무몰입

우리나라 직장인 10명 중 8명은 자신의 직무에 몰입하지 못하는 것으로 나타났다. 경영진의 리더십을 신뢰하는 직원은 10명 중 3명에 불과했다.

최근 글로벌 컨설팅기업 타워스 왓슨이 한국·중국·일본·미국 등 세계 28개국 3만 1,900명의 직장인을 대상으로 설문조사해 발표한 '2012 글로벌 인적자원보고서'에 따르면 우리나라 직장인 중 업무에 높은 몰입도를 보인다고 답한 비율은 16%로 아시아 국가 평균 33%의 절반에도 못 미쳤다. 반면 몰입도가 낮고 업무여건도 열악해 마지못해 직장에 다닌다고 답한 직장인은 46%에 달했다.

업무의지가 있지만 지속적으로 몰입하지 못하거나, 환경이 갖춰져 있음에도 몰입도가 낮다고 답한 사람은 각각 17%, 21%였다. 아시아 국가 중에선 중국 직장인들의 53%가 업무에 몰입하고 있다고 대답해 1위를, 14%가 같은 답을 한 일본이 꼴지였다. 업무몰입도란 개인적인 업무의지, 업무여건의 지원, 개인의 정서적·신체적 에너지 등 세 요소가 충족된 상태를 의미하는 것으로 직원들의 몰입도가 가장 높은 기업과 낮은 기업 간에는 3배 이상의 영업이익률 차이가 있는 것으로 조사됐다고 타워스 왓슨 측은 설명했다.

직원들의 낮은 몰입도는 경영진의 리더십에 대한 불만, 불명확한 조직목표, 스트레스, 직속상사와의 나쁜 관계 순으로 문제가 되는 것으로 분석됐다. 특히 경영진 리더십에 만족하는 우리나라 직장인 비율은 37%에 불과해 조사대상 26개국 중 경제위기국가군으로 분류된 아일랜드, 스페인, 이탈리아 평균(38%)보다 부정적인 수준이었다. "직장상사가 나의 능력과 숙련도를 고려해 업무를 부여한다"는 질문과 "업무평가를 객관적으로 진행한다"는 답변은 37%로 평균보다 15%포인트 이상 낮았다.

우리나라 직장인들은 또 '입사 시 가장 중요하게 고려했던 요인'을 묻는 질문에 56%가 고용안정성을 꼽았다. 2010년 같은 조사에서 1위를 차지했던 '경쟁력 있는 급여수준'은 2위(54%)로 밀렸다. '편리한 근무위치(37%)', '유급휴가(24%)'가 3, 4위를 기록했다. 반면 '경력개발기회', '직업전망' 등 업무동기와 관련한 요인은 글로벌 평균보다 10%포인트 이상 낮은 25%, 18%를 나타냈다.

타워스 왓슨의 '글로벌 인적자원보고서'는 인적자원의 효과적 관리를 위해 직원들의 몰입도를 설문조사해 발표하는 연구보고서이다.

자료 : 한국경제, 2012년 7월 26일자.

생각해 봅시다

1. 기업경영과 관련하여 개인의 태도는 왜 중요하며, 기업종업원의 태도로서 직무만족과 조직몰입은 그 성격상 어떤 차이가 있는가?

2. 직무만족과 조직몰입이 문화구속적이라는 것을 어떻게 설명할 수 있으며, 그와 같은 문화차이는 글로벌기업의 경영에 어떻게 영향을 미치겠는가?

3. 동기부여의 내용이론과 과정이론은 기업경영에 대해 어떤 중요성이 있으며, 이들 이론을 글로벌기업에 효과적으로 적용하기 위해서는 문화비교적으로 어떠한 통찰이 요구되는가?

4. 특히 과정이론을 미국이 아닌 타 문화권에 적용하는 데 있어 나타날 수 있는 문제점은 무엇이며, 그에 대한 해결방안의 모색은 어디서부터 어떻게 시작해야 할 것인가?

5 Chapter 집단행동과 문화차이

- 볼거리 읽을거리 : 의사결정행동의 화(和)와 교제(交際)
- 1. 의사결정과 문화차이
  2. 권력행사와 문화차이
  3. 집단갈등과 문화차이
- 글로벌 문화탐방 ⑤ : 도요타 부활의 비결
- 생각해 봅시다

볼거리 읽을거리

의사결정행동의 화(和)와 교제(交際)*

일본인의 '화' 미국인의 '교제'

주체 A와 주체 B 사이의 의견일치의 상황을 생각해 보자. 지금 A, B의 의견을 각기 집합 A, B로 나타냈을 때, 일본인의 경우 "A, B 양자 간에 의견의 일치를 본다"는 것은 위 그림에서와 같이 "집합 A와 B와의 화집합이 나타내는 바와 같이 주체 A와 주체 B의 모든 의견이 양자에 의해서 지지되었다"는 것을 말한다. 이에 비해서 미국인의 경우는 "A, B 양자의 의견이 일치를 본다"는 것은 "집합 A와 B와의 적집합이 보여주는 바와 같이 두 주체 의견 중의 공통부분만이 양자에 의해서 확인되었다"는 것을 의미한다.

일본인은 흔히 화라는 말을 좋아하지만, 그림에서 보는 바와 같이 그것은 바로 'A와 B와의 화'로 되어 있다. 그러나 미국인에게 있어 양자의 일치는 화가 아니고 바로 'A와 B와의 교제'로 되어 있다. 다시 말하면, 일본인의 경우는 참가자 전원의 의사의 최소공배수가 전체의 일치된 의사로서 채택되는 데 비해, 미국인의 경우에는 의사의 최대공약수가 전체의 일치된 의사부분으로 채택된다고 할 수 있다.

* 자료 : 김일곤 역(1985), 경영과 문화, 한국경제신문사.

Chapter 05 집단행동과 문화차이

1 의사결정과 문화차이

1) 의사결정의 성격

조직의 모든 계층과 기능에 있어서 의사결정은 경영자의 가장 중요한 활동이라고 할 수 있다. 종으로는 최고경영층에서부터 일선감독자에 이르기까지, 횡으로는 생산 · 마케팅 · 재무 · 인사 등 모든 기능분야에서 경영자는 의사결정을 하게 되며, 이는 조직유효성에 직접적으로 영향을 미친다. 따라서 경영자는 자신을 포함한 조직 내 의사결정의 질을 높일 수 있도록 노력을 기울여야 할 것이다.

의사결정(decision making)은 일반적으로 "이용가능한 대안들 중에서 선택하는 과정(process of selecting among available alternatives)"으로 정의되며(Shull 등, 1970), 이는 각종 관리기능과 밀접한 관련을 가지고 있다. 예를 들면, 계획 · 조직 · 지휘 · 통제 등 일련의 관리기능들은 모두 유용하고 실행가능한 방안을 선택하는 과정이라고 할 수 있다.

이러한 의사결정은 조직의 계층이나 부서에 따라 그 내용과 상황이 서로 다르게 나타날 수도 있다. 그러나 의사결정이 조직의 어떤 계층이나 부서에서 이루어지든지 다음과 같은 공통적인 특성을 갖는다.

첫째, 의사결정자의 중요한 행동은 모두 어떤 방안을 '선택'하는 과정으로 볼 수 있다. 따라서 의사결정의 핵심은 '선택성(selectivity)'에 있다고 할 수 있다.

둘째, 각종 성과 내지 결과는 의사결정자의 행동, 즉 그가 어떤 방안을 선택하는가에 달려 있다. 따라서 의사결정은 그 선택과 결과 간에 직접적인 '관련성(relatedness)'이 존재한다고 할 수 있다.

셋째, 의사결정에 따른 각종 결과는 모두 똑같이 일률적으로 나타나지 않으며, 모든 결과의 발생가능성 내지 확률은 각기 다르다고 볼 수 있다. 따라서 의사결정 성과의 발생은 '개연성(probability)'을 갖는다고 할 수 있다.

넷째, 의사결정자는 반드시 그의 행동과 그에 따라 발생할 수 있는 결과를 고려하여야 한다. 즉, 의사결정자는 여러 가능한 대안들을 평가하고 선택하는 과정에서 대안 하나하나의 가치와 효용성 그리고 중요성 등을 모두 고려하여야 한다. 따라서 의사결정자의 행동과정은 반드시 '실용성(practicability)'에 근거하여 이루어져야 한다.

다섯째, 조직 내의 모든 구성원이나 경영자는 그들이 속해 있는 기능부서와 계층의 높고 낮음을 막론하고 직무를 수행하기 위해서는 반드시 의사결정을 해야 한다. 따라서 의사결정은 모든 부서와 계층의 구성원들이 반드시 해야 되는 '보편성(universality)'을 지닌다고 할 수 있다.

의사결정은 경영의 핵심적 활동으로서 어떻게 이루어지느냐에 따라 조직유효성의 정도에 중대한 영향을 미치게 된다. 따라서 경영자는 조직의 의사결정이 적절하게, 적시에 그리고 수용가능하게 내려질 수 있도록 노력해야 한다. 조직의 의사결정은 종종 어떤 '불확실성(uncertainty)'에 직면하게 되는데, 경영자는 또한 통찰력과 신중함을 가지고 이러한 불확실성을 최소한도로 감소시킬 수 있어야 한다.

조직에서의 의사결정은 주로 개인 또는 집단에 의해 진행된다. 이 중에서 개인에 의한 의사결정은 의사결정의 시간과 에너지 그리고 기타 상황적 요인을 면밀히 고려하여 신중히 채택하여야만 비로소 실질적인 성과를 달성할 수 있다. 또한 오늘날의 조직에 있어서 그 비중이 높아지고 있는 집단에 의한 의사결정도 효율성(efficiency)의 원칙을 준수하여야 한다. 구성원 개인이나 어느 한 부서의 본위주의적인 행동은 상호 간의 협조를 저해함으로써 의사결정이 비효율적으로 이루어지게 되며, 그 효과에 부정적인 영향을 미친다. 따라서 집단에 의한 의사결정에 있어서 효율과 효과가 조화를 이룰 때 비로소 조직 전체의 유효성에 긍정적으로 작용할 수 있는 것이다.

2) 의사결정의 과정

경영자가 그의 활동분야에서 의사결정을 하는 이유는 직무에 관련된 각종 문제를 해결하기 위해서이다. 따라서 의사결정은 문제해결과 같은 의미를 지니는 것으로 볼 수 있다. 이러한 관점에서 볼 때, 의사결정자가 각종 문제를 보다 효율적이고 효과적으로 해결하기 위해서는 의사결정의 질을 향상시켜야 하는데 이는 양호한 의사결정의 과정을 통해서만이 가능해진다. 따라서 여기에서는 의사결정이 기본적으로 어떠한 과정을 거쳐서 이루어지는지 간단히 알아보기로 한다.

의사결정과정은 일련의 연속된 몇 개의 단계로 이루어져 있으며 각 단계들은 상호 관련을 맺고 있다. [그림 5-1]은 의사결정과정이 진행되는 단계를 보여준다.

그림 5-1 의사결정의 과정

① **문제의 인식** : 현재의 상태와 미래의 보다 바람직한 상태 사이의 차이에 의한 문제를 진단하고 의사결정의 필요성이 어디에 있는지를 확인한다.

② **정보의 수집** : 문제의 인식과 더불어 의사결정의 필요성이 확인되면 그 문제를 해결할 수 있는 대안을 탐색하고 개발하는 데 필요한 정보를 수집한다.

③ **대안의 개발** : 수집된 정보와 의사결정자의 창의력을 이용하여 이용가능한 대안들을 탐색하고 개발한다.

④ **대안 중의 선택** : 여러 가지 기준에 의해 개발된 각종 대안들을 평가하고 그 중에서 가장 적합하고 실행가능한 방안을 선택한다.

⑤ **실행과 평가** : 선택된 대안 또는 해결방안을 실행에 옮긴다. 그리고 선택된 방안을 실행한 결과를 평가한 후에 필요에 따라서는 위의 과정을 다시 반복한다.

3) 의사결정과 문화의 관계

의사결정은 기업경영에 있어서 중추적인 역할을 담당한다. 학자에 따라서는 의사결정이 곧 경영 그 자체라고 주장할 정도로 경영에 있어서 의사결정의 중요성을 강조한다(Simon, 1957). 예를 들면, 전체조직 또는 조직 내 한 부서에 중요한 영향을 미치는 리더십(leadership)은 의사결정의 한 과정으로 이해할 수 있으며, 동기부여(motivation) 역시 의사결정의 관점에서 보면 상급자가 동료와 부하들의 행동에 영향을 미치기 위해서 수행하는 일련의 선택과정으로 볼 수 있다. 또한 관리기능의 하나인 계획화(planning)는 문제해결에 관련되는 의사결정의 전체적 방향을 수립하는 과정으로 볼 수 있다.

이와 같이 의사결정은 경영의 제반 기능을 수행하는 데 있어 필요불가결한 과정으로서, 경영의 수준이 높으면 높을수록 의사결정의 가치와 중요성은 더욱 증가한다. 따라서 경영자의 의사결정행동은 경영의 핵심적인 활동으로서 조직유효성에 중대한 영향을 미친다.

의사결정을 보다 효과적으로 수행하기 위해서 경영자는 의사결정에 영향을 미치는 다양한 요인들을 정확히 인식하고 이해해야 할 필요가 있다. 특히 의사결정이 문화배경이 다른 국가의 경영자들이나 종업원들을 대상으로 이루어질 때에 의사결정자는 여러 가지 예상하지 못한 어려움과 문제에 부딪칠 수 있다. 이러한 문제들은 각 사람들에게 문화적으로 형성된 가치·신념·태도 등에 기인하는 행동양식이 의사결정의 제반 과정에 서로 다르게 작용하거나, 또는 자국의 문화가치에 기초하여 이루어진 의사결정의 결과가 타국 사람들의 가치기준으로는 수용되기 어려운 것으로 나타나기 때문이다.

의사결정행동은 두 가지 서로 다른 관점, 즉 의사결정의 합리적 과정(rational precess)과 비합리적 과정(irrational process)으로 이해할 수 있다. 여기서 합리적 과정이란 '경영자가 특정의 문제를 해결하는 데 있어서 의식적·합리적으로 대안을 탐색·평가·선택하는 과정'을 말한다. 따라서 이러한 관점에 의하면 경영자들은 의사결정을 하는 데 있어서 우선 모든 대안들을 객관적인 기준에 의하여 다각적으로 살펴보고, 각각의 선택에 따르는 결과를 고려한 다음, 모든 대안들 중에서 가치를 극대화시킬 수 있는, 즉 최대의 이익이나 효용을 가져다주는 최적안을 선택하려고 할 것이다.

그러나 이러한 '합리적 과정'은 의사결정의 현실적인 측면을 도외시하고 있다. 따라서 의사결정이 특히 이질적인 문화배경을 지니는 사람들을 대상으로 이루어질 때에는 합리적 과정을 통한 결정은 여러 가지 문제점을 유발할 수 있다. 왜냐하면 사람들의 현실에 대한 시각이나 관점은 문화에 따라 다르게 나타나며, 이러한 시각이나 관점의 옳고 그름을 판단할 수 있는 객관적 기준은 존재하지 않기 때문이다(Theobald, 1980).

이에 대하여 의사결정의 보다 현실적인 측면을 주장하는 학자들은 인간의 의사결정은 '의식적 통제(conscious control)'의 밖에서 행해지는 '비합리적 과정'임을 강조한다. 즉 의사결정은 경영자의 '제한된 합리성'에 의해 이루어지는 과정이라는 것이다. 이는 경영자들이 문제해결을 위하여 매우 복잡한 '실제적 상황(real situations)'보다는 이들 실제적 상황을 구성하고 있는 소란스러움과 혼란스러움을 최대한 '단순화한 상황(simplified situations)'에 기초하여 대안들을 평가·선택한다는 것을 의미한다(Simon, 1957). 다시 말하면 경영자들은 실제적인 의사결정을 하는 데 있어서 현실세계를 공허한 것으로 취급하고 모든 사실의 상호관계성을 무시하기 때문에, 그의 사고능력과 경험에 기초하는 '주관적 합리성(subjective rationality)'에 의하여 복잡한 객관적 사실들을 보다 단순한 것으로 국한하거나 변경한다는 것이다.

그러나 이러한 의사결정의 '주관적 합리성' 역시 문화의 영향을 받는다. 즉, 서로 다른 문화배경을 지니는 경영자들은 하나의 현실세계를 다르게 인식할 것이며 그들의 주관적 합리성 역시 모두 다르게 나타난다. 따라서 이러한 주관적 합리성의 문화차이는 경영자들이 특정 문제의 해결을 위해 어떤 대안을 평가·선택하는 데 있어서 환경 내의 복잡한 현실세계를 단순화하는 방법도 그들의 문화배경에 따라 서로 다르게 나타날 수 있음을 의미한다.

의사결정의 합리적 과정과 비합리적 과정의 적용성에 관하여 학자들은 다음과 같은 두 가지 견해를 나타낸다. 즉, 어느 학자들은 어떤 상황에서든지 모두 효과적으로 적용될 수 있는 의사결정방법이 존재한다고 주장하는 반면, 또 어느 학자들은 의사결정의 유효성은 상황에 따라 다르게 나타날 것이라고 주장한다. 후자의 주장에 따르면, 기업들은 어떤 상황에서는 이익의 극대화를 추구할 수도 있고 어느 정도 만족스러운 수준에 그쳐야 할 경우도 있으며, 또 어떤 상황에서는 그들의 의사결정이 합리적·경제적 분석에 의해서보다는 보다 직관적인 지식에 의해 이루어져야 할 경우도 있다는 것이다(Adler, 1986).

여기서 우리는 의사결정을 보편타당한 관점에서보다는 상황론적인 관점에서 파악하려고 한다. 특히 지금까지 알아본 바와 같이 의사결정은 문화에 따라 매우 상이한 관점에서 이루어질 수 있다. 따라서 의사결정은 문화적 적합성을 가질 때 더욱 효과적인 것이 될 것이다. 이는 의사결정의 유효성은 상이한 문화배경을 지니는 사람들의 가치·신념·태도 그리고 행동패턴에 따라 달라질 수 있음을 나타낸다.

아래에서는 의사결정의 이러한 문화적 상황(cultural contingency)에 근거하여 의사결정과정이 문화에 따라 어떤 의미와 차이를 나타내는지를 보다 구체적으로 알아보기로 한다.

4) 의사결정의 문화차이

우리는 앞에서 의사결정과정은 기본적으로 문제의 인식, 정보의 수집, 대안의 개발, 대안 중의 선택, 실행 등 다섯 단계로 이루어지고 있음을 알았다. 여기에서는 이들 단계가 문화에 따라 어떤 차이가 나타나는지를 살펴보기로 한다(Adler, 1986).

의사결정이 문화적으로 어떤 차이를 보이는가 하는 것을 이해하기 위해서는 먼저 이질적인 문화배경을 가지는 경영자들이 의사결정과정의 각 단계에서 어떤 태도와 행동적 특성을 보일 것인가 하는 점을 인식하여야 할 필요가 있다. 즉, 문화배경이 다른 경영자들은 어떤 방법으로 문제를 인식하는가? 그들이 수집하는 정보의 양과 유형은 어떻게 다른가? 그들이 개발하고 설정하는 대안들은 어떤 차이가 있는가? 그들은 어떤 전략을 이용하여 대안들 중에서 선택하는가? 그리고 그들은 어떤 방법으로 그들의 결정을 실행에 옮기는가?

의사결정과정의 각 단계에서 이러한 문화차이에 기인하는 경영자들의 행동적 차이는 [표 5-1]에서 보는 바와 같이 크게 두 가지의 관점에서 이해할 수 있다. 이에 대해 상세히 살펴보면 다음과 같다.

(1) 문제의 인식

문제를 인식하는 방법은 의사결정자의 문화배경 또는 사회적 지향성에 따라 큰 차이가 있다. 어떤 문화는 현 상황의 문제를 해결하는 데 초점을 맞춘다. 그러나 다른 문화에서는 문제를 인식하는 데 있어서 현 상황을 있는 그대로 받아들인다. 예를 들면, 미국과 같은 문화에서는 경영자들이 대부분의 상황을 반드시 해결해야 할 문제점이 있는 것으로 인식한다. 따라서 이들은 현재의 상황을 변화시킬 수 있고, 그럼으로써 개선시킬 수 있는 기회로 생각한다. 그러나 말레이시아, 태국 그리고 인도네시아와 같은 문화권에서는 현재의 상황은 변화시킬 필요가 없는 것으로 지각하고 오히려 그것을 있는 그대로 수용하려고 노력한다.

예컨대, 어느 건설회사에 건축자재를 공급하는 자재상이 필요한 자재를 즉시 공급하지 못하고 사정에 의하여 자재공급이 3개월 이상 지연될 것이라는 사실을 통보해 왔다고 가정해 보자. 이러한 경우에 미국과 같은 문화배경을 지니는 경영자들은 이를 곧바로 문제해결의 상황으로 인식하고 자재상으로 하여금 필요한 자재를 즉각 인도할 수 있는 조치를 취하거나 다른 자재상을 찾아 자재를 확보하려고 할 것이다. 따라서 그들은 직면하는 상황을 자신들의 이익을 위해서는 변경할 수도 있고 또 변경해야 한다고 믿는다. 한편, 상황을 수용하는 경향을 보이는 문화의 경영자들은 이러한 상

표 5-1 문화적 상황과 의사결정의 차이

의사결정의 단계	문화차이의 관점	
1. 문제의 인식	• 문제의 해결 • 상황은 변화되어야 한다.	• 상황의 수용 • 상황은 수용되며 변화하지 않는다.
2. 정보의 수집	• 실제의 사실을 수집한다.	• 아이디어와 가능성을 수집한다.
3. 대안의 개발	• 대안은 새롭고 미래지향적으로 개발한다. • 사람들은 학습하고 변화할 수 있다.	• 대안은 과거, 현재, 미래에 모두 초점을 맞추어 개발된다. • 성인은 변화할 수 없다.
4. 대안 중의 선택	• 개인에 의한 의사결정 • 의사결정의 책임은 개인에게 위임된다. • 의사결정의 속도가 빠르다. • 의사결정의 기준은 진실과 거짓에 기초한다.	• 집단에 의한 의사결정 • 의사결정은 오직 선임 경영자에 의하여 행해진다. • 의사결정의 속도가 느리다. • 의사결정의 기준은 그것의 옳고 그름에 기초한다.
5. 실행	• 빠르게 실행된다. • 상부계층으로부터 관리된다. • 책임은 개인이 진다.	• 느리게 실행된다. • 모든 계층의 참여에 의해 관리된다. • 책임은 집단 전체가 진다.

자료 : N. J. Adler(1986), *International Dimensions of Orgnaizational Behavior*, Kent Publishing Company, p.136.

황에 직면해서도 상황을 변경할 수도 없고 변경해서도 안 된다고 생각할 것이다.

상황을 문제의 해결로 인식하는 문화의 경영자들은 문제를 유발하는 상황은 문제 해결의 상황으로 변화되어야 하며, 이러한 변화는 그들 자신이 주체가 되어 영향력을 행사할 수 있다고 믿는다. 그렇지만 이와는 대조적으로 상황을 수용하는 문화의 경영자들은 일반적으로 문제의 발생과 해결은 운명이나 신의 의지에 달려 있다고 믿는 경향이 있다. 따라서 이들은 상황을 있는 그대로 받아들임으로써 모든 문제를 자신들은 어쩔 수 없는 외적인 것으로 생각한다. 따라서 이렇게 문화차이를 나타내는 사람들이 같은 상황하에서 공동으로 의사결정을 진행한다면 이들의 문제에 대한 인식상의 차이는 결국 의사결정의 유효성에 부정적인 영향을 미칠 것이다.

(2) 정보의 수집

문제의 존재를 인식한 후에 경영자들은 문제해결에 필요한 정보를 어떻게 수집할 것인가? 심리학자인 융(Carl Jung)은 정보수집의 두 가지 중요한 방법을 제시하고 있다. 그에 의하면 '감각적'인 사람들은 상황에 대한 정보와 사실을 수집하는 데 있어서 주로 그들의 오감을 이용한다. 또한 '직관적'인 사람들은 정보를 수집하는 데 있어서 과거와 미래로부터의 아이디어를 주로 이용한다. 감각적인 사람들은 보다 사실에 의존하고 귀납적이라 할 수 있으며, 직관적인 사람들은 보다 상징적인 것에 의존하고 연역적이라고 할 수 있다.

정보수집의 방법은 문화에 따라 달라진다. 예를 들어, 1973년 중동전쟁 중에 감각적인 미국인들은 인구가 800만도 안 되는 이스라엘이 1억의 인구를 가진 아랍을 상대로 싸우는 것을 매우 불리하고 비관적인 상황으로 평가했다. 미국인들의 이러한 상황에 대한 지각은 사실지향적인 실증적 사건에 기초한 것이라고 할 수 있다. 그러나 보다 직관적인 이스라엘 사람들은 '자유로운 유대인 정부의 존재'라는 미래의 그들의 모습에 대한 예언에 기초를 두고 상황을 보다 낙관적으로 평가했다. 따라서 이스라엘 사람들은 아랍과 이스라엘의 인구차이는 그들이 어떻게 전쟁을 수행하여야 할 것인가 하는 것을 결정하는 데 관련된 상황일 뿐이지, 그들이 반드시 승리할 것이라는 신념에는 아무런 영향을 미치지 않는 상황으로 생각했다. 다시 말하면, 전쟁의 승패에 관한 문제에 대하여 미국인들은 '인구의 차이'라는 현실적인 사실에 근거하여 정보를 수집하고 있음을 나타내며, 이스라엘인들은 그들의 '자유와 독립'이라는 상징적인 가능성 또는 신념에 기초하여 정보를 수집하고 있음을 보여준다. 따라서 이러한 실례를 통하여 우리는 정보수집의 방법, 즉 어디서 어떻게 어떤 정보를 수집할 것인가 하는 것은 문화에 따라서 많은 차이가 나타난다는 것을 알 수 있다.

(3) 대안의 개발

어떤 유형의 대안을 개발할 것인가? 개발된 대안들은 새롭고 참신한 아이디어인가 또는 과거에 이미 시행되었던 아이디어인가? 그리고 그 아이디어들은 많은 변화를 필요로 하는 것인가, 아니면 적당한 정도의 변화를 필요로 하는 것인가?

이러한 문제와 관련되는 대안의 개발은 역시 문화가치에 따라 많은 차이를 나타낸다. 예를 들면, 미국인들과 같이 미래지향적(future-oriented)인 사람들은 새로운 대안을 개발하는 경향을 보인다. 이에 반하여 영국인들과 같이 보다 과거지향적(past-oriented)인 사람들은 역사적인 사실에 근거를 두고 대안을 모색하는 경향이 강하다고 할 수 있다. 미국인과 영국인의 이러한 차이점은 교통문제를 해결하는 데 있어서 미국의 캘리포니아에서는 모노레일(monorails)과 비행차(flying cars)를 이용하는 방안이 고려되고 있는 반면, 영국에서는 교통통제장치의 개선이 중요한 대안으로 마련되고 있는 사실에서도 찾아볼 수 있다.

마찬가지로 어떤 문화는 사람들은 변할 수 있다고 믿는 반면에, 다른 문화에서는 사람들은 근본적으로 변화하지 않고 존속한다고 생각한다. 예를 들면, 사람의 변화가능성을 믿는 문화는 종업원의 학습과 직장내훈련(on the job training : OJT) 등을 포함하는 대안의 개발을 강조한다. 이에 반하여 사람의 영속성, 즉 변화하지 않는다는 것을 믿는 문화에서는 종업원의 최초의 선발을 중요시하는 경향을 보인다.

(4) 대안 중의 선택

의사결정은 누구에 의해서 이루어지는가? 그리고 의사결정은 빠르게 이루어지는가 아니면 느리게 이루어지는가? 정보와 대안들은 순차적으로 논의되는가, 아니면 전체적·포괄적으로 논의되는가? 이와 같은 문제들은 문화에 따라 많은 차이를 나타낸다.

문화적인 관점에서 볼 때, 사람들 사이의 관계가 개인중심적인가 또는 집단중심적인가 하는 차이는 의사결정의 방식과 함께 의사결정에 관한 책임소재에 많은 차이를 가져온다. 예를 들면, 북미의 기업에서는 의사결정이 주로 개인에 의하여 이루어지며, 특정 결정에 대한 책임은 개인에게 귀속된다. 그러나 일본의 기업에서는 의사결정이 대부분 집단에 의해서 이루어진다. 일본인들은 가까운 동료들에게 자문을 구하고 동의를 얻기 전에는 어떠한 결정도 내리지 않는다(Drucker, 1971).

권력간격(power distance)이 큰 위계적인 문화에서는 기업의 의사결정이 주로 상부계층의 경영자들에 의해서 이루어지며 하부계층의 종업원들은 의사결정의 결과만을 수행하는 것을 당연한 것으로 받아들인다. 예를 들면, 기업의 하부계층에 속해 있는 인도의 종업원들은 그들에게 일상적인 결정에 관하여 자문을 구하는 상사들을 무능한 사람으로 간주하는 경향이 있다. 한 연구결과에 의하면 인도의 경영자들은 주로 전제적 방식에 의한 감독을 선호하는 경향을 보이는데, 대부분의 종업원들은 이러한 감독방식하에서 보다 더 열심히 일할 수 있다고 믿는 것으로 나타났다(Kakar, 1971). 한편, 이와는 대조적으로 하부계층에 속해 있는 스웨덴의 종업원들은 기업의 일상적인 의사결정에 직접 참여하기를 원하는 경향이 강한 것으로 나타나고 있다.

또한 의사결정이 이루어지는 속도에 있어서 미국경영자들의 의사결정은 다른 나라에 비하여 빠르게 이루어진다. 이들은 의사결정의 유효성은 그 속도에 비례하여 증가한다고 생각하는 경향이 강하다. 그러나 이와는 대조적으로 대부분 다른 문화권의 경영자들은 의사결정의 가치는 그 속도에 반비례하여 증가한다고 생각하는 경향이 강하다. 즉 이들은 의사결정에 소비된 시간이 길면 길수록 의사결정의 가치는 더욱 증가한다고 믿는다.

이러한 의사결정의 속도에 대한 인식과 평가의 차이는 문화배경이 다른 경영자들 사이에서 많은 갈등과 문제점을 야기할 수 있다. 예를 들면, 미국과 같은 '신속주의' 문화의 경영자들이 이집트와 같이 '신중주의' 문화의 경영자들과 사업상의 거래에 관한 의사결정을 하는 경우에 이들 사이의 조화되지 않는 시간관념은 많은 문제를 야기할 수 있다. 즉 미국인 경영자들은 이집트인들의 느리고 신중한 태도에 대하여 불만을 가지게 되며, 심지어 중동지역의 거래선들을 사업에 대한 관심과 흥미가 부족한 사람들로 간주해 버리는 결과를 가져올 수도 있다. 그러나 이집트의 경영자들은 미국인들이 의사결정을 하는 데 있어서 지나치게 서두르는 것으로 생각할 수 있다. 따라서 이집트인들의 사고방식으로 볼 때 미국인들이 현재 함께 진행하고 있는 사업관계에 대하여 그다지 중요성을 느끼지 않고 있는 것으로 오해할 수도 있다.

대안을 검토하는 방식 역시 문화적으로 많은 차이를 보이는데 이는 '불확실성의 회피' 또는 '위험의 회피'에 대한 관념이 문화에 따라 서로 다르다는 것을 나타낸다(Hofstece, 1980). 예를 들면, 일본이나 중국과 같은 문화의 경영자들은 어떤 의사결정을 하기 전에 거기에 필요한 모든 대안들을 전체적·포괄적으로 검토한다. 그러나 이와는 반대로 미국, 독일 그리고 캐나다와 같은 문화의 경영자들은 점진적인 의사결정을 선호하는 경향이 강하다. 따라서 이들은 사전에 계획된 순서에 따라 대안들을 순차적으로 검토하고 결정을 내리는 경향을 보인다.

끝으로 대안들을 전반적으로 평가하고 선택하는 방식도 사람에 따라 다르며 또한 문화에 따라서도 다르게 나타난다. 일반적으로 '사색적인 사람(thinker)'은 대안을 평가하는 데 있어서 그것이 정확한 것이지 아닌지 또는 진실한 것인지 거짓된 것인지에 초점을 맞춘다. 이에 반하여 '감성적인 사람(feeler)'은 대안의 선과 악, 즉 옳고 그름에 초점을 맞추어 평가한다. 이러한 평가의 차이는 사색적인 사람은 '절대적인 진리에 대한 신념'을 지향하는 반면에, 감성적인 사람은 '적합성(fit)'을 지향하는 데에서 기인하는 것으로 볼 수 있다. 따라서 경영자가 신입사원을 평가·선발하는 데 있어서 사색적인 경영자는 개인의 전문적 지식과 경력을 중시하는 경향을 보이며, 감성적인 경영자는 조직의 다른 구성원들과 어울릴 수 있는 능력, 즉 인간관계에 대한 적합성 여부에 평가의 초점을 둘 것이라는 것을 예측할 수 있다.

(5) 실행

만일 의사결정이 어떤 가치를 지니는 것이라면 이는 당연히 실행되어야 한다. 이러한 의사결정의 실행방식도 역시 문화에 따라서 많은 차이를 나타낸다. 즉 문화에 따라 그 실행의 속도가 빠를 수도 있고 느릴 수도 있으며, 실행이 최고경영자에 의하여 관리될 수도 있고 전체구성원들의 참여에 의하여 관리될 수도 있다.

또한 실행에 대한 책임이 개인에게 국한될 수도 있고 전체집단에 지워질 수도 있다. 또한 국제적인 사업에 대한 의사결정을 행하는 데 있어서 가장 신중히 고려해야 할 것은 윤리에 관한 문제이다. 한 연구에 의하면, 미국기업의 최고경영자들은 결정을 실행하는 데 있어서 기업의 이익만을 중시하고 윤리적인 문제는 도외시하는 경우가 많은 것으로 나타났다(Brenner and Molander, 1977). 이러한 경향은 미국기업의 경영자가 그의 결정을 다른 나라에서 실행하는 경우에 갈등을 초래할 여지가 많음을 보여준다. 왜냐하면 미국인들의 기업윤리에 대한 신념은 다른 나라의 그것과 큰 차이가 있을 수 있기 때문이다. 따라서 해외사업에 관한 의사결정은 결정 자체의 옳고 그름이 문화적으로 결정되기 때문에 매우 신중을 기하여야 한다.

2 권력행사와 문화차이

1) 권력의 성격과 원천

(1) 권력의 성격

권력(power)은 정확하게 정의하기가 매우 어려운 개념이다. 권력이 다른 개념들과 같이 사용되는 경우에는 그 의미를 명확하게 구별하기가 어려울 때가 많고, 권력의 실체가 무엇인가 하는 문제에 대하여도 학자들이 주장하는 바가 서로 다르기 때문이다. 예컨대, 권력은 힘 · 강제력 · 설득력 · 영향력 등과 구별되기도 하고 때로는 이 모든 것을 포괄하는 의미로 사용되기도 하며, 이것을 절대적인 것으로 보기도 하는가 하면 상대적인 것으로 보기도 한다. 또한 학자들은 때로 권력을 힘의 합법적인 사용에만 연관시키기도 하고, 어떤 경우에는 비합법적인 사용만을 가리키기도 한다.

베버(M. Weber)는 권력을 "사회구성원으로서의 개인이 다른 사람이나 집단의 저항에도 불구하고 자기의 의지대로 관철시킬 수 있는 가능성"이라고 정의하였으며(이승영 · 박영배, 1990), 노드(W. Nord)는 "갈등관계에 있는 여러 목표들 중에서 어느 특정의 목표를 달성하기 위하여 가용자원의 분배에 영향력을 행사할 수 있는 능력"이라고 정의하였다(Nord, 1987). 또한 최근에 로빈스(S. P. Robbins)는 권력에 대하여 "A가 원하는 것을 B가 하도록 A가 B의 행동에 대하여 영향력을 행사할 수 있는 잠재적 능력"이라고 정의를 내리고 있다(Robbins, 1989). 이와 같은 여러 학자들의 정의를 종합하여 볼 때, "권력이란 한 개인이나 집단이 다른 개인이나 집단으로 하여금 자기가 원하는 방향으로 행동하게끔 만들 수 있는 능력"이라고 할 수 있다.

이상의 권력에 대한 여러 정의를 통하여 우리는 권력이 다음과 같은 몇 가지의 특성을 지니고 있음을 이해할 수 있다.

첫째, 권력은 '사회적'인 성격을 지니는 개념이다. 즉, 개인이나 집단이 권력을 지닌다는 것 자체는 타인이나 타 집단과의 상호작용(interaction)을 통하여 이루어지는 사회적 관계를 보여주는 것이다.

둘째, 권력은 '동태적'인 성격을 지닌다. 개인이나 집단의 권력은 상황과 시간에 따라서 항상 변화한다. 다시 말하면, 조직 내의 권력구조는 항상 상황에 따라서 바뀌며 개인과 집단이 형성하고 있는 권력 또한 그가 처해 있는 상황이 변화하고 시간이 지남에 따라서 많은 차이를 보이게 된다.

셋째, 권력은 권한 및 영향력과는 다른 성격의 개념이다. 권한(authority)은 조직의 규범에 의하여 그 합법성이 인정된 권력(legitimate power)이다. 다시 말해서 이것은 조직 내의 공식적인 역할과 지위에 의해서 개인이나 집단에게 합법적으로 부여되는 힘을 말한다. 그러나 권력(power)은 개인이나 집단의 특질을 통하여 형성되는 것으로서 반드시 공식적인 역할이나 지위에 의해서 합법적으로만 획득되지 않는다. 따라서 권력은 권한보다 더 포괄적인 개념이며, 권한은 권력의 한 부분에 속한다고 볼 수 있다. 또한 영향력(influence)은 "개인이나 집단에게 실제로 영향이 가해지는 과정, 즉 개인이나 집단이 의도된 방향대로 움직이도록 행동적·심리적으로 영향을 가하는 과정"을 말한다(Allen and Porter, 1983). 따라서 영향력 역시 "개인이나 집단으로 하여금 권력보유자가 의도하는 방향으로 행동하도록 만들 수 있는 잠재력 또는 능력"을 가리키는 권력과는 엄밀한 의미에서 구분되는 개념이다. 다시 말하면 권력은 잠재력 또는 능력을 가리키는 말로서 정적인 성격을 지니는 반면에, 영향력은 그러한 잠재력 또는 능력을 실제로 행동에 옮긴다는 측면에서 동적인 성격을 지니는 개념이라고 할 수 있다.

(2) 권력의 원천

이상에서 살펴본 바와 같이 권력은 집단이나 조직에서 행사되는 영향력의 기초가 되는 개념으로서 특히 리더십 연구의 핵심을 이룬다고 할 수 있다. 그러면 이러한 권력은 무엇을 근거로 하여 만들어지는지, 즉 권력의 원천에는 어떤 것들이 있는지 알아보도록 하겠다.

일찍이 프렌치(J. R. French)와 레이븐(B. H. Raven)은 개인의 권력을 중심으로 권력의 원천을 다음의 다섯 가지로 분류하였다(French and Raven, 1960).

① **합법적 권력** : 합법적 권력(legitimate power)은 공식적 지위로 획득되는 권한, 즉 직권을 의미하는 것으로서 국가나 사회에 따라서는 문화적 가치나 일반적으로 인정된 사회구조로부터 나오기도 한다.

② **보상적 권력** : 보상적 권력(reward power)은 조직이 주는 보상의 분배를 통제할 수 있는 능력으로부터 온다. 그러나 권력행사자는 권력수용자에게 있어서 보상이 의미를 갖는 상황에서만 영향력을 발휘할 수 있다.

③ **강압적 권력** : 강압적 권력(coercive power)은 통제나 처벌을 할 수 있는 능력으로부터 얻게 되는 것이다. 예를 들면, 권력행사자(상사)의 권력수용자(부하)에 대한 구두적 또는 서면을 통한 경고, 해고나 징계 등은 이러한 강압적 권력이 행사되는 좋은 예이다.

④ **전문적 권력** : 전문적 권력(expert power)은 어떤 특정 분야나 상황에 대하여 지니고 있는 개인의 높은 지식으로부터 획득된다. 예를 들면, 상급자는 하급자보다 많은 직무경험과 지식을 갖추었다는 점에서 전문적 권력을 행사할 수 있다. 그러나 하급자도 전문적 지식과 기술을 갖춘 경우에는 자기 상급자에 대해 전문적 권력을 행사할 수 있다.

⑤ **준거적 권력** : 준거적 권력(reference power)은 개인의 특별한 자질이 다른 사람들에 대하여 매력 또는 흡인력으로 작용할 때 만들어진다. 예를 들면, 개인이 뛰어난 웅변술, 인간관계능력, 또는 높은 도덕적 기준 등의 자질을 가지고 있어서 사람들이 그러한 자질에 이끌려 그를 따르게 된다면, 그는 사람들에게 준거적 권력에 의한 영향력을 행사하는 것이 된다.

이들 다섯 가지 권력의 원천 중에서 합법적 · 보상적 · 강압적 권력은 주로 조직의 직위에서 나오는 것이라 하여 직위권력(position power)이라고 한다. 그리고 전문적 · 준거적 권력은 개인에게서 나온다고 하여 개인적 권력(personal power)이라고 하는데(Schermerhorn 등, 1985), 최근에 학자들은 여기에 다른 사람이 얻을 수 없는 정보를 얻게 되면 보다 큰 영향력을 행사할 수 있다고 생각하여, '정보적권력(information power)'을 추가하기도 한다(Lewicki and Litterer, 1985).

2) 권력과 문화

권력은 예로부터 인류가 공동체를 이루어 삶을 추구하는 과정에서 없어서는 안 될 중요한 도구로 인식되어 왔다. 그리고 권력은 문명이 고도로 발전된 현대사회에 있어서도 사람들이 집단이나 조직을 형성하고 나름대로의 목표를 달성하는 데 있어서 매우 중요한 수단으로 작용하는데, 이는 무리 중에서 힘이 센 사람이 지배하던 원시적인 모습이 그 방식이 다소 세련되었을 뿐 오늘날의 조직에서도 여전히 계속되고 있기 때문이다.

이와 같이 권력은 예나 지금이나 할 것 없이 인류가 집단이나 조직을 통하여 나름의 목표를 달성하는 데 있어서 중요한 원동력으로 작용하기 때문에 사람들이 의식적이든 무의식적이든 항상 권력을 획득하려고 생각하는 것은 지극히 보편적이며 자연스런 현상이라고 할 수 있다. 따라서 우리가 관심을 기울여야 하는 것은 권력 그 자체의 중요성보다는 사람들이 권력을 운용하는 방식, 즉 "어떤 권력을 어디로부터 어떻게 획득하고 또 그것을 어떤 방법으로 행사하는가" 하는 문제라고 할 수 있다.

권력의 운용방식은 개인적 특성과 목표 그리고 그것을 행사하는 상황에 따라서 많은 차이가 있을 것이다. 그러나 여기에서는 권력의 문화구속적 특성에 초점을 맞추어 문화적으로 상이한 배경을 지니고 있는 사람들은 권력의 개념을 어떻게 이해하고 있으며 권력을 운용하는 방식은 또 어떻게 다른지에 대하여 살펴보기로 한다.

먼저 권력(power)과 권한(authority)의 의미를 어떻게 받아들이는가 하는 것은 문화에 따라서 큰 차이가 있다. 예를 들면, 서양인들은 권한을 권력의 한 부분으로 보고 전자를 조직에서 합법성이 인정된 것으로, 후자를 합법성과 비합법성을 포함하는 보다 포괄적인 개념으로 이해한다. 그리고 그들은 권한과 권력은 절대적인 것이 아니라 상대적인 것이기 때문에 그것을 받아들이려는 사람의 '수용범위'에서만 의미가 있게 된다고 생각한다.

이에 반하여 중국인들은 권력과 권한을 개념상으로는 서양인들과 마찬가지로 구별하지만 실제 사용하는 데 있어서는 이들 모두를 절대적인 것으로 생각한다. 따라서 이들은 권력과 권한은 반드시 획득·유지·행사되어야 하는 것으로 믿는 경향이 있다. 또한 중국인들은 권력을 얻는 방법에 있어서도 서양인들과는 달리 전문적 능력이나 조직 내의 합법적 지위보다는 타고난 재능, 도덕성, 매력 등과 같은 자질이나 사회적인 지위와 나이 등을 더욱 중요시하는 경향이 있다(高尙仁·伍錫康, 1988).

또한 권력의 역할 역시 문화적으로 큰 차이를 보인다. 예를 들면, '절대권력(total power)'에 따라 조직된 사회에서는 정치권력이 비정치적인 힘에 의해 견제되지 못하는 경향이 있다. 그리고 이러한 사회에서는 권력 자체가 모든 것을 결정하는 역할을 하기 때문에 개인의 능력이나 적성보다는 복종심과 충성심이 더욱 강조된다. 또한 권력에 의한 서열관계가 중시되므로 성공이나 변화의 추진력은 대부분 위로부터 내려오게 된다. 따라서 사람들은 개인적인 처세술에 따라 권력자와 인간관계를 맺는 일에만 몰두하고 창의적인 생각이나 의견을 지도자에게 건의하려 들지 않게 되는 경향이 있다.

이와는 반대로 절대권력이 용인되지 않는 사회에서는 권력이나 권위가 권력수용자들의 행동을 유발하는 것으로 인식되기보다는 오히려 사회적으로 필요한 역할을 담당해야 하는 것으로 이해된다. 예컨대 서양문화의 일반화된 가치관에서는 권력의 역할이 사회적 봉사활동, 개인의 권리보호, 협력촉진, 이해관계나 의견대립의 중재 등과 같은 범주에 국한된다(김성경, 1989).

호프스테드(G. Hofstede)는 권력이 배분되어 있는 상태는 국가들 사이에 큰 차이가 있으며 이러한 차이는 근본적으로 문화차이를 반영하는 것이라고 강조한다(Hofstede, 1980). 예를 들면, 비교적 평등주의적인 국가에서는 다양한 권력계층이 존재하고, 권력의 행사가 합법적으로 이루어지며, 권력이 없는 사람들 간의 협동이 큰 힘을 발휘하게 된다. 그리고 권위주의적인 국가에서는 소수의 권력층과 다수의 의존적인 사람들이 존재하고, 권력의 행사는 합법성과는 관계가 없이 이루어지며, 힘없는 사람들은 보통 그들 사이에 내재해 있는 불신 때문에 서로 협력하기가 어렵게 된다는 것이다.

호프스테드는 비교적 평등주의적인, 즉 권력간격이 작은 문화적 특성을 지니고 있는 국가로는 덴마크, 오스트리아, 뉴질랜드 등을 그리고 비교적 권위주의적인, 즉 권력간격이 큰 문화적 특성을 지니고 있는 국가로는 필리핀, 베네수엘라, 멕시코, 인도 등을 들고 있다.

호프스테드의 이러한 연구는 조직구성원들의 행동과 조직의 관리과정에 많은 의미를 부여하고 있다. 즉, 권력간격이 큰 문화권의 조직에서는 권한이나 권력이 최고계층에 집중되며 조직구성원들은 주로 비합법적인 권력에 의존하여 영향력을 행사하려는 경향이 있고, 리더는 권위적이고 전제적인 리더십을 선호하게 된다. 그리고 권력간격이 작은 문화권의 조직에서는 권한이나 권력이 하부계층에 비교적 균등하게 배분되며 조직구성원들은 가급적 합법적인 방법으로 권력을 획득·행사하려고 하고, 리더는 부하중심의 참여적인 리더십을 선호하게 된다.

3) 한국에서의 권력행사방식

우리나라를 비롯한 중국, 일본, 베트남 등 동아시아의 사회를 압도적으로 지배하여 온 문화는 말할 것도 없이 유교문화이다. 역사적인 관점에서 보면 우리의 경우 불교문화, 유교문화, 일본문화, 미국문화 등이 차례로 들어와 여러 가치관이 섞여서 우리의 행동을 지배하여 왔고, 최근에는 여러 가치관의 동시적인 존재가 심각한 가치관의 혼란과 무규범의 상황을 빚어내고 있는 것 또한 사실이다. 그러나 여전히 행동의 지침으로 지배적인 영향을 미치고 있는 문화는 유교문화임에 틀림없다고 하겠다(배용광, 1984).

유교적인 전통이 강하게 반영된 가치관의 일반적인 특성으로서 가족주의적인 사고와 행동, 위계의식에 의한 수직적인 인간관계, 주정주의적인 의식구조에 의한 비합리적·인정주의적 태도, 형식주의적인 성향에 의한 외관과 체면의 존중, 그리고 보수주의적인 성격으로 인한 소극적이고 폐쇄적인 사고와 행동 등을 들 수 있는데, 이러한 행동적 특성은 우리나라의 조직 속에 그대로 반영되어 있는 것을 많이 볼 수 있다.

특히 전통적으로 계급과 서열을 중시해 온 문화적인 특성은 조직구성원의 권력행사와 관련하여 여러 가지 문제점을 나타내고 있다. 즉, 이러한 문화적인 영향으로 우리나라의 조직에서는 아직도 권력만능의 풍토가 작용하고 있다. 하급자의 경우에 있어서도 권력이 많은 자에 대한 맹목적인 복종과 수용으로 불합리하고 정당하지 못한 권력이 형성되거나 조장되기도 한다. 또한 권력이 커지면 이에 비례하여 책임도 증가하는 것이 원칙이나 우리의 전통적인 특성은 권력은 추구하나 책임은 지기 싫어하는 이율배반적인 모습을 보이고 있다.

또한 우리나라의 많은 기업들은 아직도 소유자를 중심으로 한 가족경영체제를 벗어나지 못하고 있어 이들을 중심으로 하여 권력이 배타적으로 집중되거나 남용되고 있는데 이는 가족주의적인 전통문화가 그대로 기업의 경영에 반영되어 나타나고 있는 현상이라고 할 수 있다. 이러한 기업풍토에서는 한 개인의 권력획득과정이 합리적인 것이 되지 못하고 기업 내의 실력자와 특수한 관계가 있는 소수의 사람들에 의하여 부당하게 권력이 형성·행사되는 경우도 적지 않으며, 권력을 행사하는 자의 도덕성 내지는 윤리성의 결여로 권력행사과정에서 종업원들의 인간적인 권리마저 침해하는 경우도 종종 보이고 있다. 또한 아직도 종업원들에게 부당한 방법으로 해고나 징계 등의 강압적인 권력을 행사하는 권위주의적인 경향이 계속되고 있는데, 이는 오늘날과 같이 기술발전이 빠르게 이루어지고 정보의 양이 많아 전문적 능력에 의한 권력의 중요성이 높아지고 있는 시대에 어울리지 않는 현상이라고 할 수 있다(신유근, 1985).

이렇듯 우리의 전통적인 문화는 조직구성원들의 권력추구와 그와 관련된 정치행위에 반영되어 있다. 따라서 우리나라 조직에 형성되어 있는 권력관계를 이해하기 위해서는 오랜 역사를 통하여 우리의 가치체계와 태도 및 행동에 영향을 미친 유교사상을 먼저 이해할 필요가 있다.

3 집단갈등과 문화차이

1) 갈등의 성격과 관리

(1) 갈등의 개념

오늘날과 같이 조직화된 사회에서 갈등은 보편적인 현상으로 나타나고 있다. 더구나 사람들의 삶의 터전인 조직의 경우에 있어서, 그 구성원들과 집단들이 나름의 기대와 목표를 가지고 여러 형태의 상호관계를 맺으면서 활동하다 보면 많은 마찰과 불편한 관계가 생기게 된다. 조직에서 발생하는 이러한 갈등은 그 성격과 정도에 따라 개인과 집단 그리고 전체조직에 대하여 해가 되기도 하고 도움이 되기도 한다. 따라서 조직에서의 갈등을 잘 관리하는 것은 경영자의 중요한 책임의 하나라고 할 수 있다.

갈등(conflict)에 대한 정의는 상당히 많은데, 이는 갈등이 발생하는 상황이 매우 다양하고 복잡하기 때문이다. 그러나 조직에서 구성원 간 또는 집단 간에 발생하는 갈등을 중심으로 그 정의를 살펴보면 어느 정도의 공통점을 발견할 수 있다(Robbins, 1989).

첫째, 갈등은 당사자들이 반드시 그것을 인식할 경우에만 비로소 존재한다. 즉, 당사자들이 갈등을 전혀 의식하지 못할 때에는 갈등이 존재한다고 말할 수 없다는 것이다.

둘째, 갈등은 대립(opposition), 희소성(scarcity), 봉쇄(blockage) 등의 의미를 그 안에 담고 있으며 상호 간에 이해나 목표가 상충하는 둘 이상의 당사자가 존재할 것을 전제로 한다. 자금과 직무 그리고 세력과 권력 등과 같이 조직 안에서 확보할 수 있는 자원은 한정되어 있기 마련이다. 그리고 조직이 보유하고 있는 자원의 이러한 희소성 때문에 조직의 구성원들은 서로 더 많은 자원을 차지하기 위하여 상대방의 행동을 차단하려는 와중에서 갈등이 발생하는 것이다.

따라서 이상과 같은 내용을 종합하면 갈등이란 "어느 한쪽이 자신의 목표달성행동이나 관심사를 다른 한쪽에서 의도적으로 좌절시키려고 한다는 것을 지각할 때 시작되는 과정"이라고 할 수 있다(Thomas, 1976).

갈등은 종종 '경쟁(competition)'과 같은 개념으로 이해되기도 한다. 그러나 엄밀하게 말하면 이 두 개념은 구분되는 것이다. 경쟁은 개인이나 집단이 목표를 달성하기 위해서 정당한 방법으로 겨루는 행동을 말한다. 따라서 경쟁은 당사자들이 다 같이 인정하는 일정한 규칙의 제약을 받으며, 상대방을 파괴하거나 괴멸시키려는 것이 아니고 단지 이기려는 데 그 목적이 있다.

그렇지만 경쟁은 갈등의 원인이 되기도 한다. 즉 경쟁이 불공정한 상황에서 이루어지거나, 어느 한쪽이 규칙을 지키지 않아 다른 한쪽이 불리함을 느낄 때, 그리고 경쟁 자체가 본래의 목적과는 달리 상대방을 해치려는 방향으로 진행되는 경우에는 이것이 갈등으로 발전하게 된다. 물론 경쟁이 공정하게 이루어지면 이루어질수록 갈등이 빚어질 소지는 그만큼 적어진다고 할 수 있다. 이와 같이 경쟁은 그 수단과 목적에 있어서 갈등과는 큰 차이가 있으며 때에 따라서는 갈등의 원인이 되는 개념으로 이해하여야 할 것이다.

(2) 갈등에 대한 견해의 변화

갈등에 대한 견해는 역사적으로 볼 때 크게 세 단계를 거쳐 오늘에 이르고 있다. 즉 갈등은 반드시 회피해야 하는 것으로 보는 전통적 견해와, 갈등은 필연적인 현상이며 나쁜 면과 좋은 면이 동시에 있으므로 관리되어야 한다는 행동적 견해, 그리고 갈등은 절대로 필요한 것이기 때문에 적극적으로 조장되어야 한다는 상호작용적 견해가 그것이다. 이들 세 가지의 견해에 대하여 좀 더 자세히 살펴보면 다음과 같다 (Robbins, 1989).

① **전통적 견해** : 갈등에 대한 전통적인 견해(traditional view)는 상당히 부정적인 것으로서 갈등은 개인과 조직 모두에게 악영향만을 끼치므로 반드시 회피해야만 하는 것으로 생각한다. 이러한 갈등에 대한 초기의 견해는 미국에서 1930년대와 1940년대에 팽배했던 집단행동(group behavior)에 대한 사람들의 태도와 맥락을 같이하는 것이다. 그 당시에는 호손연구와 같은 연구결과에 근거하여 갈등은 커뮤니케이션이 원활하지 못하거나 구성원들이 서로 신뢰하지 못하는 분위기에서 발생하거나, 그렇지 않으면 경영자들이 종업원들의 욕구를 충족시키지 못하거나 그들의 기대에 부응하지 못할 때 발생한다는 주장이 폭넓게 받아들여졌다. 그리고 모든 갈등은 바람직하지 않다는 전제하에서 집단과 조직의 성과를 개선하기 위해서는 반드시 갈등의 원인을 찾아내어 그것의 부작용을 없애주기만 하면 될 것으로 생각했다.

② **행동적 견해** : 갈등에 대한 행동적인 견해(behavioral view)는 집단과 조직에서 갈등을 필연적으로 발생하는 현상으로 보았다. 또한 갈등은 회피하거나 완전히 제거할 수 있는 성질의 것이 아니며, 갈등이 때로는 집단의 성과를 향상시키기도 하기 때문에 그것을 적극적으로 수용하려는 태도가 중요하다고 생각했다. 이러한 행동적인 견해는 1940년대에서부터 1970년대에 이르기까지 주류를 이루었는데, 이때에는 갈등을 단순히 회피하려고 하기보다는 그것을 "어떻게 관리할 것인가" 하는 점에 관심의 초점이 모아졌다고 할 수 있다.

③ **상호작용적 견해** : 행동적 접근방법이 갈등의 존재를 인정하고 그것을 적극적으로 수용하려는 데 초점을 두고 있는 데 반하여, 상호작용주의자(interactionist)들은 한 걸음 더 나아가 갈등은 집단과 조직에 대하여 추진력으로 작용할 뿐

만 아니라 적당한 갈등은 집단과 조직의 성과를 향상시키는 데 필수적이라는 점을 강조한다. 갈등에 대한 이와 같은 시각을 상호작용적 견해(interaction view)라고 하는데 최근에 많은 사람들로부터 가장 타당한 것으로 받아들여지고 있다. 이러한 관점을 취하는 사람들은 집단들이 서로 조화를 이루어 마찰이 없고 평온하며 협조를 잘하는 조직은 결국 무기력한 상태에 빠지게 되어 변화와 혁신이 필요할 때 신속하게 대처할 수 없기 때문에 적당한 갈등은 오히려 조장되어야 할 필요가 있다고 주장한다. 다시 말하면, 집단이 자기비판적이고 창의적인 분위기를 유지하면서 집단 자체를 와해시키지 않을 범위 내에서 최소한의 갈등은 계속적으로 반드시 유지되어야 한다는 것이다. 이들은 모든 갈등이 바람직한 것이라든지 아니면 전부 바람직하지 못한 것이라는 식의 단순한 시각으로부터 벗어나, 갈등을 그 형태에 따라 바람직한 것과 바람직하지 않은 것으로 구분하여 조직에 도움이 되지 않는 갈등은 제거하고 도움이 되는 갈등은 어느 정도 고무 내지는 조성하여야 한다고 생각한다. 실제로 한 연구결과에 의하면 갈등의 좋고 나쁨은 그 형태에 따라 달라지기 때문에 경영자는 반드시 조직에 이롭게 작용하는 것과 해롭게 작용하는 것을 구분할 수 있어야만 조직의 유효성을 향상시키는 데 도움이 된다고 강조한다.

(3) 집단갈등의 원인

집단갈등은 흔히 집단들 사이의 커뮤니케이션이 원활하게 이루어지지 않기 때문에 발생한다고 말한다. 그러나 집단 간에 발생하는 갈등의 원인을 이 한 가지의 탓으로만 돌릴 수는 없다. 집단 간에는 여러 가지의 요인이 복합적으로 작용하여 갈등을 야기한다고 할 수 있는데, 이를 요약하면 다음과 같다(Reitz, 1977).

① **상호의존성** : 상호의존성이란 집단들이 각기 목표를 달성하는 데 있어서 서로 정보를 제공하거나 협조관계를 유지하는 등 협력행동을 필요로 하는 정도를 말하는데 이는 집단 간 갈등을 유발하는 중요한 원인이 된다. 특히 조직 내의 한정된 자원과 활동시간에 대한 상호의존성이 클 때 집단 간 갈등의 가능성은 커진다. 즉, 조직에서 집단들이 활용할 수 있는 인적·물적 자원은 한정되어 있거나 부족하기 마련인데 이와 같은 자원에 대한 경쟁이 갈등을 불러온다고

할 수 있다. 집단들이 각기 자기의 몫을 최대한 많이 확보하려고 하거나 이미 확보된 몫을 빼앗기지 않으려고 저항하는 과정에서 다툼이 벌어지게 되는 것이다. 또한 기능이 전문화되고 분업화될수록 한 집단의 활동시간이 다른 집단의 작업과 성과에 크게 영향을 주기 때문에 갈등이 발생할 가능성이 커진다. 예컨대 구매부서와 생산부서, 그리고 생산부서와 영업부서는 활동시간에 대한 상호의존성이 특히 크다고 할 수 있다. 따라서 이들 부서 간에 구매와 생산 그리고 판매에 대한 시간의 조정이 이루어지지 않게 되면 갈등이 발생하게 된다.

② **목표의 차이** : 집단들이 추구하는 목표의 내용과 성격이 서로 다를 때 집단 간 갈등이 발생할 가능성은 커진다. 즉 집단들은 같은 조직의 한 부분으로서 전체조직의 목표달성에 기여하고 있지만, 그 과정에서 집단마다 추구하는 목표가 서로 일치하지 않으면 집단들은 동일한 문제에 대하여 서로 다른 시각을 갖고 임하기 때문에 갈등이 발생할 소지가 큰 것이다. 집단 간의 목표차이는 특히 조직 내의 한정된 자원과 보상시스템에 문제가 있는 경우에 더욱 커지게 된다. 예를 들면, 조직 내에 자원이 부족하게 되면 집단들은 자신의 목표달성에 필요한 몫을 될 수 있는 한 많이 확보하기 위하여 각기 목표의 정당성을 앞세우고 다른 집단과의 목표차별화를 강조하게 되기 때문에 목표의 차이가 더욱 커지게 된다. 또한 최고경영자가 모든 부서의 업적을 전반적으로 평가하여 보상하지 않고 부서별로 서로 다른 평가기준을 적용하여 평가·보상하게 되면 보상을 받기 위하여 설정하는 부서들의 목표는 당연히 차이가 날 수밖에 없다. 이 밖에 집단 자체의 과업특성으로 인하여 추구하는 목표가 다른 집단과 다를 수도 있으며, 전체조직이 추구하는 목표가 장기적인 면보다는 단기적인 면에 치중하는 경우에 집단들은 각기 자신의 업적을 위하여 자기본위적인 목표를 설정하게 됨으로써 집단 간에 목표의 차이를 가져오게 된다.

③ **지각의 차이** : 조직의 기능이 전문화되고 분업화될수록 지각차이가 커지기 때문에 집단 간에 갈등이 발생할 수 있다. 집단 간 지각의 차이는 주로 다음과 같은 세 가지의 측면에서 많이 나타나게 된다.

첫째, 작업과정에 대한 지각의 차이이다. 예컨대, 고객들의 신용을 확보하기 위해서 될 수 있는 한 반품을 많이 받아 처리하는 것이 영업부서에서는 당연한 일이지만, 생산원가를 절감하고 생산량을 최대화하려는 생산부서에서는 이것이 자기 부서의 성과를 저해하는 작업으로 지각되어 두 집단 간에 마찰이 생기게 된다.

둘째, 정보원천의 차이가 집단 간 지각차이를 가져온다. 예컨대, 판매량의 감소현상에 대하여 생산성과 품질의 저하에서 그 원인을 찾으려는 영업부서와 영업활동의 부진과 유통경로상의 문제 등에서 그 원인을 찾으려는 생산부서 사이에는 문제의 발생원인과 해결방법을 서로 다르게 인식하고 이해함으로써 마찰이 빚어지는 경우가 있다.

셋째, 정보가 서로 다른 경로를 통해 전달됨으로써 집단 간에 지각차이를 가져온다. 정보가 유통되는 경로는 매우 다양하다. 즉, 정보는 조직 내 공식적 경로를 통하여 전달되기도 하고 비공식적 경로를 통하여 루머(rumour)의 형태로 전해지기도 한다. 또는 공식적 경로라 할지라도 매우 복잡한 과정을 거쳐서 전달되기도 하고 짧은 시간에 간단히 전달되기도 한다. 따라서 같은 정보라 할지라도 서로 다른 경로를 거쳐 전달된 정보는 서로 다르게 변질되어 실제와는 전혀 다르게 상대방이 해석하는 경우가 생기게 된다. 이렇게 정보가 왜곡되면 집단 간에 근거 없는 불신과 적대감이 형성되어 결국은 갈등으로 발전하게 된다.

2) 집단갈등과 문화

어느 사회를 막론하고 사람들은 반드시 갈등을 경험하면서 생활을 영위해 나간다. 때로는 자기 자신의 내부에서 갈등을 겪기도 하고, 다른 사람과 갈등을 일으키기도 한다. 또한 오늘날과 같이 조직화된 사회에서는 집단 간, 조직 간에 발생하는 갈등을 지극히 일반적인 현상으로 받아들인다.

이렇듯 인간의 생존 그 자체와 운명을 같이하는 갈등은 개인이나 사회에 따라서는 존재해서는 안 되는 좋지 못한 것으로 인식되기도 하고, 이와는 반대로 절대적으로 필요한 바람직한 현상으로 받아들여지기도 한다. 그리고 갈등에 대한 이러한 인식의 차이는 그것을 처리하고 해결하는 방식에 직접적으로 영향을 미치게 된다. 그러면 갈등에 대한 이와 같은 차이를 어떻게 이해할 것인가? 여기에서는 이러한 문제를 문화비교적 측면에서 살펴보도록 하겠다.

갈등에 대한 관점과 그것을 처리하는 방식은 문화에 따라 많은 차이가 있다. 어느 문화권에서는 갈등의 순기능적인 측면을 중시하는가 하면 또 다른 문화권에서는 그것의 역기능적인 측면만을 받아들이기도 한다. 예를 들면, 서양에서는 갈등의 긍정적인 역할을 더욱 중시하는 경향이 있다. 즉, 갈등은 집단구성원들을 더욱 단결시키고 구성원들 간의 관계를 보다 안정적으로 만드는 역할을 하기 때문에 반드시 존재해야만 하는 것으로 믿는다. 따라서 서양에서는 갈등을 협조의 의미와 떼어놓고는 생각할 수 없는 개념으로 받아들이기도 한다. 물론 서양에도 갈등을 바람직하지 않은 현상으로 생각하는 측면이 없는 것은 아니다. 파슨스(T. Parsons)나 메이요(E. Mayo)와 같은 학자들은 일찍이 갈등은 사회질서를 교란시키거나 파괴하는 결과를 가져오고 조직에 대해서도 악영향만을 끼치므로 반드시 억제하거나 회피해야 하는 것으로 보았다(Fox, 1971).

그러나 최근 서양의 기업조직에서는 이러한 갈등에 대한 전통적인 견해를 받아들이지 않는다. 즉, 그들은 갈등은 집단들 간의 대립을 해결하고 사람들의 스트레스를 해소시키며 권력관계를 명확하게 해주기 때문에 오히려 집단들 간의 협조를 증대시키고 나아가 사회의 질서와 규율을 유지하는 데 도움이 된다고 생각한다. 이들의 이러한 갈등에 대한 적극적이고 긍정적인 시각은 서양의 개인주의적이며 동적인 문화적 특성을 반영하는 것으로 볼 수 있다.

서양의 기업조직이 갈등적(conflictual) · 경쟁적(competitive)인 상태를 선호하는 데 반하여 동양의 기업조직은 협조적(collaborative) · 통합적(integrative)인 상태를 보다 바람직한 것으로 받아들인다. 따라서 동양에서는 갈등은 억제되어야 하거나 회피해야 하는 현상으로 생각한다.

예컨대, 중국인들은 어떠한 경우에도 대립(confrontation)하는 상황에 직면하는 것을 싫어한다. 또한 이들은 체면을 매우 중요하게 생각한다. 따라서 상대방에 대한 직접적인 요구나 반박 등과 같은 행동은 어느 한쪽이나 양쪽 모두의 체면을 떨어뜨리는 결과를 초래하기 때문에 될 수 있는 한 자제하거나 피하려고 한다. 마찰이 불가피한 경우에도 직접적인 방법보다는 믿을 수 있는 중재자를 통하여 간접적으로 자기의 의사를 전달함으로써 서로의 체면을 유지하면서 악화된 관계를 만회할 수 있는 여지를 증대시키려고 노력한다(Turner 등, 1980). 이와 같이 공개적인 갈등을 회피하려는 경향은 중국인들의 독특한 철학적·사회적·도덕적인 가정에 근거를 두고 있다.

중국인들이 갈등에 직면했을 때 이를 해결하는 방식 또한 서양인들과는 많은 차이가 있다. 전략적인 관점에서 볼 때 중국인들은 도피, 인내, 협조, 대립, 통합 등과 같은 방식으로 갈등을 해결하는 경향이 있다(Chau, 1984). 먼저 '도피'는 갈등당사자들을 물리적으로 분리시키거나 상호작용의 기회를 제한 또는 봉쇄함으로써 갈등이 더 이상 진행되지 못하게 하는 방법이다. '인내'는 어느 한쪽으로 하여금 경쟁을 중지하거나 상대방의 공격이나 모욕적인 행동을 묵묵히 감수하도록 하여 상대방이 스스로 물러가도록 하거나 상대방을 지치게 만들어 갈등을 해결하는 방법이다.

그리고 '협조'는 갈등당사자들이 서로 조금씩 양보하도록 하는 방법이다. 또한 '대립'은 갈등당사자들로 하여금 자기의 요구사항이나 불만을 자유롭게 표출할 수 있도록 함으로써 갈등을 해결하는 것인데, 중요한 것은 양측의 대립행동이 반드시 우주만물의 자연법칙 안에서 이루어지도록 하는 것이다. 즉, 갈등당사자들은 악의로 상대방을 헐뜯거나 개인적인 욕망만을 충족시키려는 의도를 가지고 상대방을 대해서는 안 되는 것이다.

마지막으로 '통합'은 중국인들이 가장 즐겨 사용하는 방법으로서 구성원들 간의 상호지지와 호혜적 관계 그리고 집단의 단결을 강조함으로써 갈등당사자들의 화해를 촉구하거나 갈등 자체를 억제하는 것이다. 중국인들이 이 방법을 가장 선호하는 이유는 전통적으로 집단 내부의 불화나 분열이 표면화되는 것을 꺼리기 때문이라고 할 수 있다(박내회, 1982).

일본인들 또한 중국인들과 마찬가지로 집단주의적 성향이 매우 강한 민족이다. 일본인들의 이러한 성향은 특히 기업조직에 반영되어 그들의 높은 성과에 크게 기여하고 있는 것으로 널리 알려져 있다. 일본인들의 삶을 잇는 공통의 끈은 곧 친밀감이다. 그들이 서로 돕고 돌보며 이기적인 태도를 절제할 수 있는 것은 곧 이러한 밀접한 사회관계 때문에 가능한 것이다(박내회, 1982). 이렇게 강한 신뢰감과 협조의식을 바탕으로 형성된 일본인들의 집단주의적 성향은 갈등을 관리하는 데 있어서도 나름의 독특한 방식으로 나타난다.

일본인들은 개인 간 또는 집단 간에 갈등이 발생하면 개인보다는 집단, 집단보다는 조직의 이익이나 목표가 우선되어야 한다는 점을 강조하고 설득하는 방법을 많이 사용한다. 또한 집단 간의 문제는 당사자들이 서로 적응하는 과정을 통하여 해결할 것을 강조하며, 거기에 어떤 기준이나 규칙을 적용하여 강압적으로 해결하는 것은 바람직하지 않게 생각한다. 그리고 목표불일치로 인하여 빚어지는 집단 간의 마찰은 상위목표를 설정하는 방식으로 해결하려고 노력한다(Fox, 1974). 일본의 경영자들은 사전조정(advanced coordination)을 통하여 갈등의 발생을 미연에 방지하기 위하여 온갖 노력을 다하지만, 일단 갈등이 표면화된 경우에는 신속한 해결을 위하여 권위주의적인 방식에 의존하는 경향이 많은 것도 하나의 큰 특징으로 들 수 있다(이학종, 1989).

3) 한국인의 갈등구조

역사적으로 볼 때, 우리나라를 압도적으로 지배하여 온 문화는 말할 것도 없이 유교문화이다. 따라서 한국인의 전통적인 가치관과 의식구조는 유교적인 특성이 강하게 반영되어 있으며, 이것은 오늘날에도 한국인의 사고와 행동에 아주 큰 영향을 미치는 뿌리가 되고 있다. 유교적인 전통이 특히 강하게 반영되어 아직까지도 한국인의 사고와 행동에 영향을 미치고 있는 것으로는 가족주의, 위계의식, 주정주의 및 보수적 성향 등을 들 수 있는데, 이러한 가치의식이 사회에까지 확대되면서 여러 가지 형태의 갈등을 빚는 원인으로 작용하고 있다.

예컨대, 한국인의 가족주의적인 인간관계와 도덕규범은 전통사회의 질서유지에는 기여하는 바가 컸으나, 지나친 인정주의와 연고 위주의 태도를 기르게 되었고, 사회의 모든 조직들에서 수직적이고 종적인 위계구조를 낳게 하였으며, 행동이나 의견의 주체로서 개인보다 가족이나 소속집단을 앞세우는 집합주의적인 사고를 가져오게 되었다는 점 등에서 오늘날 합리주의·평등주의·개인주의를 중심으로 하는 서구적인 가치관과의 사이에 심각한 마찰과 갈등을 빚어내고 있다(배용광·변시민, 1984). 특히 이러한 가족주의적 특성이 기업조직에 그대로 반영되어 여러 세력들 사이에 갈등이 생기는 경우도 많이 볼 수 있다.

한국인의 전통적인 위계의식과 주정주의적 성향 또한 계층 간, 파벌 간의 갈등을 야기하는 원인이 되기도 한다. 한국인의 서열을 중시하고 이성보다는 감정을 앞세우는 성향은 규칙이나 규약 등을 무시하고 조직 내의 비공식적인 인간관계에 주로 의지하여 처신하려는 태도로 나타난다. 따라서 설사 조직 내에 규칙이나 규약 등과 같은 행동규범이 있다 하더라도 그것은 단지 형식에 불과하고 인간관계의 동태에 따라 행동하려는 경우가 많기 때문에 성격이 다른 각종 파벌들이 조성된다. 그리고 여러 파벌들 간에 암암리에 벌어지는 세력다툼은 결국 심각한 집단 간 갈등으로 발전하게 된다.

또한 한국인은 보수주의적 성향으로 말미암아 전통을 존중하는 반면에 변화와 혁신을 기피하며 진취적·진보적인 사고와 행동을 위험하게 생각한다. 한국인의 이러한 성향은 갈등 그 자체를 무조건 나쁜 것으로 여기는 태도로 나타난다. 따라서 갈등이 발생하면 조정이나 타협보다는 권위주의적인 방법에 의존하여 될 수 있는 한 신속하게 해결하려는 경향이 있다(이학종, 1989).

글로벌 문화탐방 5

도요타 부활의 비결

"사람입니다. 사람에 대한 존중이지요. 중요한 건 심장(heart)과 정신(soul)입니다."

얼마 전 미국 켄터키주 조지타운의 도요타공장에서 만난 스티브 안젤로 회장은 이렇게 대답했다. 도요타가 여느 자동차 브랜드와 비교해 무엇이 특별하냐는 질문에 대해서다.

그는 말을 이었다. "리콜사태부터 동일본 대지진까지 우리는 최악의 상황을 겪었지만 단 한 명의 직원도 해고하지 않았습니다. 오히려 이들에 대한 교육을 강화했고 역설적으로 이번 '위기'가 품질에 대한 우려를 불식시키는 '기회'가 되도록 했지요."

위기 극복과정에서 적지 않은 직원이 회사를 떠났을 거라고 생각하며 방문한 도요타는 내 예상이 완전히 빗나갔음을 보여주었다. '사람존중'이란 도요타의 철학은 일본이 아닌 미국 내에서도 그대로 실현되고 있었다.

무엇보다 도요타 직원들의 근무연한은 다른 미국기업에 비해 길었다. 켄터키공장의 '넘버 2'인 제임스 윌버트 사장은 25년을 도요타와 함께 했고, 캘리포니아 본사의 여성 부사장인 낸시 린페인은 1982년에 발을 들였다. 한국계 최고위직인 데이비드 정 역시 꼬박 13년을 도요타에서 일했다.

도요타 본사와는 별개인 딜러십의 분위기도 다르지 않았다. 세계 최대 딜러십인 '롱고 도요타'는 10년 이상 근무하는 직원에게 파티를 열어 준다. 13년을 근무했다는 한 직원은 "오래 근무한 것이 자랑스럽다"는 말을 연발했다. 이런 노력 덕분일까. 신형 캠리는 현재 미국에서 최다 판매량을 기록하며 도요타 부활에 청신호를 밝혔다. 도요타 측은 "재교육을 통해 직원들 개개인이 최고의 엔지니어·페인트공·용접공으로 다시 태어나게 됐다"고 평가했다.

만일 우리 기업이 도요타 같은 어려움에 처했다면 어땠을까? 언제부터인가 경쟁력 강화를 명목으로 인력 구조조정이 일반화된 우리네 상황에선 아마도 여러 사람이 회사를 떠나야 했을 수도 있다. 이 대목에서 사람존중의 철학으로 무장한 도요타의 힘이 느껴졌다. 도요타는 오히려 사람에 더 많은 비용을 투자함으로써 재기의 발판을 다졌던 것이다.

자료 : 중앙경제, 취재일기, 2011년 12월 14일자.

생각해 봅시다

1. 의사결정은 어떤 과정에 따라 이루어지며, 문화차이가 의사결정과정에 어떠한 영향을 미치는가?

2. 권력은 무엇을 통해 획득되며, 권력의 개념, 권력의 행사와 수용 등은 문화에 따라 어떻게 이해되고 있는가?

3. 갈등에 대한 생각은 역사와 함께 어떻게 바뀌어 왔으며, 이는 또한 상이한 문화권에서 어떻게 받아들여지고 있는가?

4. 한국에서의 권력행사는 어떠한 방식으로 이루어지며, 이와 관련하여 영향을 미치고 있는 전통문화적 특성은 무엇인가?

Chapter 6 리더십과 문화차이

볼거리 읽을거리

무슬림과 돼지머리*

경기도 구리 프로축구 FC서울 훈련장. 골대 앞에 차려진 고사상 위에 시루떡이 놓여 있었다. 흰색 실타래를 감은 북어, 실눈을 뜨고 웃고 있는 돼지머리도 보였다. 부상으로 목발을 짚고 참석한 셰놀 귀네슈(55) 감독은 맨 앞에서 고사를 지냈다. 외국인 선수 데얀은 물론 박주영, 김은중, 정조국 등도 감독 뒤에 나란히 섰다. 스태프 직원까지 합해 이날 고사를 지낸 인원은 50여 명. 이들은 한결같이 "올해 좋은 성적을 내게 해 달라"고 빌었다.

귀네슈 감독은 한술 더 떴다. 갑자기 고사상으로 다가가더니 돼지 입에 50만 원을 꽂아 넣었다. 귀네슈 감독은 시즌 중에도 금요일이면 서울 이태원에 있는 이슬람사원으로 달려가는 독실한 무슬림이다. 이슬람문화권에서는 돼지를 먹는 것은 물론 만지는 것도 금기. 그러나 그는 조금도 개의치 않는 표정이었다.

귀네슈 감독은 "우승만 할 수 있다면 무슨 일인들 못하겠느냐. 좋은 성적을 내기 위해 터키에서도 양을 잡아 피를 골대에 묻히기도 한다"고 말했다. 그는 고사를 앞두고 오히려 선수들을 설득했다는 후문이다.

"우리 모두 종교가 다르지만 모두가 한마음이 된다는 게 중요하다. 새로운 시즌을 앞두고 마음을 다지는 의미로 받아들여 달라." 덕분에 독실한 기독교 신자인 박주영, 최원권, 김치곤 등도 각자의 신을 향해 기도했다.

히딩크 감독도 2001년 대표팀 버스를 새로 바꾼 뒤 고사를 지낸 적이 있다. FC서울 관계자는 "현지 문화를 적극 이해하고 받아들이는 자세는 두 명장의 공통점"이라고 말했다.

---

* 자료 : 중앙일보, 칵테일, 2008년 3월 1일자.

06 Chapter

리더십과 문화차이

1 리더십의 의의와 전개과정

1) 리더십의 의의

모든 조직은 각기 나름대로의 특정한 목표를 전제로 구성되어 관리·운용되고 있다. 따라서 조직의 궁극적인 목적은 관리적 행동을 통하여 설정된 특정의 목표를 성공적으로 달성하는 데 있다. 그리고 리더십(leadership)은 조직이 목표를 달성하는 데 있어 하나의 관리적 행동으로서 매우 중요한 위치를 차지하고 있다. 특히 조직행동을 연구하는 많은 학자들은 리더십을 관리 그 자체와 동일시하여 한 조직의 성과를 효과적인 리더십의 발휘 여부와 관련지어 생각하기도 한다.

리더십은 영리를 목적으로 하는 기업조직에 있어서 특히 중요한 의미를 갖는다. 더욱이 경영의 제반 사고가 인간을 중심으로 전개되고 있고, 경영활동이 이러한 인간을 통하여 목표를 달성하는 과정으로 이해되는 현대적 경영의 관점에서는 리더십의 중요성이 크게 부각되고 있다. 왜냐하면 목표의 달성이 조직구성원의 활동을 통하여 성취된다는 사실은 조직의 리더 또는 경영자로 하여금 조직구성원의 노력을 통합하고 조율하도록 하는 리더십의 필요성을 강조하게 하고 있기 때문이다. 즉, 조직의 리더는 조직구성원들에게 영향력을 발휘하여 조직의 목표를 성공적으로 달성할 수 있도록 사기를 높이고 잠재적 능력을 활성화시킬 수 있는 리더십의 기술을 개발하지 않을 수 없는 것이다. 이러한 관점에서 리더십은 관리능력의 유효성을 제고하는 데 절대적이며 필수적인 요건으로 등장하게 되었다.

리더십은 학자에 따라 매우 다양하게 정의되고 있다. 텐넨바움(R. Tannenbaum) 등은 리더십을 "일정한 상황에서 특정 목표를 달성할 수 있도록 의사소통을 통해서 사람들에게 영향력을 행사하는 것"으로 정의한다(Tannenbaum 등, 1959). 또한 플레쉬만(E. A. Fleishman), 쿤쯔(H. Koontz)와 오도넬(C. O'Donnell) 등은 리더십이란 "개인이 사람들로 하여금 공동목표를 달성할 수 있도록 영향력을 가하는 과정"이라고 말한다(Fleishman, 1973; Koontz and O'Donnell, 1979). 바우어즈(D. G. Bowers)와 시쇼어(S. E. Seashore)는 리더십은 반드시 다음과 같은 특징을 포함하여야 한다고 강조한다. 첫째, 리더십은 두 사람 또는 그 이상의 사람들이 존재할 경우에만 의의가 있다. 둘째, 리더십은 어떤 행동으로 구성되는 것이다. 즉, 리더십은 집단 내에서 하나의 구성원이 다른 구성원들에게 어떠한 영향을 미치는 행동을 통하여 집단목표를 달성하려고 하는 것이다(Bowers and Seashore, 1973).

그러나 리더십은 집단구성원들이 리더의 일방적인 행동을 피동적으로만 받아들이는 것을 의미하지는 않는다. 리더십이 효과를 발휘하기 위해서는 상대방이 어떤 반응을 통하여 그것을 자발적으로 수용할 수 있어야 한다. 따라서 리더십은 리더와 부하 또는 영향자와 피영향자 사이의 상호작용과정이라고 할 수 있다. 사실상 부하들 역시 리더의 행동에 영향을 미친다. 다만 그들의 리더에 대한 영향력의 강도가 리더의 그들에 대한 영향력에 비하여 상대적으로 약하기 때문에 리더가 의도하는 방향으로 움직이게 되는 것이다(Cohen 등, 1976).

또한 최근에 많은 학자들은 리더십의 문제는 반드시 그것이 발생하는 '상황'을 고려해야 한다고 주장한다. 왜냐하면 리더십 행동의 유효성은 상황조건에 따라서 크게 달라지기 때문이다. 특히 최근과 같이 기업환경이 매우 복잡하고 급격하게 변화하는 시대에서는 리더십 행동과 그 결과를 이해하는 데 상황조건에 대한 보다 깊은 성찰이 요구된다.

이상 여러 학자들의 견해와 주장을 종합하면 리더십은 "불확실성이 높은 상황에서 집단 또는 조직의 목표를 달성하기 위하여 개인이나 집단의 행동에 영향력을 행사하는 과정"이라고 정의할 수 있다. 따라서 리더십은 '리더(leader)·추종자(follower)·상황(situation) 등 세 변수의 함수'를 의미하는 L=f(l, f, s)로 표기할 수 있다(Hersey and Blanchard, 1982).

2) 리더십이론의 전개

리더십에 대한 연구는 상당히 일찍부터 여러 영역에서 이루어져 왔으며, 그동안 많은 학자들이 실증적 연구를 통하여 새로운 이론을 개발하고 발전시키는 데 상당한 기여를 하였다. 역사적으로 볼 때 리더십이론은 크게 특성이론, 행동이론, 그리고 상황이론으로 변화·발전하여 왔다. 그리고 최근에는 전통적 리더십이론의 한계를 극복하기 위한 새로운 리더십이론들이 다양하게 등장하고 있다.

특성이론은 효과적인 리더에게는 남과 다른 개인적 특성이 존재한다고 강조한다. 그러나 이 이론에 입각한 많은 연구들은 리더들의 공통적인 특성을 추출해 내지 못하고, 성공적인 리더십과 리더의 특성 간에 나타나는 관련성이 발견되지 않아 곧 한계에 부딪치게 되었다.

행동이론은 리더의 행동에 초점을 맞추고 집단이나 조직의 성과를 높일 수 있는 리더십 스타일을 발견하는 데 연구의 중점을 둔다. 그러나 이러한 노력도 어떤 유형의 리더가 가장 높은 성과를 올릴 수 있는가 하는 문제에 대하여 명확한 대답을 주지 못하였기 때문에 완전한 리더십의 이론이 될 수는 없었다. 대표적인 행동이론으로는 X·Y이론, 전제적·민주적·자유방임적 리더십, 직무중심적·종업원중심적 리더십, 고려·구조주도 리더십, 매너지리얼 그리드이론 등이 있다.

상황이론은 가장 효과적인 리더란 여러 가지 상황의 요구에 가장 부합되는 리더라고 강조한다. 즉 어떠한 상황에서나 효과적으로 적용될 수 있는 유일한 리더십 스타일은 존재하지 않으므로 추종자, 즉 부하들과 리더가 맡은 과업을 포함하는 특정의 상황에 가장 효과적으로 작용할 수 있는 리더십 스타일을 개발할 필요가 있다는 것이다. 상황이론에는 피들러의 리더십 상황이론, 하우스의 경로·목표이론, 브룸과 예튼의 규범이론, 허시와 블랜차드의 상황이론 등이 중요하다.

끝으로 최근에 연구되고 있는 리더십이론들은 효과적인 리더십에 요구되는 상황적 요인들이 매우 복잡하게 형성되어 있으며, 또한 이러한 요인들이 고정되어 있는 것이 아니라 대단히 동태적이기 때문에 이러한 특성을 고려해야 한다고 강조한다. 즉 상황이론이 리더십 유형의 상대적 가치를 보다 객관적이고 합리적으로 판단할 수 있는 체계를 제시했다는 점에서는 크게 기여하였지만 여기서 고려되고 있는 상황은 부하나 직무 등과 같은 미시적 차원의 요인들을 중심으로 매우 단순화되어 있고, 또한 상황요인의 동태성을 충분히 반영하지 않고 있어 현실적 기여도가 낮다는 것이다. 최근에 연구되고 있는 리더십이론에는 카리스마적 리더십, 슈퍼리더십, 팔로어십, 변혁적 리더십 등이 있다.

이상에서 설명한 네 가지 리더십이론의 전개동향을 시대적으로 구분하고 비교·요약하면 [표 6-1]에서 보는 바와 같다.

표 6-1 리더십이론의 전개동향

내용 / 접근방법	연구모형	강조점
특성이론 (1930년대 ~1950년대)	개인적 특성 → 리더와 비리더의 구별	리더와 리더가 아닌 사람을 구별할 수 있는 특징이나 특성이 존재한다.
행동이론 (1950년대 ~1960년대)	리더행동 → • 성과 • 종업원 유지	리더십의 가장 중요한 측면은 리더의 특성이 아니라 리더가 여러 상황에서 실제로 행하는 행동이다. 성공적 리더와 비성공적 리더는 리더십 스타일에 의해 구별된다.
상황이론 (1970년대 ~1980년대)	리더행동 → • 성과 • 만족(종업원 유지) • 기타 이 기준에 관련된 변수 ↑ 미시적 상황요인 : 과업, 부하의 퍼스낼리티, 집단성격 등	리더의 유효성은 그의 스타일뿐만 아니라 리더십 환경을 이루는 상황에 의해서도 결정된다. 상황에는 리더나 하급자들의 특성, 과업의 성격, 집단의 구조, 강화의 유형 등이 있다.
현대의 리더십 연구 (1980년대 이후)	리더행동 → • 성과 • 만족(종업원 유지) • 기타 이 기준에 관련된 변수 ↑ 거시적 상황요인과 동태성 고려	리더의 유효성에는 미시적인 상황요인뿐만 아니라 거시적인 상황요인 또한 영향을 미치며, 이러한 요인들은 매우 동태적인 특성을 가지고 있기 때문에 이를 고려하여 판단해야 한다.

자료 : 신유근(1989), 조직행위론, 다산출판사, p.431 수정.

2 리더십과 문화차이

우리는 지금까지 리더십의 의미와 리더십이론의 역사적인 전개동향에 대해 알아보았다. 여기서 우리가 이해할 수 있었던 중요한 사실들 중의 하나는 어느 상황에서든 효과적으로 적용할 수 있는 유일한 리더십형태는 존재하지 않는다는 것이다. 다시 말하면, 리더십의 특성이론이나 행동이론 등 이때까지의 리더십의 형태 또는 스타일에 관한 연구들은 대부분 리더십의 유효성이란 측면을 적절하게 설명하지 못하고 있다. 따라서 이들 연구들이 추구해 온 '유일한 이상적인 리더십형태' 또는 '리더십의 보편타당성'은 하나의 환상에 불과한 것이라고 할 수 있다. 이러한 사실은 최근 리더십의 유효성을 상황과 연결시키려는 많은 연구들에 의하여 더욱 명백하게 되었다.

리더십의 상황이론에 따르면 리더란 상황의 산물이기 때문에 그 상황이 요구하는 리더십을 발휘하게 된다는 것이다. 상황이론의 이러한 관점은 문화비교적 측면에서 리더십을 이해하는 데 중요한 이론적 기초를 제공한다. 즉, 문화를 하나의 상황적 요인으로 볼 때 리더의 행동은 문화에 따라 다르게 나타날 수 있음을 이해할 수 있다.

여기에서는 리더십의 이러한 문화비교적인 관점에 초점을 맞추어 그동안 미국을 중심으로 하여 개발・발전되어 온 리더십이론들이 상이한 문화환경하에서 어떠한 의미를 나타내는지를 살펴보기로 한다. 그리고 다음 절에서는 서로 다른 문화적 배경을 지니는 국가들 사이에서 리더의 행동은 실제로 어떠한 특성을 나타내고 있는지를 몇몇 실증적인 연구결과를 통하여 알아보도록 한다.

1) 리더십이론과 문화

리더십의 특성이론과 행동이론이 리더십의 유효성이란 측면을 적절하게 설명하지 못하고 있는 이유는 이 이론들이 상황요인들을 고려하지 않고 있기 때문이다. 리더십은 상황에 따라서 그 유효성 여부가 결정된다고 할 수 있다. 아래에서는 이러한 상황요인으로서의 문화가 특히 리더의 행동에 어떻게 작용하는지를 몇몇 리더행동에 관한 이론들을 예로 들어 살펴보도록 한다.

먼저 대표적인 행동이론의 하나인 맥그리거(D. McGregor)의 X이론과 Y이론에 관하여 살펴보면, 맥그리거는 이 중에서 Y이론(민주・참여형)의 리더가 X이론(독재형)의 리더보다 더욱 생산적이고 효율적이라고 주장한다.

오늘날 많은 나라의 경영자들도 맥그리거의 이러한 주장을 보다 긍정적으로 평가하여 실제로 이러한 관점을 경영에 적용시키려고 노력한다. 그러나 중요한 것은 많은 나라의 경영자들이 Y이론 리더의 생산성과 효율성을 인정하는 '이유'는 서로 다르다는 것이다. 다시 말하면, Y이론의 리더가 무엇 때문에 보다 생산적이고 효율적인가 하는 것은 문화에 따라 서로 다르게 나타난다(Adler, 1986). 예를 들면, 미국에서 많은 Y이론의 경영자들은 안전이나 안정과 같은 종업원의 기본적인 생리적 욕구는 이미 충족되어 온 것으로 가정한다. 따라서 그들은 보다 높은 수준의 욕구를 충족시킬 수 있는 기회를 제공할 수 없을 때 종업원들의 생산성은 낮아질 것이라고 생각한다. 또한 Y이론의 경영자들은 대부분 종업원들이 리더와 보다 신뢰적이고 개방적인 의사소통을 원하며 이러한 분위기가 그들 간의 관계를 더욱 발전시킬 수 있다고 믿는다. 따라서 이러한 경영자들은 종업원들의 작업분위기가 가장 민주적일 때 그들의 생산성이 증가될 수 있다고 가정한다.

그러나 중국의 경영자들은 미국경영자들과 다른 이유에서 Y이론의 리더가 보다 생산적이고 효율적이라고 생각한다. 중국에서는 문화혁명 이후에 공산주의자와 기술관료라는 두 가지 형태의 관리자들이 출현하였다. 이들 중 전문적 기능을 소유하고 있는 숙련된 관리자들인 기술관료들은 X이론을 응용하는 경향을 보이며, 정치와 이념적인 전문지식을 가지고 인민을 지배하는 공산주의자들은 보다 Y이론을 응용하는 경향을 보인다. 여기서 Y이론이 마오쩌둥의 철학과 깊은 관계가 있다고 믿는 공산주의자들은 모든 종업원들은 경제적 그리고 문화적으로 다 같이 향상되어야 하며, 그러기 위해서는 종업원들의 근로조건이 평등하게 되어야 한다고 믿는다. 또한 관리체계가 제품생산에 우선하여 노동자들에게 복지를 제공할 수 있어야 하며, 개인적인 이익과 경쟁을 유발하는 물질적 유인은 억제되어야 한다고 생각한다. 따라서 이들은 경영자는 개인적 보상보다는 집단적 보상을 장려하여 협동의 중요성을 일깨워야 하고, 의사결정에 있어서 종업원의 참여를 독려하여 권력의 분산과 함께 민주적인 분위기를 조성시켜야 한다고 생각한다(Oh, 1976).

이와 같이 미국인들과 중국인들은 서로 다른 이유에서 Y이론의 리더가 보다 생산적이고 효율적일 것이라는 믿음을 가지고 있음을 알 수 있다.

지금까지 우리는 맥그리거의 리더십이론을 문화비교적인 관점에서 알아보았다. 미국에서 개발·발전되어온 기타의 행동이론들도 이러한 관점에서 논의될 수 있다. 예를 들어, 리커트의 '시스템 4'이론과 블레이크와 모우튼의 '매너지리얼 그리드'이론은 시스템 4(참여적·민주적)와 9·9형(인간중심적·생산중심적) 리더십의 중요성을 강조하고 있는데, 이는 모두 Y이론과 마찬가지로 사람은 본래 근본적으로 선하고 신뢰할 수 있는 존재라는 것을 기본전제로 하고 있다. 따라서 이들 이론은 경영자들의 행동이 보다 생산적이고 효율적으로 되기 위해서는 기본적인 과업을 종업원들에게 위임하고, 그들의 작업에 대한 자율성을 허용하며 엄격한 감독이나 통제를 완화하여야 한다고 강조한다. 그러나 경영자들이 '시스템 4'와 '9·9형' 리더십이 보다 생산적일 것이라고 생각하는 이유는 Y이론의 예에서와 같이 문화에 따라 다르게 강조될 수 있음을 예측할 수 있다. 이들 이론의 이와 같은 문화구속적 특성에 관하여 아래에서 좀 더 자세히 살펴보기로 한다.

2) 리더십의 문화구속적 특성과 문화지향성

(1) 리더십의 문화구속적 특성

리더십이 어느 국가 또는 어느 문화권에도 모두 효과적으로 적용될 수 있는 보편타당한 특성을 지니는가? 아니면 리더십이 국가나 문화에 따라 그 효과가 다를 것이라는 보다 문화구속적인 특성을 지니는가?

이러한 문제에 대하여 리더십의 특성이론이나 행동이론을 신봉하는 일부의 연구자들은 아직도 미국인들을 대상으로 하여 개발·발전되어 온 리더십 스타일이 다른 국가에도 효과적으로 적용될 수 있다고 주장하는 반면, 기업의 많은 경영자들은 리더십 스타일은 종업원의 문화배경에 따라 선택적으로 적용되어야 한다고 말한다. 즉, 리더십은 보다 문화구속적인 특성을 지닌다는 것이다(Adler, 1986). 특히 최근 리더십의 상황이론의 출현과 함께 많은 연구자들과 경영자들은 대부분 리더십에 영향을 미치는 여러 상황요인의 하나로 문화적 요인의 중요성을 인식하게 되었다. 따라서 리더십의 유효성을 문화적 상황과 연결시켜 그때그때 유효한 리더십의 스타일을 찾으려는 노력은 최근 많은 연구자들에 의해 시도되고 있는데, 그 중 대표적인 노력의 하나가 호프스테드(G. Hofstede)의 연구이다(Hofstede, 1980).

호프스테드는 동기, 리더십 그리고 조직을 주제로 한 일련의 문화비교적 연구를 통하여 미국의 경영자들에 의하여 강력하게 장려된 Y이론, 시스템 4, 그리고 9·9형 등의 리더십 스타일이 미국 외의 다른 문화권에 속하는 국가들에서는 적합하지 않음을 발견하였다. 예를 들면, 미국문화의 특성을 나타내고 있는 리더십 스타일이 모두 종업원의 참여에 의한 민주적인 리더십의 유효성을 강조하고 있는데, 이러한 리더십 스타일은 미국과는 다른 문화적 특성을 지니는 나라들에서는 생산적이거나 효율적이지 못하다는 것이다. 즉, 미국과는 달리 경영자와 종업원 간에 높은 권력간격(high power distance)을 보이는 국가들(칠레, 파키스탄, 홍콩, 멕시코, 태국 등)에서는 종업원들이 경영자의 강력한 지도력과 영향력을 원하며, 참여적인 것보다는 지시적인 의사결정을 선호하는 경향이 있기 때문에 미국식의 리더십 스타일은 적합하지 않다는 것이다.

따라서 리더십이 보다 생산적이고 효과적인 것이 되기 위해서는 리더가 하급자들의 문화적 특성에 따라 그의 리더십 스타일을 변화시킬 수 있어야 한다는 결론에 도달할 수 있는데, 이러한 관점은 특히 최근 글로벌기업의 경영자들에게 시사하는 바가 크다고 할 것이다.

(2) 리더십과 동 · 서양의 문화지향성

우리는 이상에서 리더십은 문화구속적이라는 사실과 함께 리더십의 유효성 또한 문화에 따라 차이가 있을 것이라는 믿음을 갖게 되었다. 그렇다면 리더십의 행사와 리더십의 효과에 영향을 미치는 문화적 요인 내지 특성은 어떤 것들이 있는가?

일반적으로 한 국가나 지역의 문화를 구성하는 다양한 요인들과 전반적인 문화특성은 모두 경영자의 리더십에 영향을 미친다고 할 수 있다. 특별히 리더십 스타일의 형성과 리더십의 행사와 관련하여서는 사회의 지배적 가치(value), 의사소통 스타일(communication styles), 조직패턴(organizational patterns) 등이 중요한 요인 내지 특성으로 강조되고 있다(Lewis, 2003; Moran, 2007). 따라서 경영자의 리더십 스타일의 형성과 리더십의 행사에 영향을 미치는 이들 요인의 문화지향성 차이를 서양과 동양

(아시아)을 대조하여 살펴보면 [표 6-2]와 같다.

표 6-2 리더십과 문화지향성의 차이

서양의 문화지향성	아시아의 문화지향성
사회적 가치	
민주사회	계급사회
평등	불평등
자결주의	운명주의
개인주의	집단주의
인권	지위의 수용
남녀평등	남성우위
사회적 유동성	기존사회계층
성취에 의한 사회적 지위	나이와 부에 의한 사회적 지위
사실과 실제	관계
사회정의	권력구조
새로운 해법	좋은 관례
활발함	지혜로움
시간흐름의 직선성	시간흐름의 순환성
결과지향성	조화지향성
의사소통 스타일	
직접적임	간접적임
솔직함	흥정적임
예의 바름	극진함
수다스러움	수줍어함
외향적임	내향적임
설득적임	권고적임
강한 눈맞춤	약한 눈맞춤
직선적임	반응적임
분명함	애매함
단호함	신중함
문제해결	상황의 수용
저지함	저지하지 않음
적당히 경청함	주의 깊게 경청함
힘에 집중	합의안건에 집중
빠른 타협	상대방의 환심을 삼

조직패턴	
개인단위	회사 및 사회단위
성취에 의한 승진	나이나 선임권에 의한 승진
수평적 또는 매트릭스 구조	수직적 구조
이익지향성	시장점유중심
최초계약 중시	재교섭에 의한 계약중시
적임자에 의한 의사결정	다수의 합의에 의한 의사결정
직무전문화	직무순환
직업상의 이동성	변함없는 충성

자료 : R. D. Lewis(2003), "Cultural Orientations Affectng Leadership Styles," *The Cultural Imperative*, MA: Nicholas Brealy: Intercultural Press; R. T. Moran 등(2007), p.121 재인용.

3 리더십과 문화비교연구

우리는 위에서 미국에서 개발·발전되어온 리더십이론들을 중심으로 하여 이들 이론이 다른 국가 또는 다른 문화에서도 효과적으로 적용될 수 있는지에 관하여 리더십의 문화구속적 특성의 존재와 동·서양 문화지향성의 차이를 중심으로 알아보았다.

여기에서는 리더십의 문화구속적 특성을 실제로 확인할 수 있는 몇 편의 연구결과를 소개하기로 한다. 이들 연구결과를 통하여 우리는 리더십이 문화에 따라 어떠한 의미를 지니며, 리더십 스타일이 실제로 어떠한 차이를 보이고 있는지를 이해할 수 있을 것이다. 특히 이들 연구는 동양문화를 대표하는 한국과 중국의 리더십을 서양국가들과 비교하고 있어서 학문적 차원에서뿐만 아니라 실무적인 차원에서도 중요한 의미를 갖는다고 할 수 있다.

1) 리더십행동 개념과 문화

타이완의 정바이쉰(鄭伯壎) 교수와 장중런(莊仲仁) 교수는 리더십의 개념에 대한 중·미·독 3국의 차이점을 비교·분석하였다(鄭伯壎·莊仲仁, 1984).

이들은 미국 오하이오 주립대학의 연구팀이 개발해 낸 두 가지 차원의 리더행동, 즉 고려(consideration)와 구조주도(initiation structure)의 개념이 중국과 독일에서는 어떠한 의미를 가지는가를 알아보기 위하여 미국인들을 대상으로 설계된 '감독행동기술설문지(Supervisory Behavior Description Questionnaire : SBDQ)'를 이용하였다(Fleshman, 1953). 즉, 이들은 SBDQ가 나타내는 두 가지 차원의 리더행동에 대한 개념을 중국인들과 독일인들도 미국인들과 똑같은 의미로 받아들이는지 또는 다른 의미로 받아들이는지를 비교 · 분석하였다.

이 연구는 상급자의 리더십과 하급자들이 지각하는 리더행동은 문화가치의 영향을 강하게 받을 것이라고 가정한다. 즉, 국가 간 문화가치의 차이는 서로 다른 리더행동으로 나타날 것이라고 본 것이다. 이 연구는 미국과 독일에 관한 자료는 이미 이들 국가에서 행해진 연구결과를 이용하였으며, 중국(타이완)의 자료는 연구자들이 2,093명의 군인들을 대상으로 실시한 실증연구를 통해서 얻은 결과이다.

(1) 연구결과의 주요 내용

이 연구는 SBDQ의 두 가지 차원, 즉 고려와 구조주도의 리더행동이 중 · 미 · 독 3국 간에 그 의미상 어떠한 차이를 보이는지를 요인분석(factor analysis)에 의해 나타난 요인부하량(factor loading)을 통하여 비교하였는데 그 결과는 [표 6-3]에서 보는 바와 같다.

표 6-3 중 · 미 · 독 3국 연구대상자들의 SBDQ 항목에 대한 반응

고려 차원 항목	국가별 연구표본					
	미국		독일		중국	
	고려	구조주도	고려	구조주도	고려	구조주도
* 1. 우리가 토론을 진행할 때 그는 많은 양보를 한다.	.68	−.60	.38	−.23	.26	.41
* 2. 그는 우리가 과업을 무난히 수행할 수 있도록 도움을 줄 것이다.	.62	−.16	.64	.18	.21	.56
3. 그는 우리의 능력으로는 처리하기 힘든 분량의 일을 요구한다.	−.40	.08	−.45	.45	−.53	−.19

* 4. 그는 우리의 개인적인 문제를 해결하는데 도움을 줄 것이다.	.32	.05	.54	.21	.28	.60
5. 그는 새로운 구상이나 계획을 용납하지 않는다.	−.66	−.06	−.21	.04	−.39	−.23
* 6. 그는 어떤 새로운 직무를 수행하기 이전에 우리의 동의를 구할 것이다.	.65	−.02	.49	.31	.29	.41
7. 그는 매우 엄격하고 경직된 어조로 말하는 것을 좋아한다.	−.72	.41	−.70	.34	−.62	−.14
* 8. 그가 우리를 비평하거나 힐책할 때 그것은 사람에 대해서가 아니고 우리가 행하는 일과 직무에 대해서이다.	.63	.14	.19	−.07	−.04	.34
* 9. 우리가 매우 바쁠 때 그는 우리를 도울 것이다.	.40	.06	.65	.26	.36	.62
* 10. 그는 우리를 같은 동료로 생각한다.	.66	.28	.69	−.08	.29	.56
* 11. 그는 항상 변화와 새로움을 추구한다.	.78	.90	.55	−.10	.22	.59
12. 그는 우리의 변화에 대한 요구를 거절할 것이다.	−.62	−.06	−.54	.22	−.57	−.25
13. 그는 우리의 과업을 변화시키기 이전에 우리에게 미리 알려준다.	−.69	.09	−.56	.25	−.47	−.33
* 14. 우리와 다른 사람들 간의 관계가 좋지 않을 때 그는 우리를 지지할 것이다.	.54	.08	.71	.19	.06	.40
* 15. 그는 우리의 건의를 실행에 옮길 것이다.	.87	.11	.55	.26	.34	.56
16. 그는 우리에게 자신이 행한 행동의 이유를 설명하려고 하지 않는다.	−.72	.41	−.70	.34	−.50	−.22
17. 어떠한 행동이 필요할 때 그는 우리의 의견을 참고하려고 하지 않는다.	−.73	.01	−.67	−.01	−.44	−.13
18. 그는 무슨 일이든 간에 모두 그의 생각과 방법대로 처리하려고 고집한다.	−.52	−.01	−.83	.42	−.57	−.14

구조주도 차원 항목	국가별 연구표본					
	미국		독일		중국	
	고려	구조주도	고려	구조주도	고려	구조주도
1. 그는 우리가 주어진 일보다 더 많은 일을 수행할 수 있도록 격려해 줄 것이다.	.20	.40	−.03	.43	−.05	.22
2. 그는 종종 부서 내에서 새로운 구상이나 계획을 제안한다.	−.10	.42	.35	.38	.11	.50
* 3. 그는 성과가 낮은 직무에 대하여 관심을 가지고 지적할 것이다.	−.18	.59	−.18	.63	−.40	.13
4. 그는 우리가 수행하여야 할 일상업무는 반드시 처리해야 한다고 주장한다.	.25	.72	−.02	.63	−.21	.42
* 5. 그는 우리가 일시적으로 수행해야 할 직무를 할당해 준다.	.00	.26	.08	.29	−.37	.05
* 6. 그는 우리의 직무성과가 타 부서보다 월등하기를 강조한다.	.03	.34	−.16	.42	−.38	.22
7. 그는 우리 자신이 최선이라고 생각하는 방식에 의하여 직무를 수행하도록 강조한다.	−.17	−.33	.44	−.20	.38	.46
* 8. 그는 휴식과 집회시간을 연장하지 말도록 강조한다.	.10	.66	.04	.49	−.51	.00
9. 그는 우리 자신이 어떠한 일을 결정할 때에는 반드시 그에게 알릴 것을 강조한다.	.13	.51	.11	.57	−.22	.26
10. 그는 우리가 문제해결에 필요한 새로운 방향을 제시해 준다.	.36	.72	.49	.30	.23	.68
11. 그는 우리가 반드시 수행해야 할 직무와 작업분량을 알려준다.	−.20	.60	−.09	.55	−.06	.52
* 12. 그는 부서 내의 다른 동료들이 새로운 구상이나 생각을 실천에 옮기기를 기다린다.	−.07	−.28	.07	.23	−.23	.00
* 13. 그는 우리에게 매우 엄격한 훈계방법을 사용한다.	−.20	.58	−.37	.58	−.53	.07
14. 그는 우리가 수행하여야 할 과업의 내용과 방법을 상세하게 규정할 것이다.	.37	.63	−.05	.49	.08	.58
15. 그는 우리가 최대의 능력을 이용하여 과업을 수행할 수 있는 방법을 모색한다.	−.17	.87	.06	.73	.02	.58

16. 그는 우리로 하여금 부서 전체의 이익을 위해서는 개인의 이익을 희생시킬 것을 요구한다.	.00	.46	.09	.50	−.22	.41
17. 그는 우리가 좀 더 노력할 수 있도록 격려해 준다.	−.17	.59	−.06	.67	−.03	.50
18. 그는 부서 내에서 자기 직무에 소홀한 사람들이 더욱 노력할 수 있도록 격려해 준다.	.17	.33	.07	.74	.24	.47

* : 요인부하량이 상반되는 항목.

[표 6−3]에서 보는 바와 같이 리더행동의 '고려' 차원에서 미국인과 독일인들 간의 차이는 거의 나타나지 않고 있다. 즉, 미국인들이 '고려' 차원으로 생각하는 리더행동이 독일인들에게도 같은 의미로 받아들여지고 있음을 알 수 있다. 그러나 중국인들은 미국과 독일에서 '고려' 차원으로 인식되고 있는 리더행동의 많은 부분을 오히려 '구조주도' 차원의 리더행동으로 인식하고 있음을 알 수 있다. 예를 들면, 리더행동의 '고려' 차원에 관한 항목 중에서 1, 2, 4, 6, 8, 9, 10, 11, 14, 15 등 많은 항목들이 중국인들에게는 '구조주도' 차원의 의미로 받아들여진다는 것이다.

또한 리더행동의 '구조주도' 차원에 있어서도 같은 결과가 나타나고 있음을 발견할 수 있다. 즉, 미국인들과 독일인들은 리더행동의 '구조주도' 차원에 관한 항목 중 7, 10 두 개 항목을 제외하고는 모두 같은 개념으로 인식하고 있는 데 반하여, 중국인들은 '구조주도' 차원의 많은 부분을 리더행동의 '고려' 차원의 개념으로 받아들이고 있음을 알 수 있다. 예를 들면, 리더행동의 '구조주도' 차원에 관한 항목 중에서 3, 5, 6, 8, 12, 13 등의 항목들이 중국인들에게는 '고려' 차원의 의미로 받아들여진다는 것이다.

(2) 연구결과의 의의

플레쉬만(E. A. Fleishman)은 SBDQ의 고려와 구조주도의 개념은 문화의 영향을 받지 않을 것이라고 주장하고 있는데, 이 연구를 통하여 나타난 결과는 리더행동은 문화가치의 영향을 상당히 받고 있는 것으로 나타났다. 연구결과에 따르면 미국인과 독일인들은 리더행동의 '고려' 또는 '구조주도' 차원의 개념에 대해 별다른 차이점이 나타나지 않고 있는 데 반하여, 중국인들은 많은 부분에서 '고려'를 '구조주도'로, 그리고 '구조주도'를 '고려'의 개념으로 인식한다는 것이다.

이와 같은 결과는 결국 동·서 간의 문화가치의 차이에 기인하는 것으로 볼 수 있으며, 연구자들과 경영자들이 리더십을 연구하는 데 있어서 시사하는 바가 크다고 할 수 있다. 즉, 미국이나 기타 문화적 배경이 다른 사람들을 대상으로 하여 개발된 리더행동의 개념을 국내의 리더십 연구에 그대로 응용해서는 안 된다는 것이다. 다시 말하면, 대부분의 사람들이 보편타당한 것으로 생각하는 리더행동의 '고려'와 '구조주도'의 개념은 문화에 따라서 아주 상이한 개념으로 받아들여질 수가 있다는 것이다. 따라서 이러한 어느 한 문화권의 중심적 가치개념을 반영하고 있는 연구설문지를 다른 문화권에 응용할 때에는 각별한 주의가 필요하다고 할 수 있다.

2) 리더십행동과 문화

우리는 앞에서 '리더십행동'의 개념이 문화에 따라 서로 다르게 받아들여지고 있음을 보았다. 이러한 현상은 어느 한 국가 또는 문화권에서 생산적이고 효과적인 리더십행동이 다른 국가 또는 문화권에서는 비생산적이고 비효과적인 것이 될 수 있음을 암시한다고 할 수 있다. 또한 우리는 이러한 현상을 통하여 사람들이 '선호'하는 리더십행동 또는 리더십 스타일이 문화에 따라 다르게 나타날 수 있음을 예측할 수 있다.

한국에서 이루어진 한 연구는 리더십의 문화비교적 분석을 통하여 사람들이 선호하는 리더십행동이 문화에 따라서 다르게 나타나고 있음을 발견하였는데, 이는 문화가 리더십행동에 강하게 작용하고 있음을 보여주는 좋은 예라고 할 수 있다(박경규, 1984).

(1) 연구결과의 주요 내용

이 연구는 문화가치가 리더십행동에 강하게 영향을 미칠 것이라고 가정하고 한국(306명)과 독일(235명)의 기업종업원들을 대상으로 그들이 '선호하는 리더십행동'을 비교하였다. 이 연구는 리더십행동을 '민주적', '집단지향적' 그리고 '가부장적' 리더십행동 등 세 차원으로 분류하여 이들 차원에 대한 선호도를 비교하였다.

표 6-4 한국과 독일의 리더십선호도

리더십선호도 변수	문항	독일(n=235) 평균(표준편차)	한국(n=306) 평균(표준편차)	t값
	참가에의 고무	4.51(0.64)	4.22(0.67)	5.06**
	높은 성과	4.43(0.62)	4.23(0.61)	3.56**
	높은 사기	4.51(0.62)	4.35(0.56)	3.13**
민주적 리더십	최소한의 지시	3.29(0.82)	3.41(1.05)	−1.49
	세부적 지시	4.08(0.87)	3.38(1.02)	8.37**
	엄격한 감독	3.82(0.85)	3.68(0.86)	1.90
	자기통제	3.74(0.84)	3.94(0.95)	−2.57*
	합계	28.40(2.91)	27.23(3.19)	4.34**
	보너스제도	2.43(0.92)	3.38(1.02)	−11.24**
집단지향적 리더십	업무수행	3.51(0.80)	3.90(0.77)	−5.77**
	의사결정	3.58(0.84)	4.15(0.63)	−9.04**
	합계	9.52(1.92)	11.45(1.68)	−12.41**
	개인적 배려	2.91(0.98)	3.86(0.73)	−12.85**
가부장적 리더십	형제애	2.27(0.94)	3.63(0.79)	−18.26**
	지원요청	2.95(1.02)	3.22(0.95)	−3.16**
	합계	8.14(2.27)	10.70(1.85)	−14.45**
민주적 리더십	전체평균	4.06	3.89	
집단지향적 리더십	전체평균	3.14	3.82	
가부장적 리더십	전체평균	2.71	3.57	

척도 : 높은 값일수록 높은 선호도를 의미함(최소 1~최대 5)
* : P< 0.05, ** : P< 0.01

[표 6-4]에서 보는 바와 같이 양국 종업원들의 민주적 리더십행동에 대한 선호도는 전체적으로 볼 때 모두 강하게 나타나고 있다. 즉, 한국과 독일 양국의 종업원들은 공통적으로 전제적이 아닌 민주적 리더십행동을 매우 강하게 선호한다는 것이다. 그러나 전체평균으로 볼 때 독일종업원(전체평균 4.06)의 민주적 리더십행동에 대한 선호도가 한국종업원(전체평균 3.89)의 그것보다 약간 강하게 나타나고 있음을 알 수 있다.

또한 리더십행동의 집단지향적 차원과 가부장적 차원에 대한 선호도는 한국종업원의 선호도가 독일종업원의 그것보다 현저히 높게 나타나고 있음을 볼 수 있다. 물론 집단지향적 차원에서는 전체평균으로 볼 때 독일종업원들도 가부장적인 리더십행동보다는 집단지향적인 리더십행동(전체평균 3.14)을 어느 정도 더 선호하는 것으로 나타나고 있으나, 그것이 한국종업원(전체평균 3.82)들에 비해서는 상대적으로 매우 낮은 수준임을 알 수 있다.

(2) 연구결과의 의의

우리는 이 연구결과를 통하여 독일의 기업종업원들이 비교적 민주적 리더십행동을 강하게 선호하고 있는 반면에, 한국의 기업종업원들은 상대적으로 집단지향적·가부장적 리더십행동을 더욱 선호하고 있음을 알 수 있다. 이러한 결과를 통하여 우리는 다음과 같은 몇 가지 중요한 사항을 추론할 수 있다.

첫째, 리더십행동은 한 사회의 문화가치를 직접적 또는 간접적으로 반영한다고 할 수 있다. 즉, 한 사회가 공유하고 있는 가치관은 리더십행동에 영향을 미친다는 것이다.

둘째, 리더십행동의 유효성은 문화에 따라 달리 나타날 수 있다는 것이다. 즉, 어느 한 국가 또는 문화권에서 보다 생산적이고 효과적인 리더십이 다른 국가 또는 문화권에서는 비생산적이고 비효과적일 수도 있다는 것이다. 한 국가의 기업종업원들이 선호하는 리더십행동이 반드시 그들의 생산성과 성과를 높인다고는 단정할 수 없지만, 이러한 리더십행동이 그렇지 않은 리더십행동보다는 상대적으로 종업원들의 직무만족이나 조직몰입과 같은 태도의 형성에 긍정적으로 작용할 것이라는 사실은 어렵지 않게 예측할 수 있다. 따라서 리더십행동은 문화차이에 기인하는 선호도에 따라 종업원들의 태도에 긍정적 또는 부정적으로 작용할 수 있으며, 이는 또한 집단이나 조직의 생산성에 직접적·간접적으로 영향을 미친다고 할 수 있다.

3) 리더태도의 문화차이

개인의 태도와 행동에 영향을 미치는 여러 요인들 중에서 문화적 요인은 특히 중요하다. 왜냐하면 개인의 태도와 행동은 근본적으로 문화(culture)의 결과로서 학습되는 것이라고 할 수 있기 때문이다. 예컨대, 연장자 또는 상사에 대한 일반적인 우리의 태도와 행동반응은 우리가 속한 문화의 소산으로 볼 수 있다. 특히 태도 형성에 있어서 문화가 중요하게 영향을 미친다는 것은 태도의 형성에 중추적인 역할을 하는 가치가 역시 문화의 함수라는 사실로 설명될 수 있다.

또한 가족(family)도 태도에 영향을 미치는 중요한 요인으로 생각할 수가 있다. 예를 들면, 어떤 연구에 의하면 아버지의 정치신념과 아들의 그것 사이에는 명백한 유사성이 있다는 것이다. 또한 정치영역을 넘어서도 사람은 일반적으로 자기 아버지의 종교적 믿음, 국가관, 사회관 등을 따른다는 것이다. 그런데 가족이라는 일차적 집단이 사회적·종교적 요인 등 문화적으로 밀접하게 관련되어 있는 요소들이 개인에게 흘러들어가는 일상의 통로라는 것을 인식할 때 문화는 역시 태도의 형성에 근본적이고도 포괄적으로 영향을 미치는 중요한 요인으로 생각할 수 있다. 이와 같이 태도 역시 근본적으로는 문화구속적인 것으로 생각할 수 있으며, 따라서 서로 다른 문화적 배경을 지니는 사람들의 태도는 많은 차이점을 보일 것이라는 점을 예측할 수 있다.

헤어(M. Haire), 기셀리(E. E. Ghiselli), 포터(L. W. Porter) 등은 일찍이 세계 14개국의 기업경영자 3,641명을 대상으로 실시한 연구에서 '효과적인 관리행동'에 대한 각국 경영자들의 태도를 비교·분석한 결과 경영자의 태도가 문화에 따라 서로 다르게 나타나고 있음을 발견하였다. 이들의 연구는 리더십 스타일의 문화차이와 관련하여 매우 중요한 실마리를 제공하고 있다. 연구결과의 일부를 소개하면 다음과 같다 (Haire and Ghiselli, 1966).

이들은 "관리행동의 중심이 되는 업무는 사람을 다루는 일이다"라고 전제하고 "종업원들을 가장 효과적으로 이끌어 갈 수 있는 방법은 무엇인가"에 대한 경영자들의 태도를 다음과 같은 네 영역에서 조사하였다.

첫째, 리더십과 주도권에 관한 능력에 대한 경영자의 태도

둘째, 상사와 부하 간 정보와 조직목표의 분배에 대한 경영자의 태도

셋째, 의사결정에 있어서 부하의 참여에 대한 경영자의 태도

넷째, 부하의 자아통제에 대한 경영자의 태도

이 같은 네 영역에서 각국 경영자들의 태도를 살펴보면, 미국의 경영자들은 리더십과 주도권에 있어서 가장 '민주적'인 태도를 보이고 있는 반면, 스웨덴의 경영자들은 가장 '독재적'인 태도를 보이고 있다. 또한 정보와 조직목표의 배분에 있어서 미국과 스웨덴의 경영자들이 비교적 '민주적'인 태도를 취하고 있는 데 반하여, 개발도상국들인 인도와 아르헨티나의 경영자들은 매우 '독재적'인 태도를 취하고 있다. 또 부하의 참여에 대하여 일본의 경영자들은 매우 긍정적인 태도를 보이고 있는 반면, 스웨덴을 제외한 나머지 국가들의 경영자들은 비교적 부정적인 태도를 보이고 있다. 마지막으로 부하의 자아통제에 대하여는 일본과 인도의 경영자들이 비교적 '민주적'인 태도를

보이는 반면, 미국・스웨덴・아르헨티나의 경영자들은 비교적 '독재적'인 태도를 보이고 있다.

이상의 연구결과를 통하여 우리는 경영자들의 관리행동에 대한 태도는 문화에 따라 서로 다르게 나타나고 있음을 알 수 있다. 특히 경제적으로 모두 선진국에 속하는 미국, 일본 그리고 스웨덴 경영자들 간의 태도에 상당한 차이가 나타나고 있는 현상은 태도의 문화구속적인 특성을 잘 설명해 준다. 이는 또한 미국에서 효과적인 리더십 스타일과 경영방식이 상이한 문화배경을 가지는 다른 국가에서는 효과적인 것이 되지 못할 것이라는 믿음을 뒷받침해주고 있다.

4 리더십 스타일의 문화비교적 측정

다음에 열거하는 질문은 문화적으로 당신이 어떤 형의 리더에 속하는지를 보여주는 것이다.

질문에 따라서는 당신이 즉석에서 쉽게 답할 수 있는 것도 있고, 충분한 생각을 필요로 하는 것도 있을 것이다. 모든 질문에 당신은 가급적 정직하게 그리고 정확히 답하여야 한다. 당신의 경험으로 즉시 답할 수 없는 질문에 대해서는 "나는 이러한 경우에는 이렇게 하고 싶다"는 생각으로 답하면 된다.

이 질문에 대한 답이 끝나면, 당신은 득점의 계산과 그 분석으로 들어가게 된다.

[설문]

1. 당신은 어떤 일이든 자신이 '주도권'을 가지고 행하기를 바라는가?

   그렇다 □ 그렇지 않다 □

2. 당신은 보통 어떤 결정이나 정책을 실행에 옮기기에 앞서 그 이유를 부하들에게 설명해야 할 가치와 필요가 있다고 생각하는가?

   그렇다 □ 그렇지 않다 □

3. 당신은 리더로서 직접 부하들을 감독하면서 그들과 함께 일하는 것보다는 계획이라든가 원안 작성 등의 직무를 관리하는 쪽을 좋아하는가?

그렇다 □ 그렇지 않다 □

4. 당신의 부서에 새로 들어온 사람이 당신의 부하직원에 의해서 채용된 신입사원이라는 것을 알았을 때, 그에게 가서 먼저 당신을 소개하기보다는 먼저 상대방의 이름을 물으려 하겠는가?

그렇다 □ 그렇지 않다 □

5. 만일 당신의 부하직원들이 지금까지와는 다른 새로운 방식으로 직무를 수행하려고 한다면 당신은 그것을 당연한 것으로 받아들이는가?

그렇다 □ 그렇지 않다 □

6. 부하직원들에게 어떤 과업을 부여할 때, 당신은 과업의 목표와 수행방법 등을 상세하게 알려주려고 하는가?

그렇다 □ 그렇지 않다 □

7. 지나치게 친밀하게 되면 결국 존경을 못 받게 되므로 부하직원들과는 될 수 있는 한 일정한 거리를 유지하는 편이 좋다는 사고방식은 리더에 있어서 바람직한 것이라고 생각하는가?

그렇다 □ 그렇지 않다 □

8. 야유회 날짜를 정하는 데 있어서 대다수의 부하직원들은 수요일이 좋다고 하는데 반하여 당신은 모든 점을 고려할 때 목요일이 적당하다고 생각한다고 하자. 그러한 경우에 당신은 야유회 날짜를 당신 단독으로보다는 투표에 의해 결정하려고 생각하겠는가?

그렇다 □ 그렇지 않다 □

9. 만일 당신이 "이런 일은 이렇게 하면 좋겠다"고 생각할 때 전화나 인터폰 등을 통하여 처리하기보다는 당신이 직접 부하직원을 찾아가서 지시하고 솔선해서 그들을 지도하겠는가?

그렇다 □ 그렇지 않다 □

10. 당신은 부하직원을 해고하는 것이 극히 쉬운 일이라고 생각하는가?

그렇다 □ 그렇지 않다 □

11. 당신은 부하직원들과 친밀하면 친밀할수록 그들을 보다 잘 이끌 수 있다고 생각하는가?

그렇다 ☐ 그렇지 않다 ☐

12. 많은 시간과 노력을 들여 어떤 문제에 대한 해결책을 만들어 부하직원에게 주었다. 그런데 그 부하직원은 그 해결책의 불합리성과 단점을 들추기 시작했다. 당신은 그러한 경우 그 부하에 대해 화를 내기보다는 문제가 여전히 해결되지 않는다는 것에 대해 염려스럽게 생각하겠는가?

그렇다 ☐ 그렇지 않다 ☐

13. 규율상의 문제가 발생하는 것을 사전에 방지하기 위한 최선의 방법 중의 하나는 "규칙을 어긴 자에 대해서 마땅히 벌을 주는 것"이라는 의견에 당신은 찬성하는가?

그렇다 ☐ 그렇지 않다 ☐

14. 어떤 상황에 대한 당신의 조치가 비효과적일 것이라는 비난이 있다고 하자. 그러한 경우 당신은 상사로서 자신의 결정이 확정적이라는 것을 선언하기보다는 자신의 관점을 부하직원들에게 이해·설득시키는 편이 좋다고 생각하는가?

그렇다 ☐ 그렇지 않다 ☐

15. 당신은 부하직원들과 접촉하는 데 있어서 일상적인 비공식적 접촉에 한해서는 그들의 자유에 맡겨 두는가?

그렇다 ☐ 그렇지 않다 ☐

16. 당신 부서의 부하직원들은 당신에 대한 충성심을 어느 정도는 가져야 한다고 생각하는가?

그렇다 ☐ 그렇지 않다 ☐

17. 당신은 어떤 문제를 해결하는 데 있어서 당신 자신이 직접 뛰어들기보다는 문제해결을 위한 위원들을 임명하는 편을 좋아하는가?

그렇다 ☐ 그렇지 않다 ☐

18. 전문가들 중에는 집단 내에 의견을 달리하는 사람들이 많을수록 바람직하다고 주장하는 사람이 있다. 그런가 하면 의견의 차이는 집단의 단결을 저해하는 기본적인 약점이 된다고 주장하는 사람도 있다. 당신은 처음의 주장에 동의하는가?

그렇다 ☐ 그렇지 않다 ☐

[당신의 점수]

당신의 득점을 계산하기 위하여 당신이 '그렇다'라고 답한 설문항목을 다음과 같이 분류하여 세어 보아라.

1군 : 1, 4, 7, 10, 13, 16
2군 : 2, 6, 8, 11, 14, 17
3군 : 3, 5, 9, 12, 15, 18

만일 1군에 '그렇다'라고 답한 항목의 수가 가장 많으면 당신은 '독재적 리더'가 될 성향이 강하다고 할 수 있다.

만일 2군에 '그렇다'라고 답한 항목의 수가 가장 많으면 당신은 장차 '민주적 리더'가 될 성향이 강하다고 할 수 있다.

만일 3군에 '그렇다'라고 답한 항목의 수가 가장 많으면 당신은 다분히 '자유방임적 리더'가 될 성향이 강하다고 볼 수 있다.

[결과의 평가]

당신의 점수에 대하여 그것이 좋다든지 또는 나쁘다든지 생각해서는 안 된다. 이 테스트는 당신을 선과 악의 기준으로 평가하기 위해서 계획된 것이 아니다. 당신의 상태, 즉 리더십에 대한 세 가지 기본적 유형 중의 하나에 당신이 어느 정도 가깝게 접근하고 있는가 하는 것은 결코 선·악이라는 의미에서 생각할 문제가 아닌 것이다. 이 테스트의 중요한 목적은 바로 당신이 보다 문화적으로 효과적인 리더가 되려고 노력하는 경우에 그 근거를 제공하려는 데 있다.

글로벌 문화탐방 6

재택근무의 허실

새로운 밀레니엄이 시작된다고 들썩이던 1990년대 말. 당시 유행한 말 중 하나는 '재택(在宅)'이었다. 집에서 일하고, 치료와 교육도 받는 세상이 곧 도래하리란 기대가 넘쳤던 것이다. IT와 네트워크의 융합은 원거리에서 모든 것을 다 할 수 있는 신천지를 열어줄 것이라는 맹목적 믿음이 확산됐다.

10여 년이 흐른 지금, 대변혁은 아니지만 변화는 일부 있었다. 대표적인 게 재택근무다. 미국 국립노동연구소에 따르면 최근 전체기업 중 63%가 부분적이라도 재택근무를 허용하는 것으로 나타났다. 2005년 34%에서 대폭 증가한 것이다. 화상회의, 동시통화, 컴퓨터 메신저, 모바일 인터넷 등 다양한 통신수단이 등장한 결과다. 사실 재택근무는 장점이 많다. 출퇴근시간을 허비하지 않고, 편한 시간에 집중적으로 일을 처리할 수 있다. 사무실 운영비를 줄일 수 있는 것도 장점이다.

그러나 집에서 일해 본 사람들의 얘기를 들어보면 꼭 능률이 오르는 것 같지도 않다. "속옷 차림으로 안방에서 건넌방으로 출근하다 보니 일과 가정생활의 구분이 안 돼 비록 집안이어도 양복에 넥타이까지 매고 일을 한다"고 어떤 재택근무 회사원은 말했다. 조직에 대한 소속감은 물론 조직구성원과의 연대의식이 옅어지는 것도 문제다. 자칫 딴짓하다 일이 밀리기 일쑤이고, 새로운 기술이나 경향에 둔감해지기 십상이다. 아내나 남편과 24시간 얼굴을 마주하고 있다 보니 애정이 쌓이기도 하지만 반대로 스트레스를 받는 경우도 적지 않다.

재택근무의 한계는 특허 출원된 기술을 평가하는 심사관들을 대상으로 이 제도를 실시하고 있는 특허청의 사례에서도 나타난다. 2009년 124명이나 되던 재택근무 신청 인원이 해마다 줄어 지금은 그 절반인 66명에 불과한 실정이라는 것이다.

미국기업 야후는 재택근무제도 자체를 폐지하기로 했다고 한다. 젊은 여성 CEO인 마리아 메이어는 "회사에 매일 나오든지 아니면 사표를 내든지 선택하라"고 선언했다. 재택근무 직원들이 근무시간 중 부업에 나서는 등 조직이 부패하고 있다는 것이다. 야후는 "소통과 협업의 출발점인 복도나 식당에서의 즉흥적 만남과 토론이 불가능한 이 상황은 결코 회사에 도움이 되지 않는다"고 강조했다.

자료 : 한국경제, 천자칼럼, 2013년 2월 28일자.

생각해 봅시다

1. 기업경영에 있어 리더십은 어떠한 중요성을 갖는가? 그리고 리더십이론은 역사적으로 어떻게 전개되어 왔는가?

2. X이론과 Y이론 경영자들의 리더십행동은 문화에 따라 그 중요성이 어떻게 달라지는가?

3. 리더십의 문화구속적 특성은 어떻게 설명되며, 리더십에 영향을 미치는 문화적 특성으로는 어떤 요인들이 있는가?

4. 리더십이 문화구속적이라면 글로벌경영자가 다양한 문화권에서 리더십을 효과적으로 행사하기 위하여 특히 유념해야 할 것은 무엇인가?

Chapter 7 조직특성과 문화차이

볼거리 읽을거리

매뉴얼이 강한 나라*

"일본이 강하다"는 것을 늘 편의점 종업원을 보면서 느낀다. '프리타(free+arbeiter)'로 불리는 신(新)하류층을 대표하는 직업군이다. 시급(時給) 900엔 안팎.

물건을 카운터에 가져가면 종업원은 "소주 411엔, 맥주 4개 844엔, 콜라 147엔, 생수 178엔, 합계 1,610엔" 하곤 손님을 쳐다본다. 손님이 돈을 건넨다. 건넨 돈을 "1,000엔, 2,000엔…" 하며 다시 큰 소리로 센 뒤 "2,000엔 받았습니다"라고 외친다. 거스름돈도 손님이 보이도록 내민 뒤 큰 소리로 세어서 건넨다. 그러곤 "감사합니다. 또 오십시오"라며 계산을 마무리한다.

슈퍼, 양판점, 구멍가게, 남자종업원, 여자종업원, 늙은 종업원, 젊은 종업원 다 똑같다. 개미 같은 일본 사람들 천성이 한몫한다. 하지만 천성보다 중요한 것이 '매뉴얼'이다. 이런 인사를 하고, 이런 말로 배웅하고, 큰 소리로 돈을 세어야 한다는 '업무수칙'을 말한다. 외국인이 "일본은 친절해" 하고 감동하는 대목은 대부분 종업원 마음이 아니라 매뉴얼이 친절한 것이다.

'프리타'처럼 일본에서 하류층 대접을 받는 공사 인부들은 흔적을 안 남기기로 유명하다. 천장에 붙은 난방기를 청소하러 온 인부들은 바닥에 비닐장판을 까는 일부터 시작했다. 난방기에도 비닐을 씌워 내렸다. 그 속에서 난방기를 청소하고 먼지 한 톨까지 몽땅 쓸어 담은 후에 "폐를 끼쳤다"며 사라졌다. 역시 인부들의 마음이 친절한 것이 아니라 난방기회사의 청소 매뉴얼이 친절한 것이다.

한 아줌마가 유모차를 끌고 도쿄 시내버스를 탔다. 요금 200엔짜리 시내버스는 정차하면 버스 출입구 높이가 보도블록 높이에 맞춰지는 이른바 '논 스텝(non-step)' 버스다. 아줌마는 쉽게 유모차를 끌고 들어왔다. 하지만 버스 운전기사는 자리에서 일어나 유모차를 좌석에 붙어 있는 고정 끈으로 단단히 묶은 뒤 출발했다. 역시 버스기사 마음이 친절한 것이 아니라 버스회사 매뉴얼이 친절한 것이다.

하지만 하나하나 생각하면 매뉴얼도 친절한 것이 아니다. 편의점 직원이 열심히 돈을 세는 이유, 인부가 먼지를 쓸어 담는 이유, 버스기사가 유모차를 단단히 동여매는 이유는 언제 생길지 모를 사고와 분쟁에서 자신을 보호하기 위한 일종의 방어술이다.

일본은 매뉴얼이 강한 나라다. 종업원에서 사장까지 그렇다. 언제든 발생할 수 있는 분쟁을 사전에 방지하는 것은 간단한 매뉴얼과 이를 따르는 집단적 구속력이다. 세계적으로 통용되는 매뉴얼도 있고, 일본에서만 통용되는 억지 매뉴얼도 있다. 일본의 세계화란 '일본적 매뉴얼'을 꼼꼼히 '세계적 매뉴얼'로 바꾸는 작업이다. 속도가 느려 보일 때도 있지만, 그래서 개국(開國)의 순간엔 늘 강한 세계화의 내성(耐性)을 보여줬다.

* 자료 : 임병섭, 중소기업뉴스, CEO칼럼, 2007년 8월 1일자 요약.

07
Chapter

조직특성과 문화차이

1 조직문화와 문화차이

1) 조직문화의 성격과 영향요인

(1) 조직문화의 개념

조직특성을 파악하기 위한 관점으로 최근 가장 많이 거론되고 있는 개념은 조직문화(organizational culture) 또는 기업문화(corporate culture)이다. 이것은 사회에는 문화가 있고 개인에게는 개성 혹은 인격이 있는 것과 마찬가지로 조직에도 나름대로의 독특한 성격이 존재한다는 것을 나타낸다. 따라서 개인 또는 사회구성원의 태도와 행동은 개인의 인격과 사회의 문화적 특성에 대한 이해를 통하여 예측하고 평가할 수 있는 것처럼 조직구성원들의 전체적인 태도나 행동은 그 조직의 독특한 특성을 나타내는 조직문화에 대한 이해를 통하여 예측 · 평가할 수 있다.

인류학이나 사회학에서 중점적으로 연구되어 온 문화(culture)는 사회구성원들이 공유하고 있는 가치관, 신념, 이념, 관습, 규범 그리고 지식과 기술체계 등을 총칭하는 거시적이고 종합적인 개념으로서 사회구성원의 행동에 영향을 주는 중요한 요소라고 할 수 있다(Light and Keller, 1975). 따라서 문화는 사회구성원의 행동과 사회체계를 형성하는 다양한 단위들을 연결 · 조정하는 종합적 요소라고도 할 수 있다(Parsons, 1973).

이러한 거시적인 문화의 개념을 사회체계를 구성하고 있는 미시적인 조직체 수준에 적용한 것이 조직문화의 개념이다. 따라서 사회문화적 관점에서 볼 때, 조직문화는 한 조직체의 구성원들이 모두 공유하고 있는 가치(value), 신념(belief), 이념(idea), 관습(habit), 규범(norm), 전통(tradition) 그리고 지식(knowledge)과 기술(skill) 등을 포함하는 종합적인 개념으로서 조직구성원과 조직 전체의 행동에 영향을 미치는 기본요소라고 할 수 있다(이학종, 1986). 그러나 조직문화에 대한 보다 구체적인 개념은 학자들의 관점과 연구초점에 따라 조금씩 다르게 정의되고 있다.

예를 들면, 학자에 따라서는 조직문화를 조직구성원들이 공유하고 있는 가공품(artifacts), 관점, 가치, 가설이라고 정의한다(Dyer, 1985). 턴스텔(W. B. Tunstall)은 조직문화를 조직구성원들이 모두 공유하는 행동패턴, 관습, 상징(symbols), 태도, 그리고 일을 처리하는 규범적 방법(normative ways) 등의 혼합체로서 하나의 조직을 다른 조직과 구별 짓는 것으로 정의한다(Tunstall, 1985). 데니슨(D. R. Denison)은 많은 학자들이 조직문화를 조직의 핵심적 실체(core identity)를 정립하는 데 필요한 가치, 신념, 행동양식으로 정의하는 데 동의하고 있다고 강조한다(Denison, 1984). 그리고 샤인(E. H. Schein)은 조직문화에 대한 여러 정의를 검토한 후에 조직문화를 "조직이 외부환경에 적응하고 내부적 결합에 관한 문제를 해결하는 데 있어서 발명·발견·발표시켜 온 기본전제(basic assumptions)"라고 정의하고, 이러한 전제는 오랜 기간을 통하여 그 타당성과 유효성이 입증됨으로써 새로운 구성원들에게 전수되어 그들의 상황판단과 문제해결에 있어서 정확히 사고하고 지각하며 분석하는 방법으로 이용된다고 말한다(Schein, 1985).

이 밖에 존스(H. R. Jones)는 조직문화를 조직의 일체성을 창출하고 조직구성원들의 행동을 규정하여 그들을 사회적 종합체로 통합시키고 조직에 정당성을 확립시키는 기본전제, 신념, 가치로 정의한다(Jones, 1983). 그리고 오우치(W. Ouchi)는 조직문화를 조직의 전통과 풍토로 정의하며 여기에는 조직의 가치관, 신조 그리고 행동패턴을 규정하는 기준이 함축되어 있다고 말한다(Ouchi, 1981).

이와 같이 조직문화는 여러 학자들에 의하여 다양하게 정의되고 있다. 이들을 종합하여 볼 때, 조직문화는 "조직구성원이 공유하는 것으로서 구성원 개개인의 행동과 조직체 행동에 기본전제가 되는 그 조직의 고유한 가치, 신념, 규범, 관습, 행동패턴 등의 총체"라고 할 수 있다. 따라서 조직문화는 비교적 오래 지속되며 하나의 조직을 다른 조직과 구별시켜 주는 조직의 전체적 특성을 나타내는 개념으로 이해할 수 있다.

(2) 조직문화의 구성요소

조직문화는 여러 가지 요소들로 구성되어 있으며 이들 요소는 전반적인 연관관계 속에서 조직구성원의 행동과 전체 조직행동에 영향을 미친다.

조직문화를 구성하는 요소에 대해서도 그 개념상의 차이로 인하여 학자들 사이에 일치하는 견해를 찾아보기가 어렵다. 여기에서는 샤인(E. H. Schein)의 '의식적 구성요소'를 중심으로 살펴보도록 한다.

조직문화를 조직구성원과 전체조직의 행동으로 나타나는 거시적인 개념으로 볼 때 구성원행동과 조직행동에는 몇 가지 수준의 의식체계가 작용한다. 이러한 관점에서 샤인은 조직문화의 구성요소를 조직구성원의 일반적인 인식수준을 중심으로 [그림 7-1]과 같이 분류하고 이들 요소 간의 상호관계를 설명하고 있다(Schein, 1984).

① **가공품과 창조물** : 이것은 조직문화의 첫 번째 구성요소로서 표면적으로 나타나고 눈으로 볼 수 있는 물질적 · 상징적 그리고 행동적인 인공창조물이다. 여기에는 조직의 제품과 기술, 기구와 도구, 방침과 규율, 서류, 전통과 일화, 의례 및 예식 그리고 구성원들의 행동패턴 등이 포함된다. 이들 가시적인 것들은 조직의 문화적 특성이 형성되는 데 직접적이고 결정적인 요인으로 작용한다.

그림 7-1 | 조직문화의 의식적 구성요소

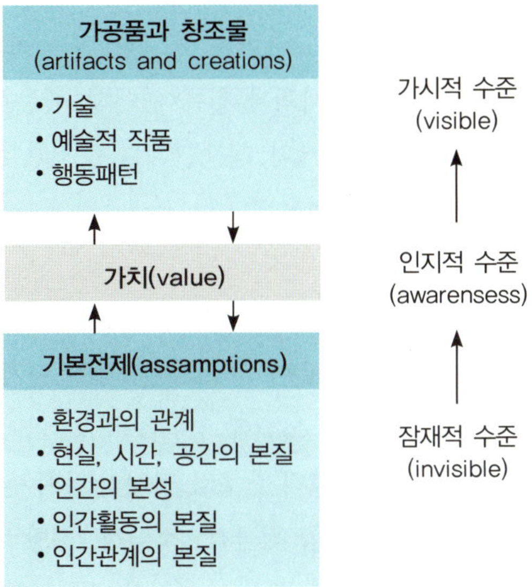

② **가치** : 조직문화의 두 번째 구성요소인 가치는 조직구성원들이 일반적으로 인식하고 있는 행동의 지침으로서 위에서 설명한 가시적 수준의 인공적 창조물을 지배하는 것이다. 구성원들이 조직 내에서 느끼는 개인에 대한 존중, 창의성과 참여에 대한 중요성, 개방적 의사소통 등은 가치의 좋은 예이다.

③ **기본전제** : 이것은 조직문화의 세 번째 구성요소로서 가치와 밀접한 관계에 있는 개념이다. 기본전제는 일반적으로 조직구성원들이 인식하고 있지 않은 '선의식적 가치(preconscious value)'라고 할 수 있다. 따라서 기본전제는 기업은 이익을 내야 한다든가, 연장자를 존경해야 한다는 것 등과 같이 조직구성원들이 너무도 당연하게 받아들이는, 즉 무의식적인 행동지침들이다. 조직문화의 구성요소로서의 기본전제는 조직과 환경과의 관계, 현실 · 시간 · 공간의 본질, 인간의 본성, 인간활동의 본질, 인간관계의 본질 등 몇 가지 측면에서 분석된다. 첫째로, 조직과 환경 간의 관계란 조직이 환경을 지배한다고 가정하는지, 또는 환경에 지배받고 있는지, 그렇지 않으면 조직과 환경은 상호 조화관계에 있는지 하는 것에 대한 기본전제이다. 둘째로, 현실 · 시간 · 공간의 본질은 조직구성원들이 근본적으로 이를 결정하는 위치에 있는지 또는 사후에 발견하는 위치에 있는지, 그렇지 않으면 자연히 알게 되는 수동적인 위치에 있는지 하는 것에 대한 기본전제이다. 셋째로, 인간의 본성은 맥그리거(D. McGregor)의 X이론과 Y이론 같은 기본전제를 말하며, 넷째로, 인간의 활동에 있어서는 무엇이 올바르고 무엇이 그릇된 행동인지에 대한 기본전제가 적용된다. 마지막으로 인간관계의 본질에 있어서 구성원들 상호 간의 권력관계와 영향관계 그리고 협조관계와 경쟁관계를 중심으로 역시 올바르고 그릇된 관계에 대한 기본전제가 적용된다.

이상에서 설명한 가시적 · 인지적, 그리고 잠재적 수준의 구성요소들은 상호 간에 밀접한 관계를 맺고 있다. 잠재적 수준에서의 기본전제는 인지적 수준에서 구성원들의 가치관과 사고방식 그리고 지각과 느낌에 영향을 주고, 나아가서는 가시적 수준에서 구성원들의 태도와 행동의 형성 그리고 조직 전체의 문화 형성에 결정적인 역할을 하게 된다. 그리하여 발전적 · 보수적, 적극적 · 소극적, 개방적 · 폐쇄적, 분권적 · 집권적 등 표면적으로 나타나는 조직의 특징은 이러한 행동경향을 중시하는 구성원들의 공유가치와 이를 당연한 행동으로 자연스럽게 받아들이는 기본전제에 의하여 뒷받침됨으로써 조직의 문화적 특성으로 정착되는 것이다(이학종, 1992).

(3) 조직문화의 영향요인

조직문화(기업문화)가 어떻게 형성되는가 하는 문제에 대하여도 학자들 사이에 일치하는 견해를 찾아보기 어렵다. 그러나 여러 견해를 종합하여 볼 때 조직문화가 형성되는 데 영향을 미치는 요인은 대체적으로 다음과 같이 조직의 외적 환경요인과 내적 환경요인으로 구분하여 설명할 수 있다.

시스템 관점에서 볼 때, 조직 또는 기업은 전체사회의 한 부분일 뿐만 아니라 업종과 관련된 산업(industry)의 한 부분이다. 따라서 조직문화는 외적 환경요인으로 작용하는 그의 상위시스템, 즉 사회문화와 산업문화로부터 많은 영향을 받는다고 할 수 있다(이학종, 1989).

① **사회문화** : 조직 또는 기업이 속한 문화권, 즉 사회문화(societal culture)가 사회구성원과 각종 집단 그리고 조직체의 행동에 영향을 준다는 것은 의문의 여지가 없다. 사회문화와 조직문화 사이의 관계는 문화비교적인 관점에서 사회조직구조체계(institutional framework)와 사회문화적 가치(cultural value)를 중심으로 연구되고 있는데, 이는 사회수준의 거시적 문화가 사회를 구성하고 있는 개인과 집단 그리고 조직체의 행동을 이해하고 예측하는 데 매우 중요한 변수로 작용하고 있음을 나타낸다.

② **산업문화** : 산업은 사회문화를 구성하는 한 부분이지만 또한 시스템의 관점에서는 특정의 조직이나 기업의 상위시스템으로서 조직문화에 많은 영향을 미친다. 예를 들면, 기업이 어떤 산업에 속해 있는가 하는 것은 그 기업의 문화를 특징짓는 데 많은 영향을 미칠 것이다. 산업문화(industry culture)는 상품과 고객의 성격, 생산기술과 기술의 변화, 산업구조체계와 산업의 생명주기 등의 요소에 의하여 그 특성이 결정된다고 할 수 있다. 즉 이러한 요소들은 특정 산업의 목적, 전략 그리고 경영방식 등에 작용하여 독특한 산업문화를 형성하게 되고, 이러한 산업문화는 또한 그 산업에 속하는 기업의 행동과 문화에 영향을 미친다.

이와 같이 사회문화와 산업문화는 기업조직의 상위시스템으로서 이에 속해 있는 기업조직의 행동과 문화 형성에 중요한 영향요인으로 작용한다. 따라서 조직문화를 이해하기 위해서는 거시적인 문화특성을 이해하여야 한다. 그러나 같은 사회 · 산업에 속해 있는 기업들도 내적 환경요인의 영향으로 나름의 독특한 조직문화를 형성한다고 할 수 있다. 독창적인 조직문화의 형성에 영향을 미치는 내적 환경요인은 매우 다양하지만, 그 중에서 비교적 대표적인 것으로 다음과 같은 요인들을 들 수 있다.

① **창업자 또는 최고경영자의 경영이념** : 경영이념이 기업조직이 시작될 때부터 존재하는 것이냐 아니면 기업이 어느 정도 성장한 후에 발생한 것이냐 하는 문제에 대해서는 논란이 많다. 그러나 어떠하든 간에 기업을 현시점까지 이끌어 온 창업자나 최고경영자가 기업문화에 지대한 영향을 미친다는 것은 확실하다고 할 수 있다. 실제로 창업자의 경영이념이 그대로 그 기업이 지향하는 가치로 나타나는 경우가 많고, 그가 기업을 세우고 역경을 헤쳐오는 과정에서 생성된 조직탄생 설화와 일화들은 기업문화의 중요한 요소를 이룬다(신유근, 1985).

② **조직의 역사와 멤버십** : 조직의 역사와 구성원들의 안정성 여부가 조직문화 형성에 영향을 미친다. 샤인은 상당한 정도의 긴 역사와 안정적인 멤버십(membership)이 복잡한 사회적 이해를 발전시키는 데 필수적이라고 강조한다(Schein, 1985). 실제로 많은 기업들의 독특한 기업문화는 그들의 오랜 역사적 전통과 안정적인 고용관계를 통하여 발전되고 있음을 알 수 있다.

③ **경영전략과 관리체계** : 기업은 주어진 환경에 적응하면서 성장하고 있다. 따라서 기업의 이념과 문화적 가치가 기업의 성장전략과 얼마나 적합성이 있느냐에 따라서 독특한 기업문화의 개발가능성이 결정된다. 즉, 기업이 고도의 성장전략을 추구할수록 자율적인 사업개발과 분권경영을 이념화해야 하는 동시에 도전과 창의성 그리고 개발중심의 문화적 가치를 강조해야 할 것이다. 따라서 이러한 기업은 보다 적극적이고 창조적인 기업문화가 개발 · 발전될 소지가 많다고 할 수 있다. 또한 기업문화가 개발 · 정착되려면 경영이념과 전략에 부합되는 문화적 가치를 모색하는 것은 물론 이를 실천 · 강화하는 관리체계가 정립되어야 한다. 경영관리체계는 넓은 의미에서 조직구조, 재무 · 회

계 및 경영정보시스템, 리더십 · 보상제도 · 인력개발 등과 같은 인적자원관리 시스템을 포함한다(Fombrum 등, 1984).

이상에서 조직문화(기업문화)의 형성에 영향을 미치는 요인들을 크게 조직의 외적 환경요인과 내적 영향요인으로 구분하여 간단히 살펴보았다. 이 밖에 기업의 지리적 위치, 건물 등의 유형적 환경, 대표문화의 존재 여부 그리고 기업체의 사업규모와 제품의 수명주기 등도 조직문화의 형성에 중요한 영향을 미치는 요인이라고 할 수 있다. 또한 이렇게 형성된 조직문화는 그것이 조직의 존립에 도움이 될수록, 구성원들의 행동을 간소화시키고 예측가능하게 하여 줄수록, 구성원들 사이의 대인관계상의 문제에서 발생되는 예외적인 혼란을 최소화시킬수록, 조직의 중심적 가치와 일체성(identity)을 명확하게 하여 줄수록 더욱 강화되고 발전하게 된다(Feldman, 1984).

2) 조직문화와 사회문화의 영향

앞에서 살펴본 바와 같이 조직문화에 영향을 미치는 요인은 크게 조직의 '외적 환경요인'과 '내적 환경요인'으로 구분할 수 있다. 여기서 외적 환경이란 사회문화와 같은 거시적인 영향요인을 말하며, 내적 환경이란 구조, 규모, 기술, 경영전략, 관리체계 등과 같은 보다 미시적인 조직 내부에 존재하는 영향요인을 말한다. 조직은 이러한 조직의 내 · 외적 환경과의 상호작용을 통하여 나름대로의 독특한 특성을 형성한다.

그러나 시스템 관점에서 볼 때, 조직은 전체사회를 구성하는 하나의 요소가 된다. 그러므로 조직은 그의 상위시스템인 사회문화로부터 중요하게 영향을 받아 나름대로의 독특한 특성을 형성한다고 할 수 있다. 특히 조직이 속해 있는 문화는 사회구성원으로서의 개인과 집단의 행동에 영향을 미치며, 이는 또한 독자적인 행동단위로서의 조직에 작용하게 된다. 따라서 문화는 조직의 특성을 이해하고 예측하는 데 있어서 매우 중요한 요인임을 알 수 있다.

[그림 7-2]에서 보는 바와 같이 문화는 조직구성원을 통하여 조직 속으로 유입되어 구성원들의 태도와 행동유형으로 나타난다. 또한 구성원들의 태도와 행동유형은 하나의 조직을 다른 조직과 구별할 수 있는 독특한 조직특성을 형성한다. 이와 같은 측면에서 볼 때 상이한 문화적 배경을 지니는 각국의 조직문화는 매우 다르다는 것을 예

상할 수 있다. 따라서 여러 나라 기업의 조직특성을 이해하고 예측하기 위해서는 그 나라의 사회문화적 특성에 대한 이해가 선행되어야 할 것이다. 이러한 의미에서 각국 기업조직의 특성을 비교하는 데 있어서 문화비교적 접근방법은 매우 유용하게 적용될 수 있다.

그림 7-2 ▌ 문화와 조직행동의 형성

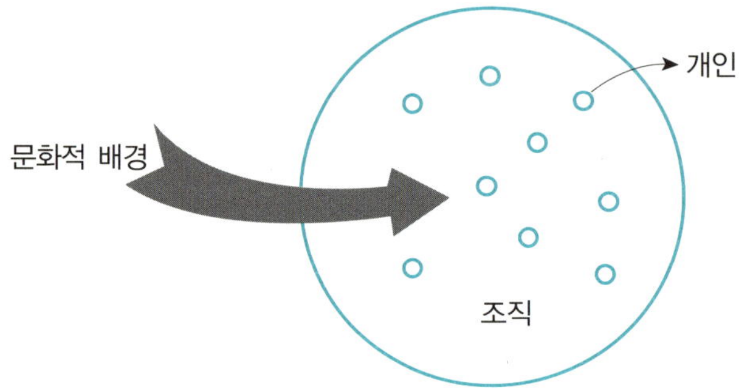

3) 국가별 조직문화의 차이

여기에서는 문화비교적 관점에서 한 · 미 · 일 3국 기업의 조직문화특성을 비교해 보도록 한다. 문화비교적인 관점에서 여러 나라의 조직문화를 체계적으로 비교 · 분석한다는 것은 어려운 일이다. 따라서 기존의 연구결과와 문헌자료를 토대로 조직문화 특성을 나타내는 몇 가지 대표적인 차원을 중심으로 하여 개괄적으로 비교해 보도록 하겠다.

(1) 경영이념의 비교

한 · 미 · 일 3국 기업의 조직문화를 비교 · 분석하는 데 있어서 우선 이들 나라의 조직문화특성을 포괄적으로 이해할 수 있는 기본이념이나 기본원리를 검토할 필요가 있다. 왜냐하면 특정 사회 및 문화의 기초원리 내지 이념은 기업조직이라는 하위시스템(subsystem)에 직접적으로 투영되고 있기 때문이다.

[표 7-1]은 한 · 미 · 일 3국의 경영 및 문화를 규정하는 기본이념 내지 원리가 열거되어 있다. 이들 내용을 중심으로 하여 각국 기업의 경영이념에 관한 특징을 좀 더

자세히 살펴보면 다음과 같다(고시천, 1983).

표 7-1 경영의 기본이념

한국적 경영	미국적 경영	일본적 경영
가족주의, 연고주의	개인주의	집단주의
인간주의, 능률주의	능률주의, 기능주의, 합리주의	인간주의
능력주의	형식적 평등주의, 능력주의	실질적 평등주의
경쟁	경쟁	화 및 경쟁

첫째, 경영과 문화의 형성요인이라는 관점에서 볼 때, 미국적 경영은 개인주의, 능률주의, 합리주의, 능력주의 및 경쟁 등을 바탕으로 하고 있음을 알 수 있다. 미국사회 또는 미국의 경영풍토를 지배하고 있는 가치체계라고 할 수 있는 이들 이념은 미국인의 비즈니스 활동에 대한 독특한 신조, 즉 "모든 사람에게는 성공을 위한 평등한 기회가 주어지고 있으며, 이를 위해 최선을 다하는 것은 도덕적 의무일 뿐만 아니라, 실패는 자기 자신의 잘못이다"라는 것을 나타내고 있다. 또한 이들 이념은 적극적이고도 혁신적인 기업가활동을 촉진시키는 강력한 유인으로 작용하는 이점이 있으나, 반면에 능력주의에 입각한 경영권사상(management authority)이 말해 주듯이 개인의 능력과 자유만을 지나치게 강조한 나머지 대다수의 엘리트만이 중시되는 등 노사 간의 대립조장적인 풍토를 낳게 하는 원인이 되고 있다.

둘째, 일본의 경영은 개인주의와는 대조적인 집단주의에 바탕을 두고 있다. 집단주의라고 해도 지난날의 전통적인 가부장주의(paternalism), 즉 '가족(혈연)'이나 '촌락공동체(지연)'를 기반으로 하는 것은 아니다. 현대 일본의 집단주의는 전통에 그 뿌리를 내리고 있기는 하나 제2차 세계대전 후 일본사회의 근대화 및 민주화, 그리고 고도성장 속에서의 복지향상에 힘입어 점차 근대적인 것으로 변모하였다고 볼 수 있다. 그 결과 일본적 경영은 전통주의적 · 전근대주의적인 뿌리를 내리고 있으면서도 근대주의 · 합리주의 · 능력주의와 독특하게 결합되어 있다. 이 때문에 전통주의가 살아 있는 개발도상국과는 합리성, 근대성의 면에서 상이한 것이 되고 있으며, 또한 합리주의의 결과가 인간소외를 낳고 있는 구미제국과도 상이한 점이 되고 있다. 따라서 일본의 경우는 합리주의와 인간중심주의가 결합된 독특한 사회조직과 문화를 형성하고 있다 하겠다.

셋째, 한국의 경영은 혈연에 의한 가족주의경영이 큰 특징이 되어 있고 기업조직에도 혈연(족벌), 지연(향벌), 학연(학벌) 등의 연고주의원리가 크게 작용하고 있음을 엿볼 수 있다. 이것이 미국적 경영이나 일본적 경영과의 차이점이라고 할 수 있다. 그러나 이 점을 제외하면 한국적 경영의 기본이념(원리)은 부분적으로 미국이나 일본의 이념과 각각 유사한 면이 있음을 엿볼 수 있다.

(2) 조직과정의 비교

조직에 있어서의 의사결정방식, 리더십행동, 커뮤니케이션이나 통제의 방법 등 조직구성원들의 상호작용이나 행동의 패턴을 나타내는 변수를 조직과정이라고 한다. 여기에서는 [표 7-2]에서 보는 바와 같이 이러한 조직과정을 한 · 미 · 일 3국의 기업을 대상으로 하여 비교해 보기로 한다(이학종, 1989).

① **경영자 리더십** : 여기에서는 경영자의 리더십을 관계지향적(relation-oriented), 과업지향적(task-oriented), 정보지향적(information-oriented), 가치지향적(value-oriented)의 네 가지 유형으로 분류하였다. 관계지향적 리더십은 구성원들 사이의 관계를 중요시하는 반면에, 과업지향적 리더십은 과업수행을 중요시한다. 한 · 미 · 일 세 나라 기업의 경영자들은 모두가 관계지향적 리더십과 과업지향적 리더십을 중요시하고 있고, 따라서 이 두 가지 리더십행동에는 유의적인 차이를 보이지 않는다.

그러나 정보지향적 리더십과 가치지향적 리더십에 있어서는 세 나라의 경영자들 간에 유의적인 차이를 보인다. 즉, 일본기업의 경영자들은 한국과 미국의 경영자들에 비하여 비공식적으로 정보자료를 수집하고 이를 구성원들에게 전달하는 데에 더 많은 시간과 노력을 투입하고 있다. 또한 일본의 경영자들은 의사결정이나 문제해결에 앞서서 사내의 여러 사람들로부터 조언을 얻음으로써 정보지향적인 리더십을 수행하고 있다. 한국의 경영자들도 미국경영자들보다는 정보지향적이지만 일본경영자들만큼 여러 곳으로부터 정보자료를 수집하지 않는다. 한국경영자들의 특징은 가치지향적 리더십인데, 이것은 우리나라의 기업이 소유경영자들에 의하여 경영되고 있고 따라서 그들의 가치관이 경영자들의 리더십행동에 반영되고 있기 때문이다.

표 7-2 한 · 미 · 일 조직과정의 비교

비교항목	한국	미국	일본
리더십			
관계지향적	3.62(0.53)	3.63(0.63)	3.61(0.51)
과업지향적	3.42(0.66)	3.31(0.63	3.29(0.69)
정보지향적*	3.62(0.66)	3.45(0.61)	3.78(0.64)
가치지향적*	4.22(0.53)	3.60(0.87)	3.63(0.75)
집단의사결정*	2.64(0.56)	2.98(0.76)	3.43(0.58)
비공식적 의사소통**	3.44(0.44)	3.60(0.62)	3.56(0.59)
갈등해결방법			
권위주의*	3.66(0.95)	3.00(1.09)	3.42(0.75)
사전조정*	3.12(0.97)	2.72(1.13)	3.72(0.71)
타협	3.03(1.03)	2.94(1.03)	3.06(0.90)
문제직시*	3.07(1.04)	3.50(0.96)	3.32(0.80)
통제관리			
가치와 정보의 공유*	3.00(0.88)	3.34(0.96)	3.68(0.65)
자율적 통제*	2.89(0.70)	3.31(0.69)	3.11(0.57)
성과통제*	3.43(0.57)	3.48(0.63)	2.91(0.54)
목표의 통합(일치성)*	3.25(0.81)	3.88(0.70)	3.97(0.61)
조직분위기*	3.19(1.08)	2.86(1.14)	3.26(0.92)
인사관리			
공식절차*	3.76(0.77)	3.42(0.88)	3.49(0.76)
내부승진*	3.06(0.81)	2.98(0.80)	3.54(0.84)

( )는 표준편차. *$p < .001$, **$p < .01$

② **의사결정** : 경영자들의 의사결정을 집단지향성(group orientation)과 비공식성(informality)을 중심으로 분석해 볼 때, 집단지향성은 일본기업의 경영자들이 가장 높고 한국의 경영자들이 가장 낮게 나타났다. 흔히 동양사회는 개인주의보다는 집단주의를 더욱 중요시하는 것으로 이해되고 있는데, 이것이 일본의 경우에는 적용되지만 한국의 경우에는 반드시 적용되지 않는다는 것을 알 수 있다. 아마 한국에서는 전통적인 권위주의가 구성원들의 참여를 요구하는 집단의사과정에는 아직도 큰 장애요인으로 작용하고 있는 것으로 생각된다. 이러한 현상은 한국기업의 의사결정이 상위계층에 집중되어 있어서 구성원들이

집단의사결정에 참여할 기회가 극히 제한되어 있다는 것을 나타낸다. 또한 한국의 경영자들은 미국이나 일본기업의 경영자들에 비하여 공식적인 의사결정 방식을 많이 채택하고 있어서 한국기업의 권위주의적 특성이 이러한 경영자의 의사결정 스타일에도 반영되고 있음을 알 수 있다.

③ **갈등관리** : 구성원들 또는 부서들 간의 갈등해결(conflict resolution)에 있어서 권위주의적 해결, 사전조정, 타협, 그리고 대면의 네 가지 방법을 중심으로 한·미·일 세 나라 경영자들의 행동패턴을 비교한 결과는 경영자들 간에 유의적 차이를 보인다. 즉, 한국의 경영자들은 갈등문제에 있어서 사전조정보다는 주로 권위주의적인 방법에 의하여 문제를 해결한다.

일본기업의 경영자들은 갈등을 피하기 위하여 사전에 온갖 노력을 다하지만, 일단 갈등문제가 발생하면 신속한 해결을 위하여 권위주의적인 방식에 의존하는 경우가 많다. 이에 반하여 미국기업의 경영자들은 갈등문제에 직면하여 시간이 오래 걸리더라도 문제를 토의해 가면서 갈등을 해결해 나간다. 따라서 미국기업의 경영자들은 갈등해결에 권위주의적 방법이나 사전조정방법을 한국과 일본의 기업에서만큼 사용하지 않는다.

④ **통제관리** : 구성원들에 대한 통제방법은 세 나라 기업들 간에 많은 차이를 보인다. 일본기업의 통제방법은 주로 구성원들 간의 공통된 가치관과 정보교환에 의존하고 있고 구성원들 자신의 자기통제도 어느 정도 강조하고 있다. 그 반면에 미국기업의 경영자들은 주로 업무평가를 통한 통제에 의존하고 구성원의 자기통제와 정보교환도 어느 정도 강조하고 있다. 한국기업의 경영자들도 주로 업적평가를 통한 통제방법을 가장 중요시하고 있지만, 정보교류와 자기통제는 미국과 일본의 기업만큼 강조되고 있지 않다.

한·미·일 각국의 기업에서 적용되고 있는 통제방법은 각국 기업의 조직구조 및 의사결정과 밀접한 관계를 보이고 있다. 일본기업의 유기적 조직구조와 집단중심의 의사결정은 구성원들 간의 공유가치와 정보교환 그리고 자기통제를 강조하는 통제방법과 일관적인 관계를 보이고 있다. 그리고 미국기업의 업적평가중심의 통제방법은 이익센터로서의 사업부제조직체계와 각종 공식경영기법의 제도화경향과 밀접한 관계가 있다. 그리고 한국기업에서의 경영기법의 제도화경향도 업적평가를 통한 통제방법과 일관성 있는 관계를 보인다.

⑤ **목표의 통합** : 한국기업의 구성원들은 미국이나 일본기업의 구성원들에 비하여 회사와의 유대감과 일체감을 낮게 느끼고 있다. 또한 한국기업의 구성원들은 미 · 일 양국의 기업에 비하여 자기직무에 대한 열의와 기업에 대한 충성심도 낮게 나타나고 있다. 이와 같이 한국기업에서 기업과 구성원들 간에 목표가 일치되지 않는 것은 소유와 경영이 분리되어 있지 않고 권위주의적인 경영방식과도 연관성이 있는 것으로 생각된다. 그리고 이러한 기업과 구성원들 간의 심리적 격차는 비교적 높은 이직률의 원인으로도 볼 수 있다. 기업과 구성원들 간의 목표는 일본기업에서 가장 잘 통합되고 있다.

한 · 미 · 일 기업에서의 조직과정을 종합해 보면, 한국기업 경영자들의 행동패턴은 권위주의적 특성을 현저히 나타내고 있다. 한국기업에서 최고경영층의 가치체계는 조직활동 전반에 걸쳐서 강력한 영향력을 발휘하고 있고, 의사결정의 집중화와 공식화 그리고 공식적인 통제시스템은 모두 권위적인 행동패턴을 강화하는 요인이 되고 있다. 이에 반하여 일본기업의 경영자들은 구성원들 간의 정보교환과 집단의사결정 그리고 갈등의 사전조정과 기업과 구성원들 간의 목표통합을 강조하면서 참여적인 리더십을 적용하고 있다. 또한 미국기업의 경영자들은 구성원들의 자기통제와 합리적인 업적평가 그리고 대면적인 갈등해결을 중심으로 성취지향적(achievement-oriented) 리더십을 적용하고 있음을 알 수 있다.

2 조직구조와 문화차이

1) 조직구조의 성격과 구성요소

(1) 조직구조의 성격

조직구조에 대하여 살펴보기 전에 우리는 먼저 '구조(structure)'에 대해 이해해야 할 필요가 있다. '구조'에 대한 가장 간단한 하나의 정의는 이것이 "하나의 조직을 구성하는 각 부분들의 특정한 관계형식"을 말한다는 것이다(Kast and Rosenzweig, 1970). 예를 들면, 해부학(anatomy)에서 연구하는 것은 인체의 각 구성부분, 즉 골격·기관·신경 등의 형성관계라고 할 수 있다. 이러한 '구조'는 항상 '과정(process)'과는 상대적인 개념으로 받아들여진다. 여기서 과정이란 "하나의 시스템 내에서 에너지 또는 정보가 동태적으로 변화하는 방식"을 나타낸다. 해부학과 상대적 개념의 학문으로 생리학(physiology)이 있는데, 이것은 생물체의 활동기능에 관한 문제를 연구하는 학문이라고 할 수 있다. 따라서 조직과정의 상대적 개념인 조직구조는 "조직 내의 직무 또는 부문 사이에 형성된 비교적 고정적인 관계"라고 할 수 있다.

조직구조는 매우 간단한 것이라고도 할 수 있고 또 매우 복잡한 것이라고도 할 수 있다. 예를 들면, 기업조직의 경우에 사장과 몇 명의 종업원만이 있을 수도 있고, 심지어는 그 몇 명의 종업원들이 사장의 가족으로 이루어질 수도 있다. 이러한 상황에서 과업과 권한의 할당 및 협조관계는 상당히 단순해진다. 그러나 기업의 업무가 점차 다양해짐에 따라 종업원의 수가 증가하게 되면 사장은 더 이상 혼자의 힘으로는 종업원들을 지휘할 수 없고 또 그들 간의 협조를 이끌어 낼 수 없다는 것을 느끼게 되어 기업 내에 몇 개의 필요한 경영계층을 증설하고 그것을 관리할 수 있는 단위책임자를 두게 된다. 그리고 이때부터 기업에는 점차 비교적 복잡한 조직구조가 형성된다.

만일 기업의 사업이 계속 확대되면 그와 같은 조직구조는 분업의 필요성에 따라 부문을 수평적으로 증가시켜야 될 뿐만 아니라 수직적인 계층 역시 증가시켜야 할 필요가 있게 된다. 그렇게 되면 조직구조는 더욱 복잡해지고 부문 간, 계층 간의 협조 역시 점차 곤란하게 된다. 그리고 이러한 상황이 계속되어 어느 수준에 도달하게 되면 조직은 반드시 그 구조를 새롭게 변화시켜야만 실제의 수요에 적응할 수 있게 된다. 예컨대, 기업이 다각화경영을 위해서 사업부제(divisionalization)조직을 채택한다든지, 신제품개발을 위해서 프로젝트(project)조직을 설계한다든지, 또는 조직의 안정성과 기동성을 모두 고려하여 매트릭스(matrix)조직을 활용한다든지 하는 것이다.

(2) 조직구조의 구성요소

조직구조는 보통 복잡성·공식화·집권화의 세 가지 요소로 구성된다. 이들 구성요소는 조직특성변수라고도 불리우는 것으로서 조직을 설계하는 데 직접적으로 영향을 미친다. 이들 구성요소에 대해 구체적으로 살펴보면 다음과 같다.

① **복잡성** : 복잡성(complexity)은 조직에서 과업의 분화가 이루어지는 정도를 말한다. 이 복잡성은 기본적으로 세 가지 방향에서 일어난다. 수평적 분화와 수직적 분화 그리고 지역적 분산 등이 그것인데, 이들은 조직의 복잡성을 증가시키는 원인이 되는 것이다. 그리고 복잡성의 세 가지 방향을 종합해 보면, 통제폭이 일정하다고 할 때 수평적 분화의 정도가 클수록, 계층의 수가 많을수록, 그리고 부서가 지역적으로 분산되어 있을수록 조직의 복잡성은 더욱 증가한다고 할 수 있다(박내회, 1989).

② **공식화** : 공식화(formalization)란 조직 내의 직무가 표준화되어 있는 정도를 말한다. 다시 말하면, 이는 종업원들의 행동이나 태도가 문서화된 규칙이나 절차 등에 명시되어 있는 정도를 의미한다. 고도로 공식화되어 있는 조직은 구성원들이 언제, 무엇을, 어떻게 해야 하는지를 미리 규정해 놓은 많은 규칙, 직무기술서, 규정, 절차 등이 존재한다. 반면에 공식화의 수준이 낮은 조직은 사전에 규정된 절차나 규칙이 상대적으로 적어 구성원들이 직무를 수행하는 데 있어서 자신들의 의사대로 상당한 재량권을 발휘할 수 있다. 직무수행에 관한 개인의 재량권은 사전에 조직에 의해 정형화된 활동의 총량과 반비례한다. 따라서 표준화의 정도가 크면 클수록 구성원 개인의 직무수행에 대한 재량권은 그만큼 적어진다. 이는 표준화가 조직구성원들이 대안적 행동을 취할 가능성뿐만 아니라 그것을 고려할 필요성을 제거시키기 때문이다.

공식화의 정도는 조직마다 다르며 같은 조직 내에서도 직무의 성격에 따라 매우 상이하게 나타난다. 일반적으로 단순하고 반복적인 직무일수록 공식화의 정도가 높으며, 고도로 전문화된 직무일수록 공식화될 가능성은 그만큼 줄어들게 된다. 또한 조직 내의 계층이나 기능부문에 따라서도 공식화의 정도는 다르다. 즉, 조직의 상위계층으로 올라갈수록 공식화의 정도는 줄어들게 된다. 상위계층에 속하는 사람일수록 비반복적이며 독특한 해결책이 요구되는 활동과 관계되므로 많은 재량권을 필요로 하기 때문이다. 그리고 생산부문의 직무는 판매부문이나 연구개발부문의 직무보다는 일반적으로 더 공식화되어 있다. 그 이유는 생산부문의 직무는 비교적 안정적 · 반복적이기 때문에 일반적으로 표준화되어 있는 반면에, 판매부문은 고객의 욕구변화에 대응하기 위해 유동적이어야 하며, 연구개발부문의 경우도 기술변화에 대하여 항상 창의적으로 대처해 나가야 하기 때문이다.

③ **집권화** : 집권화(centralization) 또는 분권화(decentralization)는 의사결정권이 조직 내의 어느 한 곳에 집중되어 있는 정도를 말한다. 만일 조직 내 권한위양의 정도가 매우 낮아서 의사결정권이 대부분 최고경영층에 집중되어 있다면 그 조직은 집권화조직에 속한다고 할 수 있다. 반대로 각 계층의 경영자들이 모두 비교적 높은 정도의 권한위양을 단행하여 의사결정권의 많은 부분이 하부계층으로 위양되어 있다면 그 조직은 분권화조직에 속한다고 할 수 있다. 이와 같이 분권화 또는 집권화는 어느 특정 경영자의 권한위양 정도만을 말하는 것이 아니라 전체조직의 관점에서 일컫는 것으로서 조직의 기본적인 경영철학을 나타낸다.

권한위양이 '있다' 또는 '없다'와 같이 권한의 절대적인 성질을 나타내지 않는 것처럼 분권화와 집권화 역시 권한의 절대적인 성질이 아닌 정도상의 문제를 말하는 것이다. 따라서 절대적인 집권화를 채택하고 있는 조직은 없는 것처럼 절대적인 분권화를 채택하고 있는 조직도 없다. 모든 조직들은 일반적으로 이 양극단의 사이에 위치한다고 할 수 있다.

순수한 이론적 관점에서 분권화를 채택하는 것이 유리한지 또는 집권화를 채택하는 것이 유리한지를 결정한다는 것은 매우 어려운 일이다. 왜냐하면 분권화 또는 집권화의 선택은 반드시 조직이 직면하고 있는 상황과 환경특성 등 여러 가지의 요인들을 고려하여 결정해야 하기 때문이다.

2) 조직설계와 문화

조직의 규모·기술·전략 등과 함께 문화환경도 조직구조를 설계하는 데 영향을 미치는 중요한 요인으로 작용한다. 이에 대하여 호프스테드(G. Hofstede)는 자신의 연구결과를 토대로 다음과 같이 주장한다(Hofstede, 1980). 즉, '권력간격' 및 '불확실성에 대한 회피'와 같은 문화적 특성은 각기 조직구조의 집권화와 공식화의 정도에 영향을 끼친다. 권력간격이 큰 국가의 조직은 일반적으로 집권화의 정도가 높고, 불확실성에 대한 회피가 강한 국가의 조직에서는 공식화의 정도가 모두 매우 높게 나타난다는 것이다.

예컨대, 권력간격이 크고 동시에 불확실성에 대한 회피가 강한 프랑스와 이탈리아 등과 같은 국가의 조직들은 대부분 엄격한 계층구조를 채택하고 있으며 집권화와 공식화의 정도가 매우 높다. 그리고 인도나 말레이시아 등과 같이 권력간격은 크지만 불확실성에 대한 회피가 약한 문화적 특성을 지닌 국가의 조직들은 조직구조의 집권화 정도는 비교적 높은 반면에 공식화 정도는 비교적 낮게 나타나고 있다. 또한 독일이나 스위스 등과 같이 권력간격은 작지만 불확실성에 대한 회피가 강한 국가의 조직들은 집권화 정도는 낮으면서 공식화 정도는 비교적 높은 경향을 보인다. 한편, 한국과 일본은 프랑스나 이탈리아와 같은 문화권으로 분류되어 조직구조의 집권화 및 공식화의 정도가 모두 높은 것으로 설명되고 있다.

이렇게 문화에 따라 국가마다 각기 다르게 형성되는 조직구조가 그 나라에서 가장 효과적인 것이라고는 할 수 없다. 왜냐하면 조직구조의 좋고 나쁨은 문화환경뿐만 아니라 그 밖의 여러 상황적 조건들에 의해 복잡하게 결정되기 때문이다. 그러나 한 가지 분명한 것은 이러한 조직구조상의 문화적 차이는 조직구조를 변화시키는 데 큰 도움이 된다는 것이다. 즉, 우리가 사람들이 문화적으로 선호하는 조직구조의 특성을 이해하고 있는 경우에는 어떤 이유에서 새롭게 설계하거나 변화시키려는 조직구조를 조직구성원들이 저항 없이 받아들일 것인지 또는 강하게 배척할 것인지 하는 점을 사전에 예측할 수 있게 된다. 예컨대, 보고 및 지휘계통이 다원화되어 있는 매트릭스조직에서는 조직구성원들이 역할모호성을 용인할 수 있어야 한다. 따라서 '불확실성에 대한 회피'가 강한 문화에서는 사람들이 그러한 조직구조를 수용하기가 쉽지 않게 된다.

일반적으로 문화는 조직의 거시적 수준에 속하는 조직구조의 측면보다는 미시적 수준인 인간행동의 측면에 더욱 크게 영향을 미치는 요인으로 이해되고 있다. 그러나 이것이 조직변화라는 전체조직의 행동과 결합하게 되면 개인이나 집단의 행동 못지않게 조직의 거시적 수준에서도 중요한 상황조건으로 작용하게 되는 것이다.

3) 직무설계와 문화

조직구조의 설계와 마찬가지로 직무를 설계하는 데 있어서도 문화는 영향을 미치는 중요한 요인으로 작용한다. 최근에 허쯔버그의 동기부여이론(동기・위생이론)이

밑바탕이 되어 개발된 직무충실화는 종업원들을 적극적으로 동기화시켜 높은 성과와 직무만족을 유도하는 직무설계방식으로 크게 각광받고 있다. 직무충실화는 직무에서 동기요인(만족요인)이 충족되어야 한다는 것을 강조한다. 그러기 위해서는 직무 자체가 작업자에게 자신의 성과를 계획 · 실천 · 통제할 수 있는 자주성과 책임을 보다 많이 부여하고, 개인적 발전과 성장에 대한 기회를 제공할 수 있게끔 구성되어야 한다.

그러나 '동기부여이론'에서도 지적한 것처럼 동기 · 위생이론이나 직무충실화는 개인주의적이고 생산지향적인 미국문화에 기반을 두고 개발된 이론과 기법으로서 다른 문화환경에서도 똑같이 효과적이라고 단정 지을 수는 없을 것이다. 예를 들면 일본, 칠레, 멕시코 등과 같이 '불확실성에 대한 회피'가 매우 강하거나 덴마크, 스웨덴, 스위스 등과 같이 지극히 여성적인 문화적 특성을 지니고 있는 국가에서는 성취감 · 안정감 · 발전 · 성장 등과 같은 동기요인보다는 안전감 · 사교성 등과 같은 위생요인이 종업원들을 동기화시켜 주고 높은 성과와 직무만족을 가져다준다. 따라서 이러한 문화의 국가에서는 직무충실화와 같은 직무설계의 방식이 미국에서와 같이 효과적으로 적용될 수 없다는 것이다. 마찬가지로 오늘날 비효과적인 직무설계방식으로 인식되고 있는 작업단순화나 직무순환 등도 문화에 따라서는 어느 방식보다도 효과적으로 적용될 수 있는 여지가 있다고 할 수 있다.

이와 같이 직무설계는 개인이나 집단의 행동과 마찬가지로 문화구속적인 관점에서 다루어져야 할 필요가 있다. 지금까지 주로 미국인들을 중심으로 검증되고 발전되어 온 직무설계방식이 다른 나라 문화에서도 효과적일 것이라는 낙관적인 생각은 오히려 종업원들의 성과와 직무만족을 낮추는 데 기여할 수도 있기 때문이다.

4) 국가별 조직구조의 차이

조직구조(organizational structure)란 조직 내의 모든 활동들을 여러 개의 구성단위로 분화하고 각 구성단위별로 직무를 할당하여 단위 간 그리고 직무 간의 연결관계를 형성하는 것을 의미한다. 여기서 조직구조를 결정하는 부문화와 공식화, 그리고 집단화와 권력분배 등을 중심으로 한 · 미 · 일 세 나라 기업들의 조직구조를 비교하면 [표 7-3]에서 보는 바와 같다(이학종, 1989).

(1) 부문화와 사업부제

미국의 기업들은 제품라인을 중심으로 자율적이고 독립적인 사업단위를 형성하고, 각 사업단위는 생산 · 마케팅 · 재무 · 인사 · 연구개발 · 구매 등 사업운영에 필요한 모든 기능을 독자적으로 수행하고 있다. 이들 사업부는 각자의 자원을 효율적으로 활용할 수 있는 권한을 가지고 있는 동시에 이익에 대한 책임을 지고 성과에 의하여 평가를 받는 전략적 사업단위(strategic business unit)이다.

표 7-3 조직구조의 비교

비교항목	한국	미국	일본
사업부제 채택률(%)	48.0%	94.4%	59.8%
사업부의 자급자족도*	5.01(1.77)	6.15(1.58)	4.64(1.89)
수직적 통합기구*	1.03(0.39)	1.55(0.58)	1.02(0.79)
수평적 통합기구	0.76(0.13)	0.74(0.85)	0.81(0.87)
사업부의 세분화*	1.70(1.02)	2.79(1.57)	1.86(1.13)
자율성*	1.95(0.57)	2.53(0.68)	2.39(0.68)
성과중심의 보상*	2.53(1.09)	3.40(0.80)	2.32(0.97)
공식화*	3.11(0.63)	3.21(0.82)	2.99(0.82)
공식직무기술서	3.42	3.76	3.50
조직의 경직성	2.79	2.64	2.47
조직의 신축성	3.14	3.01	3.53
집권화*	3.29(0.68)	3.44(0.37)	3.01(0.62)
권한집중	2.86	2.99	2.37
권한위양	3.14	3.01	3.63
경영자주도	3.72	3.88	3.65
제도화			
통제시스템	60.1%	70.5%	49.3%
수평적 조직	29.2%	47.4%	18.1%
부서별 권력배분(순위)			
판매, 마케팅	1	1	1
재무	3	2	5
생산	4	3	2
기획	2	4	3
연구개발	5	5	4
인사	7	6	7
구매	6	7	6

( )는 표준편차. *$p < .001$

한국과 일본의 대기업들도 사업부제조직을 많이 활용하고 있지만 실제 성격은 미국의 기업들과 많은 차이가 있다. 한국의 대기업이나 재벌그룹기업은 창업주의 가족에 의하여 소유·경영되고 있어서 기업그룹이 제품별로 사업부조직 또는 계열회사가 설계되었다 하더라도 미국의 기업들과 같이 완전히 독립된 사업단위의 기능을 발휘하지 못하는 경우가 많다. 기업 내 사업부 간에 또는 그룹기업 내 계열사 간에 인력과 자원의 이동이 많이 이루어지고 있고, 특히 수출·구매·연구개발·재무관리·인사관리 등 기능에 있어서는 사업부나 계열회사들이 본사 또는 모회사에 의존하는 경우가 많다.

일본의 대기업이나 그룹기업들은 멤버회사들을 형성하여 주식과 임원들을 교환하면서 서로 비공식적인 유대관계를 유지해 나가고 있다. 이들 기업은 은행과 종합무역상사를 중심으로 멤버회사들 간에 서로 협조하고 있다. 따라서 이들 기업은 표면적으로는 독립된 회사들이지만 내면적으로는 구매·마케팅·재무관리·인사관리·경영정보 등 여러 기능을 공동으로 활용하거나 상호협조하며, 멤버회사들의 정규적인 회장 또는 사장단회의에서 멤버회사들 사이의 협조관계를 조정해 나감으로써 상호 긴밀한 관계를 유지해 나가고 있다.

(2) 조직의 공식화

미국의 기업들은 일반적으로 일본기업들에 비하여 보다 공식화된 조직구조를 형성하고 있다. 미국기업들은 미국사회의 합법적인 사회규범을 반영하여 직무기술서와 조직도표 그리고 직책과 규율 등의 공식적인 수단을 통하여 구성원들 간의 권한과 책임을 명백히 하고 있다. 그리고 공식화된 규정과 책임을 위반하거나 회피하는 것은 부당하고 징계의 원인이 된다. 이와 같이 합법성이 강조되는 사회환경에서 기업의 구성원들은 모든 일을 공식규정에 의하여 처리하려고 하고, 의사결정과 책임도 상위경영층에 의존하는 경향이 높다.

그러나 일본기업에서는 구성원들의 관계가 미국의 기업에서처럼 합법성에 의하여 지배되지 않고 집단규범이나 전통적인 실례에 의하여 비공식적으로 지배되는 경향이 크다. 그러므로 조직구성원들은 공식적인 규정이나 최고경영층으로부터 명확한 지시에 의하지 않고서도 그들의 직책과 책임을 수행하게 되고, 따라서 조직 내에서 구성원들 간의 관계를 공식화해야 할 압력을 느끼거나 최고경영층의 간섭이나 지시를 기다리는 부담이 적다.

한편, 한국기업의 공식화 정도는 미국기업과 일본기업의 중간수준이지만, 전반적으로 미국수준에 가까운 편이다.

(3) 의사결정의 집권화

의사결정의 집권화 정도는 대체로 미국기업들이 일본기업보다 더 높게 나타나고 있다. 이와 같은 현상은 사업단위 중심의 자율적 책임경영을 강조하는 미국기업으로는 모순된 결과라고 할 수 있다. 따라서 미국기업에서의 사업단위별 분권화와 집권화를 명백히 구분할 필요가 있다. 일반적으로 미국기업들은 먼저 사업부제 형태로 조직구조를 분권화한 다음에 사업단위 내에서는 집권적 형태를 취하게 된다. 사업부단위는 각기 자율적 이익책임단위의 형태로 설계되며, 사업부단위의 경영자들은 이익목표달성을 위하여 자원활용에 대한 모든 권한이 부여된다. 따라서 미국의 기업은 사실상 사업단위 중심의 분권화와 사업단위별 집권화의 양면적인 특징을 지닌다.

일본기업에서는 사업단위와 특정 기능에 대한 권한과 책임이 경영자 개인에게보다는 관리집단에 부여되어 전반적으로 의사결정권한이 하위계층에 많이 위양되어 있다. 이에 비하여 한국의 기업에서는 하위계층으로의 권한위양이 제한되어 있고, 중요한 의사결정은 소수의 소유경영자들에게 집중되어 있어서 일반적으로 집권화된 조직과 의사결정체계를 형성하고 있다. 일본기업의 경우에는 소유와 경영의 분리가 이미 20세기 초반에 이루어졌고(이관희, 1986), 따라서 의사결정권한도 집단주의적 문화환경에서 일하는 전문경영자들에게 위양되어 있다.

(4) 기능 간의 권력관계

기능 간의 권력관계는 한 · 미 · 일 세 나라의 기업들이 모두 마케팅과 판매부서의 영향력이 가장 크고, 인사관리와 구매부서의 영향력이 가장 적은 것으로 나타났다. 가장 특징적인 차이점은 미국기업과 한국기업에서는 재무관리부서의 영향력을 모두 높게 평가하는 반면에, 일본기업에서는 매우 낮게 평가하고 있는 것이다. 또한 한국기업에서는 기획부서가 비교적 큰 영향력을 발휘하는 반면에, 일본기업에서는 생산부서가 매우 큰 영향력을 발휘하고 있다.

이와 같은 차이점은 각국의 기업목표와 경영전략과도 일관성을 보인다. 즉, 미국의 기업들은 자본이익률을 중심으로 주주의 자본이득과 자원의 효율적인 활용을 중시하므로 전략경영과정에서 재무정보자료가 매우 중요하고, 따라서 재무관리부서의 역할도 자연히 중요해진다. 한국기업에서는 적극적인 다각화와 국제화 그리고 시장 확장과 자원개발 등 강력한 전략을 전개하는 과정에서 기획부서는 최고경영층의 전략경영을 지원하게 되고, 따라서 기획부서의 역할과 중요성이 커지는 것은 당연하다. 또 일본기업의 경우에는 그들의 경쟁적 우위가 신축적인 생산기술과 품질관리 그리고 자재의 적시공급 등과 같은 생산과정에 있으므로 생산기능이 매우 중요한 것으로 인식되고 있다.

(5) 관리시스템의 제도화

관리제도와 경영기법에 있어서 미국의 기업들은 표준원가제도, 변동예산제도, 자본예산제도, 직무분석, 업무평가, 목표관리, 판매예측 등 각종 기획 · 통제 제도와 기법을 한 · 일 양국의 기업들보다 더 많이 사용하고 있다. 그 외에 미국의 기업들은 프로젝트관리조직, 전략적 사업단위, 매트릭스조직 등 기능부서 간 그리고 사업단위 간의 수평적 관계를 공식화하는 조직구조 설계기법도 한 · 일 양국의 기업들보다 더 많이 사용하고 있다.

관리시스템의 제도화(institutionalization) 측면에서 볼 때, 한국기업은 대체로 일본기업보다는 미국기업에 더 가까운 것으로 나타났다. 그 이유는 한국기업의 경영자들은 일반적으로 일본기업의 경영자들에 비하여 미국식 관리제도와 경영기법에 더 익숙해 있기 때문인 것으로 생각할 수 있다.

이상에서 살펴본 바와 같이, 부문화와 공식화 그리고 집권화와 관리시스템의 제도화 등 네 가지의 조직구조 측면을 중심으로 한 · 미 · 일 3국의 기업들을 비교할 때, 미국기업은 이 네 가지 측면에 모두 높은 경향을 나타냄으로써 비교적 기계적 구조(mechanistic structure)의 특징을 보이고 있다. 반면에 일본기업은 네 가지 측면에 모두 낮은 유기적 구조의 경향을 보이고 있다. 그리고 한국기업은 고도의 공식화, 고도의 집권화 그리고 고도의 제도화로 볼 때 미국기업과 비슷하지만, 사업부제조직과 기능부서 간의 영향력 관계를 볼 때에는 미국기업보다는 일본기업에 더 가깝다. 따라서 한국기업은 미국기업의 기계적 구조와 일본기업의 유기적 구조의 혼합된 특징을 보이고 있지만, 전체적으로 볼 때 기계적 구조의 특징이 더 강하게 나타나고 있다.

3 조직개발과 문화차이

1) 조직개발의 성격과 개입기법

(1) 조직개발의 성격

사람들은 평소 경영인력을 양성하는 데 필요한 여러 가지 훈련기법에 대하여 많은 관심을 보인다. 그러나 그와 같은 훈련기법은 개인의 태도나 행동을 변화시키기 위한 것이라기보다는 지식이나 기술을 습득시키기 위한 학습방법에 속하는 것이다. 심리학자들은 그러한 훈련기법을 '표면적 개입기법(surface intervention)'이라고 부른다.

조직에서 유능한 구성원이 되기 위해서는 특정의 지식이나 기술을 습득하는 것도 필요하지만 보다 중요한 것은 급격히 변화하는 조직의 내외환경에 적응해나갈 수 있도록 새로운 태도와 신념 그리고 가치관을 지니는 일이다. 그렇지만 일단 형성된 태도·신념·가치관 등과 같은 특성을 다시 변화시킨다는 것은 매우 복잡하고도 어려운 일이다. 근래에 와서 산업심리학자들이 주축이 되어 개인의 행동을 변화시키기 위한 여러 기법들을 개발하기에 이르렀는데 이것을 '심층적 개입기법(in-depth intervention)'이라고 한다. 그리고 경영학에서 이러한 기법들을 중심으로 조직구성원의 행동변화를 다루는 분야가 '조직개발(Organizational Development : OD)'이다.

조직개발은 연구의 역사가 그렇게 길지 않기 때문에 아직까지 보편적으로 합의된 정의를 마련하고 있지는 못하다. 그러나 몇몇 학자들이 나름의 각도에서 내린 정의를 살펴보면 그 성격을 파악할 수 있다.

프렌치(W. L. French)와 벨(C. H. Bell)은 OD에 대하여 "행동연구(action research)와 행동과학의 제 이론 및 기법을 적용하면서 변화담당자(change agent)의 도움을 받아 조직문화를 보다 유효하고 협동적이 되도록 관리함으로써 조직의 문제해결 및 혁신과정을 개선하려는 장기적인 노력"이라고 정의하고 있으며(French and Bell, 1978), 베니스(W. G. Bennis)는 "변화에 대한 반응으로서 새로운 기술 · 시장 · 도전 및 변화 그 자체에 효과적으로 적응할 수 있도록 조직의 신념 · 태도 · 가치관 · 구조 등을 변화시키기 위하여 고안된 복합적인 교육전략"이라고 정의하고 있다(Bennis, 1969).

한편, 마구리스(N. Margulis)와 라이아(A. Raia)는 OD를 "특별한 전략과 기술을 사용하여 조직시스템 전체의 유효성을 개선시키려는 자아평가(self-assessment)와 계획적 변화(planned change)의 과정"으로 이해하기도 하고(Margulis and Raia, 1969), 벡카드(R. Beckhard)는 "행동과학의 지식을 이용하여 조직과정에 계획적으로 개입함으로써 조직의 유효성과 건전성을 증진시키려고 하는 계획적이고 조직 전체적이며 최고경영층에 의해 주도되는 노력"으로 정의하기도 한다(Beckhard, 1969).

이상의 여러 정의를 종합하여 볼 때 OD란 "행동과학의 지식을 바탕으로 조직구성원의 태도 · 가치 · 신념 · 행동 등에 대한 계획적인 변화를 통하여 조직유효성을 향상시키고자 하는 과정"이라고 할 수 있다. 따라서 이 정의 속에 포함되어 있는 '행동과학의 지식', '계획적인 변화', '조직유효성의 개선'이라는 세 가지 요소가 OD를 이해하는 데 있어 가장 핵심적인 특성이 된다.

(2) 조직개발의 목표와 기본가정

사람은 조직의 가장 귀중한 자원인 동시에 개발과 유지 그리고 이용하기가 가장 힘든 자원이다. 사람들은 모두 나름대로의 발전목표가 있으며 그러한 개인목표는 그들이 몸담고 있는 조직의 목표와 일치할 수도 있고 일치하지 않을 수도 있다. 만일 한 개인의 목표와 조직의 목표 사이에 큰 차이가 발생한다면 그는 조직을 떠나려고 할 것이다. 그리고 그가 어떤 이유로 조직에 계속 머문다고 할지라도 그의 조직에 대한 기여도는 매우 제한적일 수밖에 없을 것이다.

OD의 궁극적인 목표는 계획된 변화를 통하여 이와 같이 조직연구가 한결같이 추구하고 있는 목표, 즉 "개인목표와 조직목표를 통합하여 조직유효성을 향상시키는 것"이라고 할 수 있을 것이다. 여기서 OD의 목표를 보다 구체적으로 살펴보면 다음과 같다(French, 1978).

① 조직구성원들 사이의 신뢰와 협동수준의 증대
② 조직의 문제를 공개적으로 제시하고 토론할 수 있는 기회의 증대
③ 조직커뮤니케이션의 개방성과 진실성의 촉진
④ 조직구성원들의 사기와 만족의 증대
⑤ 리더의 참여적・협동적 리더십 스타일로의 변화
⑥ 갈등의 억제보다는 관리의 촉진
⑦ 상호의존적 집단들 사이의 기능적 갈등의 제거
⑧ 여러 수준의 조직구성원들에 대한 동기부여의 촉진
⑨ 경영자들 간 정치행위의 감소
⑩ 중대한 변화에 대한 신속한 대응능력의 증대

조직개발은 엄격히 말해서 나름대로의 독특한 '내용'을 지니는 개입기법들을 이용하여 조직의 변화를 꾀하는 과정이라고 할 수 있다. 따라서 OD에서 이용되는 기법들은 강의나 직장내훈련 등과 같이 지식이나 기술을 습득시키기 위한 훈련기법과는 크게 다르다. 지식이나 기술의 습득을 위한 훈련기법들은 훈련의 내용에 제한을 두지 않는다. 그러나 OD는 위에서 살펴본 목표에서 알 수 있듯이 인본주의적이고 민주적인 가치를 지향하기 때문에 그 훈련내용 역시 그러한 기본가정을 전제로 하여 이루어진다. 예를 들면, OD는 'Y이론'의 가정을 기초로 하는 유기적인 조직, 즉 개방성・신뢰성・자기통제 등이 강조되는 조직을 추구하기 때문에 훈련내용 또한 그러한 실질적인 기초 위에서 이루어지게 된다. 따라서 폐쇄성, 불신, 외적 통제 등과 같은 태도와 가치관이 강조되는 전통적 또는 기계적 조직에서는 OD를 시도하는 것이 어렵게 된다. 왜냐하면 그러한 조직과 OD는 그 추구하는 방향이 완전히 다르기 때문이다.

(3) 개입기법의 분류

조직개발을 위한 구체적인 기법, 즉 개입기법(intervention)에는 많은 종류가 있다. 그리고 이러한 개입기법들은 변화의 중점에 따라 다양하게 분류할 수도 있고, 개인・집단・조직의 어느 수준에 초점을 두는가에 따라 분류할 수도 있다. 이 중에서 두 번째 분류방법, 즉 개인・집단・조직 등 '변화수준에 의한 분류방법'을 토대로 하여 개

입기법을 분류하면 [표 7-4]와 같다.

표 7-4 변화수준에 의한 개입기법의 분류

변화수준	변화의 중점	개입기법
개인	개인의 내재적 상태와 관계의 개선	• 감수성훈련 • 엔카운터그룹 • 생애 · 경력계획 • 형태적 접근
	개인의 직무관련행동의 개선	• 직무충실화 • 목표관리 • 근로시간변경 • 행동수정
집단	집단 내의 관계와 직무수행방법의 개선	• 상호작용분석 • 직무기대 • 과정자문 • 역할분석 • 팀구축
	집단 간의 관계와 직무수행방법의 개선	• 집단 간 팀구축 • 제3자조정 • 조직체거울
조직	조직운용방법의 개선	• 그리드 조직개발 • 설문조사피드백 • 대면회합 • 근로생활의 질 향상 • 시스템4 조직개발

2) 조직개발 효과와 문화

위에서 살펴본 다양한 조직개발기법들은 조직변화를 위한 현대적인 도구로서 점점 심화되는 환경변화 속에서 조직이 효율적으로 적응해 나가는 데 많은 도움이 되어 왔다. 그러나 조직개발기법들은 나름의 한계를 지니고 있다. 많은 성공적 사례가 발표되고 있기는 하나 이들 기법들이 모든 조직에 효과적으로 적용된다는 보장은 없다. 따라서 조직개발기법에 관심을 가지고 있는 경영자는 이 기법들의 이점과 아울러 실제 적용하는 데 따르는 문제점에 유의해야 한다. 요컨대, 언제 어떤 조건과 상황에서 그러한 기법이 효과적으로 적용될 수 있느냐 하는 데 더 큰 관심을 가져야 한다.

포라스(J. I. Porras)와 버어그(P. O. Berg)는 1959년부터 1975년 사이에 실시된 조직개발의 노력들 중에서 조직개발기법을 구체적으로 사용한 35가지의 연구사례를 대상으로 조직개발기법의 효과를 체계적으로 분석하였다(Porras and Berg, 1978). 여기에서 조직개발기법의 효과는 조직의 과정변수(개방성, 동기부여, 의사결정 등)와 결과변수(이윤, 능률, 생산성, 결근율 등)의 두 측면에 대하여 검토되었다. 즉, 사용된 조직개발기법들이 이 두 측면의 성과에 '어느 정도의 변화'를 가져왔는지를 분석한 것이다. 이 분석에서 각 측면에 30% 이상의 변화는 '상당한 변화'가 있는 것으로 보았다.

[표 7-5]는 포라스와 버어그의 분석결과를 요약한 것이다. 이 표에서 볼 수 있는 것처럼 분석대상이 되었던 감수성훈련, 팀구축법, 그리드 조직개발, 설문조사피드백 등의 기법들은 상당한 성과가 있는 것으로 나타났다. 그리고 이들 기법은 결과변수와 과정변수의 양 측면에 모두 효과적이며, 어느 하나의 기법만을 사용하는 것보다는 여러 기법들을 절충하여 사용하는 것이 비교적 효과적인 것으로 나타났다.

표 7-5 조직개발기법의 활용도와 효과

기법	사용빈도	변화발생률	
		과정변수	결과변수
절충적 방법	5(14%)	52%	52%
감수성훈련	14(40%)	45%	53%
그리드 조직개발	4(11%)	43%	68%
설문조사피드백	4(11%)	48%	53%
팀구축법	8(23%)	44%	44%

이 같은 분석결과를 통해 볼 때 조직개발기법들이 만병통치약은 될 수 없을지라도 경영자가 주의 깊게 관리만 한다면 조직의 성과와 유효성의 향상에 상당히 긍정적으로 기여하는 것은 틀림없다. 그러나 지금까지 설명한 조직개발기법들은 미국을 비롯하여 서구의 몇몇 선진국에서 개발된 이론이며, 또 앞에서 살펴본 조직개발기법의 효과 역시 대부분 이들 국가에서 적용된 사례에 대한 분석결과라는 사실에 주목할 필요가 있다. 다시 말하면, 이들 기법을 서구와는 다른 문화권 국가에 적용한다고 해도 그 효과가 높게 나타날 수 있느냐 하는 것이다. 물론 이들 조직개발기법들은 근본적으로

어느 국가에나 적용할 수 있는 것은 사실이다. 그러나 국가마다 자체의 독특한 문화적 특성을 지니고 있기 때문에 조직개발기법도 국가에 따라서 효과가 다르게 나타날 것이 분명하다.

재거(A. M. Jaeger)는 '문화적 차이와 조직개발효과'에 관한 연구에서 조직개발의 효과와 가치는 국가와 문화에 따라 큰 차이가 있다고 강조한다(Jaeger, 1986). 그에 의하면 조직개발기법들은 덴마크, 스웨덴, 노르웨이 등과 같이 권력이 사회적으로 균등하게 배분되어 있고, 사람들이 미래에 대한 위험을 느끼지 않으며, 감정의 표현이 개방적인 사회문화적 특성을 지닌 국가에서는 매우 가치가 있고 그 적용효과 또한 상당히 높게 나타난다. 그러나 콜롬비아, 이탈리아, 멕시코, 일본 등과 같이 앞의 국가들과는 다른 사회문화적 특성을 지니는 국가에서는 성공적으로 적용되기가 매우 어렵다는 것이다(Robbins, 1989). 따라서 조직개발기법을 문화적 특성이 다른 국가에서 효과적으로 사용하기 위해서는 먼저 다음과 같은 단계를 통하여 적용가능성을 높여야 한다고 강조한다(Jaeger, 1986).

① **제1단계** : 국가의 사회문화적 특성을 평가한다.
② **제2단계** : 여러 사회문화적 특성들 중에서 이미 굳게 고착화되어 변화되기가 어려운 것이 무엇인지를 판단한다.
③ **제3단계** : 제1단계에서 확인된 사회문화적 특성과 조화를 이룰 수 있는가 하는 측면에 초점을 두고 조직개발기법들을 평가한다.
④ **제4단계** : 이미 고착화되어 있는 사회문화적 특성과 충돌가능성이 가장 적은 기법을 선택한다.
⑤ **제5단계** : 주어진 사회문화적 상황에 적합하도록 선택된 기법의 시행과정을 수정한다.

3) 한국에서의 조직개발기법의 적용

조직개발은 경영학의 비교적 새로운 분야이지만 우리나라 조직들의 경영수준이 높아짐에 따라서 이에 대한 관심도 급속히 높아지고 있다. 그러나 전체적으로 볼 때 체계적인 조직개발을 실제로 실시하고 있는 조직은 소수에 불과한 실정에 있다. 그 이유는 조직개발을 계획하고 실시할 전문가가 부족하기 때문이기도 하겠지만, 이와 더불어 보다 근본적인 이유는 우리나라의 조직 및 그 구성원의 행동에 관한 체계적인 연구결과가 부족하고 따라서 조직개발을 시도할 이론적 기초가 확립되어 있지 않기 때문일 것이다(이학종, 1992).

우리나라의 조직들이 조직개발을 효과적으로 시도하기 위해서는 먼저 우리나라의 조직에 적합한 조직개발기법을 개발해야 한다. 또한 서구의 선진화된 국가에서 이미 개발된 조직개발기법을 도입하여 효과적으로 사용하기 위해서는 그것을 우리나라 조직의 특성에 알맞도록 수정해야 할 것이다. 우리나라의 조직은 서구의 국가들과는 다른 사회문화적 특성을 지니고 있고, 따라서 변화목적뿐만 아니라 변화과정에서의 개입방법도 우리나라의 독특한 사회문화적 관점에서 적절히 수정·보완되어야 할 것이다. 일반적으로 서구에서의 변화모형은 조직구성원의 개성과 자유 및 권리를 보호하고 그의 자발적인 참여를 존중하는 것을 기본전제로 하고 있다. 그러나 이러한 전제는 아직까지 우리나라의 조직에 적합한 것이라고 보기 어렵다. 따라서 우리나라 조직의 사회문화적 특성과 조직이 추구하는 목적에 적합하도록 변화의 기본전제와 변화를 위한 조직개발기법의 시행과정을 어느 정도 수정해야 할 필요성이 있다.

글로벌 문화탐방 7

창업국가의 비밀

"나까지 나설 필요는 없다. 헌신하면 헌신짝 된다. 성공은 1% 재능과 99% 돈과 빽…"

2009년 10월쯤 누군가 인터넷에 올려 인기를 끌었던 글 '사회에 나가면 누구나 알게 되는 사실 43가지'의 일부다. 참 씁쓸했다. 일자리 찾기 힘든 '88만 원 세대'의 자포자기식 심정이 묻어 있고, 상명하복의 위계(位階)를 중시하는 고루한 일터에서 일하는 젊은 직장인들의 답답한 속내도 담겨 있다고 봤다. 이들의 냉소와 절망이 더 커지지 않도록 잘나가는 CEO들이 젊은이와 직접 소통하는 '사회공헌'에 나서주기를 바라는 심정이다. '동반성장'만 사회공헌은 아닐 테니 말이다.

『창업국가』의 저자 솔 싱거(Saul Singer)는 벤처창업이 활발한 이스라엘의 성공비결로 '후츠파(chutzpah)'를 꼽았다. 후츠파는 뻔뻔함, 주제넘음, 철면피, 오만, 놀라운 용기 등 여러 가지 뜻을 담고 있다. 싱거는 한마디로 "후츠파는 권위에 대한 도전"이라고 했다.

세계 최초로 노트북에서 유·무선 인터넷을 동시에 지원하는 인텔의 센트리노 칩을 개발한 건 인텔의 이스라엘 연구팀이었다. 이들은 인텔 본사와 몇 달간 치열한 싸움을 벌였다. 본사의 일방적 지시에 따르지도 않고 오히려 자신들의 혁신적인 아이디어를 바탕으로 본사를 끊임없이 설득했다. 본사에 도전하는 배짱, 이것도 후츠파였다. 서열과 상하관계를 최소화한 이스라엘 방위군도 그런 사례다.

'유대인은 둘인데 의견은 셋'이라는 말이 있을 정도로 이스라엘에선 열띤 토론이 혐오의 대상이 아니라고 했다. 총리나 장관, 군 장성도 별명으로 통하는 나라다. 그저 당사자 모르게 등 뒤에서 부르는 별명이 아니라 면전에서 공개적으로 쓰는 별명이다.

후츠파가 부러운 건 조직마다 층층시하인 한국사회의 계층제와 확연하게 대비되기 때문이다. 총수의 권위는 하늘을 찌르고 평사원이 CEO를 편하게 만날 수 있는 한국의 대기업은 많지 않다. 후츠파를 흉내내 '당돌하고 엉뚱하게' 행동했다가는 바로 정 맞는 분위기의 조직이 어디 한둘인가?

『창업국가』는 한국이 이스라엘만큼 벤처창업이 활발하지 못한 이유로 체면중시 풍조와 2000년 IT 거품 붕괴의 후유증을 꼽았다. 책 서두의 에후드 올메르트 이스라엘 전 총리의 추천사는 우리 정부가 귀담아 들을 만하다. "한국의 독자들이 이스라엘의 성공이 정부의 잘된 정책에 의존했기 때문이라고 오해하지 않기 바란다. 우리는 그들에게 전혀 간섭하지 않았다. 그 점이 우리나라의 국가경영에 있어서 가장 잘한 일이라고 생각한다. 국민이 성공의 주연이 되도록 항상 그들의 이야기를 귀담아 듣고 격려했을 뿐이다."

자료 : 중앙일보, 노트북을 열며, 2011년 5월 20일자.

생각해 봅시다

1. 글로벌기업에 있어 관심을 가져야 할 조직특성은 무엇이며, 이들 조직특성은 어떠한 행동적 성격을 지니는가?

2. 사회문화는 기업의 조직문화에 어떻게 영향을 미치며, 이와 관련하여 한·미·일 3국 기업의 조직문화는 어떻게 나타나고 있는가?

3. 조직구조와 직무구조가 이질적인 문화권에서 각기 어떠한 모습으로 나타나는가? 그것이 해당 문화권에서 효과적이라고 생각하는가?

4. 서구에서 개발된 다양한 조직개발기법들은 타 문화에 효과적으로 이전될 수 있는가? 그렇지 않다면 조직개발기법들을 상이한 문화에 효과적으로 적용하기 위해서는 어떻게 하는 것이 바람직한가?

Part 03

Global Cross-Cultural Management

글로벌경영과 다문화관리

- 제8장 글로벌경영과 다문화집단
- 제9장 글로벌경영과 문화커뮤니케이션
- 제10장 글로벌경영과 문화다양성관리

글로벌 비교경영학

제1부 글로벌경영과 다문화환경

제1장 글로벌기업과 문화환경
제2장 글로벌경영과 문화비교연구

제2부 조직행동의 문화비교적 이해

제3장 개인특성과 문화차이
제4장 개인행동과 문화차이
제5장 집단행동과 문화차이
제6장 리더십과 문화차이
제7장 조직특성과 문화차이

제3부 글로벌경영과 다문화관리

제8장 글로벌경영과 다문화집단
제9장 글로벌경영과 문화커뮤니케이션
제10장 글로벌경영과 문화다양성관리

제4부 글로벌기업의 다문화전략

제11장 글로벌기업의 해외파견자관리
제12장 글로벌기업의 협상전략
제13장 글로벌기업의 윤리경영전략

담쟁이

(朴 英 培)

경부고속도로 하행선 진입로
높다란 방음벽에 얹혀사는
가난뱅이 담쟁이가
제 잎사귀를 꽃단풍으로 물들이며
곱게 단장하기 시작했다.
그네는 벌써 알고 있다.
곧 닥쳐올 긴 이별을
아프지만 기다리고 있는 거다.
어루만지는 손길 늘 살가운
아름다운 계절과
스쳐 지나며 잔정 깊어진
눈길 따뜻한 사람들을 위해
화려한 이별 파티를
담쟁이는 준비하고 있는 거다.

Chapter 8 글로벌경영과 다문화집단

- 볼거리 읽을거리 : 세계인의 진기한 습속(習俗)
- 1. 집단의 성격과 발전단계
  2. 글로벌조직과 과업집단
  3. 문화다양성과 집단성과
  4. 다문화집단의 관리
- 글로벌 문화탐방 ⑧ : 선비 프로젝트
- 생각해 봅시다

볼거리 읽을거리

세계인의 진기한 습속(習俗)*

올림픽에 참가하는 선수들에게는 진기한 '습속'이 많다. 저마다 고유의 풍습이나 생활문화가 달라 '예스'라는 고갯짓을 우리와 정반대로 하는 볼리비아 같은 나라가 있는가 하면, 엄지와 검지를 맞붙여 동그라미를 그리는 것이 미국에서는 'OK'를 의미하지만 스페인이나 브라질 선수에게는 욕설이 된다. 올림픽조직위원회는 이처럼 관습이 달라 빚어질 수도 있는 뜻밖의 오해를 대회운영요원이나 자원봉사자들이 범하지 않도록 '종합안내서'에 수록하기도 했다. 아무래도 우리에게 생소한 풍습을 지닌 나라는 아프리카, 아시아, 중남미 등 종교적 색채가 진하거나 그간 우리와 접촉이 적었던 약소국들이다.

회교국가인 감비아는 백인종교에는 무조건 배타적이고, 기니는 신을 매우 중시하여 신에 대한 이야기조차 금기시한다. 노르웨이인들은 인사할 때 허리를 굽혀 무릎 아래로 손을 저어 인사하고 있다. 덴마크 등 발틱해 연안국가 사람들은 기회만 있으면 수영복차림으로 일광욕을 즐기는데 이는 노출욕구 때문이 아니라 햇빛일수가 적은 지역에서 건강을 유지하는 방법이다. 볼리비아 선수들은 고개를 좌우로 흔들면 '예스', 위아래로 흔들면 '노'의 표시이다.

프랑스의 경우 손바닥으로 꽉 쥔 주먹을 찰싹 때리는 것은 저속한 의미를 뜻한다. 그리고 러시아인들은 '인색하다'는 말을 들을 때 가장 심한 모욕감을 느끼며, 아랍에미리트연합 사람들과 대할 때는 책상다리를 하지 말아야 하고, 스리랑카인들과 대화할 때 음료수를 마시는 것은 결례라는 것이다.

또 이라크인들에게 여자가족에 대한 관심과 안부를 물으면 화를 낸다. 반면 이탈리아 여성들은 저돌적이며 지나친 농담을 잘하며, 기니는 사진을 찍으면 혼을 빼앗긴다고 믿고 있고, 앙골라인들은 카메라 플래시를 터뜨리면 영혼이 불빛 속으로 빨려 들어간다고 생각하므로 주의해야 한다는 것이다. 일본 사람들과 술을 마실 때는 술잔을 돌리거나 술잔이 비게 해서는 안 되고, 중앙아프리카공화국에서는 대화 중 호주머니에 손을 넣거나 팔짱을 하면 예의에 벗어나는 행동이 된다. 그리고 지부티에서는 빈곤에 대한 열등감이 많고, 칠레인들은 식사시간에 절대 전화를 받지 않는다. 코스타리카인들은 시간관념이 정확한 반면, 코트디부아르 사람들과 약속을 할 때는 이를 꼭 재확인해야 한다.

인사법도 다양해 콜롬비아에서는 팔뚝을 서로 걸치고 여자들은 악수를 하지 않으며, 쿡제도는 코와 코를 비벼대고, 시리아는 코와 이마를 비벼대며, 태국은 두 손을 합장하는 반면, 튀니지는 인사말을 교환한 후 왼손을 자기 오른쪽 가슴 위에 대는 특이한 스타일이 있다.

* 자료 : 조선일보, 1986년 9월 17일자, 1989년 9월 29일자.

08 Chapter 글로벌경영과 다문화집단

1 집단의 성격과 발전단계

1) 집단의 의의

1920년대 후반의 호손연구(Hawthorne research) 이후 학자들과 경영자들은 인간관계의 중요성을 인식하고 조직에서의 인간행동에 대해 관심을 갖기 시작하였다. 그러나 인간행동에 관한 초기의 연구는 대부분 개인행동의 차원에 국한된 것이었다. 그 후 1950년대에 행동과학자들은 행동연구의 영역을 집단행동의 수준으로 확대시켰으며, 이는 지금까지 경영학의 조직행동론 분야에서 매우 중요한 연구영역으로 핵심적인 위치를 차지해 오고 있다.

집단은 개인들의 집합체이면서 개인과 마찬가지로 나름대로의 독특한 속성을 가진다. 그리고 집단행동은 개인행동으로는 이해하기 어려운 측면이 존재한다. 그러므로 집단을 이해하고 이를 관리하는 데 있어서는 별도의 지식체계가 필요하다. 이것이 인간행동을 연구하는 데 있어 개인행동과는 달리 집단 차원으로의 행동에 대한 독자적인 연구를 해야 하는 근거가 되는 것이다.

경영활동에 있어서 집단은 매우 중요한 의미를 갖는다. 왜냐하면 조직활동의 많은 부분들은 결국 집단을 통하여 이루어지기 때문이다. 예컨대, 기업조직의 경영자가 추구하는 대부분의 목표는 집단 내 또는 집단 간의 행동을 통해 성취될 수 있는 것이다. 따라서 경영자가 집단과 함께 목표를 달성하기 위해서는 어떻게 영향력을 행사할 것인가, 집단구성원들 간의 갈등을 최대한 방지하고 효과적인 상호작용을 촉진시키기 위하여는 어떤 분위기를 조성할 것인가, 또 개인 차원과는 다른 구성원의 만족을 어떻게 확보할 것인가 하는 문제 등은 직접적으로 조직의 성과와 유효성에 영향을 미치는 것이다.

집단(group)은 학자들의 관점에 따라서 다양하게 정의되고 있다. 따라서 현재까지 모든 사람이 동의하는 일치된 정의는 없다고 할 수 있다. 그러나 학자들의 집단에 대한 정의들을 정리해 보면 지각(perception), 동기(motivation), 조직(organization), 상호의존(interdependency), 상호작용(interaction) 등 몇 개의 개념적 관점을 근거로 하고 있음을 알 수 있다(Shae, 1971).

① **지각의 관점** : 지각의 관점에서 집단을 정의하는 학자들은 집단 내의 개인들은 모두 자신과 타인과의 관계를 이해할 수 있다고 생각한다. 따라서 이들은 "집단은 개인들 간에 서로 얼굴을 대하는 회의나 집회에서 상호작용의 관계에 있는 사람들로 조성되는 것이며, 이러한 집단의 모든 구성원들은 주어진 시간에 상대방으로부터 전달되는 정보를 이해하고 그로부터 어떤 지각이나 인상을 가지게 되며 또한 상대방에게 어떤 반응을 나타내게 된다"고 강조한다.

② **동기의 관점** : 이는 개인이 집단에 참가하는 이유를 어떤 욕구를 만족시키기 위한 것으로 보는 관점이다. 따라서 이러한 관점의 학자들은 집단을 "욕구만족을 위한 동기를 가지는 개인들의 집합체"로 정의한다.

③ **조직의 관점** : 이러한 관점에서 집단을 보는 학자들은 "집단이란 많은 개인들로 구성된 하나의 사회적 단위(social unit)이며, 개인들은 각자 이러한 집단에서 상당히 안정적인 지위와 역할을 가지는 동시에 이들의 행동은 집단의 규범과 가치에 의하여 통제된다"고 주장한다.

④ **상호의존의 관점** : 개인과 개인 간의 상호의존관계를 중시하는 학자들의 관점을 나타낸다. 따라서 이러한 관점의 학자들은 "집단은 상호의존적 관계에 있는 개인들의 집합체로서 구성원들 사이에는 어떤 목표를 달성하는 데 필요한 공동의 의존성이 존재한다"고 말한다.

⑤ **상호작용의 관점** : 이는 "집단은 많은 상호작용관계에 있는 사람들로 구성되는 집합체이며, 이러한 집단은 구성원들의 상호작용과정을 통하여 다른 집단과 구별되는 독특한 성질을 갖게 된다"고 강조한다.

이들 학자의 관점을 종합하여 볼 때, 집단은 "개인의 욕구를 충족시키고 구성원의 공동목표를 달성하기 위하여 상호작용하며 또 상호의존적이라고 볼 수 있는 두 사람 이상으로 구성되는 사회적 집합체"라고 할 수 있다.

2) 집단의 형성원인

공식적 집단이나 비공식적 집단 또는 그 밖의 어떠한 특수한 형태의 집단이든 간에 조직에서 집단이 형성되는 원인은 매우 다양하다. 여기에서는 먼저 집단이 형성되는 원인 내지 이유에 관한 이론적 배경을 살펴보기로 한다.

(1) 성과비교이론

성과비교이론(outcome comparison theory)은 집단이 형성되는 데 중요한 원동력이 되고 있는 '개인 상호 간의 흡인력'은 개인들 사이의 결합에 따른 '비용(cost)'과 그로부터 얻을 수 있는 '보상(reward)' 간의 비교우위에 의하여 결정된다는 관점이다. 따라서 이 이론에 의하면 개인은 집단을 통하여 얻을 수 있다고 예상하는 또는 실제로 얻어진 성과가 이러한 비교수준보다 크거나 최소한 같을 경우에는 집단에 가입하거나 계속 구성원으로 남아 있기를 원할 것이며, 반대로 그 성과가 비교수준보다 작을 때에는 만족을 느끼지 못하고 집단에 가입하지 않거나 집단을 탈퇴하기를 원할 것이다.

여기서 '보상'이란 한 개인이 다른 사람들과 결합함으로써 얻을 수 있는 만족이나 즐거움 등을 말하며, '비용'이란 개인 간의 상호흡인에 장애가 되는 요인을 말한다. 즉 생리적 또는 심리적 노력, 초조함, 갈등, 재무적 지출 등이 모두 이러한 비용 내지 장애요인에 속하는 것들이다.

(2) 직무요구이론

직무요구이론(demand-of-job theory)은 집단의 형성이 집단의 활동이나 목표에 기인한다는 것을 주장하는 관점이다. 어떤 직무는 개인들 간의 협조와 단결을 통하지 않고는 완성되기 어렵기 때문에 결집된 힘을 가질 수 있는 과업집단의 형성을 촉진시킨다. 그리고 이러한 집단의 활동과 목표는 또한 개인들의 관심과 역량을 한데 모을 수 있는 상호흡인력의 기초가 된다.

(3) 상호작용이론

비공식집단의 형성은 구성원들 간의 상호작용과 커뮤니케이션 또는 공동활동의 결과라고 할 수 있다. 따라서 구성원들의 집단의식이 강할수록 그 집단은 오래 지속되며 구성원들의 생리적·심리적 밀도 역시 증가하는 경향을 보인다. 상호작용이론(interaction theory)은 베일즈(R. F. Bales)가 제시한 이론으로서 '장이론(field theory)'을 기초로 발전시킨 것이다(Bales, 1950).

(4) 유사성이론

집단의 형성과 유지는 구성원 상호 간의 유사한 정도와 밀접한 관련이 있다. 즉 성별, 연령, 교육수준, 종교, 사회적·종교적 지위 등 개인적 배경요소와 가치관, 태도, 생활경험 등 행동요소가 비슷한 사람들은 그렇지 않은 사람들에 비하여 하나의 집단으로 구성될 가능성이 매우 높으며, 또한 이러한 유사성에 의해 형성된 집단은 다른 요인에 의해 형성된 집단에 비하여 오래 유지된다고 할 수 있다. 이러한 유사성이론(similarity theory)은 특히 글로벌한 조직에서 문화배경의 유사성에 기인하여 형성되는 비공식집단을 이해하고 분석하는 데 도움이 된다.

3) 집단발전

집단이 일단 형성된 다음에는 시간이 흐름에 따라 발전하는 단계를 거치게 되는데, 이러한 발전단계는 집단의 효율 및 유효성과 밀접한 관계를 가진다. 따라서 집단이 어느 발전단계에 와 있는지를 파악하는 것은 집단목표의 달성 여부에 대한 예측과 함께 매우 중요하다고 할 수 있다.

집단발전에 관하여 학자들은 많은 견해의 차이를 보인다. 여기에서는 최근에 비교적 많이 응용되고 있는 두 학자의 관점을 살펴보기로 한다.

그림 8-1 집단발전의 과정

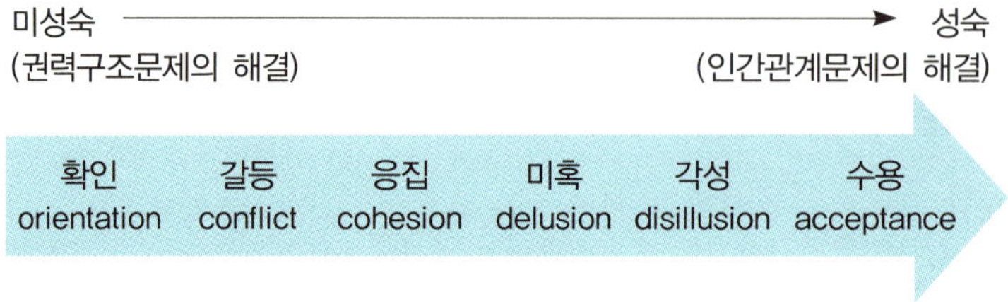

(1) 베니스의 집단발전단계

베니스(W. G. Bennis)와 쉐파드(H. S. Shepard)는 여러 학자들의 연구결과를 종합·분석한 후에 집단은 시간적으로 권력구조문제의 해결이 중요한 과제가 되는 미성숙집단에서 인간관계문제의 해결이 중요한 과제가 되는 성숙집단으로 성장·발전하여 간다고 주장하며, [그림 8-1]에서 보는 바와 같이 집단발전의 과정을 초기 3단계와 후기 3단계 등 모두 여섯 단계로 세분하여 설명하고 있다(Bennis and Shepard, 1965).

집단발전의 초기단계는 집단구성원들의 직책이나 권한 등이 불명확한 단계이다. 따라서 이 단계에서 집단은 주로 권력구조의 문제를 해결하는 데 주안점을 두고 성장을 모색하게 된다.

① **확인단계** : 이 단계는 구성원들의 권력구조가 매우 불확실한 시점이다. 이 단계에서 집단구성원들은 주로 집단의 목표와 자기의 역할이 무엇인지를 이해하려고 노력하며, 조직에 공헌할 수 있는 집단구조의 문제를 해결하는 데 주안점을 둔다. 따라서 구성원들은 많은 시간을 집단목표를 명확히 하고 개인의 경험과 과업을 결합시키기 위하여 노력한다. 이때의 구성원들은 리더의 지도방향과 통솔력이 매우 필요하기 때문에 리더에 의지하는 정도가 크다고 할 수 있다.

② **갈등단계** : 앞의 확인단계를 거친 집단구성원의 일부는 주어진 자기의 역할에 만족하고 리더의 권위를 계속 받아들이나, 또 다른 구성원의 일부는 집단 내

의 직책이나 권한 등 주어진 자기의 역할에 만족하지 못하고 집단의 방향을 따르지 않으며 리더의 권위에 도전적인 태도를 보이기도 한다. 따라서 이 단계에서는 구성원들 사이에 여러 가지 형태의 갈등이 발생하게 된다.

③ **응집단계** : 갈등단계를 거친 집단의 구성원들은 집단 내 자기의 역할을 재정립하거나, 집단에서의 권위와 지위 등의 문제를 초월하여 집단의 발전과 목표 달성을 위하여 적극적으로 협조·협력하는 자세를 보인다. 집단에 따라서는 앞의 확인단계와 갈등단계를 거치지 않고 직접 응집단계에 들어서기도 하는데, 이러한 집단은 구성원들의 권력구조가 처음부터 명확하여 불필요한 갈등의 소지가 비교적 적은 상태에서 출발하기 때문이다.

초기단계에서 집단은 발전에 장애요인이 되는 권력구조의 문제를 해결하고 발전과정의 후기단계로 들어서게 되는데, 이때의 집단은 인간관계에 관한 문제의 해결에 주안점을 두고 발전한다.

① **미혹단계** : 초기단계를 거친 집단의 구성원들은 집단 내에 해결하여야 할 문제가 이제는 없다고 믿으나, 사실 권력구조의 문제뿐만 아니라 그 밖의 여러 가지 요인에 의한 갈등이 여전히 존재한다고 할 수 있다. 그러나 집단구성원들은 이미 경험한 바 있는 갈등에 의한 충돌을 피하고 싶어 한다. 따라서 구성원들은 가능한 한 자신을 희생하여 충돌의 가능성을 극소화하려고 노력한다.

② **각성단계** : 집단구성원들은 드디어 많은 문제들이 여전히 존재하고 있음을 깨닫는다. 그러나 이들은 또다시 리더에 의지하여 문제를 해결하려고 함으로써 인간관계에 의해 발생할지도 모르는 문제를 회피하려고 한다.

③ **수용단계** : 집단의 구성원들은 학습과 의사소통 그리고 협력을 통하여 서서히 상대방을 수용하게 되며, 이때의 집단발전은 성숙기에 들어서게 된다.

(2) 배스의 집단발전단계

배스(B. Bass)는 집단이 다음과 같은 네 단계를 거치면서 발전한다고 주장한다(Bass, 1965).

① **환경적응단계** : 집단 형성의 초기에 사람들은 쉽게 고립감을 느끼며 주위의

다른 사람들을 불신하고 자기의 능력에 대하여 불안감을 갖게 된다. 따라서 자기와 같은 문제를 가지고 있는 사람들을 찾아서 고민과 불안을 호소하려고 노력한다. 이렇게 유사한 문제를 지니고 있는 사람들 사이에 서로 이해하고 수용하는 과정을 거치면서 집단을 형성하게 되는데, 이 단계에서 집단이 행하는 주요 활동은 다음과 같다.

첫째, 집단구성원들 간의 관계와 상호의존성을 확인한다.

둘째, 집단의 구조, 규칙 등 행동기준을 설정한다.

셋째, 리더의 역할을 확인하고 권한과 책임의 관계를 설정한다.

넷째, 집단의 목표를 설정하고 목표달성에 필요한 계획을 세운다.

② **문제해결단계** : 집단의 구성원들은 상호 간에 자기의 의견을 교환하고 당면한 문제를 어떻게 처리할 것인가를 의논하는데, 이때의 중요한 집단활동은 다음과 같다.

첫째, 구성원들 간에 존재하는 갈등을 확인하고 이를 해결하려고 노력한다.

둘째, 집단의 규칙, 목표, 그리고 권력구조를 다시 확인하고 그로 인한 문제점을 해결하려고 노력한다.

셋째, 구성원들이 문제해결을 위하여 자발적으로 참여할 수 있도록 집단 내에 참여적 분위기를 조성한다.

③ **성장 · 생산성단계** : 이때의 집단은 서서히 성숙의 단계로 발전하게 된다. 집단구성원들은 서로 신뢰하고 협력하게 되며 개인적 욕구를 모두 충족하게 된다. 이때의 중요한 집단활동은 다음과 같다.

첫째, 집단목표를 달성하는 데 전력을 기울인다.

둘째, 과업수행에 적합한 정보유통과정과 피드백시스템을 개발한다.

셋째, 집단의 일체감과 응집성이 강조되며 집단 전체의 통합이 중시된다.

④ **평가 · 통제단계** : 이 단계는 집단발전의 마지막 단계로서 집단이 성공적으로 자리를 잡고 그 기능을 수행해 나가는 단계이다. 이 단계에서 구성원들은 그들의 능력과 창의성을 십분 발휘하여 집단목표의 달성에 공헌하게 되는데, 이때 이들의 행동이 집단규범에 벗어나지 않도록 하기 위한 통제가 필요해진다. 이 단계에서 중요한 집단활동은 다음과 같다.

첫째, 리더는 구성원의 성과를 평가하고 그 결과를 다시 구성원들에게 알려주어 집단목표의 달성에 대한 보다 강력한 동기를 불러일으킨다.

둘째, 구성원의 역할과 집단구조를 강화하고 수정하여 불필요한 갈등의 소지를 없앤다.

2 글로벌조직과 과업집단

우리는 지금까지 집단의 의의와 형성원인 그리고 집단발전의 과정 등에 관하여 비교적 상세하게 알아보았다. 집단에 관한 이러한 주제들은 집단을 이해하는 데 있어서 가장 기본적인 것들로서 향후 집단행동을 이해하고 연구하는 데 중요한 이론적 지식체계를 제공한다.

여기에서는 이러한 집단에 관한 기초적 지식체계를 배경으로 하여 상이한 문화적 환경에서 과업집단을 중심으로 발생할 수 있는 여러 가지 문제점과, 기업경영의 측면에서 이러한 문제들을 최소화할 수 있는 관리방안을 모색해 보도록 한다.

1) 과업집단의 역할

하나의 조직은 여러 종류의 집단으로 구성되고, 이러한 집단은 조직의 기본구조를 형성한다. 예를 들면, 하나의 기업조직은 여러 형태의 일시적 또는 영구적인 작업집단으로 조직되어 있으며, 이들 집단들은 그들의 과업특성에 따라 다양한 방법으로 조직성과에 영향을 미친다.

그러나 조직 내의 집단들이 모두 조직성과에 긍정적으로 작용한다고는 생각할 수 없다. 집단에 따라서는 조직이 추구하는 바에 따라 효율적인 것이 될 수도 있는 반면에 비효율적인 무력한 것이 될 수도 있다. 이것은 집단의 생산성에 관한 문제라고 할 수 있는데, 집단의 생산성은 집단이 그의 목표라고 할 수 있는 주어진 과업(task)을 얼마나 성공적으로 수행할 수 있느냐 하는 것에 달려 있다.

집단이 과업을 성공적으로 수행하기 위해서는 필요한 자원을 충분히 확보해야 하며, 관리과정을 통하여 이들 자원을 효과적으로 계획하고 조직하고 통제할 수 있어야 한다. 그러나 이러한 관리과정은 집단구성원들 간의 상호작용, 즉 집단행동을 통하지 않고는 불가능하다. 따라서 집단행동의 주체가 되는 집단과정(group process), 즉 커뮤니케이션, 의사결정, 권력, 갈등, 리더십 등의 문제는 집단과업의 성공적인 수행과 더불어 집단성과의 달성 여부와 밀접하게 관련된다.

이와 같이, 집단의 성과와 생산성은 직접적으로 집단과정의 영향을 받는다고 할 수 있다. 따라서 조직 전체의 측면에서 조직 내 모든 집단들을 조직성과에 긍정적 또는 효율적으로 작용시키기 위해서는 집단의 과업특성에 대한 올바른 이해와 더불어 효과적인 집단과정을 개발해야 한다. 이것은 조직 내 여러 집단을 어떻게 관리할 것인가 하는 문제로서 매우 중요하다고 할 수 있다.

2) 글로벌조직과 집단의 구성

글로벌조직에서 많은 집단을 효율적으로 관리한다는 것은 매우 중요하고도 어려운 문제라고 할 수 있다. 왜냐하면 집단은 상이한 문화적 배경을 가지는 여러 사람들로 다양하게 구성되기 때문이다. 따라서 조직의 경영자는 조직 내 집단구성원들의 다양한 특성을 이해하고 집단이 문화적으로 어떠한 특징을 지니고 있는지를 파악하여야 한다. 집단을 문화적 특징에 따라서 분류하면 다음과 같다(Adler, 1986).

(1) 단일문화집단

단일문화집단(homogeneous groups)은 모든 구성원들이 유사한 문화적 성장배경을 가지는 집단을 말한다. 이러한 집단의 구성원들은 일반적으로 이문화집단의 구성원들에 비하여 세상사를 감지하고 해석·평가하는 데 있어서 유사함을 보인다. 예를 들면, 한국남성들로 구성된 은행원집단은 성별, 직업 및 문화에 있어서 동질적인 집단이라고 할 수 있다. 그러나 한국인과 미국인들로 구성된 주식브로커집단은 직업상으로는 동일하다고 볼 수 있으나 문화적으로는 이질적 집단이다.

(2) 토큰집단

토큰집단(token groups)은 한 명을 제외한 나머지 구성원들이 모두 동일문화권 출신으로 구성된 집단을 말한다. 예를 들면, 한국인 경영자들과 한 명의 미국인 경영자로 구성된 국제기업의 이사회는 토큰집단으로 볼 수 있다. 이와 같은 집단에 있어서 미국인 경영자는 어떤 상황에서는 한국인 경영자들과 상이한 태도와 행동을 보일 것이다. 왜냐하면 미국인 경영자가 상황을 보는 관점은 한국인과 다를 수 있기 때문이다.

(3) 이중문화집단

이중문화집단(bicultural groups)은 구성원들의 문화적 배경이 두 문화권으로 분명하게 분리되어 있는 집단을 말한다. 예를 들면, 10명의 한국인과 7명의 미국인으로 구성된 합작회사의 경영진은 이중문화집단으로 볼 수 있다. 이러한 이중문화집단은 문화의 이중성에 의해 나타나는 여러 가지 관점상의 차이를 피차 인식하고 그것을 통합할 수 있어야만 보다 효율적인 집단으로 발전할 수 있다.

(4) 다문화집단

다문화집단(multicultural group)은 셋 또는 그 이상의 문화적 배경을 지니는 사람들로 구성된 집단을 말한다. 유엔(UN)의 각 기관, 유럽공동체(EC), 또는 특정 제품의 개발을 위하여 세계 여러 나라 학자와 전문가들로 구성된 다국적기업의 연구원집단 등은 다문화집단의 좋은 예가 된다.

3 문화다양성과 집단성과

집단 내의 문화다양성은 여러 요인들에 의하여 집단성과에 긍정적으로 작용하기도 하고 부정적으로 작용하기도 한다. 따라서 기업의 경영자들은 문화적 다양성으로 기인하는 긍정적·부정적 측면을 확실히 이해할 수 있음으로써 집단을 보다 생산적인 방향으로 이끌 수 있는 집단관리방안을 모색할 수 있게 된다. 문화다양성의 집단성과에 대한 긍정적 측면과 부정적 측면은 다음과 같은 것들이 있다(Adler, 1986).

1) 문화다양성의 긍정적 측면

문화다양성을 지닌 집단은 단일문화집단에 비하여 집단과정에 있어서 더 많은 문제에 직면하지만, 또 한편으로는 보다 생산적인 집단이 될 수 있는 잠재력을 지닌다. 왜냐하면 집단의 광범위한 인적자원은 더욱 창의적으로 집단기능을 수행할 수 있기 때문이다. 따라서 집단 내에서 구성원의 다양한 의견을 효과적으로 수렴하고 구성원들 간의 차이점과 결속력을 균형 있게 조화시킬 수 있다면, 구성원의 문화다양성은 그들의 창의성과 더불어 집단성과에 대하여 보다 긍정적으로 작용할 것이다. 문화다양성이 긍정적으로 작용할 수 있게 하는 요인들을 살펴보면 다음과 같다.

① **아이디어의 창출** : 다양한 문화적 배경을 지니는 다문화집단의 구성원들은 단일문화집단의 구성원들에 비하여 양적·질적으로 더욱 창의적인 아이디어를 창출할 수 있으며, 보다 현실적이거나 잠재적인 문제해결방안을 창안해 낼 수 있다. 오래전부터 많은 학자들은 이문화집단이 단일문화집단에 비하여 다양한 대안과 질적으로 보다 우수한 문제해결방안을 제안할 수 있음을 발견하였다(Hoffman and Maier, 1961). 그러나 이러한 창의적 잠재력의 발휘는 문화의 다양성과 함께 이루어지는 작업진행과정의 문제들을 적절히 관리하는 경우에만 실현된다.

② **집단사고** : 집단사고(group think)란 집단구성원들이 집단 내부에 깊숙이 결속되어 있는 관계로서 집단의 행동방안을 선택하고 평가하는 데 있어서 자신들의 개인적 동기를 속박하고 무시하는 사고방식을 말한다. 집단사고는 집단 내부의 압력에 기인하는 정신적 능률의 저하, 실제적·윤리적 판단의 저해 등과 관련되어 과업집단의 비능률을 초래하는 주요 원인이 된다. 집단사고에 의해 나타나는 대표적인 현상은 "구성원들은 집단의 권위와 도덕성을 과대평가하는 경향이 있으며, 구성원들의 생각이 폐쇄적이고, 통일성에 대한 압력이 강하다"는 것이다(Janis, 1982). 그러나 다문화집단의 구성원들은 단일문화

집단의 구성원들에 비하여 이러한 집단사고의 영향을 적게 받는다. 따라서 다문화집단의 구성원들은 비생산적인 행동에 의한 성급한 합의를 도출할 기회가 상대적으로 적다고 할 수 있다. 또한 다문화집단의 구성원들은 그들의 관점, 아이디어, 그리고 의사결정에 관한 문제들을 다수의 의견이나 집단의 리더에게만 맡기려고 하지 않기 때문에 단일문화집단에서 집단사고의 결과로 나타나는 각종 비생산적인 폐단을 최대한 방지할 수 있다.

2) 문화다양성의 부정적 측면

집단 내 문화다양성은 집단성과에 대하여 부정적으로 작용하기도 한다. 문화다양성이 집단기능을 더욱 어렵게 만드는 가장 큰 원인은 구성원들의 상황에 대한 시각, 이해, 그리고 행동반응 등이 일치하지 못하는 경우가 많기 때문이다. 따라서 구성원들 간에 명확한 의사소통이 가능하고 신뢰를 바탕으로 하여 높은 결속력을 보이는 단일문화집단의 구성원들에 비하여 다문화집단의 구성원들을 관리하는 것이 상대적으로 어렵다고 할 수 있다. 문화다양성이 집단성과에 대하여 부정적으로 작용하게 만드는 요인들을 알아보면 다음과 같다.

① **태도의 문제** : 문화적으로 다양성을 가지는 집단이 안고 있는 가장 큰 문제는 집단구성원들 간의 증오와 불신의 정도가 단일문화집단의 구성원들보다 높다는 것이다. 또한 같은 집단 안에서도 같은 문화권 출신의 구성원들은 다른 문화권 출신의 구성원들에 비하여 상대적으로 높은 친화력을 보인다. 예를 들면, 벨기에의 연구자들은 같은 집단의 구성원들인 벨기에의 왈룬(Walloon)지역 출신 사람들과 프레미쉬(Flemish)지역 출신 사람들을 관찰한 결과, 구성원들은 다른 지역 출신의 동료들보다는 자기네 지역 출신의 동료들과 더욱 빈번하게 접촉하고 대화를 나누는 현상을 발견하였다(Rombauts, 1962~1963).

② **지각상의 문제** : 다문화집단의 구성원들은 집단과업을 수행하는 데 있어서 외국인 동료들의 기술과 잠재적 공헌을 올바르게 평가하기보다는 그들의 외국인에 대하여 가지고 있는 상동적 태도(stereotyping), 즉 틀에 박힌 편견으로 부적절하게 평가하는 경향이 있다. 예를 들면, 같은 집단의 구성원들은 후진문화권 출신의 동료보다는 선진문화권 출신의 동료들에게 보다 많은 호감을

가지고 접촉하는 경향이 있다. 이들은 문화적 또는 국가적인 우월성이 집단 내 개인에게도 그대로 적용될 수 있다고 가정한다. 실제로 한 기업의 인도출신 경영자는 영국인 동료들이 자신이 경제적으로 후진국인 인도출신이라는 이유만으로 자신에게 합당한 예우를 해주지 않는다고 늘 불평하곤 했는데, 영국인 동료들의 인도인에 대한 이러한 상동적 태도와 그로 인한 인도인의 욕구불만은 결국 이 회사의 생산성을 하락시키는 결과로 나타났다.

③ **커뮤니케이션의 문제** : 다문화집단의 집단성과를 저해하는 또 하나의 요인은 구성원들의 의사소통에 관한 문제이다. 구성원들이 공통의 언어를 사용하지 않거나 구성원 중의 일부가 집단의 업무를 수행하는 데 필요한 언어에 능통하지 못하면 집단의 의사소통이 둔화되는 현상이 나타난다. 이러한 현상은 구성원들이 업무를 처리하는 데 있어서 많은 오류를 범하게 만들며, 결국에는 집단의 성과에 부정적 영향을 미치게 된다.

④ **스트레스** : 문화적으로 다양한 집단에서 구성원들의 불신과 커뮤니케이션의 부정확성은 때때로 단일문화집단의 구성원들에 비하여 높은 스트레스와 긴장감(tension)을 유발한다. 예를 들면, 연역적이고 분석적인 프랑스인의 토론방식이 보다 귀납적이고 실용주의적인 북미인들에게는 스트레스(stress)를 유발하는 요인이 될 수 있다. 북미인들은 보다 직접적인 세부적 사항에 초점을 맞추는 데 반하여, 프랑스인들은 원칙과 역사적인 전례에 대하여 고집스럽게 토론하기를 원하기 때문이다.

4 다문화집단의 관리

1) 다문화집단의 집단효율성

다문화집단은 조직에서 가장 효과적이고 생산적인 집단이 될 수 있는 잠재력을 지니고 있다. 그럼에도 불구하고 그들은 종종 가장 비생산적인 집단으로 전락하기도 한다. [그림 8-2]는 4~6명으로 구성된 문제해결팀의 일련의 상대적 생산성을 보여준다(Kovach, 1976). 그림에서 보는 바와 같이 문화적으로 동질성을 지닌 팀은 문제를 해결하는 데 있어서 평균적인 효율성을 유지하는 반면, 문화적으로 다양한 팀은 가장 효율적이거나 가장 비효율적인 경향을 보인다. 이러한 차이는 다문화집단의 과업특성, 발전단계 그리고 문화다양성 등을 어떻게 관리하느냐에 따라 달라진다. 다시 말하면, 다문화집단의 효과적인 관리 여부에 따라 집단이 가장 생산적으로 될 수도 있고 또 가장 비생산적으로 될 수도 있다는 것이다(Adler, 1986).

그림 8-2 | 집단효율성

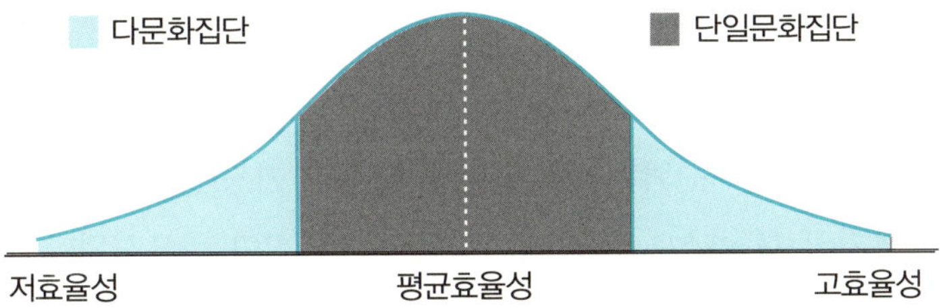

2) 과업특성의 관리

다문화집단의 생산성은 집단과업의 특성에 의해 좌우된다고 할 수 있다. 과업이 고도의 전문화된 기능을 지닌 사람을 필요로 하는 것이면 문화적으로 다양한 구성원으로 형성된 집단으로 하여금 과업을 전담하게 하는 것이 훨씬 유리하다. 또한 집단이 수행하여야 할 과업이 일률적이고 일상적인 성질의 것이라면 구성원들의 사고나 행동이 유사한 경우에 더욱 유리하다.

어떤 과업의 경우에는 가장 뛰어난 몇몇 구성원의 능력이 집단의 잠재적 생산성을 결정하고, 또 어떤 과업은 집단구성원의 전체능력의 총합에 의하여 생산성이 결정된다. 예를 들면, 기업의 자문을 담당하는 집단의 생산성은 일반적으로 집단이 보유하고 있는 마케팅 · 인사 · 재무 · 생산 등에 관한 전문가 개개인의 능력 여하에 따라서 결정된다. 반면에 라디오를 조립하는 집단의 생산성은 어느 한두 사람의 능력에 의하여 결정되는 것이 아니고 일반적으로 모든 구성원들의 전체적인 기술수준의 정도에 따라서 결정된다.

결론적으로 문화적으로 다양한 사람들로 구성된 집단은 혁신적이고 전문성을 요하는, 그리고 자유재량에 의하여 완성될 수 있는 과업이 주어질 때 가장 생산적이 될 수 있다. 반면에 문화다양성은 반복적이거나 일상적인 특성을 지니는 과업을 수행할 때에는 비생산적이 된다.

3) 집단발전단계의 관리

과업집단은 일반적으로 초기의 형성단계와 문제의 규명과 분석단계, 그리고 의사결정과 이행단계 등을 거쳐 발전한다. 문화다양성은 이들 각 발전단계에서 유리하게 작용할 수도 있고 또 불리하게 작용할 수도 있다.

집단의 형성 초기에 가장 중요한 것은 구성원들 간의 응집성을 개발하는 것이다. 왜냐하면 구성원들 사이의 신뢰는 향후 집단의 발전에 가장 중요한 역할을 하기 때문이다. 이러한 초기의 형성단계 이후에는 집단의 창의성이 중요시된다. 이 단계에서 집단은 명확한 목표의 설정, 정보의 수집과 분석, 그리고 행동방안의 개발 등을 위한 방법들을 모색해야 한다. 따라서 집단의 문화다양성은 초기의 형성단계에서는 장애가 되는 반면에, 창의성이 요구되는 문제의 기술과 분석단계에서는 많은 도움이 된다. 또한 집단의 응집성이 중요한 요소가 되는 마지막 단계인 의사결정과 이행단계에서는 다시 장애가 되는 경향이 있다. 왜냐하면 집단에서 행동방안과 실제 행동에 대한 구성원들 간의 원만한 합의를 위해서는 창의성보다 구성원들의 결속력이 더욱 필요해지기 때문이다. [표 8-1]은 집단의 발전단계에 대한 문화다양성의 유리한 점과 불리한 점을 요약·정리한 것이다.

표 8-1 문화다양성과 집단발전단계

발전단계	발전과정	문화다양성의 영향	발전과정의 기초
집단형성단계	신뢰성의 구축 (응집성의 개발)	부정적 영향	유사성을 이용하고 차이점을 이해한다.
문제의 규명·분석단계	관념작용 (아이디어의 창출)	긍정적 영향	차이점을 이용한다.
의사결정과 이행단계	다수의견의 정립 (합의 및 행동)	부정적 영향	유사성을 인식하고 창조한다.

4) 다문화집단의 생산성 향상

집단이 생산적이 될 것인가 아니면 비생산적이 될 것인가? 이러한 문제는 다문화집단의 문화다양성에 기인하는 긍정적인 면과 부정적인 면을 어떻게 관리하느냐에 달려 있다고 할 수 있다. 다문화집단의 생산성을 제고하는 데 있어서는 다음과 같은 사항들이 비교적 중요하다.

(1) 집단구성원의 선발

집단이 다양한 문화적 배경을 수용할 때 리더는 구성원들을 단순히 민족성에 근거하여 선발할 것이 아니라 과업수행능력에 근거하여 선발해야 한다. 집단의 효율성을 극대화하기 위해서는 구성원들을 능력수준에 있어서는 동질적으로, 또 태도에 있어서는 이질적으로 선발하여야 한다. 왜냐하면 동질성은 정확한 의사소통을 촉진하며, 이질성은 문제에 대한 보다 폭넓은 해결을 가능하게 하기 때문이다.

(2) 문화차이의 인식

집단은 문화적 차이점을 무시하거나 최소화해서는 안 된다. 문화배경이 서로 다른 이문화 간 커뮤니케이션에서의 많은 문제들은 문화적 차이점을 거부하는 데서 기인하는 것이 아니라 그러한 차이점을 무시하는 데서 발생한다. 따라서 이문화 간 차이점을 보다 잘 이해할 수 있을 때 커뮤니케이션은 촉진될 것이다. 문화적 차이점을 인식하기 위해서는 집단구성원들은 어떤 특정 문화의 본질을 자기 방식대로 이해하려 하거나 평가하는 일 없이 문화들의 영역을 있는 그대로 기술하여야 한다. 따라서 구성원들은 타 문화에 대한 편견이나 고정관념을 버려야 한다. 집단구성원들이 타 문화권 동료들의 행동의 차이점을 있는 그대로 이해할 수 있게 되면, 다시 그들이 왜 그들의 방식대로 생각하고 행동하는지를 문화적 관점에서 이해하려고 노력하여야 한다. 그 다음에 구성원들은 서로 다른 문화권에서 온 구성원들이 서로에게 기여할 수 있는 것이 무엇인지를 생각하여야 한다.

(3) 상위목표의 설정

문화다양성을 지니는 집단의 구성원들은 일반적으로 목적과 과업에 대하여 합의하는 과정에서 동질성을 지닌 집단에 비하여 더 많은 갈등을 겪게 된다. 이러한 갈등은 특히 집단발전의 초기단계에서 집단이 구성원들의 전반적인 목적과 상위목표(superordinate goals)를 설정하면서부터 표면화된다. 따라서 집단의 효율성을 극대화하기 위해서는 집단의 리더는 집단구성원들이 개인적 차이를 초월하는 상위목표에 합의할 수 있도록 도와야 한다. 상위목표는 일반적으로 정의하는 범위가 넓어 집단의 차후 행동에 대한 일반적인 방향과 초점을 제공해 준다.

(4) 동등한 권력

집단의 모든 구성원들이 어떤 문제를 규명하고 분석하는 데 참여한다면 집단은 일반적으로 양적으로나 질적으로 보다 뛰어난 아이디어를 창출해 낼 수 있다. 집단 내 권력의 문화적 편중현상은 집단의 생산성을 저해하게 된다. 왜냐하면 권력의 문화적 편중은 상대적으로 적은 권력을 가지는 구성원들이 집단에 공헌할 수 있는 기회를 억제하기 때문이다. 다문화집단에 있어서 집단의 리더들은 현지국의 구성원들, 고용조직과 동일한 국적을 가진 구성원들, 기술적 · 경제적으로 발전된 국가의 구성원들, 그리고 리더 자신의 사상과 가장 유사한 사상을 지니는 구성원들에게 편향적으로 권력을 부여하지 말아야 한다. 특히 글로벌기업의 경영자는 구성원 각자의 능력에 따라 권력을 배분하여야 하며, 문화적 우월성에 의해 편향되게 배분하여서는 안 된다.

(5) 상호존중

민족중심주의(ethmocentrism)는 "자신이 속한 집단이 사물을 보는 시각적 중심이 되며 그 외의 집단은 그러한 시각에 의하여 저울질되고 평가된다"는 것을 나타낸다. 편견은 항상 다른 집단들을 자기가 속해 있는 집단보다 열등한 것으로 평가 · 판단한다. 공동목표와 동등한 지위, 긴밀한 접촉과 협조적 노력은 이러한 편견을 감소시킨다. 따라서 민족 상호 간에 접촉의 기회가 많을수록 상대방에 대한 편견은 더욱 적어지고 수용과 우애의 분위기는 확대된다. 또한 집단이 보다 효율적으로 과업을 수행하기 위해서는 구성원들이 서로를 존중해야 한다. 경영자는 동등한 능력을 지닌 구성원들을 선발하고, 집단에 필요한 과업관련기술을 훈련시키고, 민족적 편견이나 상동적 태도에 근거한 성급한 판단을 최소화함으로써 구성원 상호 간의 존중심을 고양시킬 수 있다.

(6) 피드백

구성원 각자의 시각적 차이 때문에 문화적으로 다양성을 지니는 집단은 각종 아이디어의 선택과 의사결정에 대하여 전체적인 합의점에 도달하는 데 있어서 단일문화집단의 구성원들에 비하여 많은 갈등을 겪게 된다. 단일문화집단은 유사한 가치관에 근거하여 구성원 간의 판단기준을 신속하게 찾아내는 반면에 다문화집단은 통상적으로 그렇지 못하다. 따라서 판단기준과 이에 의한 신속한 합의를 고취하기 위해서 경영자는 개인과 집단의 성과에 대하여 긍정적인 피드백(feedback)을 제공하여야 한다. 경영자에 의해 집단의 외부로부터 주어지는 피드백은 집단구성원들이 자신들을 하나의 단합된 팀으로 인식하는 데 도움이 된다. 또한 피드백은 문화다양성의 긍정적인 가치를 주지시킴으로써 구성원들이 각자의 공헌을 인식하게 되고, 집단의 공동적 판단을 신뢰하도록 만드는 교육적 기능을 제공한다.

글로벌 문화탐방 8

선비 프로젝트

G8은 미국·영국·프랑스·독일·이탈리아·캐나다·일본 및 러시아가 멤버인 선진국 클럽이다. 세계 인구의 불과 14%를 갖고 있는 8개국은 전 세계 총생산의 65%, 군비의 72%, 핵무기의 거의 100%를 차지하고 있다.

그런데 G8 회원국에는 또 하나의 중요한 공통점이 있다. 그것은 바로 이들이 서로의 문화와 역사와 철학을 공부한다는 사실이다. 영문학·불문학·독문학·노문학·이탈리아문학·일문학은 이들이 공유하는 세계관의 근간을 이룬다.

선진 강대국들은 비단 정치·경제·군사적 이해관계로만 얽혀 있는 것이 아니다. 보다 중요한 것은 이 나라 국민과 엘리트들이 문화적 코드를 공유하고 있다는 사실이다. 그렇기에 정치적·경제적 분쟁, 심지어 군사적 분쟁마저 이들을 갈라놓을 수 없다.

한국의 경우는 어떤가? 한국은 비록 경제성장과 민주화를 통해 급격하게 부상한 신흥국이지만 다른 나라의 시각에서 본다면 문화적으로는 '저개발국가군'에 속할 뿐이다. 따라서 한국이 진정으로 선진국 반열에 오르기를 원한다면 무엇보다 문화에 투자해야 한다. 관건은 하루빨리 한국의 고급문화를 전 세계에 알리는 일이다. 그리고 고급문화를 소개하는 가장 빠르고 효과적인 방법은 그 문화를 대표하는 전통적인 '인간형'을 소개하고 보급하는 것이다. 일본문화는 '사무라이'가, 미국문화는 '카우보이'가, 그리고 프랑스문화는 '귀족'이 대변한다. 이런 이상적인 인간형들은 각 문명이 전통적으로 표방하는 윤리와 도덕, 국가관과 가족관, 형이상학과 미학을 체화하고 실천했다.

그렇다면 한국의 전통 문명과 가치관을 대변할 수 있는 인간형은 무엇인가? 그것은 다름 아닌 '선비'다. 지금은 비록 사라진 '전근대적'인 인간형이지만 아직도 한국인이 의식과 무의식 속에서 추종하는 충·효·인·의·예·지·신 등의 가치관들을 대변해 주고 있다. 그리고 선비상은 현대 한국사회 속에서도 강력하게 작동해 왔다. 현대판 과거제도인 국가고시를 통해 선발된 엘리트들이 주도해 경제발전을 이룩했고 '현대판 재야'인 지식인과 학생들이 주도해 민주화를 이룩했다. 그런 의미에서 '선비'야 말로 한국의 전통과 현대를 대표할 수 있는 인간형이다.

우리는 하루빨리 '선비'를 한국을 대표하는 이상적인 인간형인 동시에 대표 브랜드로 내세우고 전 세계에 보급하는 '선비 프로젝트'를 추진해야 한다. 선비 프로젝트야말로 선진국들이 주도하고 있는 인식론적인 공동체에 한국이 능동적으로 참여하면서 선진국 반열에 오를 수 있는 가장 효과적이고 빠른 길이다.

자료 : 중앙SUNDAY, View, 2009년 5월 24일자 요약.

생각해 봅시다

1. 집단은 어떤 성격을 지니며, 집단이 형성되는 원인은 무엇인가?

2. 조직 내 집단은 어떤 발전단계를 거치며, 문화적 특징에 따라 어떻게 분류할 수 있는가?

3. 조직 내 집단들의 문화다양성은 집단과 조직 전체의 성과에 어떻게 작용하는가?

4. 글로벌기업의 경영자는 기업 내 다문화집단을 효과적으로 관리하기 위해서 어떤 점에 유의해야 하며, 어떠한 자세로 임해야 하는가?

Global Cross-Cultural Management

Chapter 9 글로벌경영과 문화커뮤니케이션

볼거리 읽을거리

Have you moved?*

미국에서 세탁소를 운영하는 한 외국인이 지독한 변비로 고생하다가 미국인 의사를 찾아갔다. 의사는 그에게 설사약 처방전을 내려주었다.

“2, 3일이 지나면 다시 찾아오시오, 경과를 보고 다시 처방합시다.”

2, 3일 후 그 외국인이 다시 의사를 찾아왔다.

“다 나았습니까?(Have you moved?)”

외국인은 이 말을 이사했느냐는 말로 알아듣고 “아니요(No, me moved)”라고 대답했다. 의사는 두 번째 설사약 처방전을 내렸다.

3일이 지나 그가 다시 찾아오자 의사는 강력한 처방을 내려주었다. 그리고 이틀 뒤에 다시 보자고 말하고 그를 돌려보냈다.

이틀 뒤 외국인이 찾아왔다.

“음, 이젠 나았어요?(Have you moved yet?)”

“아니요 선생님, 아직 이사 가지 않았습니다. 그러나 내일 이사를 갈 작정입니다. 온 집안이 ××× 투성이거든요.”

* 자료 : 한국일보, 지구촌 한민족, 1988년 10월 15일자.

09 Chapter 글로벌경영과 문화커뮤니케이션

1 커뮤니케이션의 성격과 유형

1) 커뮤니케이션의 의의

개인들로 구성된 집단의 활동이 효과적으로 수행되기 위해서는 구성원들 사이의 커뮤니케이션이 원활하게 이루어지는 것이 필수적이다. 왜냐하면 모든 구성원들은 의견교류나 의사소통을 통해서만 서로 이해하고 필요한 정보를 교환하여 공동의 목표를 달성할 수 있기 때문이다. 또한 조직에 있어서도 개인과 집단 또는 집단과 집단 간에 이러한 커뮤니케이션이 원활하게 이루어짐으로써 조직목표달성을 위한 여러 구성원들의 활동이 서로 조정되고 통합될 수 있다.

커뮤니케이션(communication)은 일반적으로 "개인이나 집단 간에 관념 · 지식 · 감정 등을 포함하여 어떤 정보를 서로 교환하는 과정"이라고 정의할 수 있다(Hodgetts and Altman, 1979). 따라서 커뮤니케이션은 정보의 교환을 통해 무엇을 인식하고 지각하는 과정, 즉 인지과정을 나타낸다. 그러나 커뮤니케이션은 이러한 인지적 측면의 교환성뿐만 아니라 행동적 측면의 반응성을 함께 이해하지 않으면 안 된다. 커뮤니케이션을 인지적 · 행동적 측면에서 좀 더 자세히 살펴보면 다음과 같다.

① **인지적 측면** : 이것은 문서 · 문자 · 부호 또는 기타의 이와 유사한 수단을 통하여 타인과 어떠한 사물이나 현상에 대한 정보를 교환하는 과정을 말한다. 즉, 인지적 측면에서의 커뮤니케이션은 개인이 가지고 있는 정보를 문자나 부호 등을 사용하여 타인에게 전달하는 것을 의미한다. 이때 정보를 전달하는

사람을 정보원 또는 발신자(sender)라 하고, 정보를 받아들이는 사람을 수신자(receiver)라고 한다.

② **행동적 측면** : 이것은 구두로 또는 이와 유사한 신호를 통하여 정보를 전달함으로써 이를 받아들이는 수신자로부터 어떤 행동적인 효과를 달성하려는 과정을 말한다. 즉, 행동적 측면에서의 커뮤니케이션은 정보의 교환이나 나누어 가짐을 강조하기보다는 '자극－반응'의 관계에 초점을 두고 있다.

이와 같이 인지적 측면에서는 정보를 교환하거나 나누어 가짐으로써 커뮤니케이션의 효과가 달성될 수 있다는 것을 강조하고, 행동적 측면에서는 상대방의 행동반응을 이끌어낼 수 있을 때 비로소 커뮤니케이션이 이루어진 것으로 볼 수 있다는 점을 강조한다.

2) 커뮤니케이션의 과정과 목적

(1) 커뮤니케이션의 과정

베를로(D. K. Berlo)는 위에서의 정의와 마찬가지로 커뮤니케이션을 "정보가 어떤 경로를 통하여 메시지의 형태로 발신자로부터 수신자에게 전달되는 과정"이라고 정의하고 커뮤니케이션의 과정을 [그림 9-1]과 같이 나타내고 있다(Berlo, 1960).

그림에서 보는 바와 같이 커뮤니케이션의 과정은 메시지를 코드화하는 정보원 또는 발신자, 그리고 이를 해독하여 어떤 행동반응을 보이는 수신자, 그리고 피드백과 잡음 등의 요소로 구성되어 있다. 이 구성요소들에 대하여 구체적으로 설명하면 다음과 같다.

① **발신자와 수신자** : 발신자(senders)와 수신자(receivers)는 커뮤니케이션의 주체로서 전자는 자신의 욕구・아이디어・정보 등을 전달하는 역할을 하는 사람을 말하며, 후자는 이러한 것들을 받아들이는 역할을 하는 사람을 말한다. 그러나 이러한 역할은 수신자가 받아들인 정보에 대하여 반응을 나타냄으로 해서 서로 바뀌게 된다. 즉, 수신자는 정보에 대해 반응을 보임으로써 발신자의 역할을 하게 되며, 발신자는 그 반응을 받아들임으로써 수신자의 위치에 있게 된다.

그림 9-1 커뮤니케이션의 기본과정

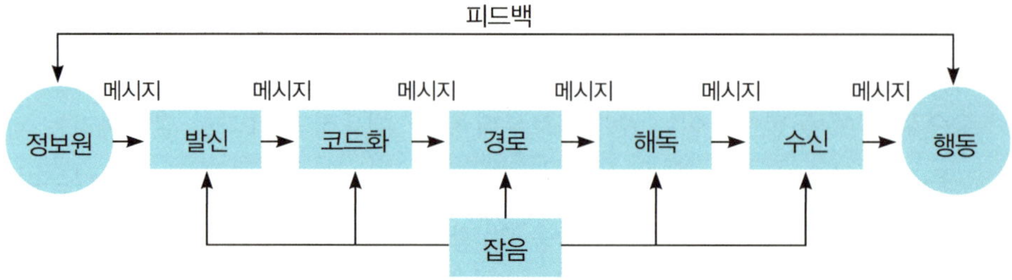

② **메시지** : 메시지(message)는 수신자가 당면하고 있는 문제를 해결하는 데 도움이 될 수 있도록 발신자가 전달하려는 커뮤니케이션의 내용을 말한다. 그러한 커뮤니케이션의 내용, 즉 메시지는 일반적으로 어떤 기록·숫자·예측 등과 같은 사실이나 의견으로 표현된다. 그리고 발신자가 전달하려는 메시지가 그의 태도나 감정일 수도 있다. 그러한 커뮤니케이션의 내용은 일반적으로 구체적인 문자나 언어보다는 발신자의 표정·얼굴색·눈빛·말투 등을 통하여 표현된다. 또한 어떤 상황에서는 공식적인 언어나 문자를 사용한다고 할지라도 실제로 전달하려는 진정한 의사는 언어나 문자 자체의 의미보다는 그것의 표현방식을 통하여 간접적으로 표현되기도 한다.

③ **코드화와 해독** : 커뮤니케이션의 주체는 어떠한 정보, 관념, 감정 또는 사실 등의 의사를 상대방에게 전달하려고 노력하게 된다. 이때 발신자는 이러한 의사의 원래 의미(original meaning) 또는 자신의 의도한 바를 심벌이나 부호로 변화시키는 과정, 즉 코드화(encoding)과정이 필요하게 된다. 또한 수신자는 발신자로부터 전달되어 온 메시지를 발신자의 의도대로 이해하기 위하여 이것을 다시 원래 의미대로 전환시키는 과정이 필요하게 되는데, 이것을 해독(decoding)과정이라고 한다. 이 같은 코드화와 해독과정은 커뮤니케이션의 주체인 발신자와 수신자의 과거 경험이나 준거체계 등과 같은 요인들에 의하여 영향을 받게 된다.

④ **커뮤니케이션 경로** : 커뮤니케이션의 발신자가 커뮤니케이션의 내용을 어떤 방식으로 표현하든 간에 반드시 커뮤니케이션 경로(channel)를 거쳐야만 그것을 수신자에게 전달할 수 있게 된다. 예를 들면, 언어로 표현하려는 것은 수

신자와의 직접적인 면담이나 전화 또는 회의 등과 같은 경로를 통하여 전달할 수 있다. 그리고 문자를 사용하여 표현하려는 것은 공문이나 편지 또는 기타의 공개적인 출판물 등과 같은 경로를 통하여 전달할 수 있다. 또한 발신자는 사진이나 그림 등을 수신자가 볼 수 있도록 함으로써 메시지를 간접적으로 전달할 수도 있다. 표면상으로 보면 특정의 매체를 사용하여 메시지를 전달하는 것을 일종의 기술적인 문제이거나 단순한 과정으로만 생각하기 쉽다. 그러나 커뮤니케이션 경로의 선택은 실제로 커뮤니케이션의 효과에 중대한 영향을 미치게 된다. 즉, 커뮤니케이션의 효과는 사용하는 매체의 종류와 특성에 따라 큰 차이가 있게 된다. 예컨대, 경영자가 그의 부하들에 대한 불만을 전달하기 위해서 어떤 매체를 사용할 것을 고려하고 있다면(예를 들면, 개인면담이나 공개적 선포) 부하들은 똑같은 내용이라고 할지라도 그것이 전달되는 경로에 따라 서로 다른 의미로 받아들이게 되며, 따라서 서로 다른 반응을 보일 것이다.

⑤ **피드백** : 피드백(feedback)은 발신자로 하여금 메시지가 정확히 전달되고 이해되었는지를 알게 해주는 수신자의 반응을 말한다. 이러한 피드백은 발신자와 수신자의 역할과 위치가 수시로 변하는 쌍방향적인 커뮤니케이션인 경우에 보다 효과적으로 커뮤니케이션의 목적을 달성할 수 있게 한다.

⑥ **잡음** : 잡음(noise)은 발신자와 수신자 사이에서 발생하는 일종의 방해요인으로서 커뮤니케이션의 정확도와 감도를 감소시키는 모든 것을 의미한다. 이러한 잡음은 커뮤니케이션과정의 어느 곳에서나 일어날 수 있다. 예를 들면 커뮤니케이션 경로를 잘못 선택하여 전달하려는 것을 수신자에게 전달하지 못하거나, 발신자가 시간에 쫓겨 전달하려는 내용을 충분히 전달하지 못하는 경우가 있다. 그리고 수신자는 발신자의 신분이나 지위가 나타내는 위엄성이나 고압적 자세에 당황하여 그에게 전달되는 내용을 확실히 이해하지 못하기도 한다. 또한 커뮤니케이션 쌍방은 주위가 소란하거나 기타의 물리적인 방해요인으로 인하여 메시지를 효과적으로 전달하거나 이해할 수 없게 되는 경우도 있다.

(2) 커뮤니케이션의 목적

조직에 있어서 커뮤니케이션의 주요 목적은 구성원들로 하여금 조직목표를 달성하고자 하는 생각이나 감정을 유발시키고, 사기를 진작시키며, 의사결정에 필요한 각종 정보를 제공하고, 과업과 책임범위를 통제하는 등과 같은 기능을 결합하여 조직의 목표를 보다 효율적으로 달성하는 데 있다. 스코트(W. Scott)와 미첼(T. Mitchell)은 [표 9-1]에서와 같이 이러한 커뮤니케이션의 목적을 상세하게 설명하고 있다(Scott and Mitchell, 1976).

표 9-1 커뮤니케이션의 목적

기능	지향성	목표	이론 및 연구의 초점
감정유발	감정	구성원들로 하여금 조직과업을 자발적으로 수행할 수 있게 한다.	직무만족, 갈등, 스트레스, 역할 등
사기진작	영향력	구성원들로 하여금 조직목표에 대하여 동일시할 수 있게 한다.	권력, 순종, 기대, 행동변화, 학습 등
정보전달	기술능력	구성원들의 의사결정에 필요한 각종 자료를 최대한 제공한다.	의사결정, 정보처리
과업통제	구조	구성원들로 하여금 자기의 과업과 권한을 명확하게 인식할 수 있게 한다.	조직설계

3) 커뮤니케이션의 유형

커뮤니케이션은 일반적으로 언어적 커뮤니케이션과 비언어적 커뮤니케이션, 그리고 일방적 커뮤니케이션과 쌍방적 커뮤니케이션으로 나누어 생각할 수 있다.

(1) 언어적 커뮤니케이션과 비언어적 커뮤니케이션

언어적 커뮤니케이션(verbal communication)은 언어를 이용한 의사소통을 말하며 이는 다시 구두커뮤니케이션과 문서커뮤니케이션으로 나뉜다.

구두커뮤니케이션(oral communication)은 직접적인 말을 통하여 이루어지는 커뮤니케이션을 말한다. 예를 들면, 발신자와 수신자가 전화, TV, 방송매체 등을 이용하거나 또는 직접 얼굴을 맞대고 대화를 통하여 정보를 교환하거나 메시지를 전달하는 방식을 말한다. 문서커뮤니케이션(written communication)은 편지, 보고서, 사보, 건의서 등과 같은 글로 표현된 매체를 통하여 이루어지는 커뮤니케이션을 말한다.

구두커뮤니케이션은 직접적인 의사소통방식으로서 효율성과 즉각성이라는 장점을 지니고 있다. 반면에 문서커뮤니케이션은 언어표현의 정확성과 내용의 기록이 요구되는 중요한 메시지를 전달해야 할 경우에 유리하다. 따라서 언어적 커뮤니케이션은 커뮤니케이션의 목적과 특성 그리고 전달속도와 메시지 내용의 중요성 등 상황요인을 고려하여 구두커뮤니케이션과 문서커뮤니케이션을 적절히 배합하여 사용할 때 효과적으로 될 수 있다.

비언어적 커뮤니케이션(nonverbal communication)은 말이나 문자가 아닌 비언어적 행동, 즉 자세・얼굴표정・의상・몸짓 등을 통하여 정보나 메시지를 전달하는 의사소통을 말한다. 이러한 유형의 커뮤니케이션은 언어적 커뮤니케이션으로는 어려운 메시지의 표현과 전달을 가능케 하여 준다는 측면에서 중요하다 할 것이다.

(2) 일방적 커뮤니케이션과 쌍방적 커뮤니케이션

커뮤니케이션은 발신자와 수신자 사이에 피드백(feedback)의 존재 여부에 따라 일방적 커뮤니케이션과 쌍방적 커뮤니케이션으로 구분된다.

일방적 커뮤니케이션(one-way communication)은 피드백이 존재하지 않는 방식으로서 명령과 같이 메시지의 일방적인 흐름을 나타낸다. 이러한 방식의 커뮤니케이션은 시간이 덜 걸린다는 장점은 있으나 일반적으로 비효율적인 것으로 알려지고 있다. 이에 반해서 쌍방적 커뮤니케이션(two-way communication)은 피드백이 존재하는 방식으로서 시간이 더 걸리고 때로는 감정적인 문제가 발생할 수 있지만 보다 효율적인 방식이라고 할 수 있다. 쌍방적 커뮤니케이션은 수신자의 발신자에 대한 반응을 나타내는 피드백의 기회가 있기 때문에 커뮤니케이션의 정확성과 유효성이 향상되며, 따라서 쌍방의 신뢰도도 역시 증가하게 된다.

2 글로벌기업의 커뮤니케이션과 문화

1) 문화이해의 중요성

모든 글로벌경영활동은 커뮤니케이션을 통하여 이루어진다. 따라서 글로벌경영환경에서의 정보와 아이디어 교환, 의사결정, 협상(negotiation), 동기부여, 그리고 지휘(leading) 등과 같은 제반 활동들의 유효성은 경영자들이 이질적 문화배경을 지니는 외국의 경영자나 종업원들과 효과적으로 의사소통을 할 수 있는지에 달려 있다고 할 수 있다. 그러나 경영자가 다양한 언어와 문화를 대상으로 하여 커뮤니케이션을 효과적으로 이행한다는 것은 매우 어려운 일이다. 왜냐하면 문화차이에 기인하는 여러 가지 장애요인들이 효과적인 커뮤니케이션을 방해하기 때문이다.

경영자가 효과적 커뮤니케이션을 방해하는 문화적 장애요인을 극복하기 위해서는 이문화에 대해 이해하고자 하는 노력이 선행되어야 한다. 그러나 이러한 노력은 매우 힘들고 짜증스러운 과정을 거쳐야만 비로소 실현될 수 있다. 왜냐하면 그에게는 명백한 것으로 인식되는 어떠한 사실이 문화배경이 다른 상대방에게는 즉시 받아들여지지 않거나 또는 전혀 생소한 것으로 인식되는데, 이러한 인식상의 차이를 극복하고 상대방을 보다 많이 이해하기까지는 많은 시간과 인내를 필요로 하기 때문이다.

경영자가 문화배경이 상이한 국가의 경영자나 종업원들을 이해하기 위해서는 될 수 있는 한 그 나라의 역사와 문화 속에 자신을 들여놓으려고 노력해야 한다. 그렇게 함으로써 그들의 삶에 대한 접근방법과 생활 및 사고방식에 보다 가깝게 다가갈 수 있으며 자신과 그들과의 차이가 어디에 있는지를 인식할 수 있고, 드디어는 그들과의 커뮤니케이션이 보다 효과적으로 이루어질 수 있는 여건을 조성할 수 있게 된다.

경영자가 이질적인 역사와 문화 속에 자신을 들여놓는다는 것은 또한 문화에 대한 의식적인 깨달음, 즉 '문화적 자기인식'을 가능하게 한다는 면에서 매우 중요하다고 할 수 있다. 문화적 자기인식은 다른 문화와 성공적인 관계를 형성하고 효과적인 커뮤니케이션을 달성하는 데 있어서 필수적인 조건이라고 할 수 있다.

2) 문화적 자기인식

우리는 나와 다른 지각과 행동적 특성을 지니는 이문화권의 사람들과 접촉함으로써 비로소 문화차이를 깨닫게 되고 또한 우리 자신의 문화적 독특성을 인식하게 된다. 따라서 문화적으로 자기를 깨닫기 위해서는 다른 사람들의 문화가 우리의 것과 어떻게 다른지를 배워야 한다. 다시 말하면, 다른 문화에 대해 알지 못하는 사람은 자신의 문화에 대해서도 알지 못한다는 것이다. 이러한 다른 문화에 대한 인식을 통하여 자기 자신이 속해 있는 문화를 이해하는 것을 '문화적 자기인식(cultural self-awareness)'이라고 한다(Root, 1987).

문화적 자기인식이 없는 경우에 우리는 다른 문화의 사람들도 우리와 똑같은 세계를 경험한다고 무의식적으로 가정하는 경향이 있다. 이러한 가정을 '인식의 유사성(cognitive similarity)' 일반적으로는 '자기준거기준(self-reference criterion)'이라고 한다. 우리의 문화가치에 대한 무의식적인 준거기준은 같은 문화의 사람들과 상호작용할 때에는 어떠한 문제도 야기하지 않는다. 왜냐하면 이러한 자기준거기준은 같은 문화의 사람들에게 적응하려는 갈망을 지님으로써 보다 원활한 사회적 상호작용을 촉진시키는 역할을 하기 때문이다.

그러나 자기준거기준은 우리가 다른 문화의 사람들과 상호작용할 때에는 파괴적으로 작용할 수 있다. 따라서 문화적 자기인식이 없는 상황에서의 자기준거기준은 이문화 간의 상호작용과 커뮤니케이션에 부정적으로 작용할 수 있음을 예측할 수 있다.

문화적 자기인식은 문화차이에 대한 단순한 인식 이상의 수준을 나타낸다. 문화적 자기인식은 또한 자신이 속해 있는 문화가 다른 문화보다 우월하다는 강한 신념을 포기할 것을 요구한다. 모든 문화는 사람들을 자기중심주의적으로 만드는 경향이 있다. 이러한 사람들은 종종 문화배경이 다른 사람들의 행동에 대하여 우월감, 경멸, 오만, 그리고 거부감 등의 태도를 보이게 된다. 따라서 자국중심주의적 태도는 이문화와의 효과적인 상호작용을 방해하는 장애요인으로 작용한다.

남의 문화가 자신의 그것보다 열등하다고 판단하는 것은 의미가 없다. 왜냐하면 모든 문화는 독특한 성질을 지니기 때문이다. 그러므로 이문화에 대한 우월감의 표시는 결국 자기의 독특한 문화가치를 투영해 보는 것에 지나지 않는다.

문화적 자기인식은 우리로 하여금 자신의 사고, 감각, 그리고 행동을 지배하는 규범과 규칙을 의식하게 한다. 따라서 문화적 자기인식은 다른 문화에 대한 이해를 통하여 자신의 문화를 보다 정확히 이해하기 위한 일련의 학습과정이라고 할 수 있다. 이러한 학습과정을 통하여 우리의 문화를 제3자의 관점에서 객관적으로 판단할 수 있는 능력을 얻게 되고, 우리의 문화적 가치에 대한 감정적 집착으로부터 점차 해방될 수 있다. 문화적 자기인식은 또한 우리 자신의 문화에 대한 거부가 아닌 확인을 말한다. 왜냐하면 우리의 문화를 보다 명확히 인식할 수 있음으로써 자신에 대하여 보다 잘 이해할 수 있고, 다른 문화에 대한 '문화적 편견'을 제거할 수 있다. 이러한 관점에서 볼 때, '문화적 자기인식'은 다른 문화 사람들과의 커뮤니케이션을 효과적으로 행하는 데 있어서 경영자가 지녀야 할 필수적인 조건이라고 할 수 있다.

3) 커뮤니케이션의 문화일치성

커뮤니케이션은 발신자의 지각영역(perceptual field), 즉 그의 경험세계가 수신자의 지각영역과 일치할 때에만 의도하는 메시지의 의미를 성공적으로 전달할 수 있다. 말하자면 커뮤니케이션은 지각을 함께 나누는 과정이라고 할 수 있다. 따라서 수신자의 지각영역을 벗어난 메시지는 그것이 비록 발신자가 의도하지 않는 또 다른 의미를 포함한다고 할지라도 수신자에게 효과적으로 전달될 수 없다.

그러나 이러한 지각상의 일치는 비록 그것이 성공적인 커뮤니케이션을 위한 필요조건은 될지라도 충분조건은 되지 못한다. 왜냐하면 효과적인 커뮤니케이션을 위해서는 지각상의 일치 외에 수신자가 메시지의 의미를 보다 명확히 해독할 수 있도록 발신자는 기타 언어의 심벌, 몸짓, 얼굴표정 등 각종 효과적인 언어적·비언어적 행동방식으로 그의 메시지를 코드화할 필요가 있기 때문이다.

[그림 9-2]는 커뮤니케이션과정에서 나타나는 메시지 발신자와 수신자 사이의 지각범위·코드화·해독행동에 대한 문화적 일치 정도를 보여준다.

그림 9-2 | 커뮤니케이션과정의 문화일치성

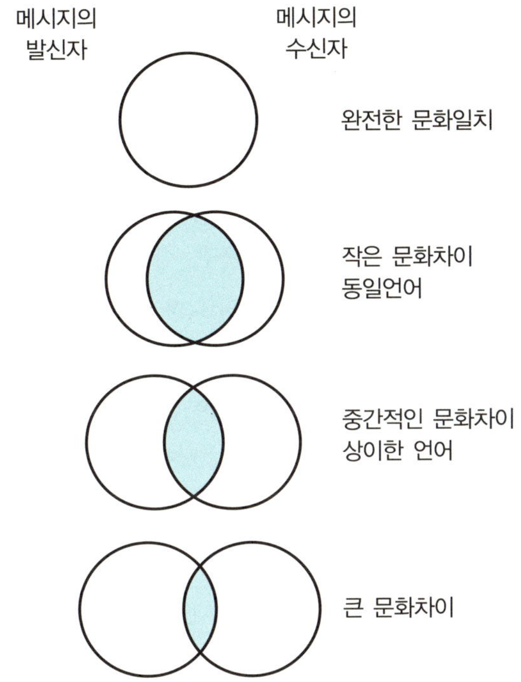

자료 : F. R. Root(1987), *Entry Strategics for International Market,* D. C. Heath and Company, p.245.

여기에서 보는 바와 같이 발신자와 수신자 간에 문화적으로 일치하는 정도가 크면 클수록 커뮤니케이션의 문화적 왜곡현상은 낮아진다. 발신자와 수신자가 모두 같은 문화에 속할 때 그 일치는 거의 완벽하게 되며, 다른 문화에 속할 때 그 일치 정도는 매우 낮아진다. 그러나 발신자와 수신자 사이에 어느 정도의 문화차이가 존재한다고 할지라도 이들이 동일한 언어를 사용한다면 그 일치 정도는 상당히 커진다고 할 수 있다.

또한 발신자와 수신자 간에 어느 정도 문화적 유사성을 가진다고 할지라도 서로 상이한 언어를 사용한다면 그 일치 정도는 현저히 줄어들게 될 것이다(Root, 1987). 예를 들면 미국과 영국, 독일과 오스트리아, 프랑스와 벨기에, 그리고 이집트와 사우디아라비아 등은 문화차이는 존재하나 동일한 언어를 사용하는 국가들로 그 일치성이 상당히 크다고 할 수 있다. 그러나 미국과 유럽제국, 한국과 중국, 중국과 일본 등은 문화차이는 적으면서 상이한 언어를 사용하는 국가들로서 그 일치성은 상당히 적게 나타난다.

3 커뮤니케이션과 문화차이

1) 고배경문화와 저배경문화의 커뮤니케이션

커뮤니케이션의 문화차이를 이해하는 데 있어서 홀(Edward T. Hall)이 제시하고 있는 문화비교의 유형은 많은 도움을 준다. 홀은 전 세계의 국가문화를 고배경문화(High-Context Culture : HCC)와 저배경문화(Low-Context Culture : LCC)의 개념으로 이원화하였다(Hall, 1960). 여기서 HCC란 커뮤니케이션을 비언어적인 행동에 의존하고 있는 문화를 말하고, LCC란 커뮤니케이션을 주로 언어, 즉 실제의 대화나 문자에 의존하고 있는 문화를 말한다(박영배, 2008).

먼저 HCC에서는 커뮤니케이션을 위한 메시지나 정보가 대부분 신체적 배경 또는 개인에 내면화됨에 따라 이것이 명백하게 부호로 나타나거나 코드화되지 않는다. 다시 말해서 의사발신자의 배경, 연상, 기본적인 가치관 등 커뮤니케이션의 배경에 더 많은 정보가 포함되어 있기 때문에 실제로 구두로 나타낸 메시지에는 정보가 훨씬 적게 포함된다는 것이다. 이에 반하여 LCC에서는 커뮤니케이션의 대부분이 명백한 언어적 코드, 말하자면 대화나 글로 쓰여진 어휘를 통하여 이루어진다. 이러한 차원에서 볼 때 중국, 일본, 아랍문화는 HCC에 속하며, 미국, 영국, 독일문화는 LCC로 분류된다.

LCC국가에서의 커뮤니케이션은 HCC국가에서보다 훨씬 추상적이고 비인격적이다. 그것은 어떤 실제의 사건이나 상황이 그것을 기술하기 위해 사용된 언어보다 훨씬 복잡하고, 문자언어는 또한 그 자체가 구두언어의 추상적 개념이기 때문이다. 다시 말하면, 사람은 언제나 한 번에 사건이나 상황을 단지 한 측면에서 말하거나 글로 쓸 수 있기 때문에 커뮤니케이션이 1차원적인 선형(linear)으로 이루어지게 된다. 즉, 이것은 언어가 사건이나 상황의 단지 부분적인 의미만을 포함하고 나머지 부분은 무시되거나 버려진 채 전달됨을 의미한다.

이와 반대로 HCC국가에서의 커뮤니케이션은 사건이나 상황의 복잡성을 훨씬 효과적으로 전달한다. 왜냐하면 수신자가 언어나 문자로부터뿐만 아니라 발신자의 비언어적 행동과 신체적 배경으로부터 상황이나 사건의 의미를 보다 효과적으로 파악할 수 있기 때문이다. 그러나 HCC의 커뮤니케이션은 수신자로 하여금 발신자의 지각범위를 LCC의 커뮤니케이션에 비하여 보다 많이 공유할 것을 요구한다.

고배경적인 메시지는 단지 필요한 정보(내적 컨텍스트)와 커뮤니케이션의 배경(외적 컨텍스트)을 식별하는 데 훈련되어 온 사람만이 이해할 수 있다. 따라서 일본이나 중국인은 이러한 눈에 띄지 않는 포괄적인 내용의 메시지를 보다 용이하게 이해할 수 있다. 미국인이나 서구인이 일본인 또는 기타 HCC국가의 사람들과의 커뮤니케이션과정에서 자주 당황하게 되는 것은 이러한 숨겨진 배경에 대한 인식이 부족하기 때문이다.

이와 같은 커뮤니케이션의 문화차이는 기업조직의 각종 관리활동에도 서로 다르게 반영된다. 예를 들면, 미국과 같은 LCC에서는 기업은 주로 명백하게 서면으로 작성된 규칙에 의존하여 경영자나 종업원의 행동을 지휘하고 통제한다. 그리고 경영자나 종업원에 대한 상벌의 표준으로서 특정 과업목표의 달성 정도를 중요하게 반영한다.

미국의 대규모 기업들은 전문화된 경영자들이나 종업원들 간에 공식적인 관계에 의해 연계된 많은 기능과 활동을 명시적으로 규정하고 있다. 일반적으로 최고경영자들은 단지 장기적 계획을, 그리고 중간경영자들은 단기적 계획을 수립하는 데 관여할 수 있으며, 하부계층의 종업원들은 이러한 계획수립의 과정에서 철저히 제외된다. 미국의 기업경영자들은 기업에 필요한 어떤 독특한 기술은 거의 존재하지 않는다고 생각한다. 따라서 경영자, 기술자 및 노무자들은 외부로부터 언제, 어느 계층으로든 영입될 수 있고, 그리고 이렇게 영입된 종업원들은 개인의 의사와는 관계없이 조직의 행동규칙과 전문화된 과업에 쉽게 적응한다. 또한 종업원들은 자신의 능력을 최고의 값을 부르는 사람에게 제공하므로 주로 경제적 보상에 대한 전망에 의해 동기부여된다. 그러므로 미국인들은 그들이 현재 몸담고 있는 기업에 대하여 단지 조건부의 충성심만을 나타내며 한 기업에서 다른 기업으로 빈번히 이동한다. 사회생활도 단지 부분적이거나 동료들과의 관계에 국한되어 있다.

일본과 같은 HCC국가에서는 경영자와 종업원의 행동이 문화형성과정을 통하여 내면화된 기업의 가치관과 직무수행방식에 관한 묵시적 규칙에 의하여 지배된다. 따라서 자신들의 기업문화에 전적으로 동화되어 있는 경영자와 종업원들은 상대방의 조직 내 역할에 대한 상호이해와 협조를 통하여 직무를 수행하는데, 이는 미국기업이 강조하는 경영자와 종업원 간의 공식적 관계나 성과목표와는 확실한 대조를 보여주는 것이다. 다시 말하면, 일본기업에서는 규칙이나 역할 그리고 직무기대 등의 메시지가 실제의 대화를 통해서보다는 배경(context)을 통하여 더욱 효과적으로 전달된다.

또한 일본기업의 최고경영자들은 경영자와 종업원이 기업을 위하여 독특한 기술을 습득하여야 하며, 그러한 기술은 기업의 직무를 통해서만이 학습될 수 있다고 믿는다. 일본기업의 경영자나 종업원들은 기업의 사업이념을 깨달을 수 있어야 한다. 그러므로 기업은 전문적 기술보다는 오히려 조직에 적합한 사람으로 인정되는 젊은이들을 더욱 선호하는 경향이 있다.

HCC의 기업은 창업단계를 제외하고는 경영자나 종업원을 거의 외부로부터 영입하지 않는다. 기업의 기본적인 관리원칙은 모든 종업원이 기업의 장기적인 복지를 증진시키는 데 있어서 공동의 책임이 있음을 강조한다. 의사결정은 광범위한 참가에 의하여 이루어지며 심지어는 하부계층의 종업원들까지도 기업의 장기목표에 관심을 가질 수 있도록 고무된다. 그리고 장기적 발전을 위해 기업은 경영자 및 종업원들에게 직무상의 안전을 보장해준다. 종업원들은 또한 기업을 중심으로 생활하면서 기업에 대한 종신적 충성으로 기업의 은혜에 보답하여야 한다(Root, 1987).

이상에서 우리는 HCC와 LCC의 커뮤니케이션의 특성과 이로 인해 나타나는 각종 관리활동의 차이점을 주로 미국과 일본기업을 예로 들어 알아보았다. 그러나 여기서 보다 중요하게 강조되어야 할 것은 HCC나 LCC기업의 커뮤니케이션 특성이 상대적인 문화환경에서 어느 정도까지 효과적으로 적용될 수 있느냐 하는 것이다.

2) 비언어적 커뮤니케이션의 문화차이

모든 문화의 사람들은 어떤 의미를 전달하기 위하여 구두나 문서뿐만 아니라 비언어적 행동을 이용한다. 앞에서 살펴본 바와 같이 HCC의 사람들은 LCC의 사람들보다 훨씬 높은 정도로 비언어적 행동에 의존하여 커뮤니케이션을 행한다. 그러나 비언어적 행동, 즉 자세, 의상, 얼굴표정 및 몸짓 등의 의미는 문화에 따라 다르게 인지될 수 있다.

비언어적 행동은 대부분 '묵시적 언어(silent language)'로 표현된다고 할 수 있다. 따라서 이는 말이나 어휘가 아닌 행동을 통하여 그 의미하는 바를 상대방에게 전달하려는 커뮤니케이션과정이라고 할 수 있다. 여기에서는 홀(Edward T. Hall)이 묵시적 언어로 제시하고 있는 '시간의 언어(language of time)'와 '공간의 언어(language of space)'를 중심으로 하여 비언어적 커뮤니케이션의 문화차이에 대해 알아보도록 하겠다.

① 시간의 언어 : 시간은 상이한 문화에 있어서 서로 다른 의미를 나타낸다. 미국인들에게 있어서 시간은 미래를 향하여 흐르는 강과 같이 묘사될 수 있다. 그들은 시간에 따라 하나의 행동에서 다른 행동으로 이동한다. 그들은 원하는 곳, 즉 목표지점에 도달하기 위하여 활동을 시간에 따라 분할한다. 말하자면 그들은 시간을 계획적으로 통제할 필요가 있다고 느낀다. 그러한 이유로 미국인들은 일의 '속도'에 큰 가치를 부여하며, 여러 가지 일이 동시에 진행될 때에는 불편함을 느낀다. 그리고 그들은 극히 미래지향적이기 때문에 많은 외국 사람들의 눈에는 매우 참을성이 없는 사람들로 비친다(Root, 1987).

다른 문화의 사람들은 시간을 또 다르게 인지한다. 예를 들면, 아랍인들은 미래를 위해 계획하는 것을 싫어한다. 그들은 단지 알라신만이 미래를 알고 있기 때문에 자신들의 미래에 대하여 언급하는 것을 매우 불경한 것으로 생각한다. 그리고 그들은 시간적 계획이나 약속을 신중하게 받아들이지 않는다. 따라서 아랍 사람들과 어떤 중요한 약속을 하기 위하여 시간을 지정하는 것은 매우 위험스럽다. 미국인과 달리 아랍인들은 또한 여러 가지 일이 동시에 진행될 때 매우 행복해한다. 또한 라틴아메리카의 사람들은 시간에 대하여 매우 탄력적인 생각을 가지고 있다. 즉 그들은 중요한 사람, 친척, 그리고 친구들에게는 다른 사람들에 비하여 심지어 근무 중에도 많은 시간을 할애한다.

② 공간의 언어 : 시각적 · 청각적 공간의 의미는 문화에 따라 서로 다르게 나타난다. 예를 들면, 공간은 다른 사람들과 함께 나누어야 한다는 미국인들의 신념은 독일인들에게는 받아들여지지 않는다. 독일인들은 문이 열려져 있는 상태를 무질서한 것으로 생각하는 반면에, 미국인들은 문이 닫혀 있는 상태를 매우 야박한 것으로 생각한다. 따라서 독일식의 문이 미국식의 문보다 훨씬 견고하게 되어 있다는 사실은 놀랄 만한 것이 못 된다(Hall, 1969).

공간을 나타내는 또 다른 하나의 측면으로 거리공간을 들 수 있는데, 이 또한 문화에 따라 다른 의미로 받아들여진다. 예를 들면, 미국인들은 옆집의 사람들과 같이 알고 지내기를 기대한다. 그러나 덴마크와 기타의 많은 유럽국가에서는 이러한 거리상의 가까움 또는 근접 정도는 아무런 의미도 나타내지 않는다. 덴마크인들의 개인관계는 가족과 사회계급에 의해 형성된다. 따라서 덴마크에서 도시 주변의 주택들은 재산의 경계를 의미하는 견고한 담에 의해 보호되고 있다.

대화적 및 사회적 거리 또한 문화에 따라 달라진다. 예를 들면, 대화적 거리는 미국에서보다 라틴아메리카에서 훨씬 가깝다. 따라서 라틴아메리카 사람과 대화를 나누는 미국인들은 습관적으로 일정한 대화거리를 유지하기 위하여 무의식적으로 뒤로 물러선다(Root, 1987).

아시아문화에서 공간의 언어는 미국과 기타 서구문화의 그것과 근본적인 차이를 보인다. 예를 들면, 일본의 공간은 대부분 중앙이 강조된다. 일본인들은 식당에서 사업관계 모임을 갖기 위해 좌석을 배열할 때 호스트는 방 중앙에서 손님을 영접하게 되는데, 이때 방 주변의 개인 식탁은 보다 공식적인 장소가 되며 중앙의 식탁은 이보다는 덜 공식적인 장소가 된다(Norbury and Bownas, 1975). 일본인들은 서구인들과는 달리 간격(interval), 즉 'ma'에 기초하여 공간에 의미를 부여하는 것을 배운다. 일본식의 꽃꽂이와 수석정원(rock garden)의 배열상태는 이러한 'ma'를 나타내는 대표적인 예라고 할 수 있다.

아랍인들은 또한 서구인들과 달리 공간을 처리한다. 즉, 아랍인들은 자신의 신체 외부에는 '사적 영역(private zone)'이 존재하지 않는 것으로 인식한다. 그들은 사람들과 얘기할 때 상대방에게 입김을 내쉬고 또 상대방의 냄새를 맡는 것을 즐긴다. 따라서 그들은 매우 근접한 거리에서 서로 대화를 나누는데, 그들의 이러한 거리에 대한 인식은 서구인들에 비하여 훨씬 밀접한 상호작용을 통해 인간관계를 형성하고 있는 사실에서도 찾아볼 수 있다.

이상에서 살펴본 것과 같이 시간과 공간의 언어가 문화에 따라 다르게 사용되고 있다는 사실은 특히 글로벌경영자들에게 있어서 중요하다고 할 수 있다. 왜냐하면 묵시적 언어로서의 공간에 대한 인식은 겉으로는 나타나지 않는데 이는 문화배경이 다른 사람들과의 커뮤니케이션에 있어서 오해나 왜곡의 원천이 될 수 있기 때문이다. 따라서 글로벌경영자가 외국인들과의 커뮤니케이션을 효과적으로 하기 위해서는 그들의 시간과 공간의 언어를 먼저 이해하여야 할 필요가 있다.

글로벌 문화탐방 9

패치워크 문명론

얼마 전 중국 고속철이 대형 사고를 냈을 때 일본이 한마디 했다. 일본과 독일 등의 고속철 기술을 엮은 '모방기술' 내지는 '짬뽕기술'의 한계를 보여준 사고라는 것이다. 한마디로 중국은 '짜깁기'의 한계를 극복하지 못하고 있다는 말이다.

그런데 이 '짜깁기'는 알고 보면 모든 문명발달의 원리이다. 황태연 교수는 『공자의 세계』라는 저서에서 '패치워크(patchwork) 문명론'을 내세우고 있다. 헝겊조각들을 재봉틀로 박아서 서로 붙이는 작업을 짜깁기, 영어로는 패치워크라고 한다. 황 교수에 의하면 모든 문명은 처음에 다른 문명의 장점을 수입하는 단계를 거치고 그 다음에는 짝퉁, 즉 모방품을 만드는 단계에 진입한다. 하늘에서 갑자기 뚝 떨어지는 것은 없다. 짝퉁을 열심히 만들다 보면 이 짝퉁이 오리지널 제품을 능가하는 수준에 도달한다는 것이다. 1. 수입 2. 짝퉁(짜깁기) 3. 원류능가의 단계이다. 한국이 보유한 철강·조선·반도체·가전제품·자동차·잠수함 등의 기술이 모두 이 과정을 거쳤다. 기술뿐만 아니라 최근에는 'K팝'이라고 하는 문화상품이 원류를 능가하는 단계에 진입하고 있다. 한국이 1970~1990년대까지는 짜깁기단계였지만 2000년대를 넘어서면서부터는 원류를 능가하는 기술수준에 도달하였다. 『공자의 세계』에서는 이 과정을 '패치워크 문명론(짜깁기 문명론)'으로 요약하고 있다.

짜깁기이론과 융합이론과의 차이점은 자기 색깔이 남아 있느냐 없느냐 하는 부분이다. 융합에서는 화학변화가 일어나 자기 색깔이 없어져 버리지만, 패치워크에서는 자기 헝겊조각과 그 색깔이 조각조각으로 남아 있다. 유럽이 동양에서 수입한 나침반·화약·종이를 가지고 짜깁기 제품을 만들다가 결국에는 그 원류인 동양을 제압하게 된 것처럼, 19세기 이래로 서구를 모방하여 온 한자문화권의 한·중·일 삼국이 원류를 능가하는 수준에 진입하게 되었다. 삼국 중에서 명치유신(明治維新)이라는 국운융성기를 통과한 일본이 제일 먼저 패치워크에 성공하였고, 박정희 시대를 거친 한국이 재미를 보고 있는 중이다. 다음은 중국 차례이긴 하지만 고속철 사고를 보면 중국은 좀 더 절차탁마(切磋琢磨)의 시간을 가져야 할 것 같기도 하다.

자료 : 조선일보, 조용헌 살롱, 2011년 8월 1일자 수정.

생각해 봅시다

1. 커뮤니케이션은 어떠한 과정을 거쳐 이루어지며, 일반적으로 어떤 형태로 나타나는가?

2. 문화적 자기인식이란 무엇을 말하며, 이는 이문화 간의 커뮤니케이션에 있어 어떠한 중요성을 갖는가?

3. 고배경문화(HCC)와 저배경문화(LCC)의 커뮤니케이션 특성은 언어적·비언어적으로 어떤 차이를 보이는가? 그리고 HCC와 LCC 사이에 이루어지는 커뮤니케이션은 어떤 어려움이 있겠는가?

4. 문화차이가 커뮤니케이션과정에서 어떻게 장애요인으로 작용하며, 그것을 효과적으로 극복하기 위해서는 어떻게 해야 하는가?

Chapter 10 글로벌경영과 문화다양성관리

- 볼거리 읽을거리 : 대우의 세계경영
- 1. 글로벌경영자와 문화차이의 이해
  2. 글로벌기업의 문화다양성과 관리방안
  3. 문화다양성의 시너지효과
- 글로벌 문화탐방 ⑩ : 다이내믹과 '벤'의 화합
- 생각해 봅시다

볼거리 읽을거리

대우의 세계경영*

베나지르 부토 전 파키스탄 총리 피살 후 현지취재차 이슬라마바드에 갔을 때의 일이다. 이 나라 집권여당인 파키스탄 무슬연맹(PML) 당사를 찾아 구람 무스타파 말릭 대변인에게 한국기자라며 인터뷰를 요청했다. 그의 첫 마디는 예상 밖이었다.

"아, 대우의 나라." "어떻게 대우를 아시지요?" "우리나라에서 제일 좋은 고속도로를 건설한 업체지요." "어디예요?" "이슬라마바드와 라호르 간 고속도로, 대단합니다. 여기에서 대우 모르면 이상하지요." 그는 껄껄 웃었다.

다음날 현지 최대 수공예품 판매회사 중 하나인 '파키스탄 수공예 하우스'를 찾아 라술 칸 사장에게 명함을 건네며 경기가 어떤지 물었다. 그가 서툰 한국어로 "안녕하시지요?" 한다. "어디서 한국말을 배웠나요?" "일주일에 한 번씩 대우고속버스를 타고 라호르까지 출장을 다니지요. 요금은 다른 버스보다 두 배나 비싸지만 서비스가 최곱니다. 그래서 한국어를 공부하게 됐고 지금은 매년 수십만 달러어치 수제품을 한국에 수출하고 있습니다." 그는 삼미 파키스탄 운수법인이 2004년 대우로부터 인수해 개명한 삼미·대우 익스프레스 버스를 아직도 대우버스로 기억하고 있었다(이 회사는 370여 대의 버스가 37개 도시를 운행하는 파키스탄 최대 운송업체다).

2005년 파키스탄 한 신문사가 자국 내 모든 회사의 브랜드 인지도 조사를 했다. 페르베즈 뮤샤라프 대통령이 "경제, 경제" 하며 외자유치에 열을 올리고 있을 때였다. 현지 국내외 주요 기업 100여 개가 거론됐는데 놀랍게도 삼미·대우 익스프레스가 1위였다. 코카콜라와 맥도날드도 '대우'의 벽을 넘지 못했다. 이후 현지에선 "대통령 이름은 몰라도 대우 이름은 안다"는 우스갯소리가 생겨났다.

대우의 명성이 하루아침에 생겼을 리 만무하다. 1992년 파키스탄정부는 수도와 제2의 경제도시인 라호르를 잇는 340km 고속도로 공사 국제입찰을 실시했다. 그런데 입찰에는 대우와 터키의 한 건설업체 단 두 회사만 응했다. 치안문제, 이질적인 이슬람문화에다 가난한 파키스탄정부의 공사대금 지불조건이 좋지 않았던 탓이다. 여기에다 현지 토목공사 협력업체가 거의 없어 정상적 공사는 불가능해 보이니 당연한 일이었다. 공사는 대우가 맡았다.

1993년 300여 명 정도가 현지발령을 받았는데 "공사가 완벽히 마무리될 때까지 귀국할 수 없다"는 단서가 붙었다. 현지 조건이 열악하니 배수진을 칠 수밖에 없었던 것이다. 당연히 공사는 고난의 연속이었다. 한 달에 휴일은 딱 두 번으로 제한됐고 매일 10시간 이상 공사가 진행됐다. 포클레인이나 트럭이 부족해 소가 끄는 쟁기나 수레까지 동원됐다. 현지인은 이런 대우 직원을 '외계인'이라 불렀다. 한번은 대우 직원이 낮잠 자는 현지 인부에게 "너무 게으르다"고 말했다가 이들의 집단행동으로 공사가 중단되기도 했다. 그렇게 대우맨들은 5년 반 동안 이 나라 최초의 고속도로를 이어 나갔다. 1997년 말 340km의 6차선 도로가 완공됐을 당시 나와즈 샤리프 총리는 자신이 직접 차를 몰고 도로를 완주하며 기뻐했다. 그리고 "경제개발을 위한 첫 동맥이 생겼다"며 눈물을 글썽거렸다. 이듬해 대우의 '고속도로 건설기'는 파키스탄 초·중학생 교과서에 실렸고 아직도 캔두(can-do)정신의 화신으로 회자되고 있다. 물론 대우는 이 공사로 현지 운수업체 운영권을 따냈고, 적지 않은 돈을 벌었다.

지금 파키스탄은 어지럽다. 주민들은 종족·종파 간 테러와 전쟁으로 항상 죽음을 곁에 두고 살아간다. 그러나 한국인을 보면 대우 얘기를 하고 친구처럼 대한다. 그리고 한국기업을 대우의 분신쯤으로 여기며 부러워하고 좋아한다. 수백억 아니 수천억 달러를 쓴다 해도 결코 얻기 어려운 그 마음을 대우는 고속도로 건설 하나로 얻은 것이다. 대우의 세계경영은 그렇게 파키스탄에 남아 있었다.

* 자료 : 중앙일보, 칵테일, 2008년 3월 1일자.

10 Chapter

글로벌경영과 문화다양성관리

1 글로벌경영자와 문화차이의 이해

1) 자국중심적 문화인식

전 세계를 대상으로 사업을 벌여놓고 있는 기업은 다양한 문화권에서 각기 다른 문화적 배경을 지닌 사람들을 통해서 기업활동을 하게 된다. 따라서 글로벌경영에 있어서 문화차이를 인식하고 이해한다는 것은 가장 기본적이고 중요한 성공요건이 된다. 그러나 많은 글로벌경영자들은 이러한 문화차이를 인식 · 이해하지 못하거나, 자국문화의 어떠한 고정적인 윤리규범이나 관습에 얽매어 문화차이에 대한 인식 그 자체를 거부하거나 심지어는 죄악시하는 경향이 있다. 따라서 이러한 문화차이에 대한 무지나 무시는 종종 그들이 경영활동을 수행하는 데 있어서 커다란 장애요인으로 작용하거나 심지어는 전체기업에 대하여 치명적인 손실을 가져오는 결과를 초래한다.

글로벌기업 경영자의 가장 커다란 실수는 그 자신이 깨닫지 못하는 무의식적인 '자민족중심적 가정'에 근거하여 사고하고 행동한다는 데 있다. 즉, 경영자는 자신과 상이한 문화적 배경을 갖는 외국 사람들이라 할지라도 그들이 자국 내의 사람들과 마찬가지로 생각하고 행동한다고 확신하는 경향이 있다. 그러나 이러한 경영자의 자문화중심적 가정은 외국인을 대상으로 하는 사업계획의 수립과 이를 성공적으로 이행하기 위한 각종 전략을 수립 · 선택하는 과정에서 매우 불합리하고 부정적으로 작용하게 된다.

기업의 글로벌경영활동은 여러 가지 형태로 나타난다. 예를 들면, 기업은 단순히 상품이나 용역 등을 수출하는 무역을 통하여 글로벌경영활동에 참여할 수 있고, 기술·경영노하우와 같은 무형의 지식이나 정보를 파는 거래를 통하여 참여할 수 있으며, 또는 외국기업과의 합작투자나 단독투자를 통하여 글로벌경영활동에 참여하기도 한다. 그러나 여기서 중요한 것은 기업이 어떠한 형태를 통하여 글로벌경영활동에 참여하든 간에 모든 글로벌경영활동은 반드시 외국인을 대상으로 이루어진다는 것이다. 즉 모든 글로벌경영활동은 상이한 문화적 배경을 지니는 외국의 소비자, 공급업자, 배급업자, 정부관리, 기술도입자, 합작투자의 파트너, 종업원 등 다양한 계층의 사람들과의 커뮤니케이션과 협상을 통하여 이루어진다.

따라서 글로벌경영자의 자문화중심적인 사고와 행동은 이들과의 커뮤니케이션을 왜곡하고 효과적인 협상을 방해하는 중요한 요인으로 작용하거나 나아가 목표시장의 선택과 세분화, 제품의 선택과 시장적응성, 해외마케팅프로그램의 작성과 진출활동의 통제 등의 전략에 부정적인 영향을 미친다. 또한 외국종업원의 선발과 훈련 그리고 지휘와 통제 등 제반 관리행동이 효과적으로 이루어지는 것을 방해한다.

따라서 글로벌경영자들은 먼저 자신들이 자문화중심적인 또는 자민족중심적인 사고와 행동의 존재를 올바로 인식할 수 있어야 한다. 그럼으로써 상이한 문화적 배경을 지니는 사람들의 사고와 행동특성을 인식·이해할 수 있게 되며 이러한 문화차이에 보다 효과적으로 적응하고 대처할 수 있게 된다.

아래에서는 글로벌기업 경영자들의 문화차이에 대한 무지와 몰이해에서 기인하는 여러 가지 문제점에 관하여 알아보도록 하겠다.

2) 문화차이의 이해

글로벌경영활동에 참여하고 있는 기업은 자국의 문화와는 매우 이질적인 문화에 직면하게 되고, 그러한 현지의 문화차이는 기업의 경영방식뿐만 아니라 기업이 현지에서 추진하고 있는 사업의 모든 면에 영향을 미친다. 따라서 글로벌기업의 경영자는 현지국과 자국의 문화차이를 이해하고 이로 인하여 발생될 수 있는 각종 문제에 적절히 대처해야 할 필요가 있다.

그러나 많은 경우에 있어서 사람들은 이 같은 문화차이를 인식·인정하기를 회피하거나 심지어는 죄악시하는 경향이 있다. 그들은 문화차이를 인정한다는 것을 아주

원시적이고 비도덕적이라는 생각과 관련시킨다. 따라서 문화차이를 인정하려는 기업의 경영자들에 대해서는 편견주의자, 인종차별주의자, 남녀차별주의자, 자국중심주의자, 또는 능력이 없는 사람이라는 딱지를 붙인다.

예를 들면, 미국의 문화적 규범은 경영자들로 하여금 성이나 인종 그리고 민족적 차이에 대하여 무관심할 것을 강조한다. 따라서 미국의 경영자들은 사람들을 단지 개인적인 능력과 전문기술의 보유 여부에 따라 평가하고 판단하는 경향이 있다. 그러나 문화차이를 무시하거나 경시하여 사람을 판단하는 것은 많은 문제를 야기할 소지가 있다. 왜냐하면 올바른 판단은 개인적인 능력이나 기술보다는 사람들이 지니는 문화적 배경과 그로 인한 행동의 차이가 그들의 조직에 대한 관계에 영향을 미친다는 것을 인식할 수 있을 때 비로소 가능해지기 때문이다.

사람들을 문화적으로 인식하는 데 있어서 경영자가 주의해야 할 것은 문화차이를 '좋고 나쁨' 또는 '선과 악' 등의 기준을 통하여 인식해서는 안 된다는 것이다. 왜냐하면 문화차이는 단지 사람들이 '문화적으로 다르다는 것'을 나타낼 뿐이지 그들이 '문화적으로 선하거나 또는 악하다는 것'을 말하는 것이 아니기 때문이다. 따라서 경영자들이 어느 특정의 문화기준에 의하여 타 문화의 사람들을 선 또는 악의 기준으로 평가 · 판단한다면 그들은 편견에 의하여 사람들을 대하게 되므로 문화차이를 진정으로 이해하지 못하게 되며, 오히려 공격적 · 인종차별적 · 자민족중심적인 태도와 행동을 유발하게 될 것이다.

또한 이러한 기준은 문화차이를 올바르게 인식할 수 없게 하고 개인적 기준에 의해 특정의 문화를 선택하게 함으로써 경영자는 문화의 차이 또는 문화의 다양성이 가져올 수 있는 긍정적 측면을 극대화하지 못하거나 또는 부정적인 각종 문제점들을 최소화할 수 있는 기회를 잃게 된다(Adler, 1986).

글로벌경영자가 문화의 차이를 인식하지 못할 때, 외국인들은 그 자신의 투사(pro jection)에 불과하게 된다. 또한 이러한 글로벌경영자는 외국인들과 자신과의 차이가 존재하는 경우에도 차이점보다는 유사성을 발견하려고 노력한다. 따라서 그들은 외국인들도 그들과 똑같은 욕구와 열망을 가지고 있다고 생각한다. 그러나 이러한 문화차이에 대한 무지나 몰이해는 결국 경영활동에 있어서 비생산적으로 작용하게 된다.

따라서 글로벌경영자는 문화의 차이 또는 문화의 다양성이 효과적인 것이 되게 하기 위해서는 사람들의 문화차이를 있는 그대로 올바르게 인식하고 이해하여야 하며, 어떤 개인적인 기준에 의하여 이것을 평가하려고 해서는 안 된다.

2 글로벌기업의 문화다양성과 관리방안

세계적인 경영활동에 참여하고 있는 기업, 즉 글로벌기업의 구성원들은 그 수의 많고 적음에 관계없이 두 개의 문화 또는 그 이상의 다양한 문화적 배경을 지니게 된다. 이러한 구성원들의 문화차이 또는 문화다양성은 기업의 관리기능뿐만 아니라 기업이 추진하고 있는 사업 전반에 걸쳐 큰 영향을 미친다.

1) 문화다양성의 양면성

기업 내의 문화다양성은 기업에 대하여 불리하게 작용할 수도 있고 유리하게 작용할 수도 있다. [표 10-1]은 문화다양성의 이러한 양면성을 나타낸다. 여기서는 이 내용을 중심으로 하여 문화다양성의 부정적 측면과 긍정적 측면에 관하여 좀 더 자세히 알아보도록 한다.

(1) 문화다양성의 부정적 측면

많은 글로벌경영자들은 문화는 지각하기 어려운 것이기 때문에 조직 내 문화다양성은 많은 문제를 야기한다고 생각한다. 즉, 문화다양성이 조직에 대하여 유리하게 작용한다고 생각하는 사람은 많지 않다는 것이다. 예를 들면, 프랑스에서 개최된 경영세미나에 참석한 각 나라에서 온 경영자들은 문화다양성에 대한 한 질문서에서 대부분 문화다양성은 조직에 대하여 불리하게 작용할 것이라는 반응을 보였다(Laurent and Adler, 1981~1983).

그들 중 덴마크에서 온 한 기업경영자는 "사업경영에 있어서 문화다양성은 상황을 복잡하게 만들기 때문에 효과적인 경영을 수행할 수 없게 만든다"고 강조하고 있다. 또한 미국에서 개최된 '문화비교경영에 관한 국제심포지엄(International Symposium on Cross-Cultural Management)'에 참가한 52명의 업계 및 학계의 전문가들은 문화다양성으로 기인하는 문제점들은 쉽게 확인하였으나 그것의 긍정적인 측면을 찾아내는 데에는 많은 어려움을 보였다(Adler, 1983).

그러면 문화다양성은 기업에 대하여 어떠한 문제점을 만드는가? 이것은 [표 10-1]에서 보는 바와 같이 기업이 종업원들로 하여금 똑같은 방식으로 생각하고 행동하도록 요구하는 '수렴과정(convergent process)'에서 발생한다. 즉, 문화다양성은 종업원들 간의 의사소통행동의 통일을 어렵게 한다. 또 각기 다른 문화적 배경을 지니는 종업원들은 서로를 이해하는 데 어려움을 느낀다. 그리고 그들은 같은 페이스나 같은 방식으로 일하려 하지 않는다. 따라서 기업이나 기업의 사업이 종업원들에 대하여 행동의 명확성과 방향성을 요구하거나 강조하게 되면 조직에서의 모호성과 복잡성 그

표 10-1 문화다양성의 장점과 단점

조직 내부의 문화다양성	
긍정적 측면(advantage)	부정적 측면(disadvantage)
• 의미의 확대 다양한 관점 참신한 아이디어의 창출 다각적 해석 • 대안의 확대 창의성의 증가 융통성의 증가 문제해결기술의 증가	• 이질성의 증가 모호성 복잡성 혼란성 • 의미수렴의 어려움 커뮤니케이션의 어려움 합의의 어려움 • 행동수렴의 어려움 특정 행동에 대한 합의의 어려움
특정 국가 또는 문화권에서의 경영활동	
긍정적 측면	부정적 측면
• 외국고용인들에 대한 이해의 증가 • 외국동업자들과의 협조능력의 증가 • 외국고객들에 대한 마케팅능력의 향상 • 외국의 정치, 사회, 법률, 경제 및 문화 환경에 대한 이해의 증가	• 조직정책의 지나친 일반화 • 조직실무의 지나친 일반화 • 조직과정의 지나친 일반화 • 자민족중심주의

자료 : N. J. Adler(1986), *International Dimensions of Organizational Behavior,* Kent Publishing Company, p.80.

리고 혼란성이 증가하게 된다.

문화다양성은 종업원들이 조직의 실무와 과정을 지나치게 일반화시킴으로써 문제를 일으킨다. 예를 들면, 미국의 다국적기업은 아기모습과 유아식의 종류를 표시한 상표를 유아식 용기에 부착하여 아프리카의 여러 나라 시장에 내놓았는데 판매에 실패하고 말았다. 왜냐하면 아프리카 사람들은 그 상표를 보고 유아식이 아기를 갈아서 만든 것이라는 의미로 이해했기 때문이었다(Ricks, 1983). 이 예는 한 나라의 고객을 대상으로 개발된 마케팅 캠페인을 문화의 적응과정을 거치지 않고 문화적 배경이 다른 국가에 수출함으로써 발생된 결과라고 할 수 있다. 즉, 조직 외부의 문화에 대하여 특정 국가(미국)의 문화를 지나치게 일반화시킴으로써 나타난 문제라고 할 수 있다.

또한 문화다양성은 조직이 공식적이든 비공식적이든 어떠한 협약에 도달해야 하는 경우에 문제를 만든다. 예를 들면, 스위스의 한 기업은 일본의 한 기업과 기술제휴에 관한 계약을 체결하는 데 있어서 두 나라 간의 의사결정방식과 법률제도의 차이, 스위스인들의 일본어 이해능력의 부족, 자발성의 결여 등의 원인에 의하여 어려움을 겪게 되었다. 이러한 문제점은 협약이 단일국가 또는 하나의 문화권 안에서 행해질 경우에는 발생되지 않거나 발생되더라도 쉽게 극복할 수 있는 성질의 것이라고 할 수 있다(Laurent and Adler, 1981~1983).

끝으로 문화다양성은 전체적인 조직과정(organization procedures)을 개발하는 데 있어서 어려움과 복잡성을 증가시킨다. 예를 들면, 미국의 어느 다국적기업의 유럽지역 자회사들은 모회사의 정책에 의거하여 전체종업원들의 건강기록에 관한 자료를 정리하기 위한 통일된 시스템의 설계에 착수하였다. 따라서 영국, 독일, 폴란드, 스웨덴, 룩셈부르크, 스페인, 그리고 이탈리아 등지의 자회사에서 파견된 인사담당 실무자들은 한자리에 모여 종업원의 건강을 기록하기 위해서는 어떤 자료들을 포함할 것인지에 대한 협의를 시작했다.

그러나 모회사의 훌륭한 정책에도 불구하고 이들은 각국의 법률적 · 문화적 제한과 노조와의 사전 협의의 필요성 등 각종 문제에 직면하여 명확한 결론을 내리지 못하게 되었다. 이러한 문제점들은 미국의 모회사가 정책을 수립하는 과정에서 타국의 사회적 · 문화적인 차이점을 무시하고 정책 자체를 지나치게 일반화시킴으로써 발생된 것으로 볼 수 있다. 만일 이러한 정책이 국내의 종업원들을 대상으로 하여 시행되었다면 위와 같은 문화다양성에 의해 초래되는 문제들은 나타나지 않을 것이며, 따라서 건강기록을 위한 시스템 개발은 보다 신속하게 이루어질 수 있었을 것이다.

(2) 문화다양성의 긍정적 측면

문화다양성이 종업원들의 생각이나 행동을 수렴하는 과정에서는 일반적으로 많은 문제들을 일으키는 반면에 '확산과정(divergent process)'에서는 대부분 조직에 대하여 많은 이익을 가져다준다. 즉 문화다양성은 조직이 그의 관점, 아이디어의 폭, 제품계열, 마케팅전략 등을 확장시키려고 할 때 가장 유리하게 작용한다. 또한 문화다양성은 새로운 프로젝트의 착수, 새로운 아이디어의 창출, 새로운 마케팅계획과 기업의 운영계획의 수립 그리고 새로운 관점에서의 사업동향을 평가하는 데 있어서도 매우 유리하게 작용한다.

[표 10-1]에서 보는 바와 같이 일부 경영자들은 다문화조직(multicultural organization)이 단일문화조직에 비하여 보다 개방적이고 융통성이 있고 고객의 욕구를 보다 잘 이해할 수 있는 능력이 있다고 강조한다. 예를 들면, 다문화조직은 마케팅 캠페인을 고객의 문화적 특성에 부합시킬 수 있는 능력을 지닌다. 또한 기업의 문화다양성은 다양한 관점과 시각을 통하여 문제를 해결할 수 있게 하며, '집단사고(groupthink)'와 같은 문제해결의 유효성에 영향을 미치는 장애요인을 극복할 수 있는 능력을 증가시킨다.

전체적으로 볼 때 문화다양성은 복잡한 문제를 해결하는 데 있어서의 창의성과 융통성 그리고 문제해결기술과 능력을 증가시킨다(Hayles, 1982). 그리고 상이한 문화적 배경을 가지는 현지 동업자와의 협조능력을 증가시키며, 조직 내 커뮤니케이션의 패턴과 역동성(dynamics)에 대한 인식을 제고시킨다.

문화다양성은 그것을 조직에 대한 부담으로 생각하고 다루기보다는 하나의 유용한 자원으로 인식하고 사용될 때 조직에 대하여 유리하게 작용한다. 프랑스의 최고경영자프로그램에 참석한 세계 각국의 글로벌경영자들은 문화다양성의 이점에 대한 그들의 경험을 다음과 같이 기술하고 있다(Laurent and Adler, 1981-1983).

① **신상품의 개발** : 미국의 한 제약회사는 경쟁력이 있는 새로운 항암제품을 개발하였는데, 이에 대한 참신한 아이디어는 이탈리아의 자회사에서 창출되었고, 치료법에 관한 연구는 미국의 훌륭한 시설을 갖춘 국립암연구소에서 실시

하였고, 독창적인 기술은 스웨덴에서 개발하였으며, 치료에 관한 구체적인 처방은 일본과 중국에서 나왔고, 약품의 개발에 필요한 모든 자금은 독일과 미국에서 제공하였음을 밝혔다.

② **새로운 아이디어의 수용** : 자국인에 의해 제안될 때 불합리해 보이는 새로운 아이디어도 그것이 외국인에 의해 제안될 때에는 보다 듣기 좋고 합리적인 것으로 생각된다. 예를 들면, 영국과 미국의 근로자들은 에너지 절약을 위해 새로 설계한 자동차용의 온도조절장치가 불합리한 점이 많은 것으로 생각했다. 그러나 영국의 한 자동차설계팀(ex-British-Leyland team)이 포니자동차의 설계를 위해 한국에 왔을 때 한국인들은 이 온도조절장치에 대하여 매우 긍정적인 반응을 보였다. 여기서 한국인들은 영국인이나 미국인들이 불합리한 것으로 생각하는 그들의 새로운 아이디어를 합리적인 것으로 수용함으로써 새로운 자동차의 설계와 개발에 많은 도움을 받고 있음을 알 수 있다.

③ **새로운 관점** : 유럽의 한 글로벌기업은 유럽지역의 모든 자회사들이 참여한 가운데 전체기업들을 위한 '기술 및 현장지원센터(Technical and Field Support Center)'를 설립했다. 설립과정에서 모기업은 센터의 설치이유, 설치장소 및 운영방법 등에 관하여 모든 자회사들의 의견을 반영함으로써 과거 자회사들 사이의 갈등과 충돌의 원인이 되었던 한 국가에 의한 독단적인 결정을 피할 수 있었다. 여기서 이 회사는 문화다양성을 통하여 새로운 관점에서 보다 효과적인 커뮤니케이션과 협력관계를 창출하고 있음을 알 수 있다.

④ **중립성의 창출** : 문화다양성은 문제해결에 대하여 중립성을 창출함으로써 구성원들이나 조직 간의 충돌을 방지하고 문제를 원활히 해결할 수 있다. 예를 들면, 미국인과 프랑스인의 공동투자로 이루어진 한 합자회사는 알제리아 자회사에 대한 감사를 결정했다. 이 과정에서 미국과 프랑스 측은 서로 자기들이 주체가 되어 감사를 실시하겠다고 주장함에 따라 문제가 발생했는데, 결국 이들은 미국주재 프랑스 자회사의 임원인 두 명의 프랑스어를 할 수 있는 영국인들을 감사인으로 선임하는 데 합의를 봄에 따라 문제를 원활히 해결할 수 있었다.

2) 문화차이에 대한 긍정적 인식

위에서 살펴본 바와 같이 문화다양성은 조직에 대하여 긍정적 측면과 부정적 측면의 양면성을 지닌다고 할 수 있다. 경영자가 이러한 문화다양성의 양면성을 인식하는 것은 매우 중요하다. 왜냐하면 이러한 양면성을 인식할 수 있을 때 경영자는 부정적 측면은 극소화하면서 긍정적 측면을 극대화할 수 있는 각종 방안을 모색할 수 있기 때문이다. 그러나 지금까지 대부분의 글로벌경영자들은 문화다양성에 기인하는 부정적 측면은 비교적 쉽게 인식하면서 동시에 그것의 긍정적인 측면, 즉 이점은 인식하지 못하는 경향을 보여 왔다.

그러면 경영자들이 문화다양성의 양면성을 동시에 인식하지 못하는 이유는 어디에 있는가? 그것은 경영자들이 문화(culture)의 관념(idea)을 이해하지 못하기 때문이다. 문화는 인간행동을 설명하는 데 있어서 경영자나 종업원들이 쉽게 응용할 수 있는 성질의 것이 아니다. 따라서 그들은 '문화의 관념'이 주어지지 않는 상태에서는 문화를 조직기능의 변화를 설명할 수 있는 것으로 이해하기가 어렵게 된다. 사람들은 흔히 행동의 패턴이나 변화는 문화 이외의 다른 것으로부터 영향을 받는다고 생각한다.

여기서 한 연구결과를 중심으로 문화의 관념과 관련하여 경영자들이 문화다양성의 조직에 대한 영향을 어떻게 인식하는가에 대하여 살펴보기로 하자.

애들러(N. J. Adler)는 1983년 캐나다 몬트리올에서 실시된 조직개발(organizational development)에 관한 두 차례의 연구에서 경영자들이 문화다양성의 조직에 대한 영향을 어떻게 지각하고 있는가에 관해 조사하였다(Adler, 1983). [그림 10-1]은 조사의 결과로 나타난 응답자들의 '문화다양성의 영향'에 대한 지각을 보여준다.

애들러는 첫 번째 연구에서 60명의 응답자들을 대상으로 그들이 단순히 문화다양성이 조직에 대하여 어떠한 영향을 미칠 것인가에 관하여 질문하였다. 그 결과 대부분의 응답자들은 문화다양성이 조직에 대하여 아무런 영향을 미치지 않는다고 대답했고, 일부 응답자들은 오직 부정적으로 영향을 미친다거나, 또는 부정적 아니면 긍정적으로 영향을 미친다고 대답했으며, 긍정적 영향과 부정적 영향이 동시에 존재한다고 대답한 응답자는 한 명도 없었다.

75명의 응답자를 대상으로 한 두 번째의 연구에서 애들러는 먼저 응답자들에게 문화의 관념에 대하여 설명하면서 문화다양성이 조직에 대하여 긍정적으로 영향을 미칠 가능성도 있고 부정적으로 영향을 미칠 가능성도 있음을 나타내는 모델을 제시했다. 그 결과 대부분의 응답자들은 문화다양성이 조직에 대하여 부정적으로 영향을 미치면서 동시에 긍정적으로 영향을 미친다고 응답했다. 그 중에서 반수 이상의 응답자들은 문화다양성이 조직에 대하여 긍정적인 영향을 미칠 것이라고 강조했다.

그림 10-1 | 조직에 대한 문화다양성의 영향

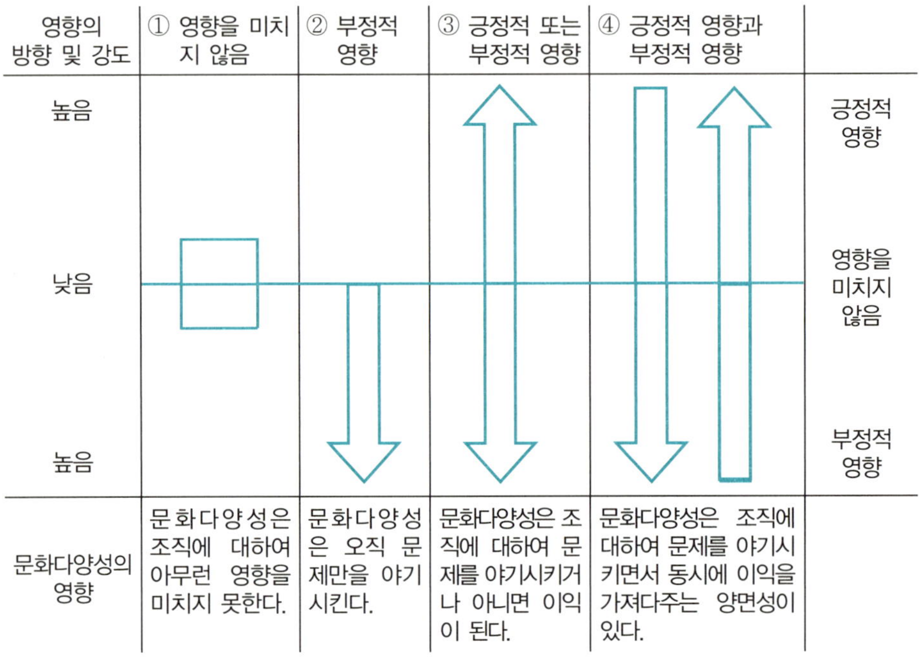

자료 : N. J. Adler(1983), "Organizational Development in a Multicultural Environment," *Journal of Applied Behavioral Science,* Vol.19, No.3, (Summer), pp.349~365.

이와 같이 애들러가 실시한 두 차례의 연구결과는 많은 차이를 보인다. 이러한 차이에 대하여 애들러는 첫 번째 연구의 응답자들에게는 문화에 대한 관념과 그에 따른 문화다양성의 조직에 대한 영향가능성 모델을 제시하지 않았음에 반하여, 두 번째 연구의 응답자들에게는 이것을 제시해 준 결과라고 말한다. 즉, 그는 경영자들이 문화의 관념을 스스로 이해하거나 또는 타인의 도움으로 그것을 이해할 수 있을 때 비로소 문화다양성의 조직에 대한 영향을 인식할 수 있다고 강조한다(Adler, 1986).

애들러의 연구를 통하여 우리는 글로벌경영자들이 문화다양성이 조직에 미치는 영향을 인식하기 위해서는 먼저 문화의 관념에 대한 이해가 선행되어야 함을 알 수 있다. 즉, 경영자들은 문화는 어떻게 형성되며 인간의 행동에 어떠한 영향을 미치고 또한 그것이 어떻게 조직행동에 반영되며 지속되는지를 이해할 수 있어야 한다. 그럼으로써 경영자는 문화다양성이 조직에 어떻게 영향을 미칠 것인지를 인식할 수 있으며, 이러한 인식에 기초하여 조직 내외에 존재하는 문화차이를 보다 효과적으로 관리할 수 있게 된다.

3) 문화다양성의 관리

조직의 구성원들은 조직이 처해 있는 문화다양성에 대하여 어떠한 반응을 보이는가? 또 조직의 문화다양성에 대한 관리전략은 구성원들이 문화다양성의 영향을 인식하는 방법에 따라 어떠한 차이를 보이는가? 그리고 이러한 인식과 관리전략은 어떠한 문제를 일으키는가?

[표 10-2]에서 보는 바와 같이 조직은 문화다양성에 대한 조직구성원들의 반응에 따라 크게 편협적(parochial) 조직, 자민족중심적(ethnocentric) 조직 그리고 시너지적(synergistic) 조직 등의 세 가지 유형으로 분류할 수 있다(Adler, 1986). 아래에서는 이들 조직의 경영자들이 문화다양성을 관리하는 방식과 전략에 대하여 알아보도록 한다.

(1) 편협적 조직

조직구성원들의 문화다양성에 대한 가장 일반적인 반응은 편협적(parochial)으로 나타난다. 이러한 반응을 보이는 구성원들은 문화다양성이 조직에 대하여 영향을 미치는지를 알지 못할 뿐만 아니라 문화다양성 자체도 지각하지 못한다. 이러한 조직, 즉 편협적 조직의 구성원들은 과업을 수행하는 데 있어서 '우리의 방법이 가장 유일한 방법'이라고 생각한다. 이들은 문화다양성은 조직에 대하여 어떠한 중요성도 없는 것으로 믿는다.

표 10-2 문화다양성의 조직에 대한 영향과 관리

조직유형	인식(perception) : 문화다양성은 조직에 대하여 어떠한 영향을 미치는가?	전략(strategy) : 조직에 대한 문화다양성의 영향을 어떻게 관리해야 하는가?	결과(outcomes) : 이러한 인식과 전략을 통하여 무엇을 기대할 수 있는가?	빈도(frequency) : 이러한 인식과 전략은 얼마나 보편적으로 나타나는가?
편협적 조직 (우리의 방법만이 유일한 방법이다)	영향을 미치지 않음 : 문화다양성은 조직에 대하여 아무런 영향도 미치지 않는다.	차이점의 무시 : 조직에 대한 문화다양성의 영향을 무시한다.	많은 문제점 : 많은 문제들이 발생하나 구성원들은 이것을 문화의 탓으로 생각하지 않는다.	매우 보편적
자민족중심적 조직 (우리의 방법이 최선의 방법이다)	부정적인 영향 : 문화다양성은 조직에 대하여 문제만을 일으킨다.	차이점의 극소화 : 조직에 대한 문화다양성의 영향과 원천을 극소화한다. 가능한 한 단일문화적 인력을 선택한다.	상당수의 문제점과 약간의 이익 : 문제들은 문화다양성이 감소됨에 따라 줄어드는 반면, 이익창출의 가능성은 무시되거나 제거된다.	보편적
시너지적 조직 (우리의 방법과 다른 사람들의 방법을 조화시키는 것이 가장 바람직하다)	긍정적·부정적 영향의 잠재성이 모두 존재함 : 문화다양성은 조직에 대하여 이익과 문제를 동시에 가져온다.	차이점의 관리 : 조직구성원들에게 문화차이를 인식시키고 이러한 차이를 이용하여 조직의 이익을 창출할 수 있도록 훈련시킨다.	약간의 문제점과 많은 이익 : 문화다양성의 조직에 대한 이익들은 인식되고 발견된다. 약간의 문제들은 그것이 관리될 필요가 있을 때까지 계속 발생된다.	매우 드물게 나타남

자료 : N. J. Adler(1983), "Organizational Development in Multicultural Environment," *Journal of Applied Behavioral Science,* Vol.19, No.3, (Summer), pp.349~365.

따라서 이러한 편협적 조직의 경영자들이 선택하는 전략은 문화다양성을 무시하는 데 초점이 맞추어진다. 그러나 이와 같은 전략은 문화다양성을 효과적으로 관리하는 데 장애가 되며, 문화다양성의 부정적 측면을 최소화시키고 긍정적 측면을 극대화할 수 있는 가능성을 간과하게 된다.

(2) 자민족중심적 조직

조직구성원들의 문화다양성에 대한 또 다른 하나의 보편적인 반응은 자민족중심적(ethnocentric)으로 나타난다. 이러한 반응을 보이는 구성원들은 문화다양성은 조직에 대하여 부정적인 영향만을 미친다고 생각한다. 이 같은 조직, 즉 자민족중심적 조직의 구성원들은 그들의 과업을 수행하는 데 있어서 '우리의 방법이 최선의 방법'이라고 믿는다. 즉, 구성원들은 그들 이외의 다른 방법들은 모두 열등한 것으로 생각한다.

따라서 문화다양성의 부정적 측면만을 인식하는 자민족중심적 조직의 경영자들이 선택하는 전략은 조직 내 문화다양성의 영향과 원천을 최소화하는 데 중점이 두어진다. 그들은 또한 이러한 전략을 여러 가지 방법으로 이행한다. 예를 들면, 문화적으로 동질적인 인력을 확보하려고 시도한다든지 또는 모든 종업원들을 지배적인 문화의 행동패턴으로 사회화시킴으로써 조직 내의 문화차이를 없애려고 노력할 것이다. 그러나 자민족중심적 조직은 문화다양성을 최소화함으로써 각종 문화가 동시에 존재하기 때문에 얻을 수 있는 이익의 가능성을 보지 못하게 된다.

(3) 시너지적 조직

시너지적(synergistic) 조직의 구성원들은 문화의 개념을 명확히 이해하며, 또한 문화다양성의 조직에 대한 긍정적 측면과 부정적 측면을 모두 인식한다. 그들은 과업을 수행하는 데 있어서 "우리의 방법은 다른 사람들의 방법에 비하여 결코 우월한 것이 아니며 단지 서로 다를 뿐이다"라고 생각한다. 또한 자신의 방법과 다른 사람들의 방법을 조화시키는 것이 직무와 조직에 대하여 가장 바람직한 결과를 가져올 것이라고 믿는다.

따라서 문화다양성의 긍정적 측면과 부정적 측면을 모두 고려하는 시너지적 조직의 경영자들은 문화다양성에 대한 전략을 문화다양성 그 자체보다는 그것이 조직에 미치는 영향을 관리하는 데 초점을 맞춘다. 즉, 시너지적 조직의 경영자들은 문화다양성을 무시하거나 극소화하는 것에 의해서가 아닌 그것의 조직에 대한 영향을 관리함으로써 잠재하는 문제들을 최소화하면서 동시에 잠재적 이익을 극대화하려고 노력한다.

또한 이러한 조직의 경영자들은 조직구성원들이 그들 사이의 문화차이를 인식하고 그러한 차이를 조직의 이익을 창출하는 데 이용할 수 있도록 훈련시킨다.

이와 같이 조직구성원들이 문화다양성을 어떻게 인식하고 있느냐에 따라 그들이 문화다양성을 관리하기 위하여 선택하는 전략과 그로 인해 조직에 나타나는 문제점 및 결과가 달라진다. 편협적 · 자민족중심적 조직의 구성원들은 문화다양성을 무시하거나 최소화하려고 노력함에 따라 문화다양성의 조직에 대한 긍정적 효과를 간과한다.

이에 반하여, 시너지적 조직의 구성원들은 문화다양성의 조직에 대한 영향을 인식하고 그것의 부정적 효과를 최소화하면서 동시에 긍정적 효과를 극대화할 수 있는 관리전략을 선택한다. 따라서 시너지적 조직에 있어서도 구성원들이 문화다양성을 지각하는 것에 그쳐서는 안 되며, 이러한 다양성에 대하여 어떠한 접근방법, 즉 관리전략을 선택하느냐에 따라서 결과가 달라진다는 사실을 이해하여야 한다. 왜냐하면 문화다양성 자체는 조직에 대하여 긍정적 측면과 부정적 측면의 양면성을 지니기 때문이다.

3 문화다양성의 시너지효과

1) 문화다양성과 시너지적 접근방법

(1) 문화적 시너지효과의 의의

시너지(synergy)란 사고의 새로운 방식을 의미한다. 즉, 이것은 시대적으로 뒤떨어진 진부한 행동패턴으로부터 자유로워지고 사회적으로 묵인된 무지의 범주로부터 벗어날 수 있도록 도와주는 사고방식을 말한다(Burger and Bass, 1979). 시너지는 또한 개별적으로 취해진 부분적 행동으로는 예측할 수 없는 전체시스템의 행동을 말한다(Fuller, 1981). 따라서 시너지는 우리로 하여금 다양한 하위시스템으로 이루어진 전체시스템(whole-system)의 행동을 이해하기 위해서는 부분적인 하위시스템으로부터 시작해서는 곤란하며 전체로부터 부분적인 것으로 진행하여야 한다는 것을 보여준다.

모란(R. T. Moran)과 해리스(P .R. Harris)는 세상 사람들 사이의 문화적 차이는 개별적으로는 달성하기 어려운 서로의 성장과 성취에 기여한다고 강조하고, 이는 이문화 간의 교환에 의하여 가능해진다고 말한다. 이들은 “우리는 자신의 문화적 전통에 대한 인식의 범주를 넘어서 협조와 협동을 통하여 훌륭한 그 무엇을 창출할 수 있으며, 사람들 간의 문화다양성은 행동의 결합에 의한 문제해결능력을 강화시키는 데 효과적으로 이용될 수 있고, 따라서 기업의 글로벌경영활동에 대해 전 세계적으로 시너지효과를 촉진시킬 수 있는 기회를 제공한다"고 주장한다(Moran and Harris, 1981).

이러한 관점에서 볼 때, 문화적 시너지(cultural synergy)는 문화다양성의 영향을 관리하기 위한 하나의 접근방법으로서 경영자들이 조직구성원들과 고객들의 문화패턴에 기초하여 조직의 정책과 전략을 수립하는 과정을 말한다. 문화에 있어서 시너지적인 조직(synergistic organization)은 조직구성원들 각자의 문화차이를 극복할 수 있는 새로운 조직과 경영방식을 창안한다. 이러한 조직은 서로 다른 문화적 배경을 지니는 구성원들의 유사성과 차이점을 동시에 인식하며, 이들의 문화다양성을 무시하거나 최소화하려고 하지 않고 오히려 이것을 조직의 개발과 설계를 위한 유용한 자원으로 생각한다(Adler, 1986). 따라서 문화적 시너지효과란 조직이 효과적인 관리과정을 통하여 문화다양성으로부터 창출해 낼 수 있는 각종 바람직한 결과라고 할 수 있다.

(2) 조직의 문화다양성에 대한 가정과 시너지효과

조직의 문화다양성에 대한 접근방법은 조직이 사람들의 문화다양성에 대하여 어떠한 가정을 취하느냐에 따라 달라진다. 또한 문화다양성에 대한 가정은 조직이 문화로부터 실질적인 시너지효과를 창출할 수 있는지의 여부와 직결된다고 할 수 있다.

[표 10-3]에서 보는 바와 같이 조직이 문화다양성에 대하여 취하는 가정은 여러 가지로 나타난다. 그러나 이러한 가정들이 모두 조직에 대하여 바람직한 결과, 즉 문화적 시너지효과를 가져다주지는 않는다. 다시 말하면, 가정에 따라서는 문화다양성이 조직에 대하여 긍정적으로 작용할 수도 있고 또는 부정적으로 작용할 수도 있다. 이에 대하여 좀 더 자세히 알아보면 다음과 같다(Adler, 1986).

첫째, 조직이 사람들의 문화다양성에 대하여 취하는 가장 일반적인 가정은 '동질성(homogeneity)'이다. 즉 모든 사람은 근본적으로 같다는 신념인데, 이러한 가정은 문화다양성을 효과적으로 이용할 수 없게 된다. 문화적 시너지효과는 이보다는 조직이 '이질성(heterogeneity)'을 가정할 때 가능해진다. 다시 말하면, 조직이 사회 안의 각종 문화집단의 존재와 이들 집단이 각기 지니는 나름대로의 독특성을 인정할 때 문화적 시너지효과를 창출하는 것이 가능하다고 할 수 있다.

둘째, 많은 조직들은 또한 사람들이 모두 유사성(similarity)을 지닌다고 가정하고 사람들 간의 비슷한 면을 발견하는 것이 조직을 위하여 매우 중요하다고 믿는다. 그러나 문화적 시너지효과는 유사성뿐만 아니라 동시에 상이성(difference), 즉 사람들은 그들이 지니는 문화에 따라 많은 차이를 나타낸다는 것을 인식할 때 가능하다고 할 수 있다.

표 10-3 문화다양성에 대한 가정

부적합한 가정		적합한 가정	
동질성	사람은 본질적으로 모두 같다.	이질성	사람은 본질적으로 같지 않다. 사회에는 문화적으로 다른 집단이 존재한다.
유사성	사람들은 모두 나와 비슷하다.	유사성과 상이성	사람들은 나와 같지 않다. 많은 사람들은 문화적으로 나와는 차이가 있다. 대부분의 사람들은 나와 비교해 볼 때 문화적 유사성과 상이성을 모두 가지고 있다.
편협주의	우리의 방법은 유일한 것이다.	결과의 동등성	우리의 방법은 결코 유일한 것이 아니다. 동일한 목적을 달성하거나 삶을 영위하는 방법은 문화에 따라 차이를 나타낸다.
자민족 중심주의	우리의 방법이 최선의 방법이다. 다른 방법들은 우리의 것에 비하여 열등하다.	문화적 상황성	우리의 방법은 하나의 가능한 방법일 뿐이다. 같은 목적을 달성하기 위한 방법은 다양하다. 가장 효과적인 방법은 사람들의 문화적 상황에 부합되는 것이어야 한다.

자료 : N. J. Adler(1983), "Domestic Multiculturalism: Cross-Cultural Management in the Public Sector," in William Eddy, ed., *Handbook of Organization Management,* New York: Marcel Dekker, Inc., pp.481~499.

셋째, 많은 조직의 구성원들은 과업을 수행하고 문제를 해결하는 데 있어서 자기들이 수행하는 방법이 가장 유일한 것이라고 편협주의적으로 가정한다. 그러나 문화적 시너지효과는 조직이 여러 방법들에 대한 '결과의 동등성(equifinality)', 즉 최종목적을 달성하는 데 있어서는 다양한 효과적인 방법들이 존재한다고 가정할 때 가능하다고 할 수 있다.

넷째, 대부분의 조직구성원들은 또한 자신들의 방법이 최선의 것이라는 자민족중심적인 가정하에 과업을 수행하고 문제를 해결하려고 한다. 그러나 문화적 시너지효과는 조직구성원들에게 있어 가장 효과적인 방법은 사람들의 '문화적 상황(cultural contingency)'에 부합되는 것이어야 한다고 가정할 때 가능해질 것이다.

이상에서 우리는 조직이 문화적 시너지효과를 창출하기 위해서는 문화다양성을 지니는 사람들의 이질성, 유사점과 차이점의 공존성, 결과의 동등성, 문화적 상황성 등을 인정하여야 한다는 것을 이해하였다. 이는 바꾸어 말하면 문화다양성에 대한 조직의 시너지적 접근방법(synergy approach)은 이러한 가정들에 기초하여야 한다는 것을 의미한다. 한 연구결과에 의하면 최근 많은 글로벌기업의 경영자들은 다문화적(multicultural)인 문제는 이러한 시너지적 관점에서 해결하는 것이 매우 효과적이고 유용하다는 것을 인식하고는 있지만, 실제로 이러한 접근방법을 응용하는 데 있어서는 많은 어려움을 느끼고 있다는 것을 강조한다. 따라서 아래에서는 문화다양성을 가지는 조직이 직면하고 있는 문제들을 시너지적인 관점에서 해결할 수 있는 과정에 대해 알아보도록 한다.

2) 문제해결을 위한 시너지적 접근방법

(1) 조직문제의 시너지적 해결과정

이문화 간에 시너지적(synergistic)인 조직은 어느 특정 문화의 규범도 침해하지 않고 조직구조와 조직과정에 모든 구성원들이 지니는 문화의 가장 바람직한 측면들을 효과적으로 반영시킨다. 따라서 경영자들은 각종 조직문제를 해결하는 데 조직구성원들의 문화다양성을 이용한다.

[그림 10-2]는 문화다양성을 지니는 조직이 각종 문제를 시너지적으로 해결하기 위한 과정을 보여준다. 이러한 과정은 다음과 같이 상황의 기술, 문화적 해석 그리고 문화적 창조 등의 세 단계로 이루어진다(Adler, 1980).

① **제1단계(상황의 기술)** : 상황의 기술(situation description)은 조직이 당면하고 있는 복잡한 문제들에 대한 해결방법을 찾는 데 있어서 가장 어렵고 중요한 단계라고 할 수 있다. 상황의 기술은 경영자가 조직이 당면하고 있는 문제 또는 딜레마(dilemma)는 무엇이며, 조직구성원들은 각기 그들의 문화적 시각으로 그러한 딜레마를 어떻게 묘사하고 있는지를 인식하는 단계라고 할 수 있다.

그림 10-2 문화적 시너지효과의 창출

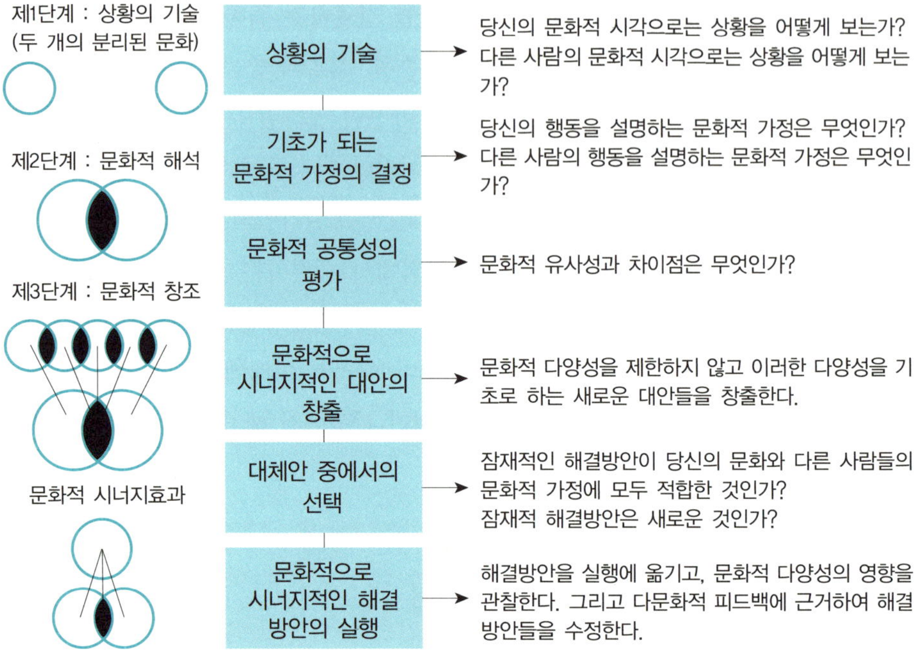

자료 : W. W. Burke and L. D. Goodstein(1980), *Trends and Issues in OD: Current Theory and Practice,* San Diego, Calif.: University Associates.

이 단계에서의 가장 큰 어려움은 상이한 문화적 배경을 지니는 사람들의 가치와 지각의 차이가 문제를 정의하는 데 있어서의 어려움을 증대시킨다는 것이다. 이에 대한 몇 가지 실례를 들어보면 다음과 같다.

한 글로벌기업의 미국인 판매담당 경영자는 부하직원들에게 "자기는 매우 개방적인 사람으로서 부하직원들이 문제가 있을 때는 언제든지 그를 찾아오기를 기대한다"는 점을 강조하였다. 그러나 이 경영자와 부하직원인 일본인 판매원들 사이에 갈등이 발생하였다. 일본인 판매원들은 문제가 발생하였음에도 그를 찾아가지 않았기 때문이다. 그 후 그 경영자가 일본인 판매원들의 그러한 행동를 지적하였을 때, 그들은 "미국인들은 모든 것을 문제로 생각한다"고 불평하였다. 왜냐하면 미국인 경영자가 '문제'라고 생각한 상황에 대하여 그들은 그렇게 중요하지 않은 상황으로 인식했기 때문이다. 일본인들은 실제로 위기에 직면하기 전에는 모든 상황을 결코 문제가 있는 것으로 생각하지 않는 경향이 있다.

이러한 실례를 통하여 우리는 상황분석에 있어서 사람들의 문화적 시각이 문제에 대한 정의를 결정한다는 사실을 알 수 있다. 서양 사람들은 종종 삶(life)을 당연히 해결해야 할 일련의 문제로 생각한다. 그러나 많은 다른 지역의 사람들은 삶을 그들이 숙명적으로 받아들여야 하는 일련의 상황으로 생각한다. 따라서 미국인들은 일본인들에 비하여 훨씬 일찍 상황을 문제로 정의한다고 생각할 수 있다. 상황의 기술에 관하여 또 하나의 예를 살펴보도록 하자.

한 기업의 이집트인 최고경영자는 캐나다인 고객을 접대하는 자리에서 합작회사 설립의 파트너가 되어 줄 것을 제안했다. 그 제안에 기뻐한 캐나다인은 기업합작에 관한 협정을 좀 더 구체적으로 협의하기 위해 각자의 법률담당 변호사와 함께 다음날 아침에 다시 만날 것을 약속하였다. 그러나 이집트인은 다음날 아침에 약속장소에 나타나지 않았다. 문제는 이집트인이 시간을 철저히 지키지 않은 것인가? 반대오퍼(counter offer)를 기대하는 것인가? 아니면 카이로에는 이용할 만한 법률변호사가 없는 것인가? 캐나다인은 그가 예측할 수 있는 모든 상황을 열거하였다. 그러나 캐나다인은 후에 그의 이러한 예측들이 모두 잘못되었다는 것을 알게 되었다. 실제 문제는 법률변호사의 이용에 대한 의미를 각기 다르게 받아들인다는 데 있었다. 즉 캐나다인은 법률변호사를 이용하는 것을 성공적인 협상을 위해서 꼭 필요한 하나의 절차로 생각한 반면에, 이집트인은 그것을 자신의 구두적 약속에 대한 캐나다인의 불신의 표시로 해석했기 때문이다. 캐나다인들은 흔히 계약체결과정에서 법률가의 도움을 받는 것을 하나의 중요한 절차로 생각한다. 그러나 이집트인들은 다르다. 계약체결을 하는 과정에서 외부사람의 공식적인 개입이나 중재보다는 계약쌍방 간의 개인적인 관계를 더욱 중요시하는 경향이 있다.

이와 같이 문화다양성하에서 조직의 문제를 시너지적으로 해결하기 위한 첫 단계에서는 '문화적 갈등상황'의 존재를 인식하는 것을 포함한다. 따라서 조직구성원들은 자신의 문화적 시각으로는 발견할 수 없는 잠재적인 문제들이 항상 존재하고 있다는 것을 인식하여야 한다. 그리고 구성원들은 어느 특정 문화의 관점에서 문제들을 해석하고 평가하지 말고 다양한 문화의 관점에서 이들 문제를 기술하여야 한다.

② 제2단계(문화적 해석) : 일단 조직구성원들이 문제를 인식하게 되면 시너지적 접근방법은 각 문화의 시각으로부터 문제를 분석하는 데 이용될 수 있다. 즉, 조직구성원들은 각 문화 간의 사고, 감정 및 행동에 있어서의 유사성과 상이성을 인식하고 설명할 수 있게 된다. 문제를 시너지적으로 해결하기 위한 두 번째 단계에서는 역할전도(role reversal)를 포함한다. 따라서 여기에서는 행동하는 사람의 시각에서 보면 자신의 행동은 매우 합리적인 것이 되지만, 그의 문화적 편견(cultural biases)은 다른 문화의 행동패턴을 잘못 해석할 것이라는 것을 가정한다. 조직구성원들은 또한 이러한 가정을 통하여 상이한 문화적 배경을 지니는 사람들은 어째서 그들 나름대로 생각하고 느끼며 행동하는지, 그리고 현재의 상황을 이해하는 데 필요한 역사적·문화적 가정은 무엇인가에 대하여 이해하게 되고, 나아가 자문화와 타 문화 사이에 나타나는 행동의 유사성과 상이성을 인식하게 된다.

단일문화적인 시각은 글로벌한 상황에서 경영자들의 융통성을 제한하는 데 반하여, 다문화적인 시각은 그들의 이해력과 선택권을 증가시킨다. 이에 관련된 하나의 실례를 들어보자.

페르시아인에게 복잡한 기계의 사용법을 가르치는 미국인 기술자는 훈련생들이 기대했던 만큼의 훈련성과를 올리지 못하는 것에 실망했다. 따라서 그는 훈련생들의 훈련성적을 매우 나쁘게 평가했다. 한 훈련생이 그에게 와서 항의했다. "나는 당신이 나의 친구라고 생각하고 있소. 당신은 어째서 나를 좋은 성적으로 평가하지 않는 거요?" 이에 대하여 미국인은 물론 기분이 상하여 화를 내었다. 그 후 이들은 문화적 분석과 해석을 통하여 서로를 이해하게 되었다. 즉, 미국인은 페르시아인들이 과업성과를 평가하는 데 있어서 우정을 중시한다는 것을 이해하게 되었고, 페르시아인들은 미국인들이 중시하는 공정성은 인간관계보다 개인의 능력에 기초한다는 것을 이해하게 되었다(Stewart, 1979). 이는 그들이 미국과 페르시아의 문화가 모두 우정과 업적을 중시하기는 하지만 그 각각에 부여하는 상대적 중요성이 다르다는 것을 폭넓게 이해하게 되었음을 나타낸다.

③ 제3단계(문화적 창조) : 이 단계에서 조직은 문제를 해결하는 데 있어서 상이한 문화적 배경을 지니는 모든 구성원들이 생산성과 직무만족을 높일 수 있는

여러 방법들을 탐색하는 과정을 통하여 시너지적 선택안을 창출한다. 따라서 문화적 창조의 단계는 "한 문화의 사람들이 다른 문화의 사람들에게 공헌할 수 있는 일은 무엇인가?" 하는 질문으로부터 시작하며, 이에 대한 대답은 "상이한 문화를 지니는 집단들의 문화적 가정이 상호 간의 모방이 아니라 각기 독특한 것으로 조화될 수 있어야 한다"는 것이다. 그것은 또한 각 문화의 원초적인 행동패턴을 초월하는 새로운 것이어야 한다. 물론 이 단계에서 최적안의 평가와 선택은 앞의 두 단계, 즉 문화적 기술과 해석이 선행될 때에만 가능해진다. 이에 관련되는 실례를 들어보면 다음과 같다.

미국 캘리포니아의 한 주립병원에서 우루과이인 의사는 필리핀인 간호사가 환자치료용 기계를 잘못 사용하고 있음을 발견하고, 간호사에게 기계사용법을 설명해준 후에 그녀가 제대로 이해했는지를 물었다. 그녀는 이해했다고 대답했다. 그러나 그 후 환자의 상태가 더욱 좋지 않게 되었다. 왜냐하면 간호사가 계속 기계를 잘못 사용하였기 때문이다. 의사는 다시 그녀에게 기계의 사용방법을 이해하고 있는지 물었고, 그녀는 이해하고 있음을 확언했다. 그 후 의사는 다음과 같은 사실을 알아냈다.

우루과이인 의사는 이와 같은 상황에 대한 분석을 통하여 필리핀 사람들은 사회적으로 존경받는 지위에 있는 사람에게는 부정이나 부인을 하지 않는다는 사실을 이해하게 되었다. 필리핀인 간호사의 입장에서 보면 그 의사는 남자였고 그녀는 여자였다. 그는 또한 나이가 많은 의사였으며 그녀는 나이가 적은 간호사에 불과하였다. 따라서 그녀는 이러한 문화적 가정에 근거하여 기계의 사용방법을 이해하지 못했다고 의사에게 부정적으로 답변할 수가 없었던 것이다. 이러한 결과는 또한 의사의 지시가 잘못되었음을 암시한다. 그 의사는 자신의 문화적 가정에 근거하여 그녀와의 개방적인 의사소통을 기대했다. 즉 그는 간호사가 그의 지시를 이해했는지에 관하여 답변하고, 만일 이해하지 못했다면 다시 사용법에 대한 질문을 해주기를 기대했다. 그는 또한 치료방법을 완전히 이해하지 못하고 환자를 보살피는 책임을 맡는 것은 있을 수 없는 일로 생각하고 있었다.

이와 같은 의사의 상황분석을 근거로 하여 병원관리자는 문화적으로 시너지적인 해결방안을 제시했다. 즉, 의사는 간호사에게 기계사용에 관한 설명을 해준

후에 재차 그녀에게 기계사용방법에 관하여 설명해 보도록 지시하여야 한다. 그렇게 함으로써 의사는 간호사가 그의 설명을 정확히 이해했는지 확인·평가할 수 있고 부족한 설명의 범위를 인식할 수 있게 되며, 간호사 또한 의사로부터 그녀가 이해했는지에 대한 질문을 재차 받지 않아도 될 수 있다. 병원의 관리자는 결국 이러한 시너지적 해결방법을 통하여 의사와 간호사 쌍방의 문화적 규범에 위배됨이 없이 문제를 훌륭히 해결할 수 있었다.

(2) 시너지적 해결방안의 실행

시너지적 해결방안을 선택한 후에 조직은 이것을 실행하기 위한 계획을 신중하게 수립해야 한다. 조직구성원들은 먼저 시너지적인 해결에 기초하여 변화의 필요성을 파악하기 전에 문화적 자기인식(cultural self-awareness), 즉 자신의 문화적 가정을 이해하는 것은 물론 문화비교적 인식(cross-cultural awareness), 즉 다른 사람의 문화적 가정과 관점을 이해할 수 있어야 한다. 조직의 내외에 존재하는 이러한 문화적 가정과 관점에 대한 이해가 없이는 시너지적 해결에 의한 변화는 종종 불합리하게 나타난다. 그러나 문화적 이해가 충분하다면 조직은 문제해결뿐만 아니라 구성원들의 성과와 직무만족을 촉진시키는 데 필요한 변화까지도 실현할 수 있게 된다.

3) 글로벌기업의 시너지적 리더

글로벌경영자가 다문화환경 속에서 문화차이를 효과적으로 관리하고 문화적 시너지를 창출하기 위해서는 기업조직 내에 자기실현적인 분위기가 제도적으로 정착되도록 노력해야 한다. 따라서 글로벌경영자는 조직구성원들이 다양한 문화와 협조하고 소통할 수 있도록 교육하고 훈련시켜야 하며, 이 문화들 사이에 공동이익이 창출되는 데 도움이 되는 행동을 학습할 수 있는 인적자원개발시스템을 설계·운용해야 한다.

이 밖에도 글로벌경영자가 시너지적 리더로서의 역할과 기능을 충분히 발휘하기 위해서는 기업조직 내에서 다음과 같은 변화를 이끌어 내어야 한다(Moran 등, 2007).

첫째, 상품과 서비스의 양보다는 조직구성원들과 고객들의 '생활의 질'이 강조되어야 한다.

둘째, 환경과 생태적인 면에 관심을 가지고 자연과 조화를 이룰 수 있는 작업과 기술의 개발이 중시되어야 한다.

셋째, 경쟁보다는 협력과 상호의존의 개념이 중시되어야 한다.

넷째, 기술적 효율성이나 생산성보다는 '조직의 사회적 책임'이 기업의 주요 목표라는 인식이 확산되어야 한다.

다섯째, 독단주의나 종속관계가 아닌 참여를 통해 자기성취를 이룰 수 있는 조직문화가 창출되어야 한다.

여섯째, 개인의 성실성, 근로윤리, 타인소유의 존중, 개인적 책임, 사회적 응집력 등에 관한 전통적 가치에 대하여 새롭게 인식할 수 있어야 한다.

일곱째, 통찰력, 창의성, 유연성, 개발성, 집단감수성, 변화를 위한 목표지향적 계획기능 등이 활성화되어야 한다.

글로벌 문화탐방 10

다이내믹과 '볜'의 화합

"에너지는 무게와 속도(광속)에 비례한다"는 아인슈타인의 상대성이론이다. 중국의 상하이에 가보면 '중국의 힘' 역시 이 이론으로 설명할 수 있다는 생각이 들 때가 많다. 중국의 무게(규모)는 이미 세계 3대 경제대국으로 성장했을 만큼 무거워졌다. 더 무서운 것은 속도다. 중국은 우리가 따라잡기 어려울 정도로 빠르게 변하고 있다.

얼마 전 치러낸 엑스포를 계기로 상하이는 한 단계 더 격상된 것으로 보인다. 상하이를 중심으로 한 양쯔강 삼각주 경제권은 아시아 최대 산업클러스트로 등장했다. 중국경제 저변에서도 '질적' 변화가 감지된다. 중국은 글로벌 위기를 틈타 투자와 수출에 의존했던 기존 성장패턴을 내수주도형 경제로 바꾸고 있다. 최근 '10대 산업 진흥계획'을 마련하고 산업체질 개선에 착수했다. 중국인 특유의 '볜(變)철학'이 위기의 시기에 빛을 발하고 있는 것이다.

중국에 '볜'이 있다면 우리에게는 '다이내믹(dynamic)'이 있다. 그런데 중국의 '볜'과 우리의 '다이내믹'은 속성이 다르다. 중국경제의 '볜'은 지속적이고 능동적인 성향이 강하다. 그러나 우리나라 '다이내믹'은 간헐적이다. 신바람이 나면 확 일어났다가 이내 사그라진다. 다이내믹으로 볜을 이기기는 어려워 보인다.

그럼에도 우리는 그간 중국의 변화에 잘 대응해 왔다. 1990년대 국내기업들은 급성장하는 제조업의 나라 중국으로 생산기지를 옮겼다. 2000년대 이후에는 많은 국내브랜드가 만리장성을 넘어 중국시장 공략에 나섰다. 맹렬하게 커가는 중국이라는 '호랑이' 등에 올라탄 것이다. 그렇다면 미래는 어떨까? 황푸(黃浦) 강가에서 백주(白酒)를 사이에 놓고 마주 앉았던 한 한국기업인은 "잘못하다가는 중국에 빌붙어 사는 처지가 될 수 있다"고 말했다. 중국의 변화를 따라잡지 못하고, 대응에 실패한다면 중국에 코를 꿰일 수 있다는 우려였다.

과격한 생각이라고 나무랄 수만은 없게 됐다. 그동안 우리가 중국에 큰소리를 낼 수 있었던 것은 돈(자본)과 한발 앞선 기술이 있었기 때문이다. 그러나 돈이라면 이제 중국이 훨씬 더 많다. 기술력 우위도 얼마나 유지될지 미지수다. 게다가 중국은 글로벌 경제위기를 계기로 더 강한 나라로 변하고 있다. 그들은 누가 뭐라고 하던 자기 길을 갈 것이다.

문제는 우리에게 있다. 중국의 발전방향을 미리 파악해 대응하고, 한 단계 앞선 기술과 서비스를 먼저 개발하는 것은 순전히 우리의 몫이다. 그게 '다이내믹'이 '볜'과 화합할 수 있는 유일한 길이다. 중국이 기술력 없는 우리 기업에 '친구'하자고 손을 내밀지는 않을 것이기 때문이다. 기술이 없다면 협력도 없다. 한·중 경협의 엄연한 현실이다.

"우리 후대들에게 중국에 빌붙어 살아야 하는 고통을 주어서야 되겠습니까? 조선시대도 아니고 말입니다." 취기가 오를 무렵 화려한 푸등 금융가를 바라보며 그 기업인이 던진 말이다.

자료 : 중앙일보, 노트북을 열며, 2009년 3월 25일자 요약.

생각해 봅시다

1. 문화다양성이란 무엇이며, 글로벌경영자가 문화차이를 진정으로 인식하고 이해한다는 것은 무엇을 의미하는가?

2. 문화다양성이 기업조직에 미치는 긍정적 · 부정적 측면은 무엇인가?

3. 편협적 · 자민족중심적 · 시너지적 조직은 각기 어떠한 조직을 말하며, 이들 조직은 문화다양성을 어떻게 관리하는가?

4. 글로벌기업이 문화다양성과 관련하여 부딪치게 되는 제반 문제들을 시너지적으로 해결하기 위해서는 어떻게 해야 하는가?

5. 글로벌기업의 경영자가 시너지적 리더가 되기 위해서는 조직 내에서 어떠한 변화를 창출해야 하는가?

6. 글로벌기업이 다문화환경 중에서 경쟁우위를 유지하면서 지속적으로 성장하기 위해서는 경영윤리에 대한 문화적 성찰이 요구되는데, 이와 관련하여 특별히 관심을 가져야 할 문제들은 무엇이 있는가?

Part 04

Global Cross-Cultural Management

글로벌기업의 다문화전략

- 제11장 글로벌기업의 해외파견자관리
- 제12장 글로벌기업의 협상전략
- 제13장 글로벌기업의 윤리경영전략

글로벌 비교경영학

제1부 글로벌경영과 다문화환경

제 1 장 글로벌기업과 문화환경
제 2 장 글로벌경영과 문화비교연구

제2부 조직행동의 문화비교적 이해

제 3 장 개인특성과 문화차이
제 4 장 개인행동과 문화차이
제 5 장 집단행동과 문화차이
제 6 장 리더십과 문화차이
제 7 장 조직특성과 문화차이

제3부 글로벌경영과 다문화관리

제 8 장 글로벌경영과 다문화집단
제 9 장 글로벌경영과 문화커뮤니케이션
제10장 글로벌경영과 문화다양성관리

제4부 글로벌기업의 다문화전략

제11장 글로벌기업의 해외파견자관리
제12장 글로벌기업의 협상전략
제13장 글로벌기업의 윤리경영전략

가을과 겨울 사이

(朴 英 培)

낙엽들이 내닫기 시작했다
어두워진 신작로 아스팔트 위를
한 방향으로 떼를 지어
정신없이 달음질친다
모두들 어디로 가려는 걸까
길지도 않았던 세월
가지 끝 매정한 손길
차갑게 뿌리칠 일은 아니었는데
가을과 겨울 사이,
마른 몸 서로 비비며 배회하던 길목
늦가을 하늬바람에 떠밀려
내쫓기고 있는 걸까
거친 발길들에 패어 드러난
보도블록의 뻘건 속살
자동차 무리의 흉포한 질주
비명도 없이 바스러지는 낙엽들
오호! 저들,
끝장을 보자는 거지
겨울을 향해

Chapter 11 글로벌기업의 해외파견자 관리

볼거리 읽을거리

글로벌 에티켓*

귀엽다며 어린이 만지기

음식 가리면 "먹지도 마"

다짜고짜 "어디서 왔어요?"

전문가들은 '글로벌 에티켓'의 핵심은 남을 배려하는 마음이라고 강조한다. 각 나라마다 역사와 문화가 다르므로 생활예절도 조금씩 다를 수밖에 없지만 서로의 차이를 인정하고 배려하면 큰 실례를 범할 일이 없다는 것이다. 전문가들이 말하는 주요 상황에서의 글로벌 에티켓을 소개한다.

- **신체접촉이 있을 때** : 미국, 영국, 프랑스 등 서구인들은 몸에서 약 50cm 둘레 안쪽을 '개인공간'으로 여긴다. 친하지 않은 사람과 대화할 때는 그 이상 거리를 두는 것이 좋다. 말소리가 잘 안 들린다고 얼굴을 가까이 대거나 웃으면서 어깨나 무릎을 치면 상대가 당황할 수 있다. 남을 앞지르거나 실수로 부딪쳤을 때는 사과해야 한다.
- **어린아이를 대할 때** : 한국에선 낯선 아이의 머리를 쓰다듬거나 안아주는 일이 흔하다. 그러나 외국인 중에는 세균감염이나 성추행에 민감한 사람이 많아서 낯선 사람이 아이 몸에 손을 대면 몹시 불쾌하게 여기기도 한다. "예쁘다"는 한두 마디 칭찬만 하는 것이 좋다.
- **식사할 때** : 우리는 식당에서 한 가지 메뉴로 통일하는 데 익숙하지만, 외국인들도 그런 건 아니다. 자신이 식사를 대접하더라도 마음대로 메뉴를 정하는 건 큰 실례다. 초대받은 사람의 뜻을 물어서 정해야 한다. 요리를 고르기 전에 상대가 채식주의자가 아닌지, 알레르기나 종교적 금기 때문에 피하는 음식은 없는지 확인하는 것도 중요하다. 테이블에 휴대전화를 올려놓으면 "당신은 별로 중요한 사람이 아니다"라는 뜻으로 오해를 살 수 있다. 프랑스의 일부 고급식당에선 입장 시 휴대전화를 카운터가 맡아 보관한다.
- **목욕탕이나 수영장에서** : 목욕탕이나 수영장에서 상대가 불편할 만큼 빤히 쳐다보면 실례다. 흉터나 장애가 있는 사람에게 "왜 그러냐"고 묻는 사람도 있는데, 절대 범해서는 안 될 무례한 일이다. 일본의 대중탕·온천·사우나에서는 동성끼리도 신체의 중요 부위가 보이지 않게 수건으로 가리는 것이 예의다.
- **초대받은 자리에서** : 남의 집에 초대받았을 때 일찍 도착하는 것이 오히려 결례다. 상대방이 미처 준비하지 못했을 수 있기 때문이다. 약속한 시각이나 5분쯤 뒤에 간단한 선물을 갖고 가는 것이 좋다. "맛있다"는 칭찬을 하고, 다음날 전화나 카드로 고맙다는 뜻을 전하면 금상첨화. 한국식으로 내 수저로 집은 음식을 상대에게 권하거나, 설거지를 해주겠다고 남의 부엌에 들어가면 실례다.

* 자료 : 조선일보, 2008년 1월 4일자.

11 Chapter 글로벌기업의 해외파견자관리

1 글로벌기업의 인적자원관리

1) 글로벌기업과 인적자원관리의 중요성

기업의 글로벌화는 경영의 글로벌화를 초래하며, 경영의 글로벌화는 필연적으로 글로벌기업에 있어서의 인간관계를 아주 새로운 관점에서 생각하게 한다. 기업의 글로벌화는 상품뿐만 아니라 사람도 국경 너머로 이동시킨다. 상품은 국경을 넘어도 그 본질적인 성격은 변하지 않는다. 즉, 그 자체의 특성을 그대로 유지한다. 그러나 인간은 다른 나라, 다른 문화권에 들어갈 때 언어 · 국민성 · 기후 · 생활습관 · 가치관 등 문화의 차이에 따른 많은 충격과 변화를 겪게 되며, 이전에 경험하지 못한 환경의 변화에 민감하게 반응한다. 따라서 글로벌기업의 인적자원에 대한 가장 중요한 문제는 동질적인 문화, 생활패턴과 의식으로 살아온 사람들로 하여금 새로운 환경에 무난히 적응하면서 주어진 과업을 성공적으로 수행할 수 있게끔 하는 것이다.

글로벌기업이 세계무대에서의 경영활동에 필요한 인적자원을 효과적으로 관리하기 위해서는 초국가적 과업을 원활히 수행할 수 있는 종업원의 모집과 선발 그리고 교육과 훈련뿐만 아니라 그들이 해외의 이질적 문화에 적응하는 과정에서 발생하는 여러 가지 문제들을 고려하여야 한다. 또한 이들이 해외근무를 마치고 본국으로 귀환했을 때의 재임용에 관련된 문제와 더불어 본국 환경에 재적응해 가는 과정에서 발생하는 문제들도 주요 관리범위에 포함시켜야 한다.

[그림 11-1]은 해외파견 종업원의 이와 같은 파견 전, 파견 후, 귀환 등에 관한 일

련의 순환과정을 나타낸다. 여기에서는 이 순환과정 중에서 해외파견 종업원의 확보 및 교육·훈련 등에 관한 문제들에 대하여 알아보도록 한다. 해외파견 후의 적응과 본국귀환 후의 재적응 등에 관련된 문제들은 뒤에서 중점적으로 다루도록 한다.

그림 11-1 | 해외파견 종업원의 순환과정

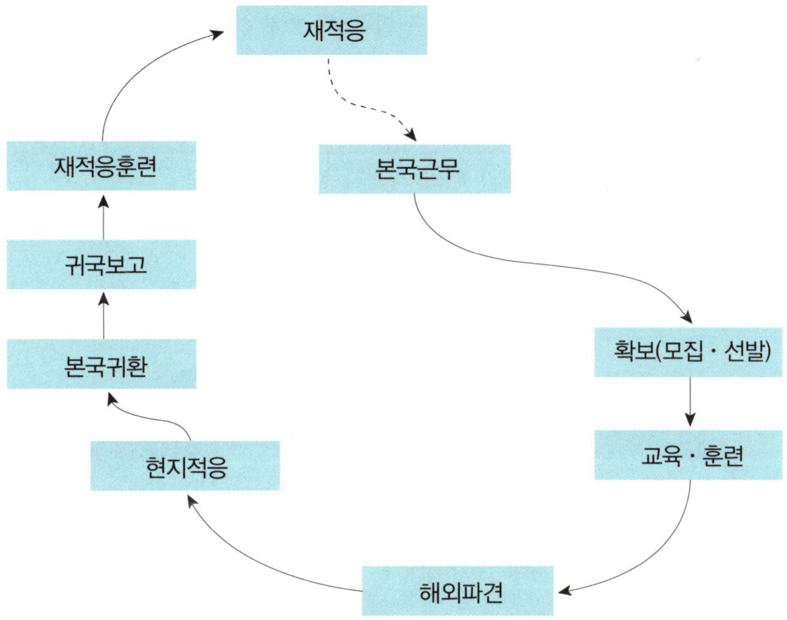

2) 해외파견자의 확보

(1) 현지 기업종업원의 확보

기업이 현지에서 경영활동에 필요한 종업원을 확보하는 방법은 본국에서의 파견자만으로 충원하는 경우, 현지인을 활용하는 경우, 제3국인을 활용하는 경우 등으로 나누어 볼 수 있다. 그러나 해외경영활동이 본격화되기 시작하면 기업의 종업원들은 어느 특정 국적을 지닌 사람들로 국한되지 않고 국가별로 다양해지기 마련이다.

로빈슨(R. D. Robinson)에 의하면 기업의 글로벌화단계에 따라서 본국인과 현지인 그리고 제3국인의 고용비중이 달라진다고 한다. 즉 [그림 11-2]에서 보는 바와 같이 기업의 글로벌화단계를 수출·국제화·다국적화·초국적화 등의 네 단계로 나누었을 때, 해외 자회사 경영자의 경우 처음에는 현지인을 대거 고용하다가, 차츰 본국인(본사파견자)의 비율이 높아지며, 다시 기업의 해외시장이 확대되면서 현지인의 비율이 높아지고, 마지막으로 시장이 안정되면서 본국인의 비율이 다시 높아진다는 것이다(Robinson, 1978). 그러나 이것은 기업의 해외사업이 수출로부터 해외생산으로 확대되면서 일어나는 변화를 기술하고 있는데, 현지 기업종업원들의 국적별 채용비율은 이 밖에도 현지국의 고용정책, 현지국인들의 외국인에 대한 태도, 모기업의 인사정책 및 그 밖의 다양한 상황적 요인들에 의하여 영향을 받을 것이다.

그림 11-2 | 글로벌화의 단계와 해외 자회사 경영자의 국적

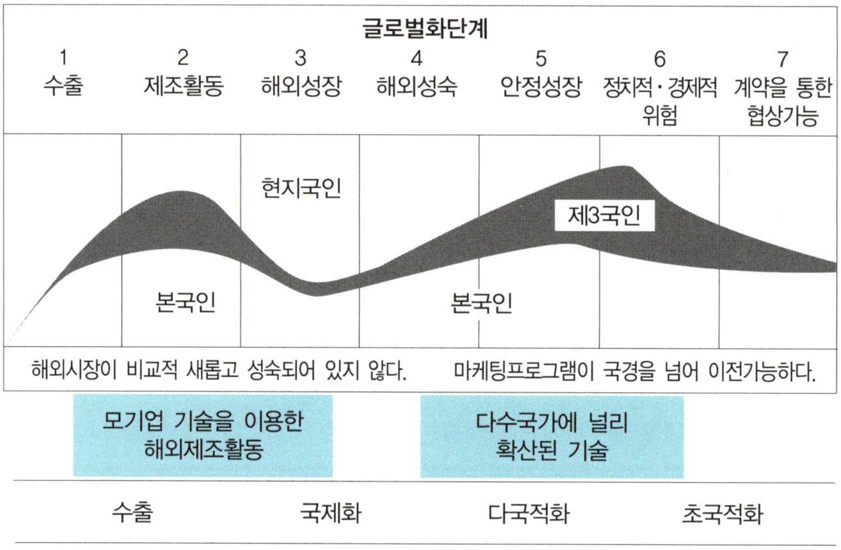

자료 : R. D. Robinson, *op. cit.*, p.291, adapted from Lawrence G. Franko(1973), "Who managers Multinational Enterprises?" *Columbia Journal of World Business,* (Summer), p.33 수정.

특히 현지기업의 경영자, 즉 글로벌경영자의 채용은 모기업으로서는 매우 중요한 일로서 여러 가지 상황들을 종합적으로 고려하여 결정하여야 한다. 예를 들면, 현지 채용 경영자는 본국인이나 제3국인에 비하여 현지 환경에 익숙하고, 현지 근로자들과의 관계를 보다 용이하게 개선할 수 있으며, 또한 유지비용을 절감할 수 있다는 장점이 있다. 이에 반하여 중요한 역할을 담당하도록 하기 위해 본국인을 경영자로 채용해야 할 상황이 있다. 이를 열거하면 다음과 같다(Robinson, 1978). '*' 표시가 있는 상황은 제3국인을 채용해도 유리한 경우를 나타낸다.

① 해외 자회사가 창설된 초기단계
② 모기업이 글로벌지향의 경영을 하기 위하여 경영자의 해외파견을 하나의 훈련 과정으로 간주하는 경우
③ 본국 외에는 적당한 공급원천이 없는 경우
④ 모기업에 감당할 수 없을 정도의 고급인력이 남아도는 경우
⑤ 모기업에 외국사정에 정통한 인재가 없어 현지인과의 의사소통이 어려운 점을 감안하여 지역전문가를 양성해야 할 필요성이 있는 경우
⑥ 현지기업을 중심으로 하여 사업을 타 지역으로 확장해야 할 필요성이 있는 경우
⑦ 최고경영자가 보유하고 있는 고급기술과 기능이 법적으로 보장되어 있지 않은 경우
⑧ 현지기업이 시효가 있는 계약에 의하여 단명할 것으로 예견되는 경우
* ⑨ 현지국이 다종족 또는 다종교의 사회이기 때문에 이들 중의 한 종족 또는 특정 종교 출신의 현지인 경영자가 정치적 문제를 야기하거나 경제적으로 배척될 가능성이 있는 경우
⑩ 현지기업이 어떠한 경우에도 '외국인투자기업'이라는 인상을 유지해야 할 필요가 있는 경우
* ⑪ 현지국 내에 오래전부터 모기업과 관계를 맺어온 현지국인들에게는 경영을 맡기기 어려운 사정이 있고, 또 다른 현지국인들에게 경영을 맡기면 이들과 적대적인 관계로 발전할 가능성이 있는 경우
* ⑫ 현지국인은 비전출성으로 '기동성'이 없으므로 다른 지역으로의 전보가 어려운 경우
* ⑬ 모든 사정을 고려한 결과 특정 직무에 대해서는 본국인이 가장 적합하다는 판단을 내린 경우
* ⑭ 현지국인들이 민족주의적인 색채가 강하여 기업의 이익보다는 자기 국가의 이익에 더욱 민감하게 반응할 경우

(2) 해외파견자의 선발

해외진출기업이나 지사가 본국인에 의해 대표되고 관리될 수 있다는 점 때문에 해외파견자가 많이 선호된다. 앞에서 살펴본 바와 같이 본국인은 아무래도 자국의 이익을 생각하므로 기업 측에서 볼 때 유리하고, 본사와의 연락·의사소통도 원활하게 이루어질 수 있다. 또한 본사의 경영관과 실행방법에 대한 이해가 깊으며, 현실적으로 유능한 자질을 갖춘 현지인일지라도 외국기업에 들어와서 진정으로 열심히 일할 것인가도 의문시된다는 면에서 본사 경영자와 종업원들의 해외파견이 많이 선호된다(신유근, 1988).

한편, 해외파견자는 본국의 모기업을 대표하는 동시에 현지 자회사의 한 구성원이며, 현지의 지역사회 주민이 된다. 따라서 이들은 본사의 기업목표를 이해하고 이를 달성할 능력을 갖추어야 하며, 자회사가 속한 현지국의 이익도 고려하여야 하고, 이질적인 문화에 잘 적응하고 생활해 나가는 시민이 되어야 한다. 따라서 해외파견자를 선발하는 데 있어서는 여러 요인을 종합적으로 고려하여야 한다.

종래에는 해외파견자가 갖추어야 할 요건으로 파견자의 과거업무실적, 지식, 기술 등에 많은 비중을 두어 선발하였으나 요즈음에는 해외문화적응능력이 많이 강조되고 있다. 예를 들면, 이반세비치(J. M. Ivancevich)는 해외파견자 선발담당자와 해외에 파견된 당사자들을 대상으로 파견자 선발 시 고려해야 할 점에 대한 가중치를 부여하게 한 결과, 선발담당자들은 독립심과 한정된 자원으로 목표를 달성할 수 있는 능력, 성실성, 직무에 대한 지식 등을 들고 있는 데 반해, 해외에서 근무하고 있는 경영자들은 해외체류에 대한 가족의 견해, 성실성, 태도와 적응성 등을 들고 있다(Ivancevich, 1969). 따라서 해외파견에 있어서는 외국문화에 대한 관심, 언어능력, 적응력 등이 중요한 요인이 된다고 할 수 있다.

해외파견자를 선발하는 데 고려해야 할 요인들을 크게 파견자가 갖추어야 할 지식과 개인적 특성으로 나누어 생각해 본다면, [표 11-1]에서 보는 바와 같이 지식요인으로는 일반적으로 판매지식, 지휘 및 관리능력, 행정지식, 기업특성에 대한 지식, 생산지식, 현지어의 지식, 그리고 사회문화적 환경에 대한 지식 등을 들 수 있으며, 개인특성요인으로는 동기 및 목적지향성, 건강 및 신체조건, 정신적 스트레스, 관용과 융통성, 충성심, 적응성, 접촉능력 및 커뮤니케이션, 기타 연령 및 가족관계 등이 중요하다.

표 11-1 해외파견자의 선발요건

지식요인	개인특성요인
판매지식	동기 및 목적지향성
지휘・관리능력	건강 및 신체적 강인성
행정지식	정신적 강인성
기업특성에 대한 지식	관용 및 융통성
생산지식	충성심, 적응력
현지국의 어학지식	접촉능력 및 커뮤니케이션능력
사회문화적 환경조건에 대한 지식	연령 및 가족관계

자료 : E. Pausenberger, G. F. Noelle(1977), "Entsendung von Fuhrungskraften in auslandische Niederlassungen," in *ZfbF*(29 Jg., pp.350, 353; 박기안(1986), 국제경영학, 무역경영사, p.122.

3) 해외파견자의 교육훈련

해외파견종업원들은 새로운 환경에 적응할 수 있는 관리행동이나 경영정책을 수행해야 하므로, 그와 관계되는 내용의 교육훈련을 통하여 해외파견의 의미에 대한 이해를 새로이 해야 한다.

본국인의 해외파견에 있어서 교육훈련은 해당 국가의 문화나 국민성 등에 관한 이해를 증진시켜 현지적응을 용이하게 하는 데 목적이 있다. 따라서 교육훈련의 내용과 방법은 해외파견이 이질적인 문화에 적응해가는 과정에서 나타나는 문화적 충격을 극복하거나 최소화할 수 있는 지식과 능력을 증진시키는 데 중점을 두어야 한다. 해외파견종업원을 위한 교육훈련은 일반적으로 다음과 같은 내용과 방법으로 나누어 볼 수 있다(Tung, 1982; Harris and Moran, 1979).

① **환경브리핑** : 현지국의 지리, 기후, 주거방식, 학교, 기업관행, 경쟁상태, 시장기회 등에 대한 정보의 제공은 그곳에서의 생활과 효과적인 업무수행을 위해 필요하다.

② **문화강좌** : 현지국의 풍속, 관습, 독특한 국민성, 규범, 가치체계 등에 관한 교육은 현지인을 이해하고 그들과 원활한 관계유지를 하는 데 도움을 준다.

③ **언어교육** : 언어는 그 나라를 이해하는 데 가장 효과적인 방법이 될 수 있고, 현지인과의 효과적인 의사소통을 위한 가장 좋은 방법이므로 현지국의 언어를 어느 정도까지 익히도록 하는 것이 중요하다.

④ **감수성훈련** : 감수성훈련기법을 통하여 자기 나라와 다른 나라의 문화에 대한 이해를 증진시켜 현지국의 이질적 문화환경에 대한 적응력을 개발할 필요가 있다.

⑤ **문화동화교육** : 상이한 문화권에서 생활하다가 돌아온 직원이나 외부인사의 경험담을 들려줌으로써 이질적인 문화에 대한 두려움을 감소시킬 수 있으며 현지국의 문화에 대하여 보다 친근감을 갖게 된다.

⑥ **현장실습** : 파견될 대상국에 대한 단기간의 해외연수를 통하여 그 나라에 대한 이해를 증진시킬 수도 있다.

2 해외파견과 문화적응

1) 해외문화에의 적응단계

본국의 모기업에서 선발되어 교육훈련을 거친 해외파견종업원들은 본국으로부터 해외의 이질적인 문화환경 안으로 진입하게 되며, 이들은 이때부터 해외문화에 대한 적응과정을 통하여 새로운 환경을 몸소 경험하면서 필요한 직무를 수행하게 된다. 해외파견자의 해외문화에의 적응과정은 [그림 11-3]에서 보는 바와 같이 U자형의 곡선으로 설명할 수 있다(Gullahorn and Gullahorn, 1963).

문화적응과정의 첫 번째 단계는 곡선의 최상부에 속하는 시기를 말한다. 이 시기에 파견자들은 이전에 경험하지 못한 새로운 문화를 발견함으로써 많은 흥미와 즐거움을 맛보게 된다. 사업관계로 단기간의 해외여행을 하는 사람들은 장기적인 해외파견자들에 비하여 이 단계에서 매우 화려한 경험을 하게 된다. 예를 들면, 택시정류장이 어디에 있는지도 모르면서 택시를 타려고 애쓴다든지, 주말에는 우편배달부가 없는 것을 알면서도 본국의 가족이나 친구들로부터의 편지를 고대한다든지, 또는 짧은 어학실력으로 외국인들과 수준 높은 대화를 하려고 애쓴다든지 하는 감정이 개입되지 않은 행동을 경험하게 된다.

두 번째 단계는 곡선의 하강부로서 각성의 시기이다. 이 시기에 파견자들은 점차 새로운 문화가 더 이상의 흥미나 즐거움의 대상이 될 수 없음을 자각하고 이질적인 문화에 대한 두려움을 느끼기 시작한다.

세 번째 단계는 곡선의 최하부로서 문화충격(culture shock)이라고 표현되는 시기이다. 이 시기에 파견자들은 혼자의 힘으로는 해결할 수 없는 많은 문제들 때문에 곤경에 처하게 되고 좌절과 혼돈을 경험하게 된다.

문화충격의 다음 단계는 곡선의 상승부로서 이 시기에 파견자들은 외국인과 같은 사고방식에 적응하기 시작한다. 파견자들은 이 시기에 보다 긍정적으로 사고하며, 더욱 효과적으로 일하려고 노력하고 좀 더 정상적인 삶을 영위하게 된다. 따라서 이 단계는 첫 단계와 문화충격단계에서와는 달리 파견자들이 그들의 사고와 행동을 긍정적으로 조정하는 시기라고 할 수 있다.

그림 11-3 | 문화충격 사이클

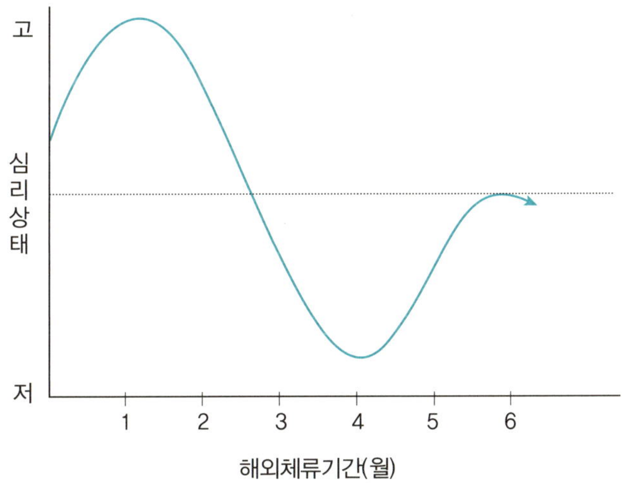

2) 문화충격

이질적인 문화를 자주 경험하는 사람이나 또는 처음 경험하는 사람이나 모두 문화충격으로부터 많은 고통을 받는다. 한 연구결과에 따르면 해외파견근무의 경험이 풍부한 유능한 글로벌경영자들 대부분이 문화충격으로부터 심각한 고통을 겪고 있는 것으로 나타났다(Ratiu, 1983). 그러나 동료들은 그들이 문화충격을 초월했거나 극히 적게 영향을 받는 것으로 인식한다.

문화충격은 결코 질병이 아니다. 이는 단지 새로운 환경에 접하게 됨으로써 나타나는 자연적인 반응일 뿐이다. 본국과 경제수준이나 언어가 매우 상이한 국가들뿐만 아니라 이러한 환경적 요소가 매우 유사한 국가들도 해외파견자들에게는 문화충격의 원인이 될 수 있다. 예를 들면, 한국인이 캐나다나 미국에 갈 경우에 문화충격을 경험하게 되는 것과 마찬가지로 캐나다인이 미국에 가도 똑같이 문화충격을 경험하게 될 것이다.

이러한 문화충격은 새로운 문화에 참여하는 해외파견자들에게 부정적으로만 작용하지 않는다. 경우에 따라서는 이것이 보다 긍정적으로 작용할 수도 있음을 인식할 필요가 있다. 따라서 해외파견자들은 자기가 경험하는 문화충격을 바람직한 일을 하고 있다는 증거로서 감수해야지 이것을 곤혹스럽게 생각하거나 또는 이것에 의하여 좌절감을 느낄 필요가 없다. 중요한 것은 이와 같은 문화충격을 어떻게 하면 잘 관리할 수 있느냐 하는 것이지 그것을 어떻게 피하느냐 하는 것이 아니다.

문화충격은 새롭고 예측할 수 없는 불확실한 환경에 대한 해외파견자의 반응으로서 이들의 이러한 환경에 대한 선택적 지각과 실제적인 해석체계(interpretation system)에 의하여 나타난다. 예를 들면, 해외파견자들은 새로운 환경에 직면하게 되면, 그러한 환경이 자신들에게 무엇을 의미하는지 그리고 그러한 환경에서 어떠한 주의를 해야 좋은지 등을 자신에게 물어보게 된다. 그러나 해외파견자들은 그들을 괴롭히는 새로운 환경, 즉 수많은 생소한 풍경 · 소리 · 냄새 · 미각 · 느낌 등이 무엇을 의미하는지, 그리고 어느 것이 중요한 것이고 중요하지 않은 것인지를 판단하거나 가려내기가 어렵다는 것을 발견한다. 왜냐하면 새로운 문화권에 진입하면 그들이 접하는 새로운 문화에 근거하는 해석체계가 형성되어 있지 않은 상태에서 여전히 자국문화에 근거하는 해석체계를 비효과적으로 사용하여 새로운 환경을 지각하고 판단하려고 하기 때문이다.

새로운 문화에 진입한 초기에 해외파견자들은 다른 사람들의 행동은 이치에 맞지 않은 것으로 생각하거나, 자신의 행동이 생각했던 대로의 결과를 가져오지 않는다는 것을 발견한다. 또한 그들은 새로운 환경은 자신들에게 실행할 수도 없고 또 실행할 능력도 없는 새로운 문화적 가정에 근거하는 행동을 요구한다는 것을 발견한다. 예를 들면, 이스라엘을 여행한 한 미국인은 그가 경험한 문화충격을 다음과 같이 말한다(Adler, 1986).

"나는 도착 사흘째 되는 날에 심한 구토증세 때문에 어느 구석진 시장가게에서 소화제 몇 알을 사먹고 겨우 그 고통을 벗어났다. 또 어느 날 가게에서 유태어를 읽지 못하는 상태에서 요구르트라고 생각되는 물건을 사가지고 와 뚜껑을 개봉하고 그것을 마셨는데 그것은 요구르트가 아닌 물비누였다. 이스라엘 가게의 진열대에는 식용품과 비식용품이 구분되어 있지 않은 것을 내가 어떻게 알 수 있었겠는가?"

3) 문화충격과 스트레스

해외파견자들은 자신들의 나라와 조직을 떠나 새로운 나라와 직무로 이동하면서 많은 변화에 직면하게 되며, 이러한 변화는 그들에게 많은 스트레스(stress)를 안겨준다. 가족과 친구들과의 내키지 않는 이별이 스트레스를 유발하며, 해외현지에 도착하자마자 외국인들로부터 느끼는 이질적인 감정과 가치관의 혼란은 스트레스를 더욱 가중시킨다.

문화충격에 관련된 스트레스는 그 형태가 다양하다. 즉 스트레스는 당황 · 실망감 · 좌절감 · 성급함 · 불안감 · 염려 등과 같은 심리적 반응뿐만 아니라, 불화 · 불면증 · 위장병 · 두통 등과 같은 신체적 반응으로도 나타난다. 해외파견근무자들이 이질적인 문화권에서 일할 때 문화충격은 그들이 가장 먼저 접하게 되는 가정환경의 차이로부터 나타난다. 이러한 경우 해외파견자들은 그러한 문화충격 자체를 제거하려고 애쓰지 말고 문화충격에 의해 유발되는 스트레스를 잘 관리할 수 있는 대응책을 마련하는 것이 중요하다.

따라서 해외파견자들은 각종 효과적이고 창의적인 '스트레스관리 메커니즘(stress management mechanisms)'을 발견할 수 있어야 한다. 예를 들면, 해외파견자들은 너무 과중한 업무처리를 피함으로써 스트레스를 감소시킬 수 있다. 그리고 어떤 사람들은 장기적으로 신체훈련프로그램에 참가하여 스트레스를 완화시키는 습관을 익힌다. 또한 많은 유능한 해외파견자들은 '안정지대(stability zone)'를 설정함으로써 문화충격을 감소시킨다(Ratiu, 1983).

여기서 안정지대란 가정과 같이 포근함을 느끼며 휴식을 취할 수 있는 장소를 말하는데, 그들은 많은 시간을 외국문화에 동화하기 위하여 보내고 난 후에는 이러한 안정지대에 피신하여 자기만의 시간을 갖고 휴식을 취하며 문화충격을 감소시키고 스트레스를 해소한다. 예를 들면, 고국의 동포들이 밀집해 사는 부근에 위치하는 조그마한 호텔은 훌륭한 안정지대가 될 수 있다. 해외파견자는 근무가 끝난 후에 숙소 부근의 같은 동포가 경영하는 음식점에서 그들과 담소를 나눌 수도 있고, 또 그들을 숙소에 초대하여 여러 가지 고국에 대한 관심사를 토론할 수도 있으며, 주말에는 함께 영화감상이나 음악감상 등의 여가활동도 즐길 수 있다.

해외파견근무자들은 직무를 수행하는 데 있어서도 자신의 직무에 대한 과도한 기대감과 행동을 적절히 조절함으로써 스트레스를 감소시킨다. 그리고 해외파견자의 가족들 역시 스트레스를 관리하기 위한 시스템을 개발할 수 있다. 예를 들면, 식사 동안에는 불평하는 것을 금하는 규칙을 만든다든지 또는 그들이 경험하고 있는 새로운 문화의 긍정적인 면만을 얘기한다든지 함으로써 문화충격에 기인하는 스트레스를 감소시킬 수 있다.

4) 조정과 적응

새로운 문화에 진입한 후 3개월에서 6개월 정도가 지나면 대부분의 해외파견자들은 문화충격에서 서서히 벗어나 해외에서의 정상적인 삶을 영위하기 시작한다. 이 시기부터 그들은 조금씩 무엇이 중요하며 무엇이 의미 있는 것인지를 알게 된다. 예를 들면, 'yes'가 'yes'를 의미할 때와 'maybe'를 의미할 때, 그리고 'no'를 의미할 때가 언제인지를 알게 된다. 그들은 또한 초점을 두어야 할 것이 무엇이며 무시해버려야 할 것이 무엇인지를 인식하게 된다. 그리고 새로운 문화패턴에 어울리는 이질적이고도 특이한 행동방식을 학습하게 된다. 또한 이때부터 대부분의 해외파견자들은 외국인들에게 자신들을 보다 효과적으로 이해시키기 위하여 외국어 학습에 열심히 매달리게 된다.

이 시기에 해외파견자들에 있어서 가장 중요한 문제는 그들이 어떻게 문화충격을 최소화하면서 그것으로부터 무난히 벗어나는가 하는 것이다. 성공적인 해외파견자들은 이 시기에 자신이 경험하고 있는 새로운 환경이 그들에게 "무엇을 발견해야 하며 어떠한 해결책을 창출해야만 한다"는 요구를 명확히 인식한다. 따라서 그들을 좌절시켜온 현지국인, 회사, 또는 배우자들을 비난하는 것이 무의미하다는 것을 깨닫는다. 다음의 몇 가지 사항들은 해외파견자들이 문화충격을 극복하는 데 도움이 되지 않는 행동들이다.

① **현지국인에 대한 비난** : 예를 들면 "이들은 매우 어리석다. 우리나라 사람들 같으면 도시를 이런 식으로 정비하지는 않을 것이다. 도시의 주소가 너무 무질서하게 산재해 있어 주소만 가지고는 집을 찾기가 어렵다."

② **사회에 대한 비난** : 예를 들면 "도쿄거리의 번지수가 연속적으로 되어 있지 않다는 사실을 본사에서는 왜 미리 가르쳐주지 않았을까? 어떻게 내가 이런 복잡한 곳에서 고객을 방문할 수 있겠는가? 왜 나 혼자서 이 어려운 판매를 담당해야 하는가?"

③ **배우자에 대한 비난** : 예를 들면 "나는 매일 밖에서 외국인들을 상대로 수많은 어려움을 겪고 있다. 밖에서는 음식이 입에 맞지 않고 휴식을 취할 만한 장소도 없어서 많은 고통을 받고 있다. 그런데 우리 집사람은 나의 이러한 고통을 이해해주기는 고사하고 생활이 불편하다고 불평만 늘어놓는다. 도대체 남편을 편안하게 해주려는 생각은 하지 않는 것 같다."

이와 같이 다른 사람들을 비난하는 것은 비생산적인 스트레스관리기법은 될 수 있을지 모르지만 결코 문제해결을 위한 좋은 방법이 되지는 못한다.

성공적인 해외파견자들은 자기 자신이 상황을 완전히 이해하지 못한다는 사실을 인정하고 보다 믿을 만한 정보와 전문지식을 습득해야 한다는 것을 인식한다. 충분하지 못한 지식에 의한 부적절한 의사결정은 그들의 안정감을 저해하는 원인이 되기 때문이다. 따라서 해외파견자들이 해외에 파견되기 전 모기업에서 이수하는 외국문화에 관한 교육훈련프로그램은 그들이 현지에서 보다 효과적으로 문화충격을 관리하고 과업을 성공적으로 수행할 수 있는 기술을 제공해준다는 면에서 매우 중요하다고 할 수 있다.

또한 보다 일찍부터 현지국의 문화를 접해본 선임파견자들과 현지인들의 경험담이나 조언은 새로 부임해 오는 후임파견자들이 비슷한 상황에서 겪게 될 문제들을 해결하는 데 큰 도움이 될 수 있다. 예를 들면, 미국에 위치한 이탈리아계 자회사의 한 미국인 사원은 이탈리아의 모기업에서 파견되어 온 동료가 부임 후 겪은 문제들을 다음과 같이 말한다(Adler, 1986: 197).

"그는 비서에게 편지와 서류꾸러미를 건네주며 타이핑을 부탁하고 다음날 아침에 그것을 자기에게 보내줄 것을 요구했다. 그러나 다음날 아침 그는 비서로부터 아무것도 건네받지를 못했으며 이러한 상황이 그 후 계속되었다. 그는 고심하던 끝에 이러한 사정을 나에게 호소해 왔다. 나는 그에게 '미국에서는 비서들의 지위가 이탈리아에서보다 더 높다. 따라서 당신은 비서에게 직접 타이핑이 다 되었는지를 물어보아야 한다. 그리고 될 수 있는 한 비서에게 타이핑을 부탁하지 말아야 한다. 미국의 기업조직은 이탈리아의 기업조직보다 더욱 평등주의적이고 덜 계층적이다'라고 조언해 주었다. 그 이탈리아 동료는 그 후 비서로부터 타이핑한 서류들을 가까스로 받기 시작했다고 나에게 이야기했다."

그러나 현지인들은 종종 현지문화에 관련된 정보의 제공자로서는 바람직하지 않은 경우가 있다. 왜냐하면 그들은 자신들의 고유한 문화 속에서 강조되는 '해야 할 것'과 '해서는 안 될 것'을 의식적으로 배우지 않기 때문이다. 그들은 단지 어린이처럼 부모나 어른의 행동을 무의식적으로 모방할 뿐이다. 따라서 성인이 되었을 때에는 자기가 모방해온 행동을 실행에 옮길 수는 있어도 자신이 어째서 그런 행동을 하는지를 남에게 설명해 주지는 못한다. 예를 들면, 미국인 사업가가 아랍인들과 함께 자리를 같이 하면 미국인들은 그들과 충분한 눈맞춤(eye contact)을 하지 않는다. 그러나 아랍인들은 상대방의 시선이 자기에게 집중되지 않으면 상대방을 신뢰하지 않는 경향이 있다. 만일 아랍인들이 눈맞춤에 대해서 미국인으로부터 질문을 받으면, 이러한 눈맞춤을 얼마나 자주 그리고 오래 지속해야 되는지를 말하지 못한다. 왜냐하면 그들은 어릴 적부터 몸에 익혀온 이러한 모방행동을 무의식적으로 실행할 수는 있지만, 어째서 그러한 행동이 필요한지는 설명할 수 없기 때문이다.

유능한 해외파견자들은 새로운 환경에서 그들 자신이 할 수 없는 것이 무엇인지를 알고 행동한다. 특히 문화적응의 초기단계에서는 항상 어려운 상황에 처하게 되며, 해외에서는 본국에서와 같이 효과적으로 행동할 수 없다는 것을 인식한다. 따라서 그들은 효과적인 스트레스관리기술과 안정지대의 필요성을 인식하며, 동료와 가족 그리고 고객들을 비난하거나 이들에게 상처를 주어서는 안 된다는 것을 자각한다. 또한 그들은 자신들뿐만 아니라 가족 모두가 새로운 문화에 적응하는 과정에서 문화충격을 경험하고 고통을 받는다는 사실을 깨닫는다. 따라서 성공적인 해외파견자들은 문화충격을 극복하는 것을 개인적인 문제가 아닌 전체적인 시스템의 관점에서 이질적인 문화를 조정(adjustment)해 나가는 과정으로 파악한다.

3 본국귀환과 문화재적응

1) 본국귀환과 재적응과정

본국에의 귀환은 해외파견자들이 외국의 근무지로부터 다시 본국으로 전입되어 오는 것을 말한다. 얼마 전까지도 기업들은 이러한 해외파견자의 귀환을 중요하게 여기지 않고 하나의 단순한 과정(process)으로만 생각하는 경향이 있었다. 그러나 최근에 많은 기업들은 이것을 매우 중요한 문제로 다루고 있다. 왜냐하면 해외파견자들은 본국귀환 후에 본국의 기업조직 및 기타의 본국환경에 재적응하는 과정에서 큰 어려움을 겪게 되며, 많은 문제들을 야기하기 때문이다.

해외파견자들은 처음 친숙하지 않은 미지의 세계에 대한 호기심을 가지고 해외로 나간다. 그러나 그들이 해외근무를 마치고 본국으로 귀환할 때에는 어떤 새로운 것에 대해서는 기대하지 않는다. 또한 이들은 귀환 시의 어떠한 충격이나 놀라움도 생각하지 않는다. 이들은 귀환 후에는 다만 해외파견 이전의 조직으로 되돌아가기를 희망하고 또 이전과 같은 직무와 생활방식을 유지하면서 원만한 삶을 영위하기를 바란다.

그러나 해외파견자들은 그들이 떠나기 이전과 같은 조직도 아니고 외국에서 기대하던 세계도 아닌 곳으로 돌아온다. 그들의 해외파견기간 동안 나라도 변했고 조직과 그 구성원들도 변했다. 더구나 해외에서 문화충격을 극복하려고 노력하는 동안 본국의 이상적이고 좋은 면만을 기억하려고 애쓴다. 따라서 본국에 귀환되어 왔을 때 그들은 옛날 환경과 현재 변화된 환경 간의 차이, 그리고 해외에 있으면서 이상적인 것으로 그리던 기억과 현실 간의 차이에 직면하고 매우 당황한다. 또한 그들은 본국에의 귀환이 처음 해외의 새로운 문화에 진입할 때보다도 더욱 힘들고 어려운 일이라는 것을 인식하게 된다.

귀환자들의 본국환경 재적응과정은 해외환경에 적응하는 과정과 비슷하게 나타난다. 즉 [그림 11-4]에서 보는 바와 같이 귀환 초기에 매우 고조되었던 감정은 얼마간의 시간이 흐르게 되면 가라앉게 되고 그 다음에는 서서히 이전의 정상적인 감정이 되살아난다.

해외파견자들이 본국에 돌아온 후 처음 얼마 동안의 고조된 감정은 다음과 같이 표현될 수 있다.

"나는 공항에 마중 나온 가족들과 이웃들을 보고 기뻐서 어쩔 줄을 몰랐다. 그들은 나의 귀국을 진심으로 축하해 주었고 그동안의 노고를 치하해 주었으며 건강을 염려해 주었다. … 어디든지 마음대로 다닐 수도 있고 행동의 불편을 느낄 수가 없다. 역시 여기는 좋은 곳이며 살 만한 나라다."

그러나 귀환자들의 고조된 감정은 한 달을 넘기지 못한다. 심지어 이러한 감정이 겨우 몇 시간도 지속되지 않는다는 연구결과도 있다. 귀환자들의 고조된 감정이 가장 낮을 때는 일반적으로 귀환 후 3~4개월 되는 기간에 나타난다.

그림 11-4 ▌ 귀환 후 재적응과정

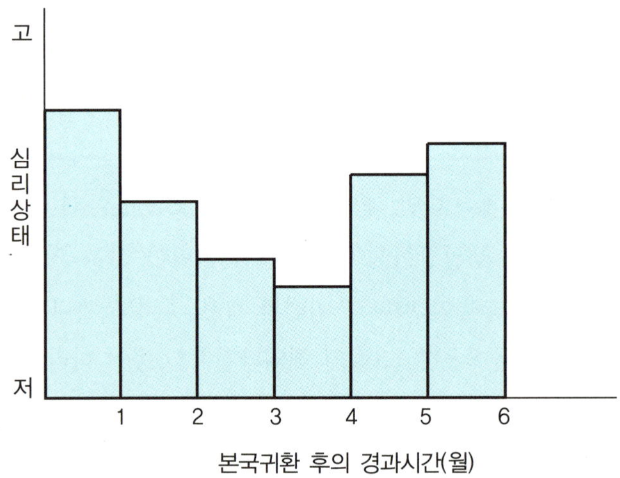

다음은 한 미국인 경영자가 베네수엘라에서 임무를 마치고 귀환한 후 2~3개월의 시간이 지난 뒤 그의 감정을 기술한 것이다.

"나의 몇몇 친구들은 내가 나가 있던 곳을 상상도 하지 못했다. … 그들은 나에게서 그 나라의 좋은 점만을 듣기를 원했다. 그러나 베네수엘라에서 겪은 일들은 대부분 불쾌한 것들뿐이다. … 내가 고국에 돌아왔을 때 모든 계획들은 지연되었고 좌절되었다. 미국에서도 베네수엘라 이야기의 연속이었다. 나는 이러한 일들이 미국에서는 결코 일어나지 않을 것으로 믿었다. … 또한 친구와 가족들 그리고 많은 주위 사람들을 둘러보면 하나같이 잠시도 한가롭게 이야기할 시간이 없을 정도로 바쁘게 살고 있다. 그들은 나를 거들떠보지도 않는다. … 나는 이해한다. 그렇지만 … 나는 많은 이야깃거리를 가지고 본국에 돌아왔다. 그러나 친구들과 가족들은 이것을 이해할 수 없다. 나의 해외생활은 결국 그들과는 공유할 수 없는 하찮은 것이 되어버렸다."

이와 같이 처음의 고조되었던 감정이 가장 낮아지는 단계를 지나 귀환 후 6개월이 지나면 귀환인들은 일반적으로 현실을 이해하고 받아들이게 된다.

2) 귀환자의 평가

(1) 귀환자의 갈등과 조직적응문제

해외파견자들이 외국의 문화에 진입할 때 그 나라의 새로운 환경과 생활방식이 문제가 되듯이 본국으로 귀환 시에는 본사의 조직이 문제가 될 수 있다. 즉, 본사조직에의 복귀 또는 복직은 사람 그 자체의 본국귀환과 마찬가지로 많은 문제들을 야기할 수 있다.

기업의 많은 종업원들은 경력을 위하여 해외파견을 통한 국제적인 임무수행을 고대한다. 그러나 실제 해외에 파견되어 일정기간의 임무를 수행하고 다시 본국의 기업조직에 돌아왔을 때 그러한 해외근무경험이 그들의 경력에 별로 도움이 안 된다는 사실을 발견한다. 실제로 미국의 한 연구조사에 의하면 미국의 기업들은 귀환직원들의 절반 이상을 승진대상에서 제외시키고 있다. 따라서 단기적으로는 해외파견이 종업원들의 경력에 미치는 영향이 매우 부정적이라는 것이다. 특히 전체 해외파견 귀환자들의 2/3 이상은 자신들이 외국에 나가 있는 동안 본사로부터는 이미 관심 밖으로 잊히고 있었다는 불만을 토로하고 있는 것으로 나타나고 있다(Hazzard, 1981).

실제로 많은 해외파견자들은 본사로 귀환한 후 그들이 느낀 점들을 다음과 같이 이야기한다.

"동료들은 나의 해외근무에 대하여 무관심한 반응을 나타낸다. 그들은 내가 과거에 수행했어야 하는 직무를 이제야 하는 것으로 간주하면서 해외에서 근무하면서 획득한 것에 대해서는 무시하려는 경향이 있다. 해외에 나가 있는 동안 조직은 변했고 … 작업절차, 규범, 그리고 습관도 변했다. 그동안 이러한 변화에 대처할 수 있는 기회가 없었다. … 나는 여기서 다시 시작해야만 한다."

"나는 귀환 후에 회사로부터 특정 업무나 직책을 부여받지 못했다. 본사에서는 해외에서의 노력과 성과에 대하여 관심을 보이지 않는다. 해외에 나가 있는 동안 나는 이미 본사의 관심 밖으로 멀어졌다. 나의 경력은 해외에 나갔을 때 이미 끝났으며 본사에 귀환했을 때 다시 시작되었다. 결국 나는 해외파견기간만큼의 시간을 잃은 셈이다."

많은 해외파견근무자들은 귀환 후 그들에게 주어진 직무에 대하여 불만을 나타낸다. 한 연구조사에 의하면 본국귀환 경영자의 절반 이상은 귀환 후 해외에서의 지위에 비하여 일반적으로 낮은 지위를 부여받고 있는 것으로 나타났다(Hazzard, 1981). 결국 해외근무는 많은 자극과 도전의 기회를 제공했지만 반대로 그로 인하여 더 큰 책임감과 권한, 그리고 지위와 의사결정권 등과 같은 중요한 것들을 잃어버렸다. 따라서 그들은 본사귀환 후 종종 실망과 좌절을 경험하며 일할 의욕을 상실한다.

귀환자들은 이와 같이 직무책임과 직무범위의 축소 그리고 그 밖의 눈에 보이지 않는 불리한 상황에 직면해야 될 뿐만 아니라 본국의 조직문화에 재적응하여야 한다는 문제에 부딪치게 된다. 예를 들어, 그들이 경험한 외국의 조직이 매우 수평적인 매트릭스구조(matrixed structure)를 지니는 동시에 불확실성과 모호성에 대하여 관대함을 가지며 개인보다는 집단의 성과를 더욱 중시하는 조직특성을 지닌 데 반하여, 본국의 조직은 보다 계층적 구조를 가지고 있고 위험을 회피하는 경향이 강하며 또한 집단보다는 개인의 성과를 강조하는 조직특성을 지닌다면, 이러한 상반되는 조직문화에 재적응하는 과정은 많은 시간과 어려움이 요구될 것이다.

한 조직문화에서 다른 조직문화로의 이동 또는 한 조직의 가정과 행동으로부터 다른 조직의 가정과 행동으로의 이동은 많은 어려움과 스트레스를 유발한다. 따라서 해외파견자들은 해외에서의 사회문화적 충격(societal culture shock)뿐만 아니라 동시에 본국에서의 조직문화적 충격(organizational culture shock)도 경험하게 된다.

(2) 귀환자에 대한 평가

해외파견자들이 귀환하여 본사에 복직한 초기에 직무를 얼마나 효과적으로 수행하는지에 대해서 귀환자 본인 그리고 그들의 상사나 동료들은 각기 의견을 달리한다. [그림 11-5]와 [그림 11-6]에서 보는 바와 같이 귀환자들은 자기가 처음에는 어느 정도 비효과적이지만 점차로 상당히 효과적으로 직무를 수행한다고 생각한다. 이에 반하여, 그들의 상사나 동료들은 그들이 귀환 초기에는 매우 비효과적이고 그 후에는 어느 정도 효과적으로 직무를 수행한다고 생각한다. 그러나 이러한 유효성에 대한 평가의 차이는 이들이 각기 상이한 평가기준을 사용하여 나타난 것이라는 점을 이해하여야 한다. 즉, 귀환자들의 상사들은 귀환자들의 성과를 그들의 해외파견 전 성과와 비교하는 경향이 있다. 따라서 상사들은 해외파견자들이 해외근무기간 중에 전문적인 지식을 습득했고 파견 전에 비하여 보다 책임감을 가지고 직무를 수행할 수 있다는 사실을 인식하지 못한다. 이와는 반대로 귀환자들은 자기의 성과를 해외에서의 성과를 기준으로 하여 비교한다. 따라서 본국에 귀환하여 처음 몇 개월 동안은 해외에서 근무할 때에 비하여 상대적으로 높은 성과를 올리지 못한다고 생각한다. 또한 이들은 일반적으로 자기 자신을 보다 낮게 평가하려는 경향이 있음을 이해하는 것도 중요하다.

그림 11-5 | 귀환자 자신의 유효성 평가

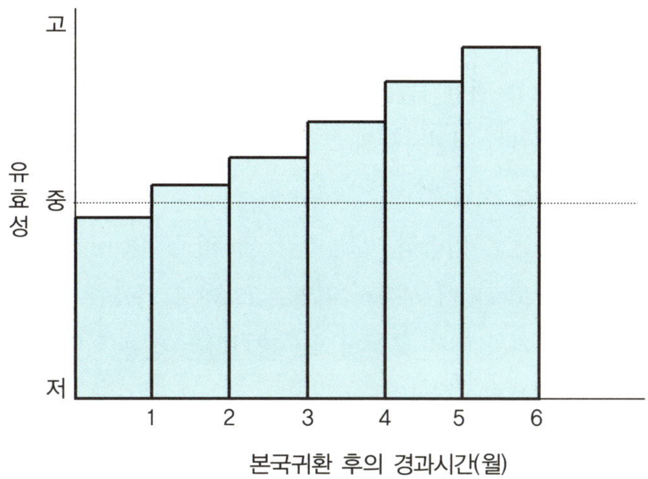

그림 11-6 | 상사와 동료에 의한 유효성 평가

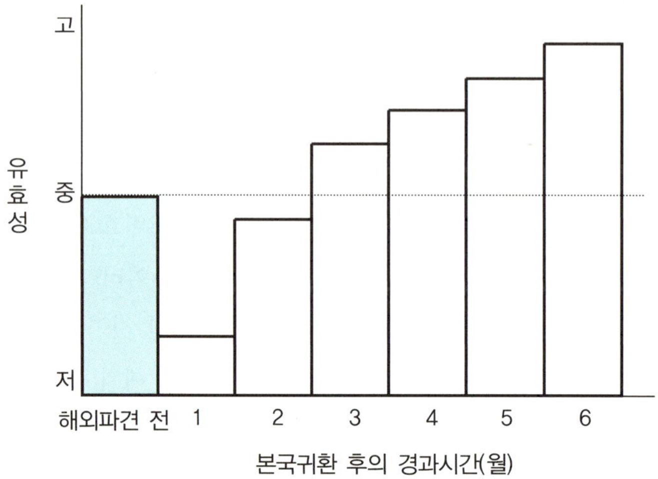

(3) 귀환자의 평가와 외국인기피심리

귀환자들이 '얼마나' 효과적으로 직무를 수행하는가 하는 그들의 유효성에 대한 평가와 마찬가지로 조직 내에서 어떤 사람이 '가장' 효과적으로 직무를 수행하는가 하는 점에 대해서도 귀환자들과 그들의 상사들은 의견을 달리한다.

자신들이 매우 효과적으로 직무를 수행한다고 생각하는 귀환자들은 그들의 상사나 동료들의 눈에는 그렇게 효과적인 사람들로 비쳐지지 않는다. 마찬가지로 자신들이 비효과적이라고 생각하는 귀환자들이 그들의 상사나 동료들의 눈에는 매우 효과적인 사람들로 비쳐지기도 한다. 귀환자들과 그들의 상사 또는 동료 간의 이러한 상반되는 평가는 무엇에 기인하는 것일까?

본사의 상사나 동료들은 일반적으로 '가장 덜 외국적(least foreign)'으로 보이는, 다시 말하면 외국어를 모르거나 사용하지 않는, 그리고 외국인 친구가 없거나 외국에서 태어나지 않은 귀환자를 매우 긍정적으로 평가하는 경향이 있다. 마찬가지로 그들은 외국에서의 경험을 통하여 습득한 기술이나 지식을 본사에 돌아와서는 눈에 띄게 사용하지 않는 귀환자를 매우 바람직한 사람으로 평가한다. 귀환자들에 대한 이러한 평가는 본사 상사나 동료들의 외국적인 것에 대한 두려움과 거부감, 즉 '외국인기피심리(xenophobia)'에 의해 나타나는 반응으로서 해외파견근무자의 귀중한 경험을 효과적으로 이용하려는 조직에서는 매우 부정적으로 작용한다.

이와는 대조적으로 귀환자들은 외국문화에서 얻은 평범한 지식의 중요성을 인식하고 이것을 최대한 이용하려 하며 또한 자국문화에 너무 몰입하려 하지 않는 동료들을 좋게 생각한다. 따라서 외국어를 구사할 수 있고 외국인 친구를 가지고 있으며 외국문화를 이해하고 있는 귀환인들은 자신을 외국문화와는 무관한 동료들에 비하여 더욱 높게 평가한다. 또한 상사나 동료들로부터 인정을 받고 보다 큰 직책을 부여받은 귀환자들은 오히려 자기 자신을 다른 귀환자들에 비하여 바람직하지 않은 사람으로 생각한다.

(4) 귀환자들의 관리적 능력

귀환자들은 일반적으로 해외에서의 경험이 전문적 기술(technical skills)보다는 관리적 기술(managerial skills)을 향상시킨다고 말한다. 또한 이들은 해외에서의 경험을 통하여 높은 자신감과 향상된 자기이미지(self-image)를 인식하게 되었다고 강조한다. 한 연구조사는 귀환자들과의 면담을 통하여 해외파견근무를 통하여 습득할 수 있는 몇 가지 중요한 기술에 대하여 다음과 같이 열거하고 있다(Adler, 1981).

① 관리적 기술

"해외에서 근무하게 되면 질문에 대해 대답하는 기술보다는 질문 그 자체에 대해서 보다 박식하게 된다."

"나는 두 가지 이질적인 문화 사이에서 명령에 의해서가 아닌 타협과 양보에 의해서 문제를 해결하는 방법을 배웠다."

"나는 편견을 버리고 많은 사람들을 대하게 되었다. 왜냐하면 해외에서 각기 다른 관점을 가지는 사람들을 많이 만나보았기 때문이다."

② 모호성의 수용

"나는 해외에서 무엇이 어떻게 진행되고 있는지를 오직 부분적으로밖에는 이해할 수 없었기 때문에 단편적인 정보에만 의존하여 의사결정을 내려야만 했다. 따라서 이제는 불확실하고 모호한 상황을 보다 인내심을 가지고 극복해 나갈 수 있다."

"나는 해외에 나가기 전까지는 참고 인내해야 한다는 것을 생각조차 할 수 없었고 내가 하는 일은 항상 옳다고 생각해 왔다. 그러나 이제는 참을성과 함께 내 주위의 상황을 보다 잘 이해할 수 있게 되었다."

③ 다양한 관점

"나는 외국인처럼 느끼고 생각하는 방법을 배웠다. 나는 이제 그들의 관점에서 사물을 볼 수 있게 되었다."

"나는 상대방의 생각과 행동을 예측하는 방법을 배웠으며 그것이 외교관이 수행해야 할 역할이라고 생각한다."

④ 인간관계 형성과 사람관리능력

"나는 인내심을 가지고 사람들을 대할 수 있게 되었다. 나는 처음에 그 사회에서는 소수민족으로 소외된 사람이었다."

"나는 전에는 지금보다 훨씬 냉혹한 사람이었다. 전형적인 한국인 경영자였다. 그러나 이제는 변했다. 나는 인간이 조직에 미치는 영향을 깨닫게 되었다. 따라서 종업원들과 보다 많은 의사소통을 하려고 노력하며, 그들을 회사의 중요한 자원으로 이해하게 되었다."

귀환자들이 해외근무를 통해 습득한 기술을 인식하고 응용할 수 있으면 국내의 조직에 확실히 공헌할 수 있다는 확신을 갖게 된다. 그러나 만일 상사나 동료들이 이러한 기술을 외국인이 지니고 있는 것으로만 생각한다면 귀환자들의 능력은 일반적으로 낮게 평가된다. 대부분의 기업은 사실상 종업원과 경영자들을 능력이나 경력을 개발할 목적으로 해외에 파견하지 않고, 다만 그들이 장소만 해외로 옮겨서 국내에서와 똑같이 주어진 직무만을 수행할 것을 기대한다. 따라서 해외파견에 대한 이러한 생각은 "본국의 직무수행방식이 최선이며 유일한 방법이다"라는 경영방식의 구태의연한 편협주의(parochialism)와 더불어 귀환자들의 가치를 무시하는 결과를 가져온다.

3) 귀환자의 재적응방식

해외파견자들이 본국에 귀환하여 예전의 환경에 재적응하는 방식과 태도는 각기 현저한 차이를 보인다. 귀환자들은 재사회화되기도 하고, 소외적이 되기도 하며, 또 어떤 귀환자들은 보다 진취적으로 본국과 조직의 환경에 재적응한다.

(1) 재사회화된 귀환자

재사회화된(resocialized) 사람들은 기업의 해외파견근무자들 중에 가장 보편적으로 존재한다. 이러한 사람들은 외국문화에서 습득한 기술과 지식을 인식하거나 이용하려고 하지 않는다. 그들은 귀환하여 본국의 기업구조에 재적응하려고 애쓰며, 해외에서의 근무경험이 없는 종업원들과 같이 행동하려고 노력한다. 그들은 해외에서의 경험을 이전할 수 없는 것으로 취급하기 때문에 그러한 경험을 통해 본국에서의 직무와 생활을 향상시킬 수 있는 가능성을 부정한다. 그리고 그들의 상사와 동료들은 원래 해외파견자들의 조직에 공헌할 수 있는 잠재능력을 인정하려고 하지 않기 때문에 재사회화된 귀환자들의 이러한 재적응방식에 매우 만족해한다. 그러나 재사회화의 방식은 개인이나 조직이 해외의 경험으로부터 많은 것을 얻을 수 있는 가능성을 배제시킨다.

(2) 소외된 귀환자

본국의 환경이나 조직으로부터 소외되는(alienated) 현상은 해외근무의 경험이 적은 사람들보다는 해외근무의 경험이 많은 사람들 중에서, 그리고 해외파견자 본인보다는 그들의 가족들 중에서, 또한 회사에서 파견된 종업원들보다는 자원해서 해외에 나가는 사람들 중에서 더욱 보편적으로 나타난다. 이러한 사람들은 해외에 체류하는 동안 외국문화의 가치와 생활방식에 동화되는 경향이 있다. 그들은 본국에 귀환한 뒤에도 외국문화가 보다 윤택한 생활을 제공해 준다고 믿으며 자국문화보다 훨씬 월등하다고 평가한다. 따라서 그들은 자국문화를 거부함에 따라 본국의 사회와 조직으로부터 소외된다.

이와 같이 소외된 귀환자들은 해외에서 습득한 기술과 지식을 자국환경에서는 사용할 수 없는 것으로 생각함에 따라 본국에서 일하는 것은 비생산적이라고 느끼며 개인적으로 불만족해한다. 재사회화된 귀환인들과 마찬가지로 소외된 귀환자들도 자기의 해외경험을 본국조직을 위해서 효과적으로 사용하지 못한다. 따라서 본국조직은 일반적으로 소외된 귀환자들의 저하된 생산성에 기인하는 손실을 인식하고 그들을 비효과적인 사람들로 평가한다.

(3) 진취적인 귀환자

진취적(proactive)인 귀환자들은 자국문화나 외국문화를 모두 거부하지 않는다. 그들은 오히려 두 문화의 긍정적인 측면을 효과적으로 결합하여 보다 새로운 생활방식을 창출해 낸다. 그리고 모든 것을 낙관적으로 느끼며 보다 적극적으로 자신들의 세계를 구축하려고 노력한다. 그들은 또한 해외에서 습득한 기술과 지식을 효과적으로 이용하여 본국조직에 대한 공헌도를 높이면서 개인의 생활방식을 환경에 적합하게 수정한다.

진취적인 귀환자들은 자신을 보다 효과적인 사람들로 생각하며 주어진 직무에 만족한다. 그들은 자기가 현재 처해 있는 환경을 지각하고 외국과 본국의 사회적 또는 조직적 상황의 좋고 나쁨을 평가하기보다는 유사점과 차이점을 기술함으로써 보다 새로운 것을 창출하려고 노력한다. 또한 본국과 해외에서의 경험을 바탕으로 본국의 환경 내에서 보다 시너지적(synergistic)으로 지각하고 일할 수 있는 방법을 모색한다. 이러한 시너지적 접근방법은 귀환자들로 하여금 동료나 고객들과 더욱 효과적으로 협조할 수 있게 하고, 폭넓은 대안들을 기초로 보다 성공적인 의사결정을 할 수 있게 하며, 동시에 조직 내에서 훌륭한 리더로 행동할 수 있는 실제적인 가능성을 높여준다. 이러한 관점에서 볼 때, 진취적인 재적응방식은 귀환자 자신뿐만 아니라 전체조직에 대해서도 매우 유익하다고 할 수 있다.

4) 귀환의 관리

앞에서 살펴본 바와 같이 귀환자들이 본국의 환경과 조직에 대하여 진취적으로 재적응할 때 개인과 조직에 모두 유익하다고 할 수 있다. 따라서 여기서는 귀환자들이 보다 진취적으로 재적응하는 데 도움이 되는 두 가지 측면, 즉 커뮤니케이션(communication)과 밸리데이션(validation)에 대하여 살펴보도록 한다. 이 두 가지 측면은 개인이나 조직이 진취적으로 재적응하는 귀환자들과 재사회화 또는 소외되는 귀환자들의 차이점을 파악하는 데 도움이 될 뿐만 아니라, 귀환 그 자체를 효과적으로 관리하는 면에 있어서도 매우 중요하다고 할 수 있다.

(1) 커뮤니케이션

'커뮤니케이션(communication)'이란 해외파견자들이 해외에 체류하는 동안 필요한 정보를 취득하고 변화를 인식하는 범위를 의미한다. 해외에 체류하는 동안 본국조직과 계속적으로 긴밀한 관계를 유지해 온 해외파견자들은 귀환 후 다른 귀환자들에 비하여 보다 진취적·효과적으로 되며 직무에 만족하게 된다. 여기서 커뮤니케이션은 개인적인 성질의 정보뿐만 아니라 본국조직의 새로운 계약관계나 정책에 관한 정보, 그리고 본국의 정치적·경제적 환경의 변화에 관한 정보를 포함한다. 따라서 최선을 다하는 귀환인들은 자기 자신과 조직 그리고 사회 안에서 발생하는 각종 긍정적이고 부정적인 정보와 변화들을 빠르게 그리고 정확하게 인식하려고 노력한다.

(2) 밸리데이션

'밸리데이션(validation)'은 해외파견자들이 본국으로 귀환하면서 본국의 조직으로부터 받는 인정의 정도를 의미한다. 본국조직의 상사나 동료들로부터 해외근무성과와 잠재적인 공헌가능성에 대하여 많은 인정을 받는 귀환자들은 그렇지 못한 귀환자들에 비하여 더욱 열심히 조직을 위해 일한다. 그러나 해외파견자들과 귀환자들을 마치 "보지 않으면 멀어지는 사람들"로 취급하고 조직에 대해서 아무런 도움이 되지 않는다고 여기게 되면 그들의 진취성을 위축시키는 결과를 가져온다.

많은 조직들에서는 귀환자들을 의식적으로 무시하려고 하지는 않지만, 그들은 다만 해외임무가 끝남에 따라 귀환하는 것이지 결코 본국의 조직 내에 다시 일할 수 있는 직책이 마련되어 있기 때문에 귀환하는 것은 아니라고 강조한다. 이러한 조직의 귀환자들은 본국에 돌아와서 적당한 직책을 부여받지 못함에 따라 귀중한 해외경험을 조직을 위해 이용하지 못하며 결국 조직의 환경에 피동적으로 적응되어 가거나 심지어 소외된 사람들로 남아 있게 된다. 따라서 조직은 귀환자들의 해외경험과 조직에 대한 잠재적인 공헌가능성을 폭넓게 인식하고 인정하여 그들의 만족감과 유효성을 증대시킬 수 있는 방안을 마련하여야 한다.

4 해외파견자관리의 실행

해외파견자들은 본국의 기업조직에서 선발되어 해외에 보내지며, 해외에서의 직무를 수행한 후에는 본국에 귀환하여 계속적으로 과업을 수행하여야 한다. 해외파견이나 본국귀환은 모두 종업원이나 경영자들이 친숙하지 않은 환경으로 이동하므로 스트레스를 유발한다는 문제를 안고 있다. 해외로 이동하면서 유발되는 스트레스는 문화충격에 기인한다고 할 수 있으며, 본국으로 이동하면서 받게 되는 스트레스는 기대에 부합되지 않고 인정을 받을 수 없는 상황으로부터 발생한다고 할 수 있다.

따라서 해외파견자와 본국귀환자들은 이러한 스트레스를 효과적으로 관리하여 친숙하지 않은 환경에 보다 진취적으로 적응할 수 있는 방법을 모색해야 할 필요가 있다. 특히 귀환자들은 자기가 해외에서 무엇을 경험했고, 그러한 경험이 기업의 이익에 어떻게 도움이 될 수 있는지를 생각해 볼 필요가 있다. 또한 귀환자들은 해외경력을 성공적으로 발전시키기 위해 그들의 해외와 본국에 대한 관점을 통합할 필요가 있다.

해외파견과 본국귀환은 종업원이나 경영자들의 경력경로(career path)의 중요한 일부분이다. 따라서 기업은 해외파견자의 확보 및 교육훈련뿐만 아니라 본국에 귀환한 후의 평가와 재배치 등 모든 단계를 통하여 이들의 욕구를 충족시키는 동시에, 이들이 해외에서 성공적으로 직무를 수행하고 습득한 기술과 지식을 효과적으로 활용할 수 있는 방안을 모색하여야 한다. 기업이 종업원이나 경영자들의 해외파견과 본국귀환을 관리하는 데 있어서 몇 가지 유의해야 할 사항들을 기술하면 다음과 같다.

① **해외파견자의 선발** : 해외에 파견되기 전에 자신의 직무에 만족하고 기업에 공헌하는 종업원들은 일반적으로 본국귀환 후에도 직무에 만족하고 기업에 공헌한다. 따라서 기업은 무능한 종업원보다는 유능한 종업원을 선발해야 하며, 또한 해외파견근무가 경력을 개발·발전시키는 데 도움이 된다고 생각하는 종업원들을 선발하여야 한다.

② **파견 전 훈련** : 해외환경에 잘 적응하는 종업원은 보통 귀환 후에도 잘 적응하고 효과적으로 직무를 수행한다. 따라서 기업은 파견자와 그들의 가족이 해외환경에 잘 적응할 수 있도록 파견 전 훈련을 내실 있게 실시해야 한다.

③ **경력계획** : 본국귀환 이후에 직무와 관련하여 나타나는 대부분의 문제들은 전체적인 파견 사이클의 일관성 여부보다는 해외파견에 대한 편협한 시각이 직접적인 원인이 된다. 따라서 기업은 종업원들을 해외에 파견하기 전에 그들이 본국에 귀환할 경우 발생할 수 있는 문제들을 예측해야 한다. 즉 기업은 그들이 귀환 후에도 승진을 원할 것인지, 파견 전과 같은 직무를 원할 것인지, 또는 다시 해외에 파견되기를 원할 것인지 등을 예측하여야 하며, 귀환 후 적합한 직책을 담당할 수 있도록 책임을 질 수 있는 사람을 선정하여야 한다. 또한 종업원의 해외파견계획의 수립은 단순히 해외프로젝트의 수요만을 충족시키기 위한 것이 아닌 종업원의 경력개발을 위한 관점에서 행해져야 한다.

④ **해외파견기간 중의 커뮤니케이션** : 조직 내의 긍정적·부정적 변화를 인식하는 해외파견종업원은 대부분 본국에 귀환하여 보다 효과적으로 직무를 수행한다. 따라서 기업은 그들에게 최근의 조직정책, 프로젝트, 각종 계획 그리고 인사이동 등에 관한 정보를 규칙적으로 제공하여야 한다. 또한 본국기업의 최고경영자는 해외파견자들을 자주 방문할 필요가 있으며, 가능하다면 그들이 정기적으로 본국을 방문할 수 있는 기회를 제공하여야 한다.

⑤ **귀환 후의 직무책임** : 본국에 돌아온 후 귀환자들이 담당하는 직무의 책임이 그들의 능력범위 내에서 높으면 높을수록 더욱 효과적으로 직무를 수행한다. 따라서 귀환 후의 직무는 귀환자들이 해외에서 습득한 기술뿐만 아니라 그들이 근무하던 지역에 관한 각종 지식을 폭넓게 이용할 수 있도록 설계되어야 한다. 또한 해외에서 매우 중요한 직책을 담당했던 귀환자에게는 일시적이거나 중요하지 않은 직책이 주어져서는 안 된다.

⑥ **해외에서 익힌 기술의 이용** : 귀환자들은 때때로 자신이 해외에서 습득한 기술의 중요성과 가치를 인식하지 못한다. 따라서 본국의 경영진과 해외근무의 경험이 없는 사람들은 해외에서 귀환한 종업원들로 하여금 새로 습득하고 발전시킨 기술을 확인하고 본국조직에서 응용할 수 있는 방법을 발견할 수 있도록 도와주어야 한다.

⑦ **본국경영자의 훈련** : 외국에서 근무해 본 경험이 없는 본국의 경영자들은 종종 귀환자들이 해외에서 습득한 경험의 가치를 과소평가하거나 아예 무시해 버리는 경향이 있다. 따라서 본국의 경영자들은 문화비교적 기술을 이용하는

방법을 인식하고 개발할 수 있도록 훈련되어야 한다. 문화비교적 기술의 습득을 통하여 본국경영자들은 외국인기피심리를 극복하고 귀환자들의 해외경험을 참신하고 가치 있는 것으로 인식할 수 있게 된다. 그리고 귀환자들은 본국의 경영자들로부터 그들의 기술과 지식을 인정받음에 따라 직무에 만족하고 보다 효과적으로 직무를 수행할 수 있게 된다.

이 밖에 본국조직은 귀환자들의 귀국보고(debriefing)와 재적응훈련의 단계를 통하여 그들이 본국조직에 용이하게 적응할 수 있는 방법을 모색하여야 한다. 예를 들면, 귀국보고단계에서 경영자는 귀환자들로 하여금 해외에서 무엇을 배웠는지를 기술하도록 한다. 그리고 그들과 본국조직의 구성원들이 모두 함께 새로운 정보를 통합하고 세계적으로 진행되고 있는 경영에 대해 시너지적(synergistic)으로 접근할 수 있는 방법을 강구한다.

또한 재적응훈련단계에서는 귀환자들이 해외에서 습득한 기술이나 지식에 초점을 두기보다는 그들이 보다 용이하게 본국조직에 재적응할 수 있게 하는 데에 초점을 둔다. 따라서 훈련담당자는 귀환자들에게 사회적이고 직업적인 차원에서 재적응의 필요성을 이해시키고, 효과적으로 자신들의 재적응을 관리하는 데 진취적 접근방법(proactive approach)을 어떻게 이용할 수 있는지를 설명한다. 그런 다음 경영자들과 귀환자들은 모두 조직에 공헌할 수 있는 시너지적 방법의 개발을 시도한다.

귀국보고단계와 재적응훈련단계에 경영자들을 참여시킴으로써 모든 조직구성원들의 다문화적인 소양을 증진시키고, 특히 그들의 편협성과 외국인기피심리를 제거시킨다. 또한 이 단계에서 해외근무의 경험이 없는 구성원과 귀환자들은 그들의 경험을 상호 이전시키는 방법을 습득하고, 세계적인 차원에서 조직에 대한 인식과 이해를 통합시키는 방법을 배운다. 이렇게 함으로써 귀환자들과 본국조직에 모두 도움이 되는 결과를 이끌어 낼 수 있게 된다.

글로벌 문화탐방 11

유학파 직원의 과대평가

우리나라 직장인들의 30% 이상은 유학파 직원들이 '과대평가'됐다고 생각하는 것으로 나타났다.

시장조사업체인 '이지서베이'가 직장인 553인을 대상으로 최근 실시한 설문조사에 따르면 유학파들에 대한 전반적인 평가를 묻는 질문에 '유학파도 나름 사람이다'는 응답이 55%로 가장 많았으나, '전체적으로 과대평가돼 있다'는 응답도 31.3%나 됐다. '능력은 뛰어날지 몰라도 한국기업에 적응하기 힘들다'는 평가는 12.3%였다. '토종파 직원들에 비해 유학파가 전반적으로 낫다'는 긍정적인 평가는 1.3%에 불과했다.

유학파 직원들의 단점을 묻는 질문엔 '지나치게 개인적인 사고방식'이라는 응답이 42%로 가장 많았다. 이어 '한국식 조직문화의 몰이해(34.7%)', '문화적 차이에 따른 갈등(17.7%)',0 '부족한 업무능력(4.5%)' 등의 순이었다. 직장에서 유학파 직원들과 겪는 갈등으로는 '조직 내 문화에 대한 갈등'이라고 답한 응답자가 52.8%로 가장 많았다. '업무처리방식에 대한 의견 충돌'이라는 응답(38.2%)이 그 뒤를 이었다.

하지만 직장인들은 기업들이 유학파 직원들을 영입하는 것에 대해선 긍정적인 반응을 보였다. 기업들이 유학파의 스카우트에 주력하는 것을 어떻게 보는지 묻는 질문엔 '긍정적'이라는 응답이 34.4%로, '부정적'이라는 응답(13.2%)보다 배 이상 많았다.

참고로 유학파 직원의 장점과 단점에 대한 응답을 요약·비교하면 아래와 같다.

유학파 직원의 장점	유학파 직원의 단점
• 유창한 외국어 실력(59.3%)	• 지나친 개인주의적 사고방식(42.0%)
• 자유로운 사고방식(25.1%)	• 한국식 조직문화의 몰이해(34.7%)
• 학연·지연으로부터의 자유(9.2%)	• 문화적 차이에 대한 갈등(17.0%)
• 뛰어난 업무능력(4.2%)	• 부족한 업무능력(4.5%)
• 기타(2.2%)	• 기타(1.8%)

자료 : 한국경제, 2011년 9월 20일자.

생각해 봅시다

1. 해외파견자들을 선발하고 교육·훈련시키는 데 있어서 어떤 면에 중점을 두어야 하며, 또 유의하여야 할 사항은 무엇이 있는가?

2. 만일 당신이 마케팅전문가로서 미국에서 4년간 파견근무를 마치고 귀국한 종업원들의 상사라면, 당신은 이들의 해외파견경험을 어떻게 이용하겠는가?

3. 문화충격이란 무엇이며, 문화충격을 효과적으로 관리할 수 있는 방법은 어떤 것들이 있는가?

4. 귀환자들은 본국의 환경과 조직에 어떤 방식으로 재적응하며, 이들이 보다 바람직하게 재적응할 수 있게 하기 위해서는 어떤 도움이 필요한가?

5. 귀환자들이 해외에서 습득하는 기술(skill)은 어떤 것들이 있으며, 이러한 기술은 이들에게 어떠한 도움을 주는가?

12 Chapter 글로벌기업의 협상전략

- 볼거리 읽을거리 : 중국의 협상문화
- 1. 협상의 성격과 과정
  2. 글로벌기업의 협상과 문화차이
  3. 협상자의 자질과 협상상황의 문화차이
  4. 협상의 진행과정과 문화차이
  5. 협상전술과 문화차이
  6. 중국인과의 협상전략
- 글로벌 문화탐방 ⑫ : '주식회사 중국'과 경쟁하기
- 생각해 봅시다

볼거리 읽을거리

중국의 협상문화*

유교와 도교는 1949년 중국 건국 이후 '미신'으로 치부돼 탄압받았다. 그런 유교와 도교의 전통이 최근 중국에서 되살아나고 있다.

중국 현대문학의 거장(巨匠) 원이둬(聞一多)는 "중국인의 마음에는 유교와 도교가 함께 있다"고 말한다. 그가 말하는 중국인 심성 속의 유교는 예의와 염치, 어짊과 덕으로 설명되는 덕목이다. 반면 도교는 초탈을 꿈꾸는, 즉 개인적 취향의 자유로운 질서 추구를 뜻한다. 그러나 한꺼풀 뒤집어보면 유교는 가부장적이거나 권위주의적인 종법(宗法)의 질서 내지는 형식과 예절을 의미한다. 도교에는 개인의 실리만을 추구한다는 부정적 측면이 있다.

유교가 격식과 형식, 질서와 위계를 뜻한다는 점에서 '네모의 문화'와 연결된다면 도교는 자유로움과 융통성을 추구한다는 측면에서 '동그라미 문화'에 가깝다.

"실제 중국인들을 대하다 보면 처음엔 의리와 예의 등 명분을 내거는 경우를 많이 봅니다. 그러나 일이 진행될수록 철저하게 타산적인 면모가 나타나지요. 겉과 속이 달라 보이는 때가 적지 않습니다." "중국인을 상대하기가 너무나 어렵다"고 하소연하는 한국 비즈니스맨의 한결같은 푸념이다. 중국인들 스스로 이런 자신들의 모습을 표현하는 성어(成語)가 있다. "먼저 예의를 갖추고 일을 시작하되 안 되면 강압적인 수단으로 밀어붙인다"는 뜻의 '셴리허우빙(先禮後兵)'이 바로 그것이다. 처음 거래를 틀 때는 예의를 차리는 형식적인 절차를 거치나 그 다음엔 실리를 위한 경쟁에 들어간다는 뜻이다.

한국인들은 술자리에서 중국의 사업 파트너에게 먼저 흉금을 털어놓는 경우가 많다. 만난 지 두 시간도 안 돼 오랜 친구(老朋友)라 부르며 인정미 넘치게 다가오는 중국식 예절에 넘어가 버리는 것이다. 그래서 "한자(漢子)를 공통적으로 쓰는 우리의 형제"라거나 심지어 "같은 황색 인종, 같은 문화의 끈끈한 유대"를 들먹이며 우리는 한 식구라 외친다. 하지만 협상테이블에서 태도가 돌변하는 중국인들을 보고는 뒤늦게 허둥댄다. 심지어 "치사한 사람들"이라며 감정적인 반응을 보이다가 협상을 그르치는 경우도 많다.

"한 번 해병은 영원한 해병"이라는 식의 일관성과 단순성을 강조하는 감성적인 한국문화의 토대로는 이해하기 어려운 게 중국문화다. 그러나 중국인의 마음속에 공자(孔子)의 얼굴과 노자(老子)의 얼굴을 함께 갖추고 있다는 것을 감안하면 그리 어려울 것도 없다. 거듭되는 전란과 무한경쟁을 거치면서 중국인들 스스로 어쩔 수 없이 키워왔던 행동양식일 뿐이기 때문이다. 따라서 중국인들이 던지는 '변칙 구(球)'에 일희일비하기보다 원칙에 입각해 차분하게 대응하는 게 최선이다.

* 자료 : 중앙일보, 다시 보는 중국, 중국인, 2004년 9월 9일자.

12 Chapter 글로벌기업의 협상전략

1 협상의 성격과 과정

1) 협상의 성격과 분석체계

협상(negotiation)은 인간이 삶을 영위해 나가는 데 있어서 없어서는 안 될 매우 중요한 사실로 존재한다. 즉, 모든 사람들은 하루하루의 생활 중에 의식적 또는 무의식적으로 협상을 통하여 인간관계에 기인하는 여러 가지 문제점과 갈등을 해결하고 어떤 목적을 달성하려고 노력한다. 협상은 또한 개인과 개인뿐만 아니라 개인과 집단, 집단과 집단, 나아가 국가와 국가 간에도 끊임없이 존재하는 현상으로서 이들은 협상을 통하여 쌍방 간에 존재하는 이해관계를 해결하고 협조와 협의에 도달하려고 노력한다. 따라서 협상은 일종의 쌍방적 커뮤니케이션활동이라고 할 수 있다.

협상은 본질적으로 쌍방 간에 관계의 상호교환과 창출 그리고 양보를 통하여 공동으로 문제를 해결하고 이익을 얻기 위해 노력하는 과정을 말한다. 따라서 보다 적극적 측면으로의 협상은 이해관계를 가지는 쌍방이 전체적으로 최대의 이익을 획득하려는 행동으로 볼 수 있으며(Lewicki and Joseph, 1985), 소극적 측면으로는 어떤 문제해결의 실마리를 찾기 위해서 쌍방이 서로 양보를 주고받는 과정이라고 할 수 있다. 바꾸어 말하면 소극적 측면에서의 협상은 쌍방이 '점진적으로 합의에 도달하는 과정(process of incremental convergence)'이라고 할 수 있다(Druckman, 1977).

근래에 몇몇 학자들은 개인뿐만 아니라 집단 간의 협상에도 효과적으로 응용될 수 있는 분석체계를 개발하였다. [그림 12-1]은 최근 사회학과 심리학의 영역에서 연구되고 있는 협상범위, 즉 협상의 분석체계를 종합적으로 나타낸 것이다. 이 모형이 포함하고 있는 변수들은 대부분 집단 간의 협상뿐만 아니라 국가 간의 협상을 분석하는 데 있어서도 효과적으로 적용될 수 있을 것이다. 아래에서는 이 중에서 협상의 핵심이라고 할 수 있는 협상과정을 중심으로 살펴보기로 한다.

그림 12-1 협상의 분석체계

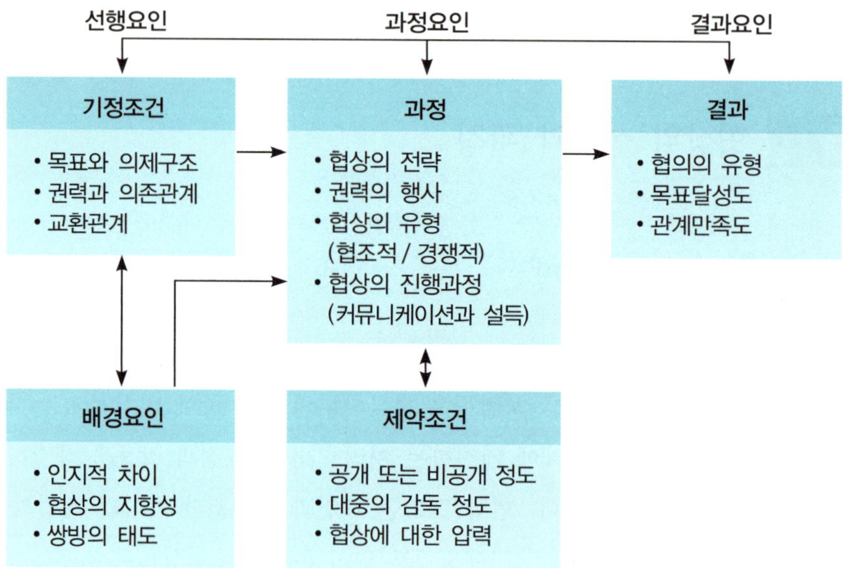

2) 협상의 과정

(1) 협상의 유형

협상은 일반적으로 상호 대립적인 두 가지 유형으로 분류된다. 그러나 그 명칭에 관하여는 학자들의 연구관점과 견해에 따라 많은 차이를 보이고 있다. 여기에서는 협상을 경쟁적 협상과 협조적 협상의 두 가지 유형으로 분류하여 살펴보기로 한다.

① **경쟁적 협상** : 경쟁적(competitive) 협상은 '분배적(distributive)' 또는 '이기거나 지는(win-loss)' 협상으로 부르기도 한다(Lewicki and Litterer, 1985). 이러한 유형의 협상은 협상쌍방의 어느 한쪽이 얼마만큼의 이익을 취함으로써 다른 한쪽은 그것만큼의 손실을 감수해야 하는 결과를 가져오는 협상방식을 말

한다. 이러한 협상방식에서는 협상쌍방의 목표가 서로 직접적인 갈등관계에 놓여 있다고 할 수 있다. 왜냐하면 어느 한쪽의 목표는 기본적으로 다른 한쪽의 손실을 전제하여 달성될 수 있기 때문이다. 따라서 경쟁적 협상에서는 협상쌍방이 서로 획득하려는 자원이 한정되어 있기 때문에 자원의 분배는 결국 어느 한쪽이 '이기거나 지는' 결과를 의미한다. 즉, 이는 게임이론에서 어느 한쪽의 승리는 다른 한쪽의 패배를 의미하는 '제로섬 게임(zero-sum game)'의 국면과 같은 것으로 생각할 수 있다(Kougherty and Pfaltzgraft, 1981).

② **협조적 협상** : 협조적(coordinative) 협상은 경쟁적 협상과 같이 '어느 한쪽의 이익이 다른 쪽의 손실'을 의미하지 않는다. 이 협상유형은 '통합적(integrative)' 협상이라고도 하며 이는 협상쌍방의 어느 일방이 그의 목표를 달성하는 데 있어서 상대방이 달성하려고 하는 목표를 배제할 의도와 필요성을 가지지 않는다(Lewicki and Litterer, 1985). 따라서 이러한 협상방식하에서는 쌍방이 모두 의도하는 목표를 달성할 수 있게 된다. 다시 말하면 이러한 협상에 있어서는 쌍방이 협상과정 중에서 그들 간의 문제해결에 도움이 될 수 있는 공통적, 분배적, 그리고 연합적인 목표를 공동으로 창조해냄으로써 쌍방이 모두 승자가 될 수 있는 '모두 이기는(win-win)' 결과에 도달할 수 있다.

(2) 협상의 전략

협상을 진행하는 과정에서 협상쌍방은 각자 상대방보다 유리한 위치를 차지하거나 될 수 있는 한 손실을 최소화하려고 노력한다. 따라서 이들이 이러한 목적을 달성하기 위해서는 각종 전략을 동원하여 협상상황을 자기 측에 유리하게끔 운용할 것이다. 그러나 전략은 협상의 특성과 상황에 따라 적절히 선택·운용될 때 보다 효과적인 결과를 얻을 수 있게 된다.

여러 학자들이 제시하고 있는 협상전략은 상당히 많다. 여기에서는 아래와 같은 다섯 가지 전략을 중심으로 알아보도록 하겠다.

① **협상목표와 이용자원의 확대** : 이 전략은 어느 한쪽의 기회비용이 증가하여 쌍방의 협상이 순조롭게 진행되지 못할 경우에 사용할 수 있다. 이러한 경우에 만일 협상의 의제를 확대하여 달성할 수 있는 목표를 다원화하거나 이용

가능한 자원을 증가시킨다면 상대방이 부담하는 기회비용이 감소하기 때문에 쌍방은 원만한 협의에 도달할 수 있다.

② **비특정적 보상** : 이는 협상의 어느 한쪽이 원하는 목표를 달성한다고 해도 상대방은 어떠한 대가를 지불할 필요가 없게 하는 전략을 말한다. 예를 들면, 노사 간의 근로조건에 관한 협상에서 사용자 측이 근로자들에게 저녁식사를 제공하지 않는 대신 그에 상응하는 식사수당을 지급하기로 쌍방이 의견의 일치를 보았다면, 사용자 측은 근로자들의 저녁식사에 필요한 부대비용을 절약할 수 있으므로 비용절감의 목표를 달성할 수 있고 근로자들은 이로 인하여 어떠한 손실도 입을 염려가 없게 될 것이다.

③ **양보와 협력** : 협상쌍방은 각자 비교적 중요하지 않은 목표는 상대방에게 양보함으로써 자기 쪽의 목표를 달성할 수 있다. 이는 미국 의회에서 흔히 사용하는 전략인데, 의원들은 상호협력(logrolling)하여 의안을 통과시키고 자기들의 선거구에 유리한 목표를 달성한다.

④ **비용의 절감** : 이는 협상의 어느 한쪽이 부담해야 할 비용을 감소시켜 줌으로써 다른 한쪽은 그가 원하는 목표를 달성하는 전략을 말한다. 이때 비용을 부담해야 하는 쪽이 그 비용을 감소시킬 수 있는 이유는 상대방으로부터 특정한 보상을 받을 수 있기 때문이다. 예를 들면, 사용자 측은 식사수당을 저녁식사 시간에 작업을 하는 종업원들에게 한하여 지급함으로써 종업원들은 식사에 필요한 비용을 절감(cost cutting)할 수 있고, 사용자 측은 생산성의 목표를 달성할 수 있게 된다.

⑤ **대안의 제시** : 협상의 초기에 쌍방이 중요한 사안에 대해 협의에 도달하지 못한 경우, 서로 상대방이 선택할 수 있는 여러 가지 대안을 제시(bridging)함으로써 쌍방이 모두 만족할 수 있는 해결방안을 모색할 수 있고 각자의 중요한 목표에 최대한 접근할 수 있다.

성공적인 협상을 위해서는 이들 다섯 가지의 전략 외에 '적당한 협상시기의 선택', '쌍방 간 견해차이의 축소', 그리고 '제3자의 개입' 등 많은 방법을 사용할 수 있는데(Zartman, 1982), 이러한 전략의 궁극적인 목적은 협상과정에서 상대방의 전략이나 협상상황을 자기편에 유리하게 변화시켜 보다 바람직한 결과를 달성하는 데 있다고 할 것이다.

(3) 협상의 진행단계

협상쌍방이 어떤 문제를 해결하기 위하여 협상을 벌이기로 결정한 시점에서부터 협상은 이미 진행되고 있는 것으로 생각할 수 있다. 따라서 크게는 공식적인 협상단계뿐만 아니라 그 이전의 준비단계도 협상의 진행단계에 포함되어야 할 것이다. 학자에 따라서는 협상의 전체 진행단계를 구체적으로 다음과 같이 세 단계로 구분하여 설명하기도 한다(Snyder and Diesing, 1977).

① **적응단계** : 적응단계(accommodation)는 협상쌍방이 자기들의 협상에서의 지위를 상대방에게 인식시키려는 과정을 말한다. 즉, 이 단계에서 쌍방은 상대방에 대한 요구와 양보 등을 통하여 자기들의 협상에서의 위치와 지위를 확인·확보하려고 한다.

② **강압단계** : 이 단계는 협상쌍방이 경고나 위협 등의 강압적인(coercionary) 수단을 이용하여 상대방으로 하여금 자기의 요구를 받아들이도록 강요하는 과정을 말한다.

③ **설득단계** : 이 단계는 위협적이지 않은 방법으로 상대방을 권유하고 설득(persuasion)하여 자기의 목표를 달성하는 과정을 말한다.

2 글로벌기업의 협상과 문화차이

1) 협상과 문화이해의 중요성

우리는 외국인과의 협상과정에서 종종 이해할 수 없는 조건이나 요구 또는 절차 등에 의하여 협상을 효과적으로 진행하지 못하거나 심지어는 협상 자체가 실패로 끝나는 경우를 목격하거나 경험하게 된다. 이러한 현상은 협상자가 협상에 대한 지식이 부족하기 때문이기도 하겠지만, 보다 중요한 원인은 상대방의 문화적 배경(cultural background)과 그로 인한 협상의 행동적 특성에 대한 이해가 부족하기 때문이라고 할 수 있다.

기업의 경영자는 과업을 수행하는 과정에서 외국인과의 협상을 경험하게 된다. 특히 글로벌기업의 경영자에게 있어서 외국인과의 협상은 피할 수 없는 가장 중요한 과업이라고 할 수 있다. 예를 들면, 현지의 정부로부터 중요한 사업계획에 대한 승인을 받으려 한다든지, 현지기업을 매수한다든지, 현지인과의 합작투자를 통하여 기업을 설립하려고 한다든지, 또는 해외에 어떤 사업적인 시도를 계획하고 있다든지 하는 일련의 초국가적인 사업계획들은 외국인과의 성공적인 협상을 통해서만 실현될 수 있는 것이다. 따라서 외국인과 효과적으로 협상을 진행할 수 있는 능력은 글로벌경영자에게 있어서 필요불가결한 것이라 할 수 있다.

모든 사업상의 협상은 협상쌍방의 공통적 관심사(common interests)와 상충적 관심사(conflicting interests)를 모두 포함한다. 그러므로 협상은 쌍방이 그들 간의 공통적이고 상충적인 양면의 관심사에 대한 차이점을 이해하고 타협할 수 있다는 전제하에 성립될 수 있다. 유능한 협상자는 상대방의 강점과 약점뿐만 아니라 상대방이 협상을 어떻게 보는지에 대하여 간파할 수 있는 능력을 갖추어야 한다. 이러한 감정이입을 통하여 협상자는 상대방의 의도와 문제점을 보다 잘 이해할 수 있으며 또한 보다 유리한 협상전략을 수립할 수 있다. 그러나 상대방을 이해하기 위한 감정이입을 터득하는 것은 쉬운 일이 아니다. 글로벌경영자가 감정이입을 통하여 협상을 효과적으로 수행하기 위해서는 먼저 자기 자신의 문화는 물론 상대방의 문화에 대해서도 올바로 이해하지 않으면 안 된다. 그렇지 않으면 그가 아무리 노력을 한다고 할지라도 상대방의 입장을 이해하기는 어려울 것이다(Root, 1987).

외국인과의 협상은 종종 쌍방이 모두 협상을 통해 얻는 것이 많은 경우에도 쌍방 간의 비효과적인 커뮤니케이션에 의하여 실패하는 경우가 있다. 그리고 쌍방 간에 협의가 이루어진 후에도 그것이 실제로 잘 이행되지 않거나 형식적인 것이 되어버리는 경우도 있다. 이러한 현상은 협상쌍방이 모두 상대방을 올바르게 이해하지 못한 상태에서 협상을 진행한 결과에 기인하는 것이라고 볼 수 있다.

따라서 글로벌경영자가 외국인과의 효과적인 협상을 위해서는 그들의 문화와 그로 인한 협상의 언어적 특성을 이해할 수 있어야 한다. 상대방의 상이한 협상언어의 특성은 특히 독특한 협상스타일로 나타나기 때문에 매우 중요하다고 할 수 있다. 아래에서는 문화비교적인 관점에서 몇몇 국가의 협상스타일의 차이점에 관하여 알아보고 협상자의 자질, 협상상황, 협상의 진행과정 등을 중심으로 글로벌기업의 성공적 협상을 위한 여러 방안에 관하여 살펴보기로 한다.

2) 협상스타일의 문화차이

협상스타일은 문화에 따라 현저한 차이를 보인다. 문화는 인간의 사고, 감정, 가치관 및 행동방식에 영향을 미치며, 이러한 문화적 영향을 받아 형성된 인간의 심리적 · 행동적 특성이 대부분 사람들 간의 커뮤니케이션을 통하여 이루어지는 협상행위에 그대로 반영되기 때문이다. 그러면 문화는 실제로 사람들의 협상행위에 어떻게 영향을 미치는가? 여기서는 북미인, 아랍인, 그리고 러시아인들을 예로 들어 문화적 특성에 기인하는 이들의 독특한 협상스타일을 살펴보도록 한다.

[표 12-1]은 북미인, 아랍인, 러시아인의 협상진행과정에 있어서의 설득방식에 대한 차이점을 비교한 것이다(Glenn 등, 1977). 여기서 볼 수 있는 바와 같이 러시아인들은 협상에 대하여 원칙적 접근방법(axiomatic approach)을 이용한다. 즉, 그들은 단정적인 이상에 근거하여 상대방을 설득하려고 노력한다. 러시아인들은 일반적으로 협상상대방과의 지속적인 관계유지를 기대하지 않기 때문에 상대방과의 관계개선에 대한 필요성을 거의 느끼지 않는다. 따라서 그들은 협상과정에서 거의 양보를 하지 않으며, 상대방의 그들에 대한 양보는 상대방의 약점이 노출된 것으로 간주한다. 또한 러시아인들은 종종 매우 극단적인 태도로 협상을 시작하며, 협상의 마감시한을 무시하고, 협상자에게 위임된 매우 제한적인 권한으로 인하여 빈번하게 상부에 보고하고 확인하는 절차를 밟는다.

러시아인들과는 대조적으로 아랍인들은 협상에 대하여 전형적으로 감정적 접근방법(affective approach)을 사용한다. 즉, 그들은 상대방의 주장에 대하여 주관적 기분에 근거하는 감정적인 호소의 방법으로 대응한다. 아랍인들은 일반적으로 상대방과의 관계가 지속적으로 유지되기를 원한다. 그러므로 그들은 종종 협상과정을 통하여 기꺼이 양보하며 언제나 상대방의 양보에 대해 보답하려고 노력한다. 또한 대부분의 아랍인들은 시간이나 권한위임에 제약을 받지 않으므로 마감시한에 대해 무관심하게 대처하며 쌍방 간의 모든 논쟁점에 대해 토의하고 합의하는 데 필요한 권한의 부족을 느끼지 않는다.

표 12-1 국가 간 설득방식의 비교

설득방식	북미인	아랍인	러시아인
협상스타일과 진행과정	논리적 호소	감정적 호소	이상적 호소
충돌 : 상대방의 주장에 대한 반응	객관적 사실에 근거하여 대응함	주관적 감정에 근거하여 대응함	단정적 이상에 근거하여 대응함
양보	관계수립을 위해 협상 초기에 작은 양보를 함	협상과정의 일부로서 전 협상과정을 통해 양보를 함	양보를 하지 않거나 극히 작은 양보를 함
상대방의 양보에 대한 반응	일반적으로 상대방의 양보에 보답함	거의 항상 상대방의 양보에 보답함	상대방의 양보를 약점의 노출로 여기며 거의 보답하지 않음
상대방과의 관계	단기적	장기적	관계를 지속하지 않음
권한위임	광범위함	광범위함	제한적임
협상 초기의 태도	온건함	극단적	극단적
마감시한	매우 중요시함	무관심함	무시함

자료 : E. S. Glenn, D. Witmeyer, and K. A. Stevenson(1977), "Cultural Style of Persuasion," *International Journal of Intercultural Relations,* Vol.1, No.3, (Fall).

미국인들의 협상스타일은 러시아인들이나 아랍인들과는 또 다른 특성을 나타낸다. 미국인들은 협상에 대하여 사실적 접근방법(factual approach)을 취한다. 즉, 그들은 상대방의 주장에 대하여 객관적 사실에 근거하는 논리적인 호소의 방법으로 대응한다. 미국인들은 협상 초기에 작은 양보를 통하여 상대방과의 관계를 수립하려고 노력하며, 상대방도 또한 그렇게 해주기를 기대한다. 그들은 시간에 대해 매우 민감하여 협상의 마감시한을 상당히 중요하게 여기며, 일반적으로 광범위한 권한을 가지고 협상에 임한다.

이와 같이 각국 사람들의 협상스타일은 그 나라의 문화적 특성에 따라 상당한 차이를 나타낸다. 따라서 이러한 상이한 협상스타일을 지니는 외국인들과의 협상, 즉 국제협상(international negotiation)은 많은 어려움과 문제들을 유발할 수 있음을 알 수 있다.

3 협상자의 자질과 협상상황의 문화차이

1) 협상자의 자질

협상자의 자질(qualities)은 협상의 성공 여부에 영향을 미친다. 그러나 협상을 성공적으로 이끌 수 있는 협상자의 자질에 대한 생각은 문화에 따라 상당한 차이를 보인다. 여기서는 그라함(J. L. Graham)의 연구결과를 중심으로 미국, 일본, 타이완, 브라질 등 네 나라 경영자들이 중요하게 생각하고 있는 훌륭한 협상자의 자질을 비교하여 보도록 한다(Graham, 1985).

[표 12-2]에서 보는 바와 같이 미국의 경영자들은 유능한 협상자는 매우 합리적인 사람이어야 한다는 생각이다. 즉 준비 및 계획수립의 기술, 어려운 상황에서 생각할 수 있는 능력, 훌륭한 판단력과 이해력, 언어표현능력, 제품에 대한 지식, 인지능력과 활용능력, 성실성 등을 갖춘 사람을 훌륭한 협상자로 생각한다. 브라질의 경영자들도 훌륭한 협상자가 지녀야 할 자질로서 성실성 대신 경쟁능력을 중시할 뿐, 그 외의 자질에 관해서는 미국의 경영자들과 같은 생각을 가지고 있다.

일본의 경영자들은 유능한 협상자의 자질에 대하여 미국이나 브라질의 경영자들과는 상당한 차이를 나타낸다. 일본인들은 합리성보다는 인간관계에 초점을 맞추고, 헌신적이고, 인지능력과 활용능력이 있고, 존경과 신뢰를 받을 수 있고, 성실성을 갖추고 있고, 상대방의 의견을 경청할 수 있으며, 넓은 안목과 언어표현능력 등의 자질을 갖춘 사람을 유능한 협상자로 생각한다. 특히 미국인들이 다만 언어표현능력만을 강조하는 반면에 일본인들은 언어표현능력과 청취능력을 강조하고 있는 점이 다르다고 할 수 있다.

미국인, 브라질인, 일본인들과는 또 대조적으로 타이완의 경영자들은 협상자의 합리적 능력을 중시하는 동시에 인간관계의 능력도 어느 정도 중시하고 있다. 따라서 그들은 유능한 협상자는 재미있는 사람이어야 하고, 자기주장과 결단력이 있어야 하고, 존경과 신뢰를 받으며, 준비 및 계획수립의 기술을 갖추고, 제품에 대한 지식을 가지고 있으며, 훌륭한 판단력과 이해력을 갖추어야 한다고 강조한다.

표 12-2 유능한 협상자의 개인적 자질

미국경영자	일본경영자	타이완경영자	브라질경영자
준비 및 계획수립의 기술	직무에 대한 헌신	자기주장 및 결단력	준비 및 계획수립의 기술
어려운 상황에서의 사고능력	인지능력과 활용능력	존경과 신뢰의 획득	어려운 상황에서의 사고능력
판단력과 이해력	존경과 신뢰의 획득	준비 및 계획수립의 기술	판단력과 이해력
언어표현능력	성실성	제품에 대한 지식	언어표현능력
제품에 대한 지식	경청기술	흥미로움	제품에 대한 지식
인지능력과 활용능력	넓은 안목	판단력과 이해력	인지능력과 활용 능력
성실성	언어표현능력		경쟁력

자료 : N. J. Adler(1986), *International Dimensions of Organizational Behavior,* Kent Publishing Company, p.157.

협상자의 개인적 특질과 수행하는 역할이 협상에 미치는 영향도 문화에 따라 다르게 나타난다. 협상의 바람직한 결과, 즉 성공 여부는 브라질에서는 협상자 자신의 특질, 미국에서는 협상상대방의 특질, 일본에서는 협상에서의 역할(특히 구매자의 역할), 그리고 타이완에서는 협상쌍방 특질의 배합에 의하여 영향을 받는다.

다시 말하면 브라질의 협상자들은 자기가 상대방보다 이기적이고 자부심이 강할 때, 그리고 상대방이 자기보다 정직할 때 더욱 유리한 협상결과를 얻을 수 있다고 생각한다. 미국인들은 협상상대방이 정직하고 이기적이지 않으며, 비교적 내성적이고, 특별히 재미있는 사람이 아닐 때, 그리고 상대방의 행동에 대해서 거부감을 느끼는 사람일수록 보다 유리한 협상결과를 이끌어 낼 수 있다고 생각한다. 이와는 대조적으로 일본인들은 협상에서 구매자들(buyers)이 판매자(sellers)보다 항상 유리하다고 생각한다. 특히 이들은 협상에서의 자신들의 역할이 구매하려는 입장이든지 또는 판매하려는 입장이든지 협상상대방을 좀 더 편안하게 해줌으로써 자신들의 입장을 강화시킬 수 있다고 생각한다. 또한 타이완의 협상자들은 상대방이 이기적이지도 않고 또는 특별히 매력적인 개성을 지니고 있지 않을 때, 그리고 자신들은 기만적이면서 상대방을 현혹시킬 수 있을 때 협상을 보다 유리하게 진행시킨다.

2) 협상의 상황특성

협상당사자들은 각종 다양한 상황(situation)에서 협상을 진행한다. 유능한 협상자는 자기 자신과 협상상대방의 문화적 관점에서 협상과정에 영향을 미치는 각종 상황적 요인들을 감지하고 이에 적절히 대처한다. 따라서 유능한 협상자는 국제협상을 준비하는 데 있어서 특정 상황이 외국인 협상팀의 눈에는 어떻게 비춰질 것인지를 예측하고 판단하려고 노력한다. 즉 그들이 바라는 것은 무엇이며, 그들에게 있어서 중요한 것은 무엇이며, 누가 실제적인 결정권을 가지고 있으며, 문제점은 무엇이며, 우리의 시간계획은 어떠하며, 그들의 협상에 대한 개인적·조직적 입장은 어떠한가 하는 등의 문제를 예측하고 판단하는 데 많은 시간을 할애한다.

(1) 협상장소

협상당사자들이 상대방의 사무실, 자신의 사무실 또는 중립적인 제3의 장소 중에서 어느 장소를 택하여 협상을 진행할 것인지를 결정하는 것은 매우 중요하다. 일반적으로 지혜로운 협상자는 협상의 장소로 자신의 사무실이나 중립적 장소를 택한다. 상대방, 특히 외국에서의 협상은 정보입수의 통로가 차단될 위험이 있으며 해외여행에 따른 스트레스와 비용이 증대되는 반면에, 국내에서의 회동은 이러한 상황을 보다 용이하게 통제할 수 있다.

또한 많은 협상자들은 중립적 장소를 택하여 협상을 진행시킨다. 특히 일본인들은 협상상대방과의 관계를 증진시킬 목적으로 중립적 장소를 택하여 상대방에게 사업상의 접대를 베푸는 데 인색해하지 않는다. 중립적 장소를 선정하는 데 있어서 협상자들은 지리적으로 중간지점에 위치한 휴양지를 택하는 경향이 있다. 예를 들면, 아시아와 미국의 협상당사자들은 주로 그들의 협상장소로 하와이를 택하는 경향이 있는데, 이는 협상쌍방이 모두 장거리 여행을 해야 하고 정보입수의 경로가 모두 제한됨에 따라 협상을 가능한 한 조속히 마무리 지을 수 있다는 이점이 있기 때문이다.

(2) 물리적 배치

많은 협상자들은 일반적으로 회의실에서 탁자를 사이에 두고 서로 마주보면서 협상을 진행시킨다. 그러나 이러한 배치는 상호 간의 경쟁심을 증대시킬 수 있다. 만일 협상당사자들이 협상을 호혜적인 과정으로 생각한다면 회의실의 물리적 배치(physical arrangement)를 경쟁심을 유발시키기보다는 협력을 촉진시킬 수 있는 분위기가 조성될 수 있도록 하여야 한다. 따라서 회의실에서 협상당사자들은 서로 마주보며 대화를 나누기보다는 탁자의 어느 한쪽에 나란히 앉아서 협상을 진행하는 것이 보다 바람직하다고 할 수 있다(Fisher and Ury, 1980). 또는 원탁을 이용하는 것도 하나의 좋은 방법이라고 할 수 있다. 그렇게 함으로써 쌍방은 서로 '사람'에 대하여 경쟁하려고 하기보다는 바로 '문제'에 대하여 경쟁을 하게 되므로 바람직한 협상결과를 얻을 수 있다.

(3) 협상 참가자

공식적인 협상에 누구를 참석시켜야 하는가 하는 문제는 매우 중요하다. 미국인들은 일반적으로 '당사자'만이 참석하려는 경향이 있다. 그들은 당사자가 아닌 다른 사람이 협상에 참가하는 것은 불필요한 경비의 낭비로 생각한다. 그러나 국제협상에는 참가인원이 보다 많을수록 효과적이라고 할 수 있다. 왜냐하면 많은 사람의 참가는, 첫째 상대방에게 비언어적 메시지를 효과적으로 전달한다. 즉 많은 인원은 문제에 대한 중요성과 영향력을 상대방에게 무언으로 전달하는 데 효과적이다. 둘째, 역할분담의 효과를 얻을 수 있다. 국제적인 협상은 특히 상대방과의 의사소통을 어렵게 한다. 따라서 팀구성원의 일부는 상대방의 비언어적 암시에 주의를 기울이고, 또 다른 구성원은 실제적인 논의를 진행시킴으로써 상대방의 의도를 확실히 파악할 수 있으며 상대방에 대해 효과적으로 대응하면서 협상을 진행할 수 있게 된다.

또한 협상팀의 구성원이나 협상에 관여하는 사람의 협상에 대한 영향력은 문화에 따라 많은 차이를 나타낸다. 즉 노조, 정부, 또는 여론이 협상당사자들에게 미치는 영향력은 국가에 따라 많은 차이가 있다. 따라서 협상자는 협상상대방의 이러한 문화적 배경에 따른 권한의 행사에 관한 문제도 심각하게 고려하여야 한다.

(4) 시간적 제한

협상의 지속기간(duration)은 문화에 따라 상당한 차이를 나타낸다. 예를 들면, 참을성이 부족한 미국인들은 종종 협상을 될 수 있는 대로 빨리 끝내려는 경향이 있다. 그들은 베트남전쟁을 종식시키기 위해 마련되었던 파리평화협상(Paris Peace Talks) 기간에 파리에 도착하여 일주일간의 호텔예약을 한 데 반하여, 베트남의 협상팀은 프랑스의 대저택을 1년 계약으로 임대했다. 협상이 진행되면서 미국인들은 보다 장기적으로 계획된 베트남 협상팀의 속도에 보조를 맞추기 위하여 일주일로 예약된 그들의 호텔숙박을 계속 재연장해야만 했다(Adler, 1986).

일반적으로 협상당사자들은 협상의 마감시간이 다가올수록 보다 많은 양보를 하게 된다. 따라서 시간에 대한 조급함이나 조바심은 협상결과에 불리하게 작용할 수 있다. 유능한 협상자는 상대방이 설정하고 있는 협상의 최종시한을 알아내려고 노력하며 이 최종시한까지 중요한 문제에 대하여 양보를 하지 않는다. 그들은 자신들이 설정해 놓은 최종시한을 회피할 수 있는 최선의 대안을 마련해 놓은 다음에 협상을 진행한다. 그렇게 함으로써 그들은 시간적 제약으로 기인되는 자신들의 불이익을 극소화하면서 상대방으로부터는 보다 유리한 결과를 얻어내려고 노력한다.

(5) 지위의 차이

미국인들은 공식적인 의식이나 행사를 시간낭비로 여기며 타인들에 대하여 자신의 직함을 사용하는 것을 비평등주의적인 것으로 생각한다. 따라서 미국인 협상자들은 그들의 직함보다는 이름을 사용함으로써 협상쌍방 간의 평등성과 비공식성을 강조한다. 또한 다른 나라의 협상자들은 보다 계급주의적이며 공식적인 방식으로 상대방을 대한다. 예를 들면, 일본인들은 반드시 먼저 상대방의 회사와 개인적 지위를 확인한 후에 그들의 상대방에 대한 호칭을 결정한다. 따라서 그들은 항상 상대방과 대화를 시작하기 전에 메이쉬(meishi)라는 명함을 서로 교환한다. 또 독일의 협상자들은 상대방은 물론 자신들의 이름을 사용하거나 호칭하는 경우가 거의 없다. 왜냐하면 그와 같은 비공식적 행동은 그들의 예의범절 및 계급관념에 대한 대단한 모욕이 되기 때문이다.

연령도 지위와 마찬가지로 문화에 따라서 그 나타내는 의미와 중요성이 매우 다르다. 미국인들은 나이보다는 개인의 전문성과 능력을 중요시하는 반면에, 중국인들은 개인적 능력보다는 개인의 사회적 지위와 함께 연령을 매우 중요하게 생각한다. 실제로 중국사회에서는 사회적인 신분이 높고 동시에 나이가 많은 사람들이 사회에 미치는 영향력은 대단하다고 할 수 있다. 따라서 이러한 사람과 밀접한 친분관계를 유지할 수 있다면 외국기업이 중국사회에서 활동하는 데 있어서 장애가 되는 여러 가지 어려움을 보다 쉽게 극복할 수 있을 것이다.

이와 같이 협상자의 지위나 연령에 대한 인식과 의미는 문화에 따라 다르게 나타난다. 따라서 협상자는 상대방의 이러한 문화적 특성을 이해하고 파악하여 그에 걸맞은 호칭과 언어 그리고 행동으로 상대방을 대하여야 할 필요가 있다.

4 협상의 진행과정과 문화차이

협상의 진행과정은 협상의 성패를 예측하는 데 있어서 가장 중요한 요소라고 할 수 있다. 협상의 다른 측면에서와 마찬가지로 협상의 진행과정도 문화에 따라 현저한 차이를 나타낸다. 따라서 협상자는 협상진행과정의 각 단계에서 협상상대방의 문화적 특성에 기인하는 여러 가지 문제들을 극복하고 자신에게 유리한 결과를 가져올 수 있는 전략을 수립하여야 한다.

협상의 진행과정을 단계별로 분류하는 데 있어서 학자들 간에 약간의 차이가 있다. 여기에서는 협상진행과정을 계획수립, 상호관계의 정립, 정보교환, 설득, 양보 및 합의 등 여섯 단계로 분류하고 각 단계에서 문화차이에 기인하는 문제점과 이를 극복하기 위한 방안에 대해 살펴보도록 하겠다.

1) 협상계획의 수립

유능한 협상자는 실질적인 협상이 진행되기 전에 자신들과 상대방의 욕구, 목표, 그리고 문화적 가치관 등에 기초하여 장래의 협상에 관한 상황을 분석하고, 자신들이 지닐 수 있는 권한의 한계를 이해하고, 상대방과의 관계와 영향력을 평가하며, 의제를 설정하고, 전반적이며 이행가능한 양보전략을 수립하고, 협상에 참가하여야 할 협상팀의 구성원들을 결정한다. 또한 그들은 협상쌍방이 합의점에 도달하지 못하는 경우에 대비하여 자신들에게 가장 유리한 해결방안을 준비한다.

협상준비단계에 있어서 이와 같은 협상계획을 어떻게 수립하는가 하는 것은 협상의 결과에 중대한 영향을 미친다. 한 연구결과에 의하면 협상계획을 수립하는 데 있어서 유능한 협상자는 일반 협상자에 비하여 다음과 같은 몇 가지 측면에서 상당한 차이를 나타내고 있음을 발견하였다(Berlew 등, 1983).

① **계획수립의 시간** : 유능한 협상자와 일반 협상자가 계획을 수립하는 데 소요된 시간은 거의 같게 나타났다. 그러나 전자는 후자에 비하여 주어진 시간을 보다 효과적으로 활용하였다.

② **대안의 개발** : 유능한 협상자는 일반 협상자에 비해 두 배 이상의 행동방안 및 결과의 범위를 고려하는 것으로 나타났다. 이는 대안의 수가 많을수록 성공가능성은 그만큼 커진다는 것을 보여준다.

③ **공동관심사** : 일반 협상자는 협상당사자와의 합의보다는 갈등에 주의를 기울이는 반면에 유능한 협상자는 협상당사자와의 공동관심사(common ground)에 더 많은 주의를 기울이는 것으로 나타났다.

④ **장기적 · 단기적 안건** : 일반 협상자는 단기적 안건의 중요성을 파악하는 데 대부분의 시간을 소모하나, 유능한 협상자는 장기적 안건의 중요성을 파악하는 데 보다 많은 시간을 할애하는 것으로 나타났다.

⑤ **목표범위의 설정** : 일반 협상자는 '단위당 7달러'와 같이 단일목표를 설정하는 데 반하여, 유능한 협상자는 '단위당 5~7달러'와 같이 목표의 설정에 일정한 범위를 둠으로써 보다 융통성을 발휘하고 있는 것으로 나타났다.

⑥ **계획수립의 방식** : 일반 협상자는 일정한 순서에 입각하여 협상계획을 수립한다. 예를 들면, 그들은 먼저 A를 토의하고 그 다음에는 B를, 또 그 다음에는 C를 토의하는 식으로 협상계획을 수립한다. 그러나 유능한 협상자는 모든 안건을 각기 독립적으로 토의할 수 있도록 협상계획을 수립한다. 따라서 안건에 대해 사전에 결정된 순서가 없으므로 협상당사자들은 그들의 필요와 협상상황에 따라 어떠한 안건이라도 토의할 수 있게 된다.

2) 상호관계의 정립

상호관계의 정립은 협상당사자들이 실제적인 협상을 진행시키기에 앞서 상대방을 이해하고 신뢰를 구축하는 단계를 말한다.

모든 협상에는 협상쌍방의 '관계'와 쌍방이 협상을 통하여 얻으려고 하는 '실체'가 존재한다. 협상쌍방은 관계정립의 기간 동안에 '비업무적인 대화'를 통하여 이러한 관계와 실체에 대한 쌍방의 유사성과 상이성을 발견할 수 있다. 여기서 유사성의 발견은 양호한 인간관계와 믿음을 형성하는 데 도움이 되며, 상이성의 발견은 상호교류에 도움이 된다. 따라서 협상쌍방은 관계정립단계를 통하여 장차 '사람'과 '문제'를 분리시키면서 실제적인 협상을 진행할 수 있는 분위기를 형성할 수 있다. 사람과 문제를 분리한다는 것은 사람 그 자체는 거부하지 않으면서 상대방의 제안을 거부할 수 있고, 상대방을 부정적으로 표현하지 않으면서 상대방과의 의견을 달리할 수 있고, 또는 상대방의 제안은 거부하면서 상대방을 개인적으로 신뢰할 수 있다는 것을 의미한다.

협상의 초기에 이러한 관계정립을 중시하는 정도는 문화에 따라 많은 차이를 보인다. 예를 들면, 비교적 과업지향적이고 능률지향적인 미국인들은 보통 업무와 관련이 없는 대화를 통하여 상대방을 이해하기 위해 시간을 허비할 필요를 느끼지 않는다. 따라서 그들은 협상 초기에 곧바로 관련문제를 협의하고 합의하기를 바라는 경향이 있다. 그러나 이에 반하여 많은 다른 나라의 협상자들은 실질적인 문제를 협의하기 전에 먼저 만찬이나 연회 또는 공식적인 의식절차를 통하여 상대방과의 우호적인 관계를 형성하려고 노력한다. 예를 들면, 중국인들은 사업상의 거래에 있어서 상대방의 신용을 중시하기 때문에 공식적 계약서보다 구두 결속을 더욱 중시하는 경향이 있다. 따라서 이들은 협상을 위한 첫 번째 회동으로 만찬석상에서의 대면을 중시한다. 이들은 외국인이 느끼기에는 매우 지루하리만큼 긴 식사시간을 통하여 비업무적인 사소한 대화를 주고받으며 상대방과의 우호적인 관계유지의 가능성을 가늠한다.

협상 초기의 관계정립은 이와 같이 문화에 따라서 그 중요성을 달리한다. 그러나 앞에서 살펴본 바와 같이 쌍방 간의 신뢰를 바탕으로 한 인간관계의 형성은 부정적 측면보다는 긍정적 측면이 월등하다고 할 수 있다. 따라서 협상자는 우호적인 관계를 통하여 사람과 문제를 분리시키면서 보다 바람직한 결과를 얻을 수 있는 방안을 모색하는 것이 중요하다.

3) 정보의 교환

협상의 실체는 곧 협상당사자들의 관심사라고 할 수 있다. 따라서 협상자는 자신의 상황과 욕구를 상대방에게 표현하고 상대방의 상황과 욕구를 이해하는 데 초점을 맞추어야 한다. 상황과 욕구, 즉 관심사의 표현은 입장(position)을 주장하는 것과는 다르다고 할 수 있다. '입장'은 특별한 상황에 대한 유일한 해결방안(즉, 협상준비단계에서 이미 준비된 해결방안)을 일방적으로 표현하는 것이기 때문에 협상쌍방이 모두 만족할 수 있는 방법을 찾아내는 데 도움이 되지 않는다. 따라서 자신들의 입장을 일방적으로 주장하기보다는 관심사를 상호교환함으로써 쌍방이 모두 동의할 수 있는 가능범위를 확대시키는 것이 보다 바람직하다고 할 수 있다.

그러나 외국인과의 협상에서 협상쌍방은 각기 상대방의 관심사를 정확히 이해하는 것이 어려운 경우가 있다. 왜냐하면 문화적 차이에 따른 언어적·비언어적 장벽으로 인하여 효과적인 커뮤니케이션이 어렵게 되기 때문이다. 예를 들면, 페르시아 말로 '타협(compromise)'이라는 단어는 영어에서 갖는 긍정적인 의미, 즉 "쌍방이 함께 따를 수 있는 절충적 해결방안"이 아닌 "그녀의 정조 또는 순결이 더렵혀졌다"라는 부정적인 의미를 나타낸다. 마찬가지로 영어로 '중재인(mediator)'이라는 단어는 페르시아에서는 '간섭자'라는 것을 의미한다. 1980년 초 유엔사무총장이었던 발트하임(Waldheim)은 인질문제를 해결하기 위해 이란에 도착하여 행한 라디오와 텔레비전 방송에서 "나는 화해를 위해 중재인의 자격으로 여기에 왔습니다"라고 말했다. 그 방송이 있은 후 채 한 시간도 안 되어 그의 자동차는 분노한 이란인들에 의해 돌 세례를 받았다(Fisher and Ury, 1980).

이와 같은 커뮤니케이션의 오해와 곡해 그리고 잘못된 평가는 국제협상에서 협상쌍방 간에 빈번히 발생한다. 따라서 유능한 협상자는 모든 상황을 자신뿐만 아니라 상대방의 관점에서 이해하고 판단하려고 노력한다. 따라서 그들은 협상의 준비단계에서 자신과 상대방의 역할을 바꾸는 연습을 한다. 즉, 자신들을 상대방으로 가정하고 협상을 준비한다. 이러한 역할전환연습은 협상자가 상황과 문제들을 상대방의 관점에서 이해하고 분석하는 데 도움이 된다.

4) 설득

일반 협상자는 협상상대방으로 하여금 그들이 제안하는 특정 안을 수락하도록 설득하는 데 주안점을 두는 반면, 보다 유능한 협상자는 협상쌍방에 호혜적인 대안을 창출하는 데 주안점을 둔다. 이러한 호혜적인 대안은 협상쌍방의 실제적인 관심사와 가치 그리고 욕구 등에 대한 이해, 유사성과 상이성에 대한 인식, 그리고 차이점에 근거한 새로운 선택가능성을 발견하려는 노력에 의하여 창출된다. 즉, 협상쌍방 중 어느 한쪽에 의해서 보다 높이 평가되는 관심사를 인식하고 그러한 차이점을 유용한 자원으로 이용하는 것은 상호호혜적인 대안을 창출하는 데 기초가 된다.

외국인과의 협상에서 이러한 상호호혜적인 대안을 창출해 낼 가능성은 매우 높다. 왜냐하면 국제협상에 있어서 협상쌍방은 문화적 배경이 같은 사람들 사이에서는 찾아볼 수 없는 고유한 차이점이 존재하기 때문이다. 예를 들어, 한 글로벌기업에서 모든 종업원들은 같은 날 동시에 휴가를 가질 수 없다고 규정하고 있다면 경영자들은 휴가철에 휴가를 가질 사람을 선정하는 데 어려움을 겪게 될 것이다. 그러나 만일 경영자들이 회사의 종업원들이 미국인과 한국인들로 구성되어 있다는 사실을 인식할 수 있다면, 이러한 문제는 보다 쉽게 해결될 수 있다. 왜냐하면 대부분의 미국인들은 크리스마스 주간에 휴가를 가길 원하기 때문이다. 이와 같이 문화 간의 차이점은 그것이 인식되었을 때 단일문화환경에서는 불가능한 상호호혜적인 해결방안의 창출을 용이하게 해준다.

5) 양보 및 합의

양보 및 합의의 단계에서 원칙에 입각한 협상자들은 일련의 '비신사적인 속임수'보다는 보다 객관적인 기준을 사용하여 그들이 바라는 성과를 얻어내려고 노력한다. 그러나 이러한 원칙에 입각한 객관적 기준의 강조는 국제협상의 당사자들 간에 상호호혜적인 해결방안을 창출하는 데 큰 도움이 되지 않는다(Rubin and Brown, 1976).

협상당사자들 간의 양보는 그것이 큰 것이든 또는 작은 것이든 협상과정을 통하여 언제든지 이루어질 수 있다. 그러나 양보의 시기와 중요성에 대해서는 문화에 따라 많은 차이를 나타낸다. 예를 들면, 미국의 협상자들은 협상을 일련의 순서에 입각한 문제해결과정으로 인식한다. 따라서 그들은 일정한 시간적 배분을 통하여 한 문제씩 순서적으로 토론하고 합의를 보려고 노력한다. 그리고 협상의 전 과정을 통하여 계속적으로 조금씩 양보를 하며 상대방도 역시 그러한 양보에 보답해주기를 바란다. 미국인들의 이러한 협상스타일은 그들의 원칙에 입각한 또는 과업지향적인 관계수립방식을 반영하는 것이라고 볼 수 있다.

그러나 미국과는 달리 많은 다른 문화권의 사람들은 상대방에게 어떤 양보를 하기 전에 먼저 모든 안건을 협의하기를 바란다. 그들은 양보를 상대적인 것으로 생각하며, 쌍방이 최종합의에 도달한 경우에만 양보를 한다. 양보에 대한 이러한 접근방법은 주로 아시아지역에서 많이 나타난다. 또한 러시아 협상자들은 협상과정을 통하여 거의 양보를 하지 않으며, 상대방의 양보에 대해서 거의 보답하지 않는다. 다른 나라의 협상자들과는 달리 그들은 양보를 선의, 융통성, 또는 신뢰의 표현으로 보는 것이 아니라 일종의 약점 노출로 간주하는 경향이 있다.

국제협상에 있어서 어떤 양보방식이 더 성공적이라고 밝혀진 것은 없다. 그러나 협상자가 자기의 원칙을 고집하기보다는 상대방의 협상스타일을 존중하고 또 그에 따라 자신들의 행동을 적절히 조정할 수 있을 때 협상은 보다 효과적으로 이루어질 수 있을 것이다.

5 협상전술과 문화차이

모든 협상은 두 가지의 중요한 전술, 즉 언어적 전술(verbal tactics)과 비언어적 전술(nonverbal tactics)을 통하여 이루어진다. 여기에서는 협상자가 이러한 전술들을 사용하는 데 있어서 문화적 배경에 따라 각각 어떠한 차이점을 나타내며, 협상자 사이에 보다 상호호혜적 합의에 도달하기 위해서는 이들 전술을 어떻게 운용해야 할 것인가에 대하여 알아보도록 한다.

1) 언어적 전술

(1) 언어적 전술의 범주와 문화차이

협상에 있어서 이용되는 언어적 전술은 일반적으로 약속(promises), 위협(threats), 권고(recommendations), 경고(warnings), 보상(rewards), 처벌(punishments), 규범적 호소(normative appeals), 서약(commitments), 자기폭로(self-disclosure), 질문(questions), 명령(commands) 등을 들 수 있다. [표 12-3]은 이러한 각종 협상전술의 내용을 보여준다.

또한 [표 12-4]에서 보는 바와 같이 이러한 언어적 전술의 활용 정도 및 의미는 문화에 따라 많은 차이를 나타낸다. 예를 들면, 브라질 사람들은 일본이나 미국 사람들에 비하여 '아니오'라는 말을 자주 사용하며 '명령'의 방식으로 원하는 결과를 얻어내려는 경향이 많다. 또한 일본인들은 미국이나 브라질 사람들에 비하여 비교적 '추천'과 '규범적 호소'의 전술을 활용하는 경향이 많다.

표 12-3 언어적 협상전술

전술	내용	예
약속	만일 당신이 내가 원하는 것을 해준다면, 나도 당신이 원하는 것을 해주겠다(조건부, 긍정적).	만일 당신이 좀 더 많은 양을 주문한다면, 가격을 좀 더 깎아 주겠다.
위협	만일 당신이 내가 원하지 않는 바를 한다면, 나도 당신이 원하지 않는 것을 하겠다(조건부, 부정적).	만일 당신이 이 얘기를 언론에 흘린다면, 협상을 기피하겠다.
권고	만일 당신이 내가 원하는 바를 해준다면, 제3자가 당신이 바라는 것을 해줄 것이다(제3자, 긍정적).	가격을 인하해준다면, 모든 10대들이 당신의 상품을 구매할 것이다.
경고	만일 당신이 내가 원하지 않는 바를 한다면, 제3자가 당신이 원하지 않는 바를 할 것이다(제3자, 부정적).	당신이 승낙하지 않는다면, 언론이 이 비열한 얘기의 전말을 폭로할 것이다.
보상	당신이 원하는 것을 지금 당장 해주겠다(무조건적, 긍정적).	당신에게 편리하도록 당신의 사무실에서 만나도 좋다.
처벌	당신이 원하지 않는 것을 지금 당장 하겠다(무조건적, 부정적).	당신이 큰소리치는 것을 듣기 싫다. 따라서 나는 이만 돌아가겠다.

규범적 호소	사회적인 규범에 근거하여 호소한다.	누구든지 우리의 상품을 1,000원에 구입한다.
서약	당신이 원하는 것은 꼭 이행하겠다(무조건적, 긍정적).	상품은 당신이 원하는 날짜까지 꼭 인도하겠다.
자기폭로	당신에게 나 자신에 대해서 얘기하겠다.	우리는 이번 달에 100명의 종업원들을 해고했다. 따라서 금년 말까지는 이 계약을 꼭 체결해야 한다.
질문	당신에 대해서 물어보겠다.	당신의 브라질 공장에 대해서 얘기 좀 해줄 수 있는가?
명령	당신은 이 일을 해주어야 한다.	가격을 인하해 달라. 이제는 상품의 인도에 대해 얘기하자.

표 12-4 언어적 협상전술의 문화차이

언어적 전술	일본	미국	브라질
약속	7	8	3
위협	4	4	2
권고	7	4	5
경고	2	1	1
보상	1	2	2
처벌	1	3	3
규범적 호소	4	2	1
서약	15	13	18
자기폭로	34	36	39
질문	20	20	22
명령	8	6	14
'아니오(30분당)'	5.7	9.0	83.4

자료 : J. L. Graham(1985), "The Influence of Culture on Business Negotiations," *Journal of International Business Studies,* Vol.XVI, No.1, (Spring), pp.81~96.

(2) 유능한 협상자의 언어적 행위

협상자의 언어적 행위는 협상의 결과에 중대한 영향을 미친다. 한 연구조사에 의하면 유능한 협상자는 일반 협상자에 비하여 다음과 같은 몇 가지의 언어적 행위에서 많은 차이를 나타낸다.

① **자극적 언어** : 자극적 언어는 상대방을 설득하는 데는 아무런 도움이 되지 않고 불쾌감을 불러일으키는 언어를 말한다. 일반 협상자는 유능한 협상자에 비

하여 이러한 자극적 언어를 상당히 많이 사용하는 경향이 있다.

② **반대제안** : 이는 협상자가 단순히 상대방의 제안에 대응하여 자신의 제안을 하는 것을 의미한다. 일반 협상자는 유능한 협상자에 비하여 이러한 반대제안 전략을 상당히 자주 사용한다. 반면에 유능한 협상자는 자신의 방안을 제시하기 전에 먼저 상대방의 제안을 명확히 이해하려고 노력한다.

③ **방어 및 공격** : 협상은 그 정의 자체에 갈등이라는 의미를 내포한다. 갈등은 종종 과열되어 협상쌍방 간에 공격과 방어의 양상을 보일 때가 있다. 일반 협상자는 빈번히 방어적으로 대응하거나 공격적인 언어를 사용하여 자기의 의사를 표시한다. 이에 반하여 유능한 협상자는 상대방을 공격하는 예가 거의 없다. 그러나 그들이 공격을 취할 때는 사전에 경고함이 없이 매우 강력하게 공격한다. 보편적으로 일반 협상자는 유능한 협상자에 비하여 상대방을 공격하는 빈도가 매우 높다.

④ **예시적 언어** : 예시적 언어란 협상자가 상대방에게 실제의 의견을 표시하기 전에 의견표시의 의사를 나타내는 것을 말한다. 예를 들면, "질문 하나 해도 되겠습니까?" 또는 "제안 하나 해도 좋겠습니까?" 등은 상대방의 있음직한 질문이나 제안에 대한 예시적 언어라고 할 수 있다. 따라서 이는 협상상대방의 주의를 환기시키기 위한 언어표시라고 할 수 있다. 유능한 협상자는 상대방의 의견이나 제안에 대하여 반대의 의사를 표시하려는 경우를 제외하고는 일반 협상자에 비하여 예시적 언어의 사용빈도가 상당히 높다. 그러나 이에 반하여 일반 협상자는 반대의사를 표시하는 데 있어서 유능한 협상자보다 예시적 언어를 더욱 많이 사용한다.

⑤ **적극적 경청** : 적극적 경청이란 상대방이 전달하고 있는 의사를 충분히 이해하고 있음을 보여주는 것이다. 적극적 경청은 합의나 승인을 의미하지 않는다. 이는 다만 이해의 여부만을 나타낸다. 유능한 협상자는 일반협상자에 비하여 적극적 경청의 기술, 즉 이해 여부를 시험할 수 있는 기술과 상대방의 의사를 요약할 수 있는 기술을 더욱 많이 활용한다.

⑥ **질문** : 질문은 필요한 정보를 수집하기 위한 방법이라고 할 수 있다. 따라서 유능한 협상자는 일반 협상자에 비하여 상당히 많은 질문을 한다.

⑦ **감정의 표현** : 감정의 표현은 어떠한 상황에 대하여 느끼는 바를 상대방에게

설명하는 것을 의미한다. 예를 들면, "당신이 방금 말씀하신 것에 대해 저로서는 어떻게 해야 할지 모르겠습니다. 그 말씀이 사실이라면 받아들이고 싶지만, 그 신빙성에 대해서는 사실 조금은 의심이 갑니다. 이 문제에 대해서 당신의 솔직한 의견을 듣고 싶습니다"와 같은 설명은 상대방의 주장이나 제안에 대한 감정의 표현이라고 할 수 있다. 유능한 협상자는 일반 협상자에 비하여 이러한 감정의 표현을 더욱 많이 행한다.

⑧ **논쟁의 희석** : 강도가 약한 잡다한 주장은 일반적으로 쌍방 간의 강력한 논쟁을 희석·약화시킨다. 유능한 협상자는 쌍방 간에 주장이 적을수록 바람직하다는 것을 이해한다. 그러나 일반 협상자는 쌍방 간의 바람직한 논쟁을 강화시키려는 노력보다는 논쟁에서 자기의 주장만을 상대방에게 이해시키려고만 생각한다. 따라서 그들은 유능한 협상자에 비하여 자기의 주장을 합리화시키기 위한 변명을 찾는 데 더 많은 시간을 소비한다.

2) 비언어적 전술

비언어적 전술이란 협상자가 구두적인 표시 그 자체보다는 억양, 얼굴표정, 상대방과의 신체적 거리, 의상, 몸짓, 시간의 조정, 침묵, 상징 등을 통하여 자신의 의도하는 바를 달성하려는 전술을 말한다. 협상자들은 종종 언어적인 메시지보다는 비언어적인 메시지에 더욱 감정적으로 그리고 민감하게 반응한다. 따라서 비언어적 행위의 효과적 사용은 협상의 목적을 원활히 달성하는 데 상당한 도움이 될 수 있다.

언어적 행위와 마찬가지로 비언어적 행위도 문화에 따라 많은 차이를 나타낸다. [표 12-5]에서 보는 바와 같이 비언어적 행위에 있어서 일본인, 미국인 및 브라질인들은 많은 차이를 보인다(Graham, 1985).

① **침묵** : 일본인들은 협상과정에서 침묵을 가장 많이 이용하고, 미국인들은 중간 정도, 그리고 브라질인들은 거의 침묵을 이용하지 않는다. 미국인들은 종종 상대방의 침묵을 그들의 제안에 대한 거부나 반대의 표시로 받아들이는 경향이 있다. 따라서 일본인들과의 협상에서 미국인들은 상대방의 침묵을 거절의 표시로 잘못 이해하고 불필요한 양보를 하는 경우가 발생한다.

표 12-5 | 비언어적 협상전술의 문화차이

비언어적 전술	일본인	미국인	브라질인
침묵시간(30분 동안에 10초 이상 침묵한 횟수)	5.5	3.5	0
대화의 중복(10분 동안에 중복한 횟수)	12.6	10.3	28.6
안면의 직시(10분 동안에 직시한 횟수)	1.3	3.3	5.2
신체의 접촉(30분 동안에 접촉한 횟수, 단 악수는 포함시키지 않았음)	0	0	4.7

자료 : J. L. Graham(1985), "Brazilian, Japanese and American Business Negotiaion," *Journal of International Business Studies,* Vol.XIV, No.1, (Spring), pp.81~96.

② **대화의 중복** : 대화의 중복이란 침묵과는 반대의 경우를 의미한다. 즉, 이는 한 사람 이상이 동시에 말을 하는 경우를 말한다. [그림 12-2]에 나타난 바와 같이 브라질 협상자들은 미국 또는 일본 협상자들에 비해 보다 빈번히 상대방의 대화 중에 끼어든다. 이와는 대조적으로 일본인이나 미국인들은 이야기 중에 상대방이 끼어들면 그 중 한 사람이 대화를 중단하기 때문에 대화중복이 거의 발생하지 않는다. 유능한 협상자는 적극적인 경청이 협상의 효율성을 높여준다는 것을 인식하기 때문에 될 수 있는 한 상대방과의 대화중복을 피하기 위해 최선을 다한다. 또한 다른 사람의 이야기 중에 끼어들지 않는 문화권의 사람들은 대화의 중복을 무례하고 경망스런 행동으로 간주한다.

그림 12-2 | 대화중복의 문화차이

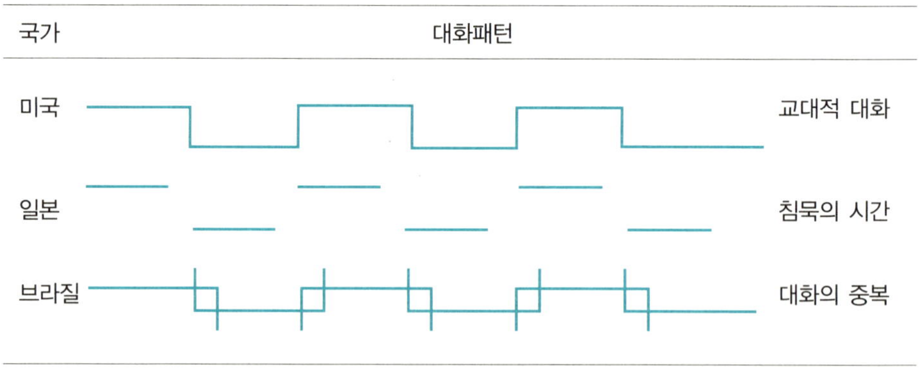

※ 위의 그림은 두 명이 대화를 하고 있는 상태를 나타낸다. 직선은 한 사람이 이야기를 하고 있는 것을 나타내며, 공간은 침묵시간을 나타내고, 선이 중복된 부분은 두 사람이 동시에 이야기하고 있음을 나타낸다.

③ **안면의 직시** : 안면의 직시란 상대방의 얼굴을 똑바로 쳐다보는 것을 말한다. 시선의 접촉은 안면직시의 가장 강렬한 형태 중의 하나라고 할 수 있다. 시선의 접촉과 안면직시의 정도는 흔히 상대방과의 관계에 있어서 친근함의 정도를 나타낸다. 즉, 마주치는 횟수가 많을수록 친근도가 높음을 나타낸다. 그러나 직시의 정도는 문화에 따라 그 의미가 달라질 수 있다. 한 문화권에서 친밀감을 느낄 수 있는 직시의 정도는 다른 문화권에서는 너무 적거나 또는 지나친 친근감의 표시가 될 수 있다. 이러한 경우에 협상상대방은 불편함을 느끼게 된다. [표 12-5]에서 보는 바와 같이 브라질인들은 미국인이나 일본인들에 비하여 상당히 자주 상대방을 직시하는 경향이 있는데, 이는 일본인과 미국인의 입장에서 보면 불편함을 느낄 수 있는 지나친 정도라고 할 수 있다.

④ **신체의 접촉** : 신체접촉의 정도도 문화에 따라 많은 차이를 나타낸다. 일본인이나 미국인들은 악수를 제외한 기타의 신체접촉은 거의 하지 않는 반면에, 브라질인들은 협상을 진행하면서 상대방과의 신체적 접촉을 빈번히 행하는 경향이 있다. 신체접촉도 안면직시와 마찬가지로 흔히 친근감을 표시하기 위한 행동으로 인식된다. 그러나 신체접촉의 방법에 따라 그것이 나타내는 의미는 문화적으로 많은 차이가 있다. 예를 들면, '포옹'은 멕시코에서는 신뢰의 표시로 받아들이지만, 독일에서는 예의에 어긋난 행동으로 받아들여진다.

6 중국인과의 협상전략

여기에서는 중국인과의 협상에서 우리가 고려해야 할 중국인의 세계관과 참고할 만한 우리의 협상전략을 살펴보기로 한다(안세영, 2013).

1) 중국인의 세계관

중국은 우리나라와 수천 년의 역사와 문화를 같이한 이웃이지만 막상 협상테이블에 앉으면 서로에 대한 느낌이 다르다. 이는 중국인에게 공통적으로 형성되어 있는 세계관이 우리의 그것과 큰 차이가 있다는 것을 보여준다. 중국인들과 협상을 진행하면서 이해할 필요가 있는 그들의 독특한 세계관으로는 다음과 같은 몇 가지가 중요하다.

① **만만디**(慢慢地) : '중국인의 기질' 하면 제일 먼저 떠오르는 것이 '만만디'이다. 만만디를 중국인들이 매사에 느리고 게으르다고 부정적으로 인식하는 경향이 있는데 이는 잘못이다. 만만디는 조금 느리더라도 모든 일을 순리에 맞게 잘 진행시키라는 것이다. 우선 일을 빨리 진행시키고 잘못된 점을 고치거나 보완하는 한국인의 기질과는 대조적이다.

② **메이파즈**(沒法子) : 중국인은 협상을 진행하다가 막히면 '메이파즈(방법이 없다)'라며 쉽게 단념해 버리는 경우가 많다. 협상자 사이에 입장차나 갈등이 생기면 어떻게든 해결하려고 노력하는 자세보다는 포기해버리고 다음 기회를 기다리며 참는 것이다. 중국인들은 이와 같이 그냥 참는 데 익숙해져 있어 협상테이블에서 여간해서는 불편한 감정을 잘 나타내지 않는다. 매사에 빨리빨리를 강조하는 한국인의 기질과는 매우 대조적이다.

③ **체면중시** : 중국인은 체면을 아주 중요하게 생각한다. 중국인과 협상을 진행하는 동안 가장 조심해야 할 점은 절대로 상대방의 자존심을 상하게 하거나 약점을 들추어 체면(面子)을 상하게 해서는 안 된다는 것이다..

④ **모략과 책략** : 중국의 삼국지 · 수호전 · 손자병법 등을 보면 수많은 모략 · 책략 · 간계 · 술책 등 다양한 협상전략이 나온다. 중국인은 비즈니스 협상에서도 이 같은 '지저분한 협상전략(dirty trick)'을 다양하게 구사하는 데 상당히 능하다고 할 수 있다.

⑤ **배금주의** : 중국인이 가장 좋아하는 숫자가 8이다. 8의 중국식 발음인 '빠'가 돈을 번다는 파차이(發財)의 '파'와 비슷하기 때문이다. 중국 역사를 보면 중국인은 오랫동안 몽골 · 만주족 · 거란 등 이민족의 지배를 받으며 시달렸기 때문에 믿을 것은 돈밖에 없다는 배금사상(拜金思想)이 아주 강하다. 따라서 중국인과 협상할 때는 애국심이나 의리보다는 경제적 이익을 강조하며 접근할 필요가 있다.

2) 중국인과의 협상전략

이상에서 살펴본 중국인의 세계관을 염두에 두면서 중국인과의 협상 시 고려해야 할 협상전략 몇 가지를 살펴보면 다음과 같다.

① **체면존중** : 중국인과 협상을 할 때 이유를 막론하고 상대의 체면을 손상해서는 안 된다. 설사 우월한 협상력을 가지고 갑의 입장에서 협상에 임할 때라도 상대로부터 100% 다 빼앗으려고 해서는 안 된다. 70~80% 정도만 가져와 상대가 체면을 유지하도록 해야 한다.

② **'꽌시의 함정' 주의** : 중국인들은 오랫동안 신뢰를 쌓아 꽌시(關係)를 형성하고 이를 기준으로 하여 이중적 태도로 협상을 진행한다. 꽌시가 형성이 안 되어 서로를 신뢰하지 않을 때는 다양한 지저분한 술책(dirty tricks)을 구사한다. 하지만 일단 상호신뢰를 바탕으로 꽌시를 형성하면 협상에서 다소 손해를 보더라도 우정을 갖고 거래를 지속하려는 대국적인 기질이 있다. 하지만 한 가지 주의할 점은 '꽌시의 함정'에 빠져서는 안 된다는 것이다. 꽌시가 맺어졌다고 상대를 무조건 신뢰하고 경계하지 않으면 당할 수 있다. 따라서 일단 꽌시가 맺어졌더라도 정기적으로 상대의 신뢰도를 다각적으로 체크해야 한다.

③ **자기자랑보다는 칭찬** : 서양인과 협상할 때는 자신의 경력이나 회사의 전문성을 자랑하는 일종의 자기과시를 해도 문제가 없다. 그러나 중국인에게는 자기자랑을 해서는 곤란하다. 중국인들은 자기를 잘 드러내지 않고 감추고 낮추는 겸손이 미덕이라고 생각하기 때문이다.

④ **'만만디' 대응전략** : 중국인은 종종 상대를 만찬, 공장견학, 관광 등으로 마감시간에 쫓기게 하는 만만디전략으로 협상에서 우위를 확보하고 상대의 양보를 받아내려고 한다. 상대가 협상을 빨리 성사시키려는 조급한 모습을 보일수록 중국인은 더욱 만만디 지연전술을 쓰는 경향이 있다. 또한 중국인들은 때로 협상을 일부러 결렬시켜 소강상태를 만들기도 하는데, 이때 초조함을 보여서는 절대 안 된다.

⑤ **금기사항** : 중국인과 협상을 할 때 정치, 종교, 빈부격차, 소수민족문제, 천안문사태, 노벨평화상, 지역분쟁, 인권문제 등을 입에 올려서는 곤란하다. 특히 대만 관련 화제는 매우 유의해야 하며 가급적 거론하지 않는 것이 좋다.

글로벌 문화탐방 12

'주식회사 중국'과 경쟁하기

최근 베이징 도심인 궈마오 근처의 가전양판점인 다중덴치에서는 하이신 등 중국 토종 브랜드의 제품이 삼성 같은 글로벌업체 브랜드 제품에 비해 거의 반값에 팔리고 있다. 같은 40인치 LCD(액정표시장치) TV인데 삼성 제품은 6,199위안의 가격표가 붙어 있고, 토종인 하이신 브랜드엔 3,599위안이 적혀 있다. 20~30% 정도에 달했던 토종과 글로벌업체의 판매가격 차이가 이젠 50%대로 커지며 '경쟁이 불가능한 구도'가 형성되고 있는 것이다. 중국에 공장을 가진 글로벌기업들이 토종기업들과 경쟁을 하려면 토종기업들처럼 이 정도 가격에 팔리는 제품을 만들 수 있어야 한다. 그러나 글로벌기업들은 "절대 불가능하다"며 고개를 젓는다.

중국에서 이 같은 상황이 나타난 원인은 뭘까? 답은 중국기업들이 국영기업들이라는 데서 찾을 수 있다. 제품판매에서 적자를 보면 국영은행이 메워주는 것은 중국에선 오래된 일이다. 심지어 최근엔 국유지를 떼어주고 부동산개발을 하도록 해서 적자를 보전하기도 한다는 소문이다. 중국의 회계와 경영이 불투명한 관계로 이 모든 정황은 미뤄 짐작할 수밖에 없긴 하다. 하지만 말이 안 되는 가격으로 팔면서 이익을 내는 것을 달리 설명할 길이 없다. 그러니까 중국에 진출한 글로벌 가전업체들은 실질적으로 '주식회사 중국'과 경쟁하고 있는 셈이다.

13억 인구를 갖고 있고 세계에서 가장 빠른 성장세를 보이는 중국은 놓칠 수 없고 놓쳐서도 안 되는 시장인 것은 틀림없다. 그러나 '묻지마식 진출'은 곤란하다. 중국에 한국의류를 들여와서 팔겠다며 베이징에 의류매장을 냈던 P씨는 넉 달 만에 문을 닫았다. 그는 한국의 고급 기성복을 가져다가 판매할 요량이었다. 하지만 결국엔 몸에 안 맞는 옷을 팔겠다고 나선 셈이 됐다. 그는 "중국 사람들은 어릴 때부터 자전거를 타기 때문에 팔 길이가 한국 사람보다 길다는 것을 몰랐다"며 판매 타깃이 고소득층이었는데 돈 있는 사람들이 한국 제품이라고 팔도 안 맞는 옷을 사겠느냐며 씁쓸히 웃었다.

시장환경조사보다도 더 중요한 것이 있다. 중국을 제대로 이해할 수 있는 능력을 먼저 갖춰야 한다. 중국 사람들은 수싸움에 능하다. 마작이나 바둑·장기 같은 게임이 발달해 있는 이유는 이들이 수싸움을 즐기기 때문이다. 협상을 하든, 거래를 하든 상대방에게 쉽게 모든 것을 보여주지 않고 비장의 카드를 숨기고 있는 경우가 많다.

충칭에서 엘리베이터 사업을 하는 K사장은 "중국에서 사업을 하려면 적어도 3년간은 백수로 지내며 중국 사람과 함께 뒹굴어야 한다"고 말한다. 중국을 배우는 시간이 꼭 필요하다는 얘기다. 보기 좋은 떡도 급하게 먹으면 체하기 마련이다. 하물며 적진에서 경쟁을 해야 하는 판이다. 중국 내수시장진출은 차분하게 준비한 뒤 전략을 치밀하고 신중하게 짜지 않으면 안 된다.

자료 : 한국경제, 특파원 칼럼, 2009년 11월 3일자 수정.

생각해 봅시다

1. 글로벌기업에서 협상은 왜 중요하며, 그 과정은 어떻게 이루어지는가?

2. 협상스타일, 협상자의 자질, 협상상황은 문화에 따라 어떤 차이를 보이는가?

3. 유능한 글로벌협상자는 문화적 유사성과 상이성을 어떻게 활용하며, 협상 진행과정에서 어떤 전략을 활용하는가?

4. 언어적 · 비언어적 협상전술이란 무엇을 말하며, 상이한 문화권의 협상자들은 이러한 전술을 어떻게 활용하는가?

5. 중국인들은 문화적으로 어떠한 세계관을 가지고 있으며, 그러한 중국인들과 협상하기 위해서는 어떤 협상전략을 구사해야 하는가?

Chapter 13 글로벌기업의 윤리경영전략

- 볼거리 읽을거리 : 요거트의 제왕
- 1. 글로벌기업의 사회적 책임
  2. 글로벌기업의 환경경영전략
  3. 글로벌기업의 윤리경영전략
- 글로벌 문화탐방 ⑬ : 한국형 공유가치창조
- 생각해 봅시다

볼거리 읽을거리

요거트의 제왕*

장준택 사장은 미국 요거트 업계 1위에 오른 '요거트랜드' 설립자이자 CEO이다. 2006년 1호점을 낸 뒤 7년 만에 220개 가맹점을 열었다. 지난해 1억 5,000만 달러의 매출을 올렸고 본인은 700만 달러를 벌었다. 2008년 금융위기에도 문 닫은 매장은 한 곳뿐이다. 태평양을 건넌 지 29년 만에 이룬 아메리칸 드림이다.

성공은 실패에서 얻었다. 사람, 투자, 나눔이 부를 가져다줬다. 100% 본인소유 지분도 직원들에게 고루 나눠주고 있다. 욕심을 버리니 신뢰가 따랐고, 매출은 더 늘었다. 그는 자기 집도 없다. 2년 전 370만 달러 저택을 팔아 반씩 나눠 성실한 벤처기업인을 돕는 데 썼다. 요거트는 발효의 과학이다. 자칫 잘못하면 부패한다. 그는 그 경계를 잘 알고 있다.

신뢰는 장준택 사장이 가장 중요하게 여기는 가치다. 스티븐 코비의 『신뢰의 속도(speed of trust)』를 경영 교과서로 삼고 있다. 이 책을 기본으로 'THTK'라는 사내윤리도 만들었다. THTK는 "솔직하고 친절하라(Totally Honest, Totally Kind)"는 뜻이다.

신뢰를 얻는 방법에 대해서 장 사장은 이렇게 말한다. "사장이 돈을 버려야 직원들로부터 신뢰를 얻는다. 사실 고난보다 유혹이 더 견디기 어렵다. 더 비싼 집과 차, 옷과 음식, 누리자면 끝이 없다. 나 자신과 매일 끝없는 싸움을 하고 있다. 어디까지 내가 버릴 수 있는지."

* 자료 : 정구현, 중앙일보, 2013년 3월 30일자.

13 Chapter 글로벌기업의 윤리경영전략

1 글로벌기업의 사회적 책임

1) 사회적 책임의 개념

이제 착한 기업이 성공하는 시대가 찾아왔다. 경영을 잘하는 것과 사회적 선행을 열심히 하는 것을 별개로 생각하기 쉽다. 그러나 소비자는 회사의 사회적 명성과 신뢰를 바탕으로 상품과 서비스를 선택하기 때문에 경영과 사회적 책임을 분리할 수 없다(박영배 등, 2013).

현대사회에서 기업은 다양한 이해관계자들에 의해 영향을 받는다. 오늘날 기업은 사회에 영향력을 행사하는 사회적인 제도라고 할 수 있다. '기업의 사회적 책임(Corporate Social Responsibility : CSR)'은 이익을 추구하면서 기업의 존속을 도모하고 법과 윤리에 따라 기업활동을 전개하며 사회공헌에 이바지하는 것을 말한다. 특히 기업은 이해관계자에 대한 책임을 다해야 한다. 이해관계자(stakeholders)는 조직에서 관심 · 권리 · 소유권을 가지고 있는 개인이나 집단을 말한다. 따라서 기업의 사회적 책임이라는 개념은 '기업의 이해관계자에 대한 책임'을 말한다.

세계지속발전가능기업협의회(WBCSD)에서는 기업의 사회적 책임을 "환경을 파괴하지 않는 경제개발, 직원과 그들의 가족 및 해당 지역사회가 함께 일하며 사회 전체의 삶의 질이 개선되는 데 기여하는 기업의무"라고 규정하고 있다.

기업의 사회적 책임의 개념은 시간의 흐름에 따라 네 단계를 거쳐 발전하였다. 19세기에는 법테두리 안에서 상거래나 경영을 영위하는 수준으로 이해되었다. 20세기에 들어오면서 밀턴 프리드먼(Milton Friedman)을 중심으로 하는 자유주의 시장경제학자들은 '이익극대화'가 기업의 사회적인 책임이라는 입장을 강조하였다. 즉, 기업에 요구되는 책임은 오직 하나 '기업의 이익증대'라는 것이다. 그러나 20세기 후반에 대기업중심의 과점지배 형태가 보편화되면서 기업의 사회적 책임이 이해관계자에 대한 부가가치 창출에까지 이르게 되었다. 기업의 보다 적극적인 사회적 책임이 강조된 것이다.

최근에는 '자선론'을 통한 기업의 사회적 책임이 강조된다. 기업은 경제발전의 원동력일 뿐만 아니라, "사회의 중심체로서 사회발전에 능동적으로 기여한다"는 경영철학이 기업경영의 바탕이 되어야 한다는 사고이다. 기업의 이익극대화와 사회적 책임을 별개의 문제로 보기보다 함께 추구해야 한다는 것이다.

[표 13-1]은 2006년에 경제협력개발기구(OECD) 회원국 중 9개국의 일반 국민들을 대상으로 실시한 기업의 사회적 역할에 대한 인식조사결과를 보여준다. 이 표에서 보는 바와 같이 우리나라 국민들은 기업의 윤리적 · 사회적 책임활동의 강화가 필요하다고 생각하는 것으로 나타났으며(42%), 선진국일수록 윤리적 · 사회적 책임경영과 이익창출활동의 절충이 필요하다는 비율이 높게 나타나고 있다.

표 13-1 기업의 사회적 역할에 대한 기대조사

국가 \ 내용	윤리적 · 사회적 책임경영활동 강화필요	이익창출, 세금납부, 일자리창출 집중필요	윤리적 · 사회적 책임 경영과 이익창출 절충필요
이탈리아	45	25	30
한국	42	22	36
호주	39	15	46
캐나다	34	17	49
프랑스	34	29	37
독일	30	38	32
미국	29	17	54
영국	27	25	48
일본	15	13	72
평균	33	22	45

자료 : 경제협력개발기구 조사자료(2006).

2) 사회적 책임의 내용

기업의 대표적인 이해관계자로는 고객, 정부, 전략적 파트너, 종업원, 지역사회 등을 들 수 있다. 기업이 이들 이해관계자들과 더불어 성장하는 측면에서 사회적인 책임을 고려하지 않으면 소비자에게 외면받을 것이다. 따라서 기업들도 이제는 이해관계자들과 원만한 관계 형성을 생존 차원에서 인식하지 않으면 안 된다. 즉, 과거와 같은 독불장군식 나 홀로 성장이 아닌, 고객 · 정부 · 파트너 · 종업원 · 지역사회 · 주주 · 고객 등과 같은 이해관계자집단과의 연결고리 속에서 동반성장을 도모하면서 동시에 기업이익을 추구해야 한다는 것이다. [그림 13-1]은 기업과 이해관계자집단의 관계에서 대두되는 사회적 책임문제를 보여준다. 이에 대해 좀 더 자세히 살펴보면 다음과 같다.

그림 13-1 | 기업의 이해관계자

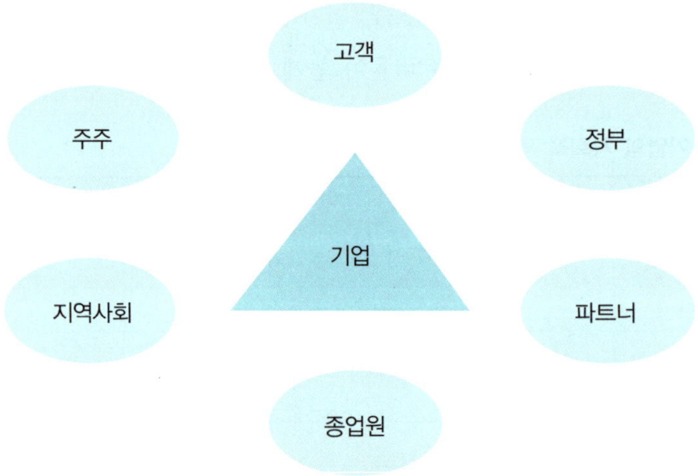

자료 : 박영배 등(2013), 알기쉬운 경영학, 도서출판 청람, p.58.

① **기업의 유지와 발전** : 오늘날 대표적인 기업형태인 주식회사는 많은 주주의 투자로 이루어져 있다. 따라서 기업은 주주에 대한 출자보상뿐만 아니라 미래의 투자자들을 충분히 확보할 수 있도록 적정이익을 확보해야 한다. 기업의 수익성 확보는 기업의 유지와 발전을 의미한다.

② **종업원 복지** : 기업은 종업원의 사기를 고취시키고 종업원들이 사회적인 측면과 경제적인 측면에서 자아실현을 할 수 있도록 종업원 복지에 대한 책임을

다해야 한다.

③ **이해관계자의 이해조정** : 기업은 경영자, 종업원, 노동조합, 고객, 정부기관 등 서로 상이한 이해관계자집단에 대하여 이들의 이익을 조정해야 하는 책임을 가져야 한다.

④ **후계자 양성** : 기업이 지속적으로 성장 · 발전하기 위해서 유능한 경영자를 양성하는 일은 기업의 자체적인 요구일 뿐만 아니라 사회발전을 위해서도 중요한 필요조건이라고 할 수 있다.

⑤ **공해 방지** : 기업은 이익극대화를 위해서 지역사회나 자연환경을 오염시키거나 파괴해서는 안 된다. 이에 대해서는 아래에서 자세히 살펴보기로 한다.

경영자는 이상과 같은 사회적인 책임을 이행하려고 노력해야 하며 공정한 심사기관을 통해서 기업의 사회적 책임이행 정도를 확인해 볼 필요가 있다. 한편, 국제표준화기구(ISO)는 2001년부터 환경, 노동, 인권, 지역사회 기부 등 재무제표를 통해서는 파악할 수 없는 기업의 사회적 책임활동을 지수화하여 국제적인 표준 ISO 26000을 만들었다. 이 표준은 기업이 각종 입찰이나 주식상장을 실시할 때 준수하게 하는 등 국제적인 강제규정으로 이용될 것이다.

3) 사회적 책임의 성과

기업이 모든 이해관계자들에게 착한 모습을 보이기는 쉽지 않다. 그러나 기업은 스크루지가 아닌 산타클로스가 되어야 한다. 세계 최대의 홍보회사인 에델만(Edelman)에 따르면, 전 세계 86%의 소비자는 경영자 스스로가 자신의 이익과 사회이익을 동일하게 여겨야 한다고 믿고 있다(http://www.edelman.com).

사회가 선한 가치를 추구하는 방향으로 변하는 경향은 선진국일수록 강하게 나타난다. 따라서 사회적 책임을 다하는 기업은 보이지 않은 손에 의해서 장기적으로 큰 이득을 얻게 된다. 사회적 책임은 비용이 아니라 장기적인 투자항목이라고 할 수 있다. 현대사회에서 기업이 사회적 책임을 위해 최선을 노력을 기울이게 되면 지속적인 경영성과와 함께 이해관계자들로부터 존경받는 기업으로 성장한다. 윤리경영과 사회공헌을 실천하는 기업은 소비자들이 선호하게 되기 때문에 사회로부터 신뢰와 사랑을 받는 것이다.

이제 기업의 사회적 책임은 일회성 행사가 아니라 기업의 사활이 걸린 경영전략이 되고 있다. 기업과 사회가 동시에 상생하기 위한 경영전략인 것이다. 기업의 사회적 책임을 등한시한 기업은 반드시 사회로부터 부메랑을 맞게 된다. 사회적 책임활동은 미래에 대한 투자이며 이해관계자가 공존하는 방식이다.

예컨대, 탐스슈즈(Tom's shoes)는 '내일의 신발(tomorrow shoes)'이라는 의미를 담고 있는 글로벌 신발제조기업이다. 이 기업은 소비자가 신발을 한 켤레 살 때마다 한 켤레를 저개발국가의 어린이들에게 기부하는 원포원(one for one)모델로 착한 소비를 유도하고 있다. 소비자와 직원들이 함께하는 사회적 책임이 의무가 아닌 기업수익창출 비즈니스 모형임을 탐스슈즈는 보여주고 있다.

기업은 주주의 이익을 보장해야 기업존속이 가능하며 종업원이나 소비자, 지역사회 같은 이해관계자들에게도 도움이 된다. 또 기업은 사회적 책임을 적절하게 수행함으로써 사회로부터 긍정적인 평판과 정당성을 확보해 성장을 지속하게 된다. 이러한 선순환효과로 인해 주주의 이익도 자연히 커지게 되는 것이다.

결국 장기적인 관점에서 이익창출과 윤리, 사회적 책임경영은 기업경쟁력의 원천이라고 할 수 있다. 기업과 사회의 상생발전을 위한 사회적 책임활동은 특히 글로벌기업의 경영에서 하나의 표준이며 발판이 되고 있다.

2 글로벌기업의 환경경영전략

1) 환경경영의 중요성

과학자들이 걱정하는 환경문제 중에서 지구온난화가 가장 심각하다. 지구온난화는 기온의 상승뿐만 아니라 지구 전체의 습도를 높인다. 인간과 기업은 자연세계의 일부이며 자연과 상호작용하고 있다. 따라서 환경에 대한 각성은 환경경영의 시작이라고 할 수 있다.

표 13-2 산업활동 단계별 환경조치와 관련산업

활동단계	환경조치	주요 내용	관련산업
원료조달	몬트리올의정서	CFC 등 오존층파괴물질의 생산 및 사용규제	자동차, 전자·전기, 화학, 정밀기기
	바젤협약	유해폐기물 월경이동 규제	철강, 제지
	국제열대목재협정	열대림 보호를 위한 열대산 목재 채취규제	목재, 가구, 건축, 펄프·제지
	생물다양성협약	생물자원의 합리적 이용	제약, 화장품, 유전공학 관련 산업
제조·유통	기후변화협약	화석연료 사용으로 발생하는 온실가스 배출규제	에너지 다소비 산업
	기술장벽협정	환경보전을 위한 기술규제	전 산업
	PPMs 규제	환경오염을 유발하는 제조공정 및 생산방법 규제	전 사업
	탄소세·에너지세	가격상승효과를 통한 에너지 사용억제	
소비	연비·배기가스 규제	자동차 사용에 따른 대기오염 억제	자동차, 자동차 부품
	에너지효율등급제	에너지 사용의 효율성 제고	전자·전기, 자동차
	환경마크제도	환경친화적 제품 소비장려	소비재산업
	경고라벨 부착	유해물질 함유제품 소비억제	전자·전기, 생활용품
폐기	폐기물 재활용 의무 강화	수거체계 수립 및 재활용 의무화	자동차, 전자·전기, 플라스틱, 유리, 제지, 철강, 가구
	용기 규제	재활용이 가능한 용기사용 의무화	음식료품
전 과정	환경경영 표준규격(ISO 14000시리즈)	환경경영체제 구축 및 환경감사 등	전 산업

자료 : 이병욱(1997), 환경경영론, 비봉출판사, p.66.

환경경영은 기업의 사회적 책임의 한 축이 되고 있다. 봉사나 기부와는 달리 환경 분야에서 사회로부터 옐로카드를 받게 되면 기업윤리를 의심받기 때문에 환경경영은 이제 기업경영의 절대적인 가치로 자리 잡기 시작했다. 20세기의 경제논리가 경제성장, 고용확대, 소득증대였다면 21세기에는 '세계무역기구(WTO)' 체제가 본격화되면서 환경보전의 문제가 가장 중요한 이슈로 등장하고 있다. 과거의 경제구조가 대량생산과 대량소비를 장려하였다면 현대의 글로벌 경제구조에서는 후대에게 온전한 자연환경을 물려주기 위한 노력으로 무엇보다도 환경보호에 관심을 갖게 된 것이다.

기업의 환경보전 노력은 시대적인 요청이며 기업의 사회적 책임이라고 할 수 있다. 최근에 기업들의 환경에 대한 태도가 '공해분쟁을 일으키는 귀찮은 문제'와 '기업이미지 개선을 위한 홍보수단'에서 '환경 선도기업으로 나서는 것이 기업가치를 높이는 일'이라는 개념으로 전환되어 가고 있다.

21세기에는 청정에너지기술과 환경친화적 기술 등 지속가능한 기술을 보유한 국가가 새로운 강국으로 부상할 것이다. [표 13-2]는 세계 각국에서 환경문제에 대응하기 위해 취하고 있는 국가적 차원의 조치와 그 내용, 그리고 직·간접으로 영향을 받게 되는 관련 산업 등을 산업활동의 단계별로 보여준다.

2) 글로벌기업의 환경경영전략

환경문제는 모든 산업활동과 연계되어 있다. 또한 기업에서 제품이 만들어지는 프로세스의 전 과정은 환경과 관련이 있다고 할 수 있다. 따라서 기업활동의 전 과정에서 환경경영은 기업의 비용발생 측면이 아닌 장기적 수익원이 되는 경영비전 내지 경영전략에 따라 전략적으로 체계화되어야 한다. [그림 13-2]는 환경경영전략의 수준을 보여준다.

최근에 글로벌기업들은 선도적으로 환경을 중시하는 '녹색경영'을 전개하고 있다. 친환경경영은 단순히 기업이미지를 홍보하는 차원을 넘어 기업의 생존능력까지 좌우한다. 예컨대 세계적인 배송업체로 전 세계에 배기가스를 내뿜고 다니던 페덱스(Fedex)는 최근에 미국 내 배송차량을 모두 친환경 하이브리드카로 대체하였다. 또한 미국에서 가장 존경받는 기업으로 이름난 제너럴일렉트릭(GE)은 친환경이념인 '에코매지네이션(Ecomagination)'을 새로운 경영전략으로 선포하여 친환경제품을 개발하는 데 주력하고 있다. 제너럴일렉트릭은 '환경은 곧 달러'라는 철저한 경영 마인드하에 환경보전을 중요시한다. 에코매지네이션은 생태환경(ecology)과 상상력(imagination)을 결합한 개념이다.

글로벌기업의 환경경영은 생산성, 경쟁력, 고객만족, 수익성 제고 등의 경제성 목표와 자원절약, 오염예방, 삶의 질 향상, 그리고 생태계 보전 등 환경요구를 절충하는 수준에서 결정되어야 한다. 앞으로는 기업들이 비용절감과 신제품의 품질경쟁뿐만 아니라 환경친화 정도를 놓고 경쟁하는 시대가 찾아올 것이다. 이제 환경경영실천수단은 글로벌기업의 활동과정에 따라 달라져야 한다.

그림 13-2 | 환경경영전략의 수준

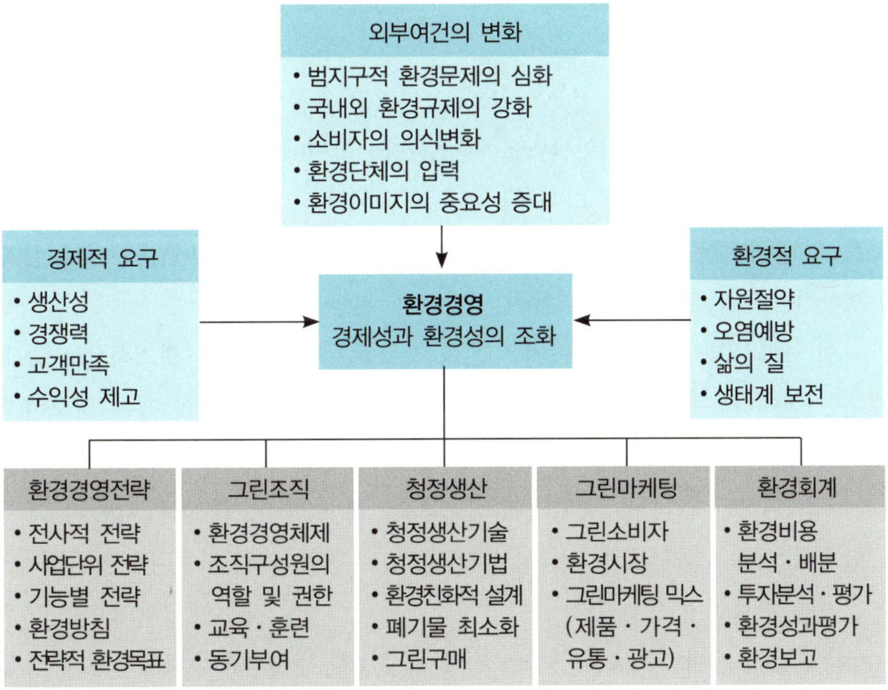

자료 : 이병욱(1997), 환경경영론, 비봉출판사, p.92.

3 글로벌기업의 윤리경영전략

1) 윤리경영의 의의

인간은 각자 자신의 신조나 삶의 방식을 지니고 있다. 사람들이 살아가는 삶의 신조는 청소년 시기에 이루어지거나 어린 시절 집안교육 또는 유치원교육에서 형성된다. 소위 밥상머리 교육은 인간의 윤리 형성에 중요한 영향을 미친다. 유치원에서 가르치는 기본예절은 예전이나 지금이나 변한 것이 없다. “무엇이든지 나누어 가져라. 정정당당하게 행동하라. 남을 때리지 마라. 남의 물건에 손대지 마라. 남의 마음을 상하게 했을 때 미안하다고 말하라.” 이러한 남에 대한 배려는 윤리의 시작이며 윤리의 기본정책이다.

미국의 엔론(Enron)과 월드컴(Worldcom) 그리고 일본의 유키지루(雪印)는 잘못된 경영철학과 윤리의식으로 기업몰락을 자초했다. 반면에 존슨앤드존슨(Johnsom & Johnson)은 1982년 자사제품 타이레놀에 독극물이 투여되는 사건이 발생하였을 때 시카코지역의 제품을 모두 수거하라는 미국 식약청의 명령을 뛰어넘어 미국 전역에 깔려 있는 타이레놀을 모두 거둬들이는 조치를 취했다.

최근 인터넷과 전자상거래의 발전은 분명 정보유통의 효율성을 획기적으로 증대시킨 것은 사실이나, 예전에 없던 개인정보의 유출, 인터넷해킹 등과 같은 정보시스템의 사회적·윤리적인 문제를 생산해내고 있는 것 또한 사실이다. 예컨대 인터넷기업, 홈쇼핑기업, 디지털기업들은 정보의 수집·통합·분배 등이 가능하기 때문에 고객정보의 합법적 이용, 개인 프라이버시 보호, 그리고 지적재산권 보호라는 새로운 윤리적인 문제를 만들어내고 있다.

이처럼 효율성과 이익만을 추구하여 한계에 부딪힌 세계경제의 대안으로 윤리경영이 중시되고 있다. 윤리(ethics)는 행동에 있어서 좋은 것과 나쁜 것, 옳고 그름의 판단기준이다. 윤리는 도덕적 원칙으로서 인간이 마땅히 지켜야 할 도리라고 할 수 있다. 윤리는 인간의 정신적인 기초이며 세상을 살아가는 마음의 바탕이 되는 가치인 것이다. 윤리는 개인과 기업 모두가 쉽게 갈 것 같은 길이지만 사실은 실행에 옮기기 어려운 좁은 길이다. 그렇지만 윤리의 길은 21세기 우리 인간과 기업조직이 생존하기 위해서 지켜야 하며 실천해 가야 할 가장 빠른 길이라고 할 수 있다(박영배 등, 2013).

기업의 윤리경영에 대한 국민의식 설문조사 결과, [그림 13-3]에서 보는 바와 같이 윤리적 기업은 정직하게 이익을 창출하고 고용을 많이 하는 기업, 주주·소비자·종업원에게 정직한 기업이라는 응답이 과반을 넘었다.

그림 13-3 | 윤리적 기업의 개념정의

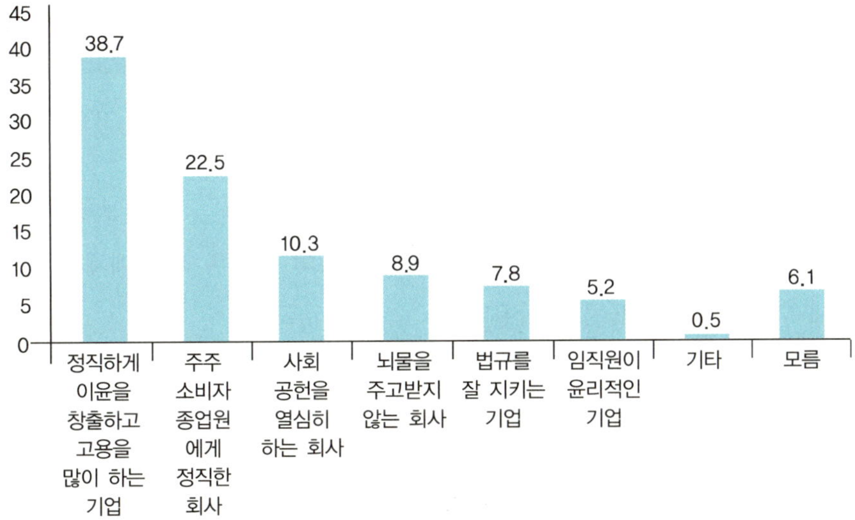

자료 : (주)리서치앤리서치, 기업윤리경영에 대한 국민의식조사(2009).

2) 윤리적 행동과 가치

(1) 기업의 윤리적 행동

'윤리적 행동(ethical behavior)'이란 나쁜 것과 잘못된 것의 반대개념인 좋은 것과 올바른 것을 어떻게 받아들일 것인지에 대한 도덕적 기준이라고 할 수 있다. 인간이 인간답지 않으면 인간이라 할 수 없다. 사회의 지도층에 대한 사회적 책임을 의미하는 '노블레스 오블리주(noblesse oblige)'가 중요하듯 기업이 기업답지 못하다면 참다운 기업이라 할 수 없다. [표 13-3]은 경영자의 도덕적 해이에 대한 최근의 몇몇 사례를 보여준다.

표 13-3 경영자의 도덕적 해이에 대한 사례

기업	사례
엔론(Enron)	최고경영진 3명과 중간경영자들의 분식회계를 통한 이익 허위공시, 2001년도 파산
월드컴(Worldcom)	분식회계를 통한 수익조작, 2002년 7월 410억 달러의 부채와 함께 파산신고
브리스톨마이어(Bristol-Myers Squibb)	15억 달러 수익 허위공시와 주가조작으로 1억 5천 달러의 벌금부과

'윤리'는 옳고 그름을 판단하는 가치와 규범체계이다. 개인이나 기업에 있어서 어떤 행동이 윤리적인지 아닌지의 여부는 사회적 규범과 문화, 법률과 규제, 조직관행과 조직문화, 개인 측면의 네 가지 요인에 의해 영향을 받는다.

① **사회적 규범과 문화** : 어떤 행동이 윤리적인지의 여부는 대부분 사회의 총체적인 규범에 의해서 결정된다. 개인이나 조직의 행동은 각종 매체와 판단기준에 의거하여 공적으로 판단된다.

② **법률과 규제** : 사회는 윤리적이나 비윤리적인지의 여부를 법률, 정부의 규제, 법원의 결정에 의해서 판단한다. 법률은 사회적 가치를 법원에서 강제화하는 것을 의미한다.

③ **조직관행과 조직문화** : 조직은 공식적이거나 비공식적으로 종업원의 행동에 영향을 미친다. 종업원을 위한 공식적인 안내를 제공하기 위해서 조직은 윤리적인 행동과 비윤리적인 행동을 정의하는 분명한 정책을 표명해야 한다. 윤리적인 강령은 개인이 조직을 대표하여 행동할 때 종업원이 따라야 할 원칙이며 종업원들이 조직의 규범과 가치를 이해하도록 도움을 주고 행동이 받아들여질 수 있는지 여부를 판단하는 기준이 된다.

최근 기업윤리가 기업경쟁력의 원천으로 떠오르면서 윤리강령을 만들어 실천하려고 노력하는 글로벌기업이 증가하고 있다. 예컨대, 존슨앤드존슨은 '우리의 신조'를 가장 효과적인 경영실천도구로 이용하고 있다.

윤리경영(ethics management)은 기업이 이익을 추구할 때 효율과 이익만을 좇지 않고 도덕적인 규범을 지키면서 사회적 책임을 다하는 것을 말한다. 이는 공자의 견리사의(見利思義) 사상과 일맥상통한다. 견리사의란 이익을 도모하기에 앞서 옳은 것을 생각한다는 의미이다.

(2) 윤리적 행동과 가치

기업이나 그 밖의 조직에서 발생하는 윤리적인 문제는 개인의 개인적인 믿음에 대한 위반 여부로부터 시작된다. 개인의 행동이 합법적이라면 개인은 자신감을 갖고 일을 추진하게 된다. 개인은 개인적 가치에 의해서 윤리를 판단한다. 여기서의 가치(values)란 어떤 것이 합당한 행동인지에 대한 전반적인 믿음을 의미한다.

가치는 목적가치와 수단가치로 나뉜다. 목적가치(terminal values)는 성취하고자 하는 최종적인 목표에 관한 선호 정도를 말한다. 예를 들어, 목적가치는 경영자가 중요하게 고려하는 자기존중, 가족안전, 자유, 내부구성원의 화합, 행복 등이 해당된다. 수단가치(instrument values)는 목적가치를 달성하기 위한 수단의 고려 정도를 의미한다. 경영자가 목적가치를 달성하기 위해서 소중하게 여기는 정직, 자부심, 용기, 상상력, 자기성찰 등이 수단가치라고 할 수 있다. 개인마다 가치기준이 다르기 때문에 목적가치와 수단가치 역시 그 형태가 다양하며, 상이한 상황과 윤리도전의 상황에서 개인이 목적가치와 수단가치를 어디에 두느냐에 따라서 여러 문제가 발생하게 된다.

3) 윤리적 판단의 영향요인

윤리적 행동 여부를 판단하는 데에는 다양한 관점이 존재한다. 개인은 윤리적인 문제에 봉착했을 때 자신의 판단력에 의해서 해결한다. 일반적으로 윤리적 판단에 영향을 미치는 요인은 공리주의 관점, 개인주의 관점, 도덕적 관점, 정당성 관점 등으로 나누어 설명할 수 있다(박영배 등, 2013)

(1) 공리주의 관점

공리주의 관점(utilitarian view)은 "사람들은 최대 다수에게 최대 선함을 전달해야 한다"라는 철학이념이다. 공리주의 관점은 다수에게 최대 선을 베푸는 것이 가장 윤리적이라고 믿는다. 이는 19세기 철학자 밀(Mill)의 사상에 근거한 것으로 행동과 결과중심적인 의사결정에 관심을 둔다. 공리주의 관점에서는 개인의 동기부여를 등한시한다. 조직의 목적달성을 위해서 경영자와 조직구성원은 개인적인 이익에 대한 주장을 내세우지 말아야 한다. 조직의 의사결정자가 이익, 효율성 등 성과기준 등에 의해서 의사결정을 하게 되는 이유이다. 예를 들어, 경영자가 공장의 효율성을 유지하고 잔여 일자리를 보전하기 위해서 15%의 공장작업자를 감원하는 의사결정을 내린다면 이는 공리주의 관점에서 비롯된 의사결정이라고 할 수 있다.

(2) 개인주의 관점

개인주의 관점(individualism view)에서는 정직성을 강조한다. 정직은 윤리와 도덕적 행위의 기본이다. 따라서 정직성이 확보되어야 타인에게 해가 되지 않는 윤리적인 행동을 하게 된다. 개인들은 정직성에 근거한 행동에 대하여 양심과 자유를 보장받는다.

(3) 도덕적 관점

도덕적 관점(moral-rights view)은 개인이 믿는 가치나 믿음에 의해서 부당하다고 판단하는 명령은 수행을 거부할 수 있는 것을 말한다. 도덕은 인간사회를 지탱하는 기본가치이다. 개인은 도덕에 어긋난 행동을 하지 말아야 한다. 조직 또한 개인의 자유를 침해하는 행위를 강조해서는 안 되는 것이 도덕적인 관점이다.

(4) 정당성 관점

정당성 관점(justice view)은 윤리적인 행동을 개인의 믿음과 정당성에 근거하여 판단하는 것을 말한다. 정당성이란 사회적 통념에 근거하여 행동에 대하여 공정한지 여부를 판단하는 것이다. 공정성은 누구에게나 기회의 평등이 주어지고 자신의 노력과 능력에 따라 처우를 받는 것을 강조한다. 만약 유색인종, 장애인, 여성이 부당한 대우를 받는다면 이는 정당성 관점에서 어긋나는 행동이다. 직장에서는 여성들의 고위직 진출을 가로막는 직장 내의 보이지 않는 장벽, 즉 인사상의 불공정성을 '유리천장(glass ceiling)'이라고 부르기도 한다.

4) 기업의 윤리경영사례와 경영성과

(1) 윤리경영사례

기본적으로 이익과 효율성을 강조한 서구의 자본주의는 오랫동안 세계경제를 이끄는 지표였다. 그러나 이러한 자본주의적·물질주의적 경제성장만을 추구해온 결과, 우리 사회는 극심한 갈등과 혼란을 겪고 있다. 물질만능주의와 극단적인 이기주의는 사람들의 의식을 극단으로 치닫게 하고 있다. 또한 이익과 효율성의 강조는 인간성 상실, 지구환경 파괴, 윤리의식 부재, 공동체의식 결여 등 수많은 역기능을 낳고 있다.

이러한 상황에서 새로운 윤리모델을 제시하고 슬기롭게 극복하려는 기업이 늘고 있다. 국내에서는 최근 기업주의 비자금조성이나 편법증여와 같은 문제들이 사회적인 이슈가 되면서 윤리경영을 실천해야 기업이 생존할 수 있다는 인식이 확산되고 있다. 전국경제인연합회 조사결과에 따르면 2006년 전사적으로 윤리경영헌장을 도입한 기업은 500대 기업 중 421개 기업(84.1%)에 이르고 있다.

세계적인 기업들도 윤리적인 활동을 전개하고 있다. 세계 스포츠용품시장의 선도적인 업체인 나이키(Nike)는 1998년 캄보디아와 파키스탄의 공장에서 어린아이들의 노동력을 이용해 제품을 생산했다는 사실이 알려지자 기업이미지와 매출에 큰 타격을 입었다. 그러나 그 후 이러한 뼈아픈 경험을 극복하고 윤리경영활동을 강화하여 선도적인 윤리경영기업으로 이미지를 바꾸는 데 성공하였다.

위에서 살펴보았듯이, 존슨앤드존슨은 오랫동안 윤리경영을 실천하고 있는 기업으로 유명하다. 이 기업이 윤리경영활동을 전개하게 된 배경에는 '타이레놀 리콜사건'이 있다. 타이레놀은 존슨앤드존슨의 총매출 7%, 순이익의 17%를 차지하는 효자상품이었다. 그러나 1982년 타이레놀을 복용한 환자 몇 명이 사망하면서 존슨앤드존슨의 경영악화를 가져왔다. 존슨앤드존슨은 곧바로 진상규명에 착수하였다. 조사결과 외부인이 타이레놀에 독극물을 주입한 것으로 판명이 났지만 존슨앤드존슨은 기업으로서의 사회적 책임을 지고 타이레놀을 전량 회수한다. 그 비용은 당시 2억 5,000만 달러에 달하였다. 타이레놀의 이러한 윤리경영은 소비자들에게 감동을 주었고 다시 1년 만에 시장점유율 1위를 달성하는 계기가 되었다.

결국, 윤리경영은 기업의 핵심가치와 조직문화에 깊이 배어 있어야 한다. 조직구성원이 한마음이 되어 윤리경영을 실천할 때, 윤리경영은 성공적으로 실현되고 그 성과가 나타난다고 할 수 있다.

(2) 윤리경영실천과 경영성과

콜린스(J. Collins)는 『좋은 기업을 넘어 위대한 기업으로』라는 책에서 규율의 문화와 기업윤리를 결합할 때 우수한 실적과 지속적인 성과를 낳는 마법을 얻는다고 강조하였다(이무열, 2002). 규율의 문화란 적합한 인재를 선발하여 현실 속에서 냉혹한 사실들을 직시하고 끈기 있게 실천하는 조직문화를 말한다. 기업윤리와 규율문화를 매트릭스로 나타내면 [그림 13-4]와 같다.

그림 13-4 | 기업윤리와 규율문화의 조화

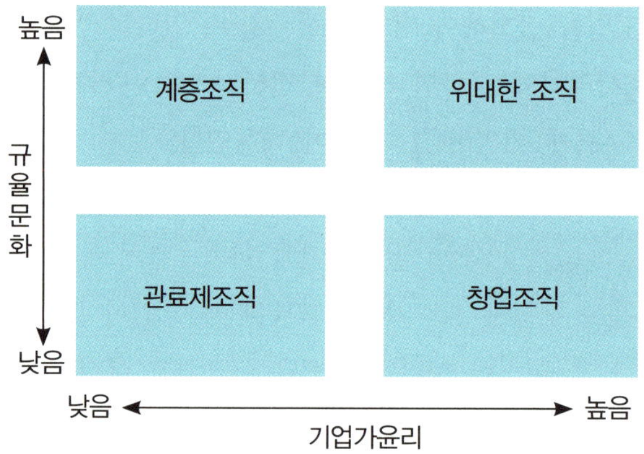

자료 : 박영배 등(2013), 알기쉬운 경영학, 도서출판 청람, p.55.

한편, 기업에서 기업윤리가 강조되면서 기업윤리와 기업경영성과와의 관계에 대해서도 관심이 고조되고 있다. 우리나라에서도 기업윤리를 만들어 실천하는 기업이 그렇지 않은 기업보다 경영성과가 뚜렷하게 높은 것으로 나타났다. 이는 최근 전국경제인연합회가 자산 5,000억 원 이상의 회원사 및 상장사 60개 업체를 대상으로 실시한 '기업윤리와 기업성과 관계조사'에서 밝혀졌다. [표 13-4]에서 보는 바와 같이, 기업윤리를 제정한 기업은 영업이익률이 평균 7.71%인 반면, 기업윤리를 외면한 기업은 평균 5.54%에 그치고 있음을 알 수 있다.

표 13-4 윤리헌장 제정기업과 미제정기업의 영업이익률

구분	윤리헌장 제정기업	윤리헌장 미제정기업
1997년	9.45	6.90
1998년	7.50	5.83
1999년	6.55	4.70
2000년	7.35	6.62
평균	7.71	5.54

자료 : 전경련, 한국신용평가원 자료(2001).

5) 글로벌기업과 문화적 경영윤리

기업이 글로벌한 경영환경에 노출되면 다양한 윤리적 문제에 부딪치게 된다. 글로벌기업과 경영자의 윤리에 관한 문제는 기업이 다양한 이질적 문화환경과 만나면서 발생하게 되는데, 이로 인해 많은 기업들은 부도덕한 기업으로 세계적인 비난의 대상이 되기도 하고, 심지어는 특정 시장으로부터 퇴출되는 아픔을 겪기도 하며, 많은 경영자들이 범법자로 낙인이 찍히기도 한다.

다문화환경하에서 글로벌기업이 경영윤리와 관련하여 특별히 관심을 가지고 대처해야 할 문제들을 살펴보면 다음과 같다(Moran 등, 2007).

(1) 글로벌환경에서의 위법행위

뇌물수수와 같은 위법행위는 문화에 따라 정도의 차이가 있기는 하겠지만 대부분의 문화환경 안에서 발생하고 있는 문제이다. 그리고 신뢰와 정직이 범세계적으로 중시되는 숭고한 이상이 되고 있으나 이것 또한 매우 상대적인 개념이라고 할 수 있다. 따라서 글로벌기업의 경영자는 기업이 다양한 문화와 접촉하면서 봉사료(tip), 뇌물(bribe), 인센티브(incentive) 등과 같은 행위를 받아들이는 데 있어서는 항상 상이한 문화들 사이에 존재하는 상대적 가치를 깨달아야 한다. 같은 행위라 할지라도 그것이 합법적인지 아니면 불법적인지를 판단하는 기준과 가치는 서양과 동양에서 각기 다르게 존재한다. 공공분야에서 자주 발생하는 뇌물수수와 같은 불법행위가 개발도상국가들에 있어서는 생존을 위한 몸부림으로 단순히 시스템 내에 한정되지만, 선진개발국들에서는 그와 같은 행위가 눈에 잘 뜨이지는 않지만 상당히 넓게 퍼져 있으면서 고도로 세련되게 이루어지기도 한다.

(2) 윤리적 상대주의

위법행위를 보는 관점은 사회문화에 따라 지극히 상대적이며, 개인의 양심이나 도덕성 역시 문화구속적인 관념이라고 할 수 있다. 예컨대, 어느 사회에서 뇌물이라고 비난의 대상이 되는 행위가 다른 사회에서는 서비스에 대한 대가로 지불되는 봉사료로 정당화되기도 한다. 그리고 특정 문화권에서 윤리적이고 모범이 되는 기준이라 할지라도 또 다른 문화권에서는 그렇지 않을 수도 있는 것이다. 문화에 따른 윤리기준의 차이와 관련하여 아래의 몇 가지 개념을 이해하면 큰 도움이 된다(Hooker, 2003).

① **콘텍스트이론** : 콘텍스트이론(contextualism)은 비록 특정 사회에서 보편적인 원칙으로 받아들여지고 있는 관념이라 할지라도 그것의 정당성과 신뢰성에 대해서는 문화에 따라 다르게 해석된다는 사실을 강조한다. 예컨대, 투명성과 능률이 강조되는 문화권에서는 연고주의(cronyism)와 혈연주의(nepotism)가 바람직한 것으로 받아들여지기 어렵지만, 관계지향적인 문화권에서는 이것이 자연스러운 것으로 된다. 이렇게 사람들은 자신들이 의지하고 있는 문화시스템을 강하게 옹호하고 지지하는 경향을 보인다.

② **윤리적 상대주의** : 윤리적 상대주의(ethical relativism)는 윤리적 원칙들이 근본적으로 모든 문화에 똑같이 적용되지 않는다는 것을 의미한다. 예컨대, 서양의 개인주의(individualism)는 평등(equality)과 인권(human rights) 등과 같은 관념을 강조하지만, 힌두교를 믿는 문화권에서는 모든 존재는 서로 연결되어 있다고 생각하며 숙명론에 입각하여 계층화된 사회를 자연스럽게 받아들이고 있다. 그러나 윤리적 상대주의와는 다르게 윤리적 보편주의(ethical universalism)는 세계문화가 궁극적으로 기본가치를 받아들이고 있음을 강조하기도 한다.

③ **도덕철학적 상대주의** : 도덕철학적 상대주의(metaethical relativism)는 가치표현이 본질적으로 사회에서 널리 용인되고 있는 조건에 기초한다는 것을 의미한다. 따라서 여기에서 도덕적 주장은 의사결정이나 행동이 이루어지는 상황

내지 환경에 따라 다르게 나타난다는 것을 강조한다. 예를 들면, 서양에서의 위법행위는 곧 범죄행위를 의미한다. 왜냐하면 이와 같은 문화권에서는 사람들이 공정하다고 인식하는 규정인 법을 모든 행동에 적용하는 것이 가치가 있는 것으로 받아들이고 있기 때문이다. 한편, 중국을 포함하여 유교문화권에서는 사람들 간에 끈끈하게 맺어진 사적인 관계나 안정적이고 신뢰할 수 있는 인간관계가 무역거래와 협상을 진행하는 데 매우 중요하게 작용하기도 한다.

(3) 사회적 책임

앞에서 살펴본 바와 같이 오늘날 글로벌시장에서는 기업에 대해 훌륭한 기업시민으로서 바람직한 기업윤리의식을 가지고 사회에 참여할 것을 요구하고 있다. 따라서 모든 경영계층의 글로벌리더들은 기업의 인사문제보다는 활동하고 있는 사회에 피해가 되지 않는 행동방안을 찾는 데 심혈을 기울인다.

사실 지금도 기업이 추구하는 궁극적인 목표는 여전히 기업가치를 극대화하는 것이다. 그러나 현대사회에서는 그와 같은 목표달성 행동이 윤리의 제약 안에서 이루어져야 한다는 것이다. 이는 곧 글로벌경영자들에게 그들의 어떤 행동이 '비윤리적이기는 하나 합법적'으로 이루어지기 때문에 큰 문제는 발생하지 않을지 모르지만, 더 많은 일들은 '법에 의해서보다는 윤리와 관련하여 이루어진다'는 사실을 일깨워준다. 예컨대, 법적 보호가 어려운 지적재산권과 같은 소유재산에 대해서는 특히 갈수록 엄격한 윤리적 잣대를 적용하며 행동의 정직성과 투명성을 요구하는 것이 대표적인 경우이다.

한편, 분배공정성(distributive justice) 또한 현대사회의 기업에 대한 큰 압력으로 작용하고 있다. 따라서 최근의 많은 글로벌기업들은 기업이익을 사회에 환원함으로써 기업이 추구하는 목표를 달성할 수 있다는 생각으로 경영활동을 수행한다.

현대사회에서는 기업이 윤리적 행동을 통해 주주와 사회의 공동이익을 창출하고 이를 위한 최선의 경영활동과 의무를 다할 것을 요구하는 기업의 사회적 책임이 화두가 되고 있다. 각국의 정부에서도 이와 같은 사회적 동향에 맞추어 법률제정과 입법조치를 강화함으로써 다양한 이해관계를 조정하고 공공이익을 보호하려고 노력한다. 그리고 글로벌기업의 경영자들 또한 기업의 경영윤리의식을 고취시키고 윤리경영을 실천함으로써 다양한 문화환경에 대처해 나가고 있는 것이다.

글로벌 문화탐방 13

한국형 공유가치창조

기업의 이윤과 주주 이익의 극대화에 몰두했던 주주자본주의가 도전받고 있다. 2008년 세계 금융위기 이후 많은 나라가 소득 양극화, 저성장과 고실업을 겪고 있기 때문이다. 우리나라도 예외가 아니어서 상대적 빈곤감, 복지 사각지대, 소외계층, 노사갈등이 심화되고 세월호 침몰 이후 사회구성원 간 불신과 반목의 골이 깊어지고 있다. 기업에 대한 신뢰도가 하락하고 심지어 반기업정서마저 감돌고 있다. 이제 국민과 사회로부터 받는 사랑은 기업생존의 필수조건이 되는 시대로 접어들고 있다.

최근 저성장과 사회적 갈등을 치유하고 성장을 위해 '공유가치창조(Creating Shared Value : CSV)'가 새로운 경영 패러다임으로 등장하고 있다. 하버드 경영대학의 마이클 포터 교수와 미국의 상생연구재단 마크 크레이머 대표가 CSV를 개념화했다. CSV의 관점에서 보면 우선 글로벌시대에 대기업과 중소기업이 상호보완적 협력을 네트워크화하면 상생의 길이 열린다는 점에 주목해야 한다. 나아가 기업이 추구하는 이익활동을 사회가 추구하는 목표에 조준해 사회문제들을 해결하면서 수익성 비즈니스 모델도 찾을 수 있다는 것이다. 국내에서도 일부 글로벌기업은 지금 CSV 경영이념을 도입하려고 애쓰고 있다. 지금 절실히 필요한 우리 경제의 재도약과 사회적 통합을 위해 한국형 CSV 경영전략을 적극 실천할 때이다.

유엔은 회원국의 사회발전을 위해 '기업의 사회적 책임(CSR)'을 강조하고 있다. 기업은 그동안 사회구성원에 의해 성장하였으므로 이제는 사회에 이익의 일부를 되돌려주어야 한다는 논리다. 하지만 기업은 아직도 CSR활동을 기업의 비용으로 보고 있다. 그러나 CSV는 CSR에서 진일보한 개념으로 기업의 핵심역량으로 사회문제도 해결하고 수익창출의 기회를 찾는다는 것이다. '한국형 CSV'는 어떻게 달성할 것인가? 우선 내부 구성원 간의 기업목표에 대한 합의, 대기업과 중소기업과의 상생협력, 그리고 기업·사회와의 공생을 통한 3차원의 공유가치창조로 접근할 수 있을 것이다. 지금 우리 경제가 당면하고 있는 최우선과제는 일자리를 늘리는 일이다. 우리 경제에서 일자리의 88%는 중소기업이 제공하고 있다. 대기업이 중소기업과 함께 CSV 활동에 적극 참여해야 하는 이유가 여기에 있다.

공유가치창조를 실천하기 위해서는 선결과제가 있다. 우선 기업의 최고경영자가 공유가치창조에 대한 확고한 비전과 실천의지를 보여야 한다. 그리고 기업이 지향하는 사회적 가치에 대한 구성원 간 합의도 유도해야 한다. 기업이 추구하는 사회적 가치에 합의하면 우리의 만성적 노사갈등의 해법도 찾을 수 있다. 마지막으로 시민과 사회의 모든 이해관계당사자들이 협동의 가치를 공감하고, 소통하고, 나눌 때 CSV활동은 성공을 거둘 수 있다.

우리는 오랜 역사를 통해 쌀중심의 농경문화를 지니고 있다. 적가에 모내기를 하고 김매기를 부락민이 함께하는 품앗이의 DNA를 품고 있다. 우리는 이러한 DNA를 일깨워 공유가치창조로 지속가능한 성장과 사회적 통합을 함께 일궈낼 수 있다. 이제 주주자본주의는 새로운 모습으로 진화할 시점에 와 있다. 기업의 CSV 경영이념의 적극적인 도입과 실천은 소비자인 국민들로부터 사랑을 받고, 글로벌시장에서도 신뢰를 쌓는 초석이 될 것이다.

자료 : 중앙일보, 중앙시평, 2014년 9월 5일자 요약·수정.

생각해 봅시다

1. 오늘날 글로벌기업의 사회적 책임이 중요해진 원인은 무엇이며, 글로벌기업의 사회적 책임의 범위는 어디까지인가?

2. 글로벌기업의 사회적 책임의 실천이 경영성과에 어떤 영향을 미치는가?

3. 사회적 책임의 일환으로서 글로벌기업이 환경경영을 실천해야 하는 중요성은 어디에 있는가?

4. 윤리개념은 어떻게 정의할 수 있는가? 개인과 기업의 윤리적 행동과 윤리적 판단에 영향을 미치는 요인은 무엇인가?

5. 글로벌기업이 다문화환경 속에서 경쟁우위를 유지하면서 지속적으로 성장하기 위해서는 윤리경영에 대한 문화적 성찰이 요구되는데, 이와 관련하여 특별히 관심을 가져야 할 문제들은 무엇인가?

참고문헌

[국내문헌]

고시천(1983), "경영의 국제비교", 경영학연구, 9월호, 한국경영학회, pp.116~117.

김성경 역(1989), 문화차이와 인간관계, 보성사.

로버트 풀검 저, 박종서 옮김(1989), 내가 정말 알아야 할 모든 것은 유치원에서 배웠다, 김영사.

리서치앤리서치(2009), 기업윤리경영에 대한 국민의식조사.

박경규(1984), "가치관과 리더십행위 : 상이한 문화(한국 · 독일)에서의 실증적 비교연구", 경영학연구, 제14권, 제1호(통권16호), 한국경영학회, pp.83~109.

박기안(1986), 국제경영학, 무역경영사.

박내회 역(1982), Z이론, 우아당.

박내회(1989, 1990, 2002), 조직행동론, 박영사.

박영배(1995), 조직행위론 : 이론과 비교문화적 이해, 법문사.

박영배(2008), 현대기업과 조직행동, 법문사.

박영배(2008), 글로벌경영 다문화관리, 도서출판 청람.

박영배 · 김계수 · 남윤성(2013), 알기쉬운 경영학, 도서출판 청람.

박용헌(1982), 한국인의 의식구조와 가치관 : 의식개혁의 필요성과 실천방향, 사회정화위원회.

배용광 · 변시민(1984), 한국사회의 규범문화, 한국정신문화연구원.

신유근(1973), "상이한 환경에 있어서 경영의 효율성에 관한 비교경영연구", 경영논집, 제4권, 제3호, 서울대학교, 한국경영연구소, pp.54~79.

신유근(1983), 조직론, 다산출판사.

신유근(1985, 1989), 조직행위론, 다산출판사.

신유근(1988), 인사관리 : 현대인적자원관리, 경문사.

안세영(2013), NEW 글로벌 협상전략(전면개정 제5판), 박영사.

양창삼(1991), 조직행동론, 민영사.

엘델만(http://www.edelman.com).

오세철(1982), 조직행동, 박영사.

이관희(1986), 일본적 경영철학과 실제, 한국능률협회.

이광규(1971), 문화인류학, 일조각.

이광규(1980), 문화인류학의 세계, 서울대학교출판부.

이문웅 역(1986), 문화의 개념 : 문화결정론과 문화진화론의 입장, 일지사.

이병욱(1997), 환경경영론, 비봉출판사.

이상주(1986), 해방 40년 : 가치의식의 변화와 전망, 서울대사회과학연구소, 사회과학총서 8, 서울대학교출판부.

이승영 · 박영배(1990), 비교경영론 : 조직행위와 문화, 법문사.

이학종(1986), 기업문화와 조직개발 : 이론과 기법, 법문사.

이학종(1987), 인사관리 : 인적자원관리 이론과 사례연구, 세경사.

이학종(1989), 기업문화론 : 이론, 기법, 사례연구, 법문사.

이학종(1992), 조직행동론 : 이론과 사례연구, 세경사.

정구현(1988), 국제경영학, 법문사.

짐 콜린스 저, 이무열 옮김(2002), 좋은 기업을 넘어 위대한 기업으로, 김영사

한상복 · 이문웅 · 이광억(1982), 문화인류학, 서울대학교출판부.

홍승직(1983), 가치지향의 변화, 한국사회론, 한국사회과학연구소편, 민음사.

[국외문헌]

柯永河 · 蕭欣義 譯(1990), 文化與行爲 : 古今華人的正常與不正常行爲, 中文大學出版社, 香港.

高尙仁 · 伍錫康(1998), 組織行爲學, 三民書局, 台北.

白崇亮(1979), "我國企業經營者個人價値觀念之硏究", 中華民國 國立政治大學 企業管理硏究所, 碩士學位論文.

吳秉恩(1986), 組織行爲論, 華泰書局, 台北.

任能彬 外 編譯(1988), 一般心理學, 敎育科學社, 台北.

鄭伯壎 · 莊仲仁(1984), "領導行爲槪念之文化差異的實證硏究", 中國式管理, 時報文化出版事業有限公司, 台北.

Adler, N. J.(1980), "Cultural Synergy : The Management of Cross-Cultural Organization", in Burke, W. W. and Goodstein, L. D., eds., *Trends and Issues in OD : Current Theory and Practice*, San Diego, Calif. : University Associates.

Adler, N. J.(1981), "Reentry : Managing Cross-Cultural Transitions", *Group and Organization*

Studies, Vol.6, No.3, pp.341~356.

Adler, N. J.(1983), "Cross-Cultural Management : Issues to be Faced", *International Studies of Management and Organization*, Vol.18, No.1-2, (Spring-Summer), pp.7~45.

Adler, N. J.(1983), "Domestic Multiculturalism : Cross-Cultural Management in the Public Sector," in Eddy, W., ed., *Handbook of Organization Management*, New York : Marcel Dekker, Inc.

Adler, N. J.(1983), "Organizational Development in a Multicultural Environment", *Journal of Applied Behavioral Science*, Vol.19, No.3, (Summer), pp.349~365.

Adler, N. J.(1984), *Women as Androgynous Managers : A Conceptualization of the Potential for American Woman in International Management*, Pergamon Press, Ltd.

Adler, N. J.(1986), *International Dimensions of Organizational Behavior*, Kent Publishing Co.

Bales, R. F.(1950), *Interaction-Process Analysis : A Method for the Study of Small Groups*. Reading, Mass. : Addison-Wesley.

Barnard, C. I.(1938), *The Function of the Executive,* Cambridge, Mass. : Harvard University Press.

Bass, B.(1965), *Organizational Psychology*, Boston : Allyn and Bacon.

Beckhard, R.(1967), "The Confrontation Meeting", *Harvard Business Review*, Vol.45, (March-April), pp.149~155.

Beckhard, R.(1969), *Organization Development : Strategies and Models*, Reading, Mass. : Addison-Wesley Publishing Co.

Bennis, W. G. and Shepard, H. S.(1965), "A Theory of Group Development", *Human Relations*, No.9, pp.415~457.

Berlew, D., Moore, A. and Harrison, R.(1983), *Positive Negotiation Programs,* Plymouth, Mass. : Situation Management System, Inc.

Berlo, D. K.(1960), *The Process of Communication*, New York : Holt, Rinehart & Winston.

Bowers, D. G. and Seashore, S. E.(1973), "Predicting Organizational Effectiveness with a Four-Factor Theory of Leadership", in Cumming, L. L and Scott, W. E., eds., *Readings in Organizational Behavior and Human Performance*, Rev. ld.,

Homewood, Illinois : Richard D. Irwin, Inc.

Brenner, S. N. and Molander, E. A.(1977), "Is the Ethic of Business Change?", *Harvard Business Review*, (Jaunary-February), pp.70~71.

Buera, A. and Glueck, W.(1979), "Need Satisfaction of Libyan Manager", *Management International Review*, Vol.19, No.1, pp.113~123.

Burger, P. and Bass, B. M.(1979), *Assessment of Managers : An International Comparison*, New York : Free Press.

Burke, W. W. and Goodstein, L. D.(1980), eds., *Trends and Issues in OD : Current Theory and Practice*, San Diego, Calif. : University Associates.

Cannon, W. B.(1979), "Organization for Physiological Homeostasis", *Psychological Review*, Vol.9, pp.339~430.

Chau, T. T.(1984), "Conflict Management : Tradition and Innovations", *A Paper Presented to the Conference on Chinese Style Management*, (April), Taipei.

Child, J. D.(1981), "Culture, Contingency and Capitalism in the Cross-National Study of Organization", in Cummings, L. L. and Staw, B. M., eds., *Research in Organizational Behavior*, Vol.Ⅲ, Greenwich, Cohn. : JAI Publishers.

Cohen, A. R., Fink, S. L., Gadon. H. and Willits. R. D.(1976), *Effective Behavior in Organizations*, Homewood, Ill. : Richard D. Irwin.

Davis, R. C.(1951), *The Fundamentals of Top Management*. N.Y. : Harper and Row.

Denison, D. R.(1984), "Bringing Corporate Culture to the Bottom Line", *Orgnaization Dynamics*, Vol.13, No.2, pp.5~22.

Drucker, P. F.(1971), "What We Can Learn from Japanese Management", *Harvard Business Review*, (March-April).

Druckman, D.(1977), "Social-Psychological Approaches to the Study of Negotiation", in Druckman, D., ed., *Negotiation : Social-Psychological Perspectives,* London : Sage Publication.

Dyer, W. G., Jr.(1985), "The Cycle of Cultural Evolution in Organization," in Kilmann, R. H., et al., eds., *Gaining Control of the Corporate Culture*, San Francisco : Jossey-Bass.

England, G. W.(1975), *The Manager and His Values*,. Cambridge, Mass. : Ballinger Publishing Co.

England, G. W.(1978), "Manager and Their Value System : A Five-Country Comparative

Study", *Columbia Journal of World Business*, (Summer), pp.35~44.

Feldman, D. C.(1984), "The Development and Enforcemant of Group Norm", *Academy of Management Review*, Vol.9, pp.48~50.

Fisher, R. and Ury, W.(1980), *Getting to Yes*, Boston : Houghton Mifflin Company and New York Press, Inc.

Fleishman, E. A.(1973), "Twenty Years of Consideration and Structure", in Fleishman, E. A. and Hunt. J. G., eds., *Current Developments in the Study of Leadership*, Carbondale : Southern Illinois University.

Formbrum, C. J., Tichy, N. M. and Devanna, M. A.(1984), *Strategic Human Resource Management*, New York : John Wiley and Son.

Fox, A.(1971), *A Sociology of Work in Industry*, London : Collier-Macmillan Publishers.

Franco, L. G.(1973), "Who Managers Multinational Enterprises?", *Columbia Journal of World Business,* (Summer).

French, J. R. and Raven. B. H.(1960), "The Bases of Social Power", in Catwright, D. and Zander. A. F.(1960), *Group Dynamics*, 2nd ed., Evanston, Ill.: Row, Peterson and Co.

French, W. L. and Bell, C. H., Jr.(1978), *Organizational Development*, 2nd ed., Englewood Cliffs, N.J. : Prentice-Hall.

French, W. L.(1978), *The Personnel Management Process*, 4th ed., Boston: Houghton Mifflin Co.

Fuller, R. B.(1981), *Critical Path*, Washington D.C. : St. Martin's Press, World Future Society.

Gibson, J. L., Ivancevich, J. M. and Donnelly, J. H., Jr.(1982), *Organization : Behavior, Structure, Process*, 4th ed., Plano, Texas : Business Publication, Inc.

Glenn, E. S., Witmeyer, D. and Stevenson, K. A.(1977), "Cultural Style of Persuasion", *International Journal of Intercultural Relations*, Vol.1, No.3 (Fall), pp.62~66.

Gonzalez, R. T. and McMillan, C., Jr.(1961), "The Universality of American Management Philosophy", *Academy of Management Journal*, Vol.10, No.1(April), p.39.

Grabbs, R. A.(1973), "Work Motivation in the Culturally Complex Panama Canal Company", *Academy of Management Proceeding*, pp.119~123.

Graham, J. L.(1985), "Brazilian, Japanese, and American Business Negotiations", *Journal of Interantional Business Studies*, Vol.14, No.1(spring), pp.47~61.

Guilford, J. P.(1971), "Some Misconceptions Regarding Measurement of Creative Talents", *Journal of Creative Behavior*, Vol.5, p.86.

Gullahorn, J. T. and Gullahorn, J. E.(1963), "An Extension of the U-Curve Hypothesis", *Journal of Social Science*, Vol.19, No.3, pp.33~47.

Haire, M., Ghiselli, E. E., Poter, L. W.(1966), *Managerial Thinking : An International Study*, New York : Wiley.

Hall, E. T.(1960), "The Silent Language in Overseas Business", *Havard Business Review*, (May-June), pp.87~96.

Hall, E. T.(1969), *The Hidden Dimension*, Garden City, New York : Doubleday.

Hall, W.(1995), *Managing Cultures : Making Strategic Relationship Work*, John & Sons Ltd.

Hammer, W. C. and Orang, D. W.(1978), *Organizational Behavior: An Applied Psychological Approach*, Dallas, Texas : Business Publications, Inc.

Harbison, F. and Myers, C. A.(1959), *Management in the Industrial World*, McGraw-Hill, Inc.

Hayles, R.(1982), "Costs and Benefits of Integrating Persons from Diverse Cultures into Organization", *Paper Presented at the 20th International Congress of Applied Psychology*, Edinburgh, Scotland, (July), pp.25~31.

Hazzard, M. S.(1981), *Study of the Repatriation of the American International Executive*, New York : Korn/Ferry International.

Herzberg, F.(1968), "One More Time : How Do You Motivate Employee?", *Harvard Business Review*, Vol.46, No.1, (January-February), pp.53~62.

Hines, G. H.(1973), "Achievement, Motivation, Occupations and Labor Turnover in New Zealand", *Journal of Applied Psychology*, Vol.58, No.3, pp.313~317.

Hodgetts, R. M. and Altman, S.(1979), *Organizational Behavior,*. W. B. Saunder Co.

Hoffman, L. R. and Maier, N. R. F.(1961), "Quality and Acceptance of Problem Solution by Member of Homogeneous and Heterogenous Group", *Journal of Abnormal Psychology*, Vol.62, No.2, pp.401~407.

Hofstede, G.(1980), "Motivation, Leadership and Organization : Do American Theories Apply Abroad?", *Organizational Dynamics*, (Summer), pp.42~63.

Hofstede, G.(1980), Culture's Consequence : *International Differences in Work Related Values*, Beverly Hills : Sag Publication.

Homans, G. C.(1961), Social Behavior : *Its Elementary Forms*, New York : Harcourt Brace and World.

Hooker, J.(2003), *Working Across Cultures*, Stanford, CA. : Stanford University Press.

Horowitz, J. M.(1987), "A Puzzling Toll at the Top", *Time*, (August), No.3.

Howell, P., Strauss, J. and Sorensen, P. F.(1975), "Research Note : Cultural and Situational Determinants of Job Satisfaction among Management in Liberia", *Journal of Management Studies*, (May), pp.225~227.

Ivancevich, J. M.(1969), "Selection of American Manager for Overseas Assignment", *Personnel Journal,* (March), pp.189~193.

Jaeger, A. M.(1986), "Organization Development and National Culture: Where's the Fit?", *Academy of Management Review*, (January), pp.178~190.

Janis, I. L.(1982), *Groupthink*, 2nd ed., Houghton Mifflin Company.

Johns, G.(1983), *Organizational Behavior* : *Understanding Life at Work*, Glenview, Ill. : Scott, Foresman and Company.

Kakar, S.(1971), "Authority Patterns and Subordinate Behavior in Indian Organization", *Administrative Science Quarterly*, Vol.16, No.3, (September), pp.298~308.

Kast, F. E. and Resenzweig J. E.(1970), *Organization and Management : A System Approach*, N. Y.: McGraw-Hill.

Kelly, J.(1974), *Organizational Behavior*, Rev. ed., Homewood, Ill.: Richard D. Ilwin.

Kilmann, R. H. et al.(1985), eds, *Gaining Control of the Corporate Culture*, San Francisco : Jossey-Bass.

Kleinman, A.(1979), *Patient and Healing in the Context of Culture*, Berkeley : University of California Press.

Kluckhohn, C.(1951), "Values and Value Orientation in the Theory of Action : An Exploration in Definition and Classification", in Parsons, T. and Shiles, E. A., *Toward a General Theory of Action*, Cambridge, Mass. : Harvard University Press.

Kluckhohn, F. and Strodtbeck, F. L.(1971), Variations in Value Orientation, Evanston, Ill. : Row, Peterson.

Koontz, H. and O'Donnell, C. O.(1979), *Principles of Management*, 6th ed., New York : McGraw-Hill Book Co.

Kougherty, J. E. and Pfaltzgraft, R. L., Jr.(1981), *Contending Theories of International*

Relations: A Comprehensive Survey, 2nd ed., New York: Harper and Row Publishers.

Kovach, C.(1976), *Some Note for Observing Group Process in Small Task-Oriented Group*, Graduate School of Management, University of California at Los Angeles.

Laurent, A. and Adler, N. J.(1981~1983), "Managerial Skills for International Business", *Executive Seminars held at INSEAD in Fontainebleau*, (France, August).

Lewicki, R. J. and Litterer, J. A.(1985), *Negotiation*, Homewood, Ill. : Richard D. Irwin.

Lewis, R. D.(2003), "Cultural Orientions Affecting Leadership Style", *The Cultural Imperative*, MA : Nicholas Brealy/Intercultural Press.

Light, D., Jr. and Keller, S.(1975), *Sociology*, New York : Alfred A. Knopf.

Litwin, G. H. and Stringer R. A., Jr.(1968), *Motivation and Organization Climate*, Boston : Harvard Graduate School of Business Administration.

Lustig, M. W. and Koester, J.(2005), *Intercultural Competence : Interpersonal Communication Across Cultures*, 5th ed., New York: Allyn and Bacon.

Margulis, N. and Raia, A.(1969), *Conceptual Foundations of Organization Development*, New York: McGraw-Hill Co.

Marsh, R. M. and Mannari, H.(1977), "Organizational Commitment and Turnover : A Predictions Study", *Administrative Science Quarterly*, Vol.22, pp.57~75.

Maslow, A. H.(1943), "A Theory of Human Motivation", *Psychological Review*, Vol.50, pp.370 ~ 396.

Mead, M.(1935), *Sex and Temperament in Three Primitive Societies*, New York: Morrow.

Moran, R. T. and Harris, P. R.(1981), *Managing Cultural Synergy*, Houston, Taxas : Gulf Publishing Co.

Moran, R. T., Harris, P. R. and Moran, S. V.(2007), *Managing Cultural Differences : Global Leadership Strategies for the 21st Century*, 7th ed., Elsevier Inc.

Morris, C.(1956), *Varieties of Values*, Chicago : University of Chicago Press.

Mowday, R. T., Poter, L. W. and Steer, R. M.(1982), *Employee-Organization Linkages : The Psychology of Commitment, Absenteeism, and Turnover*, New York : Academic Press.

Norbury, P. and Bownas, G.(1975), *Business in Japan*, New York : Halstead.

Nord, W. R.(1987), "Dreams of Humanization and the Realities of Power", *Academy of Management Review*, (July), p.675.

Oh, T. K.(1976), "Theory Y in the People's Republic of China", *California Management Review*, Vol.19, No.2, (winter), pp.77~84.

Ouchi, W.(1981), *Theory Z*, Reading, Massachusetts : Addison-Wesley Publishing Company.

O'Reilly, C. A. and Roberts, K. H.(1973), "Job Satisfaction Among Whites and Non-whites", *Journal of Applied Psychology*, Vol.57, No.3, pp.295~299.

Parsons, T.(1973), "Culture and Social System Revised", in Schnieder, L., eds., *The Idea of Culture in the Social Science*, London : Cambridge University Press.

Pausenberger, E. and Noelle, G. F.(1977), "Entsendung Von Fuhrungskraften in Auslandische Niederlassungen", in *ZfbF*, (29, Jg.).

Pettigrew, A. M.(1983), "On Studying Organizational Cultures", *Administrative Science Quarterly*, Vol.28, p.574.

Porras, J. I. and Berg, P. O.(1978), "The Impact of Organization Development", *Academy of Management Review*, (April), pp.286~301.

Ratiu, I.(1983), "Thinking Internationally : A Comparison of How International Executives Learn", *International Studies of Management and Organization*, Vol.13, No.1-2, (Spring-Summer), pp.139~150.

Reitz, H. J.(1975), "The Relative Improtance of Five Categories of Needs Among Industrial Workers in Eight Countries", *Academy of Management Proceeding*, pp.270~273.

Reitz, H. J.(1977), *Behavior in Organization*, Homewood, Ill. : Richard D. Irwin, Inc.

Reitz. H. J.(1981), *Behavior in Organizations*, Rev. ed., Richard D. Irwin, Inc.

Ricks, D. A.(1983), *Big Business Blunder : Mistake in Multinational Marketing*, Homewood, Ill. : Dow Jones-Irwin.

Robbins, S. P.(1989), *Organizational Behavior: Concept, Controversies, and Apllications*, 4th ed., Prentice-Hall International, Inc.

Robinson, R. D.(1978), *International Business Management*, The Dryden.

Robinson, M.(1973), *The Nature of Human Values*, New York : The Free Press

Rombauts, J.(1962~1963), "Edgrad en Groepsbeleving in Etisch-Homogene en Etnishch - Heterogene Groepen", *Tijdschrift Voor Opvoedkunde*, No.1.

Root, F. R.(1987), *Entry Strategics for International Market*, D.C. Heath and Co.

Sathe, V.(1983), "Implication of Culture : A Manager's Guide to Action", *Organizational Dynamics*, (Autumn), p.6.

Schein, E. H.(1984), "Coming to a New Awareness of Organizational Culture", *Sloan Management Review*, (Winter), pp.3~7.

Schein, E. H.(1985), *Organization Culture and Leadership : A Dynamic View*, New York : Jossey-Base Publishers.

Schermerhorn, J. R., Jr., Hunt, J. G. and Osborn, R. N.(1985), *Managing Organizational Behavior*, 2nd ed. New York: John Wiley and Son.

Schwab, D. P. and Cumming, L. L.(1970), "Theories of Performance and Satisfaction: A Review", *Industrial Relations*, Vol.9, pp.408~430.

Scott, W. and Mitchell, T.(1976), *Organization Theory : A Structure and Behavioral Analysis*, Homewood, Ill. : Richard D. Irwin, Inc.

Sechrest, L.(1976), "Personality", in Rosenzweig, M. R. and Porter, L. W. eds., *Annual Review of Psychology*, Vol.27, (Palo Alto, CA: Annual Reviews), p.10.

Shae, M. E.(1971), *Group Dynamics : The Psychology of Small Group Behavior*, McGraw-Hill Book Co.

Shull, F. A., Delbecq, A. L. and Cummings, L. L.(1970), *Organizational Decision Marking*, New York : McGraw-Hill.

Simon, H. A.(1957), *Model of Man*, New York : John Willy & Sons.

Sirota, D. and Greenwood, M. J.(1971), "Understanding Your Overseas Workforce", *Harvard Business Review*, Vol.14, (January-February), pp.53~60.

Slocum, J. W., Jr., Topichak, P. M.(1972), "Do Cultural Difference Affect Job Satisfaction?", *Journal of Applied Psychology*, Vol.56, No.2, pp.177~178.

Snyder, G. H. and Diesing, P.(1977), *Conflict Among Nations*, Princeton.

Steers, R. M.(1984), *Introduction to Organizational Behavior*, 2nd ed., Glenview, Ill. : Scott Foresman and Company.

Steers, R. M.(1988), *Introduction to Organization Behavior*, 3rd. ed., Scott, Foresman Company.

Stewart, E. C.(1979), *American Culture Patterns : A Cross-Cultural Perspective*, Chicago, Ill. : Intercultural Press, Inc.

Swanda, J.(1979), *Organizational Behavior*, Sherman, California: Alfred Publishing

Company, Inc.

Tannenbaum, R., Weschler, I. R. and Massarik, F.(1959), *Leadership and Organization : A Behavioral Science Approach*, New York : McGraw-Hill Book Co.

Terpstra, V.(1978), *The Cultural Environment of International Business*, Cincinnati, OH. : South-Western Publishing Co.

Theobald, R.(1980), "Management of Complex System : A Growing Societal Challenge", in Father, F., ed., *Through the 80's : Thinking Globally, Acting Locally*, Washington, D.C. : World Future Society.

Thomas, K. W.(1976), "Conflict and Conflict Management", in Dummett, M. D., ed., *Handbook of industrial and organizational Psychology*, Chicago: Rand McNally.

Tung, R. L.(1982), "Selection and Training Procedures of U.S., European and Japanese Multinationals", *California Management Review*, Vol.25, No.1, (Fall), pp.57~71.

Tunstall, W. B.(1985), "Breakup of the Bell System : A Case Study in Cultural Transformation", in Kilmann, R. H., et al., eds., *Gaining Control of the Corporate Culture*, San Francisco : Jossey-Bass.

Turner, H. A. et al.(1980), *The Last Colony* : But Whose?, Cambridge : Cambridge University Press.

Vroom, V. H.(1964), *Work and Motivation*, New York : John Wiley & Son.

Warren, J. R.(1966), "Birth Order and Social Behavior", *Psychological Bulletin*, Vol.65, pp.38~49.

Webber, R. A.(1969), *Culture and Management*, Homewood, Illinois.

White, L. A.(1973), *Concept of Culture*, Minneapolis : Burgess Publishing Company.

Zartman, W. I. and Berman, M. R.(1982), *The Practical Negotiator*, New Havan and Londen : Yale University Press.

찾아보기

ㅂ

ㅇ

ㅊ

ㅋ

還甲

(朴 英 培)

한 줄기 바람의 軌跡
그 위로
널브러진 시간들의 片鱗

그 흔적들
금방은 낫지 않을 손톱자국 몇 줄

돌아온 甲이
지금 막, 어딘가로 遑遑히
押送되었다

– 저자소개 –

| 저자약력 |

한양대학교 공과대학 졸업
성균관대학교 경영학 석사
타이완 중국문화대학 대학원 합작경제학과 수학
타이완 국립정치대학 경영학 박사
세명대학교 경영학과장 역임
세명대학교 법경학부장 · 경상학부장 역임
세명대학교 교무처장 역임
세명대학교 경영행정대학원장 · 대학원장 역임
한국생산성학회 이사 역임
대한경영학회 이사 역임
한국인사관리학회 이사 역임
한국중소기업학회 부회장 역임
한국인적자원개발학회 부회장 역임
(現) 세명대학교 경영학과 교수

| 주요저서 |

비교경영론: 조직행위와 문화(공저, 법문사, 1990)
최신통계학(공저, 교우사, 1995)
조직행위론: 이론과 비교문화적 이해(법문사, 1995)
현대경영학원론: 경영이론과 사례연구(교우사, 1997)
중소기업경영론(공저, 학문사, 1998)
21세기 기업과 경영(공저, 도서출판 범한, 2003)
중소기업과 현대경영(도서출판 청람, 2007)
현대기업과 조직행동(법문사, 2008)
글로벌경영 다문화관리(도서출판 청람, 2008)
현대기업과 경영관리(도서출판 청람, 2009)
글로벌시대의 기업경영(공저, 도서출판 청람, 2009)
현대조직행동관리: 조직행동과 다문화관리(도서출판 청람, 2010)
현대인적자원관리: HRM전략 & 다문화관리(도서출판 청람, 2012)
알기쉬운 경영학(공저, 도서출판 청람, 2013)
(시집)기말고사 끝난 오후(시창시인선 138, 책나무출판사, 2013)

글로벌비교경영학 –글로벌경영 · 다문화관리–

2015년 2월 25일 1판 1쇄 발행
2018년 8월 25일 1판 2쇄 발행

저　　자 | 박영배
발 행 인 | 이수영
발 행 처 | 도서출판 청람
서울시 마포구 독막로 288(대흥동, 세양상가 109호)
전　　화 | 02) 3272-2601~2
팩　　스 | 02) 3272-2603
홈페이지 | www.crbooks.co.kr
이 메 일 | crbooks@daum.net
등　　록 | 2000년 8월 26일 제6-0509호

ISBN 978-89-5972-430-7　93320　[정가 30,000원]